Jo Reichertz · Manfred Schneider (Hrsg.)

Sozialgeschichte des Geständnisses

Jo Reichertz · Manfred Schneider (Hrsg.)

# Sozialgeschichte des Geständnisses

Zum Wandel
der Geständniskultur

**VS VERLAG** FÜR SOZIALWISSENSCHAFTEN

Bibliografische Information Der Deutschen Nationalbibliothek
Die Deutsche Nationalbibliothek verzeichnet diese Publikation in der
Deutschen Nationalbibliografie; detaillierte bibliografische Daten sind im Internet über
<http://dnb.d-nb.de> abrufbar.

1. Auflage 2007

Alle Rechte vorbehalten
© VS Verlag für Sozialwissenschaften | GWV Fachverlage GmbH, Wiesbaden 2007

Lektorat: Frank Engelhardt

Der VS Verlag für Sozialwissenschaften ist ein Unternehmen von Springer Science+Business Media.
www.vs-verlag.de

Umschlaggestaltung: KünkelLopka Medienentwicklung, Heidelberg
Druck und buchbinderische Verarbeitung: Krips b.v., Meppel
Gedruckt auf säurefreiem und chlorfrei gebleichtem Papier
Printed in the Netherlands

ISBN 978-3-531-14932-5

# Inhalt

# Einleitung

*Jo Reichertz / Manfred Schneider*

## 1. Wenn heute im Verhör Zwang ausgeübt wird

Vor einigen Jahren wäre die Antwort, ob bei einer Vernehmung in einem Rechtsstaat Zwang ausgeübt werden darf, noch eindeutig mit Nein beantwortet worden. Spätestens seit dem 11. September hingegen sieht die Sache anders aus. Die Frage ist: Was darf der Staat mit verhafteten Terroristen oder Schwerkriminellen tun, wenn diese von einer geplanten Gewalttat mit möglicherweise vielen menschlichen Opfern wissen? Die *ZEIT* stellte sie dem damaligen deutschen Innenminister Otto Schily in folgender Form: „Herr Minister, angenommen, wir haben Osama bin Laden und wissen, dass ein neuer schrecklicher Anschlag bevorsteht. Der Al-Qaida-Chef aber schweigt. Wie kriegen wir ihn zum Reden? Notfalls auch mit Zwang?" (*ZEIT* vom 13. März 2003, S. 10).

Und der ehemalige Rechtsanwalt, der in den 70er Jahren einige deutsche Terroristen verteidigte, antwortete ohne Anflug von Ironie oder Doppeldeutigkeit: „Es gibt bewährte rechtsstaatliche Vernehmungsmethoden, die sicher auch einen bin Laden zur Aussage bewegen würden. Ich sage bewusst: rechtsstaatliche Methoden. Denn die Grenze zur Folter dürfen wir nicht überschreiten" (ebd.). Das Datum ist auch deshalb von Interesse, weil Schily sich mit seiner Äußerung auf eine zu diesem Zeitpunkt heftig geführte Debatte über die Zulässigkeit der Folter bezog – nämlich die Debatte um den Tod des entführten Bankierssohns Jakob von Metzler.

Der Vizepolizeichef von Frankfurt, Wolfgang Daschner, hatte den Beamten vor Ort für die Vernehmung des Entführers, des Jurastudenten Magnus Gäfgen, Handlungsspielräume eröffnet, die Polizisten ansonsten verschlossen sind. In einem Interview mit der Illustrierten *Focus* dazu vertrat Daschner seine Entscheidung auf folgende Weise: „Ich habe den Beamten die Weisung gegeben, dass er G. sagen sollte, dass wir ihm notfalls starke Schmerzen zufügen würden, wenn er uns nicht Jakobs Aufenthaltsort verrät. Auch vom Einflößen einer Wahrheitsdroge war die Rede. Das war alles mit mir abgesprochen. [...] Wir hatten in der Nacht nach G.'s Festnahme alles versucht. Wir appellierten an sein Gewissen, das Kind nicht sterben zu lassen. Wir konfrontierten ihn mit Jakobs Schwester, die Magnus G. ja kannte. Wir schalteten seine Mutter ein, damit er endlich die Wahrheit sagt. Das war alles erfolglos. Der Mann schien völlig unbeeindruckt. [...] Natürlich schläft man schlecht in einer Situation, in der eine Rechtsverletzung unvermeidlich ist. Noch nie zuvor in meiner Berufslaufbahn habe ich eine Entscheidung von dieser Tragweite treffen müssen. [...] Er hat dann auch die Wahrheit gesagt. Leider war es zu spät. [...] Die Anwendung von Gewalt als letztes Mittel, um Menschenleben zu retten, müsste auch im Verhör erlaubt sein. Seit längerem fordern viele Kriminalbeamte eine entsprechende Gesetzesänderung" (*Focus* 2003, Heft 9, S. 52/54).

In einem Interview mit der Illustrierten *Stern* erläuterte Daschner dann auch die Formen der angedachten Folter: „Es gab keinen Gedanken an Elektroschocks. Es wurde ausdrücklich untersagt, ihn zu verletzen, ihn zu schlagen. Von mir war vorgesehen, einfache körperliche Zwangsmittel anzuwenden. Z. B. ein Gelenk drehen oder: es gibt am Ohr eine Stelle, das weiß jeder Kampfsportler, wenn man da drückt, dann tut's weh – sehr weh" (*Stern* 2003, Heft 10, S. 56).

Letztlich hatte die Folterandrohung für Daschner keine strafrechtlichen Konsequenzen: Im April 2005 zog der Hessische Innenminister einen Schlussstrich unter das gesamte Verfahren. Erst hatte das Frankfurter Landgericht den Vizepolizeipräsidenten zwar der Nötigung für schuldig befunden, ihm jedoch nur eine Geldstrafe angedroht, dann hatte der Innenminister auf weitere strafrechtliche Maßnahmen verzichtet und ihn mit den alten Bezügen auf einen höheren Posten abgeordnet (vgl. *WAZ* vom 20. April 2005, S. 47).

Daschner freilich hat immer auf dem Unterschied zwischen dem Zwangsmittel zur Gefahrenabwehr (Rettung des Lebens) und zur Geständniserlangung (strafprozessuale Folgen) bestanden. Er wollte allein ‚Gefahrenabwehr' und nicht ein Geständnis. Es gilt hier das gleiche wie für die Verhöre in Guantanamo und anderswo: Die Terroristen interessieren Polizei und Nachrichtendienste als Informanten. Auf ihr Geständnis kommt es allenfalls in zweiter Linie an. Es ist daher wichtig, vorab festzustellen, dass schon lange nicht mehr zum Zwangsmittel der Folter gegriffen wird, um ein wie auch immer *rechtswirksames* Geständnis zu erlangen. Beschuldigte in Strafsachen müssen auf andere Weise zum Geständnis motiviert werden.

## 2. Das Forschungsprojekt ‚Geständnismotivierung'

Dies ist der Ausgangspunkt des vorliegenden Sammelbandes, der Arbeiten vereinigt, die aus dem interdisziplinär und historisch angelegten Forschungsprojekt

*Geständnismotivierung. Zur Wirksamkeit des Geständnisdispositivs im Strafprozess seit 1780* hervorgegangen sind. Gefördert wurde das Projekt, das von Oktober 2002 bis Januar 2006 an der Ruhr-Universität Bochum und der Universität Duisburg-Essen durchgeführt wurde, von der DFG, der wir hiermit ausdrücklich danken wollen. Beantragt wurde es von Jo Reichertz (Kommunikationswissenschaft und Soziologie) und Manfred Schneider (Neugermanistik, Ästhetik und Medien), Mitarbeiter waren PD Dr. Michael Niehaus und PD Dr. Norbert Schröer, sowie Christian Lück, Ute Donk und Anja Peters.

Das Projekt wollte der Frage nachgehen, aus welchen Gründen Beschuldigte in untersuchungsrichterlichen Verhören und nach der Strafprozessrechtsreform von 1877 in polizeilichen Vernehmungen bereit sind, eine Schuld einzugestehen. Vor welchem Horizont eingespielten Wissens und Verhaltens kann ein Untersuchungsbeamter sein Gegenüber zu einem Schuldgeständnis veranlassen?

Um das Ineinandergreifen kultureller, rechtlicher, sozialer Beweggründe beim Akt des Gestehens freizulegen, wurde das Problemfeld unter drei Aspekten erschlossen. Es wurden erstens die mittelalterlichen kirchenrechtlichdogmatischen Bestimmungen zum Geständnis sowie diejenigen des weltlichen Strafprozesses der Neuzeit, rechtsgelehrte bzw. -wissenschaftliche Erörterungen sowie solche in Ratgebern und Handbüchern für Untersuchungsrichter bzw. Vernehmungsbeamte, und endlich auch literarische Bearbeitungen untersucht. Zweitens wurden gerichtliche Verhörprotokolle und Tonbandmitschnitte polizeilicher Vernehmungen analysiert, die mehr noch als die ebenfalls herangezogenen Gutachten und Experteninterviews Aufschluss für die allmählich herbeigeführten Motivationen zum Geständnis geben können. Drittens wurde die Untersuchung in einem historischen Längsschnitt durchgeführt, der es erlaubte, Erkenntnisse über die Entwicklung und den sich verändernden Stellenwert des Geständnisses in unserer Kultur zu gewinnen.

In diesem Ansatz deutet sich bereits an, dass das Projekt in methodologischer Hinsicht zugleich den Versuch darstellte, die Diskursanalyse Foucaults mit der hermeneutischen Wissenssoziologie zu verbinden. Dass sich diese Verbindung als sehr fruchtbar erwiesen hat, lag nicht zuletzt an der strengen Orientierung an fallbezogenen Daten. Lesarten und Hypothesen mussten sich aus dem Material ergeben und am Material bewähren. Diese Vorgehensweise hat auch dazu geführt, dass wir die im Projektantrag formulierte Vermutung, Geständnisse ließen sich vor allem durch das Einbringen sozialer Beweggründe erreichen, verwerfen mussten. Im Laufe der Projektarbeit kristallisierte sich immer mehr heraus, dass diese Rolle vielmehr den interaktiven Verpflichtungen zukommt, die aus der *Beziehung* resultieren, die sich innerhalb des Verhörs- bzw. Vernehmungsgeschehens im Erfolgsfalle etabliert. Der vorliegende Band stellt nun diesen Beziehungsansatz mit seinen Implikationen vor, zeichnet seine Entwicklung nach und diskutiert seine soziokulturellen Voraussetzungen und Folgen. Verständlich wird er freilich nur vor dem Hintergrund des Stellenwerts, der der Vernehmung mit dem Beschuldigten bzw. dem Verhör mit dem Inquisiten im Strafverfahren eingeräumt wird.

## 3. Die Bedeutung der Beschuldigtenvernehmung im heutigen Strafverfahren

Auch heute noch nimmt die Beschuldigtenvernehmung in der kriminalpolizei- lichen Ermittlungsarbeit einen zentralen Stellenwert ein. Die Informationen, die der Beschuldigte zum Tatgeschehen offenbart, ermöglichen in ausgezeichneter Weise die *Aufklärung*, der die polizeiliche Arbeit verpflichtet ist.

Nun ist die Vernehmung bekanntlich kein rechtsfreier Raum, wo die Betei- ligten ihre Ziele ungehindert verfolgen könnten. Sogar in den Zeiten der Folter, der peinlichen Befragung gab es für diese Situation eine Reihe gesetzlicher Regeln. Und heute stecken Gesetzesvorschriften, eine Fülle erläuternder Aus- führungsvorschriften und erweiternder Gerichtsurteile das Feld ab, auf dem die Beteiligten einander begegnen. Zu finden sind die Gesetzesvorschriften in der Strafprozessordnung (StPO). Einige dieser Bestimmungen, nämlich die §§ 55, 136 I, 136a, 163a III und IV sowie 243 IV, formulieren und fundieren ein Recht des Beschuldigten, das mit seiner Einführung den Charakter von Vernehmungen entscheidend verändert hat – nämlich das Recht auf folgenlose Verweigerung der Aussage. Dieses Recht hat es nach der Abschaffung der Folter zunächst nicht gegeben, und der beharrlich schweigende Inquisit konnte hier mit so- genannten Ungehorsamstrafen belegt werden. Nach der Reform der Reichsstraf- prozessordnung im Zweiten Deutschen Kaiserreich wurde das Recht auf Aussageverweigerung erstmals für ganz Deutschland verbindlich. Und in der Bundesrepublik ist schließlich die Bestimmung hinzugekommen, dass der Beschuldigte nicht nur das Recht auf die Hinzuziehung eines Rechtsbeistandes hat, sondern auch *vor* der Vernehmung auf sein Aussageverweigerungsrecht deutlich hingewiesen werden muss.

In Folge dessen deuten die beiden an der Vernehmung beteiligten ‚Parteien' die Vernehmung auf ganz unterschiedliche Weise. Aus der Sicht der *Rechtsanwälte* hat die Vernehmung heutzutage als eine Art *Experteninterview* zu fungieren. Ihrer Auffassung nach sollte die Belehrung über das Schweigerecht des Beschuldigten auch zur Einrichtung einer *symmetrischen Kommunikationsstruktur* führen. Insofern das Gegenüber des Beschuldigten Fragen stellt, die dieser nicht zu beantworten braucht, soll die Belehrung dem Beschuldigten seine strukturelle Dominanz ins Bewusstsein heben (vgl. Reichertz 1991 und 1994 und Schröer 1992). Aus dieser Sicht dient die Beschuldigtenvernehmung weniger der Sachverhaltsrekonstruktion als der „Verteidigung durch das Einräumen rechtlichen Gehörs. Der Beschuldigte soll Gelegenheit erhalten, die gegen ihn vorliegenden Verdachtsgründe zu beseitigen und die zu seinen Gunsten sprechenden Tatsachen geltend zu machen" (Geyer 1998: 3).

Alle Versuche der Polizeibeamten, den Beschuldigten von der Wahrnehmung seiner Rechte abzuhalten bzw. abzubringen, sind demnach unzulässig – selbst dann, „wenn sie keine ausdrücklichen Täuschungen oder Drohungen beinhalten, sondern als ‚kriminalistische List' bezeichnet werden mögen" (Ransiek 1994: 345). Der Beschuldigte darf gerade *nicht* dazu überredet werden, entgegen seinem ursprünglichen Wunsch auszusagen oder sich im Verlauf der Vernehmung selbst zu belasten. Aus der Sicht der Rechtsanwälte stellen alle gängigen, in der Vernehmungsliteratur aufgelisteten Verfahren der ‚aktiven' Beschuldigtenvernehmung eine unzulässige Ausübung von psychischem *Druck* dar, da sie, wenn auch auf unterschiedliche Weise, darauf abzielen, den Beschuldigten zu einem nicht nur aus rationalen Gründen motivierten Geständnis zu bringen.

Gerechtfertigt wird diese Position oft mit dem Argument, dass der Schutz des Beschuldigten eine grundlegende *Bedingung* für wahre Aussagen sei. „Denn nur dann, wenn der Beschuldigte eigenverantwortlich und gerade nicht verwirrt, verunsichert und eingeschüchtert an der Vernehmung teilnimmt, kann eine wahre Aussage zustande kommen" (Ransiek 1994: 346). Sucht man nach einem Gesprächstyp, der dieser Vorstellung des Vernehmungsgeschehens nahe kommt, dann finden sich durchaus Parallelen zu einer spezifischen Variante des *Experteninterviews*: Der Interviewer fragt einen Experten nach seiner Deutung von Ereignissen, und er fragt nur zurück, wenn er weitere Explikationen wünscht, um das Erzählte nachvollziehen zu können.

Ganz anders stellt sich das Geschehen aus der Sicht der *Polizisten* dar: Ihnen geht es darum, eine *Trutzburg* einzunehmen. Die Aussage des Beschuldigten ist für sie der Königsweg zu weiteren Ermittlungsansätzen. Der Täter ist der einzige kompetente Zeuge, der im Besitz der ‚Wahrheit' ist. Die Vernehmung zielt darauf ab, ihm dieses Wissen zu entlocken oder abzuringen. Jemanden zu vernehmen, ist deshalb nicht leicht: „Genau genommen ist schon die erste kriminalpolizeiliche Vernehmung eine wissenschaftliche Arbeit und sollte auch als solche gewertet werden." (Gössweiner-Saiko 1979: 24)

Von jeher wird die Kompetenz eines Kriminalbeamten nicht unwesentlich danach beurteilt, ob es ihm gelingt, einen Beschuldigten zum Sprechen zu bringen. Weil gelungene Motivierung zum Geständnis bei Kollegen und Vorgesetzten so viel ‚symbolisches Kapital' einbringt, legen manche Ermittler die Vorschriften zur Belehrungspflicht sehr weitherzig aus. Denn eine „zu vernehmende Person, die sich nicht äußern will, gleicht einer uneinnehmbaren Burg, die wieder und wieder verlustreich berannt wird. Allein die Kenntnis eines Grundrisses der Burg, der Schwachstellen der schweren Mauern, der geheimen Pforten vermöchte sie sturmreif zu machen." (Ebd.: 13) Um zum Geständnis zu motivieren, muss der Vernehmende vergessen machen, dass der Beschuldigte rechtlich gesehen handlungsdominant ist.

## 4. Motivationen für Geständnisse

Seit der Abschaffung der Folter in der zweiten Hälfte des 18. Jahrhunderts müssen sich Vernehmungsbeamte, wenn sie mit kommunikativen Mitteln eine Geständnisbereitschaft herstellen wollen, auf soziokulturell verankerte Motivationen beziehen, die das Geständnis für den Betreffenden als ein *Gut* erscheinen lassen. Möglich ist dies, weil das Geständnis in unserer Kultur (aber auch in anderen Kulturen) als eine katharische Handlung und das heißt letztlich: als eine *Kur* gilt. Die von den Kirchenvätern und mittelalterlichen Juristen so genannte *cura animorum* bildet bis auf den heutigen Tag das Modell der guten Geständniswirkung, an die alle wie an eine „magische Macht" (Foucault) glauben. Der Geständige räumt sein Fehlverhalten und damit seine Schuld ein, er erkennt so die von ihm verletzten Normen an und schafft damit die Voraussetzung zu seiner (symbolischen) Wiedereingliederung in die Gesellschaft oder Gemeinschaft. Wie aber kann dem Beschuldigten das Geständnis als ein Gut *nahegebracht* werden? Dies geschieht, wie unsere Analysen ergeben haben, nicht über das Aufrufen spezifischer, klar konturierter Beweggründe, sondern auf eine sehr *unspezifische* Weise. Denn die Geständnismotivierung läuft auf der Ebene *kommunikativer Verpflichtungen* ab, die wiederum durch eine *Beziehung* zwischen den Beteiligten etabliert wird. Das Geständnis erscheint als ein *Gut*, weil es eine kommunikative Verpflichtung einlöst, die innerhalb des Verhörs bzw. der Vernehmung als *Situation* herrschend wird.

Aber wie lässt sich die in der Verhörsituation herzustellende Beziehung näher bestimmen und an welche soziokulturell bereit gestellte Modelle schließt sie an? Die in diesem Band versammelten Beiträge lassen erkennen, dass die kommunikative Ebene des Verhör- bzw. Vernehmungsgeschehens neben der seit vielen Jahrhunderten eingespielten und dogmatisch begründeten *cura animorum* die Argumente, Diskurse, vor allem aber die Beziehungsform der *Erziehung* impliziert. Kommunikative Geständnismotivierung kann gelingen, wenn sich die diskursive Praxis des Verhörs (bzw. der Vernehmung) die erzieherische Dimension der Verhörsituation zunutze macht. Mit dem Erziehungsdispositiv sind dabei diejenigen Praktiken angesprochen, die einen ‚Zögling‘ dazu motivieren können, zu tun, was zu seinem eigenen ‚Besten‘ ist, sich für die Situation zu öffnen, statt sich ihr zu verweigern: Der Zögling soll so in die Beziehung zu einem Erzieher eingebunden werden, dass er sich führen lässt. Dabei ist wesentlich, dass die Struktur ganz verschieden realisiert werden kann, dass sie gewissermaßen stilistisch und thematisch offen ist und sich in diesen Stilen und Themen nur indirekt artikuliert. Um zu betonen, dass dieses ‚Erziehungsdispositiv‘ als Struktur wirksam ist, haben wir dafür die Bezeichnung *Edukativ* gewählt (vgl. Niehaus / Schröer 2006).

Innerhalb dieser edukativen Struktur – die sich Ende des 18. Jahrhunderts natürlich anders ausprägt als Ende des 20. Jahrhunderts – erweist sich das Geständnis als Nebenform der Beichte. Das gerichtliche und das religiöse Geständnis sind seit ihrer Einrichtung im 13. Jahrhundert immer wieder aufeinander bezogen worden. Was bei der Entgegennahme der *confessio* durch den Beichtvater als institutionelle Voraussetzung gegeben ist – dass das Bekenntnis ein Gut ist und dass es das Beste ist –, wird in der Geständnismotivierung zum *möglichen* Ergebnis kommunikativer Bemühungen. Das heißt auch, dass Geständnismotivierung an eine Kontingenzerfahrung geknüpft ist. Wie es bei der Motivierung zum Geständnis zugeht, muss daher sowohl vor dem Hintergrund einer Geschichte von Institutionen gesehen werden, die im Abendland für die Produktion von Wahrheit sorgen, als auch Sache eines fallbezogenen Wissens sein.

Daher erscheinen um 1800 vor allem Falldarstellungen und literarische Texte als adäquate Materialien, gelingende Geständnismotivierung in ihrer situativen Bedingtheit vorzuführen, während Geständnismotivierung in Handbüchern für Untersuchungsrichter oder im rechtsgelehrten Schrifttum nur selten reflektiert wird. In den Falldarstellungen und den literarischen Texten erscheint das Geständnis – wie in den avancierten kriminalpsychologischen Konzepten – als das Ergebnis von ‚Beziehungsarbeit‘. In der Praxis der Gerichte hingegen, deren Verhörprotokolle in unserem Projekt Gegenstand der Analyse waren, manifestiert sich die Struktur der Erziehung vor allem unter dem negativen Vorzeichen von Ungehorsam- und Lügenstrafen, die als eine Form der Züchtigung für *kommunikatives* Fehlverhalten aufgefasst werden müssen zu dem Zweck, dieses Verhalten zu *bessern*. Was den verhörenden Untersuchungsrichtern zu Beginn unseres Untersuchungszeitraumes noch weithin fehlt, ist das Sich-Einlassen auf die Verhörsituation selbst, ohne das es keine ‚Beziehungsarbeit' geben kann. Das kann man – wenn man an die öfter wiederholte Formel denkt, der Untersuchungsrichter solle ‚als Mensch' agieren – als ein mentalitätsgeschichtliches Problem auffassen. Es hängt aber vor allem zusammen mit einer Umwälzung in der Wahrnehmung dessen, was menschliche Kommunikation ist.

Auch für die gegenwärtige Situation lässt sich eine Art ‚Schere' zwischen Theorie und Praxis konstatieren. In unserer diskursanalytischen Rekonstruktion hat sich gezeigt, dass die polizeiliche Vernehmung seit den 70er Jahren des 20. Jahrhunderts – beeinflusst von herrschafts- und praxiskritischen Analysen aus dem Bereich der Wissenschaft – der Tendenz nach zwar zunehmend als qualitatives Interview konzipiert wird. Die kommunikativ edukative Beziehungsarbeit blieb aber in ihrem Kern, dem wechselseitigen Sich-Einlassen von Vernehmer und Beschuldigtem, auch nach dieser ‚dialogischen Wende' unbesprochen und unbeachtet. In der Vernehmungspraxis haben sich mittlerweile Lösungen herausgebildet, um Beschuldigte mit kommunikativen Mitteln zum Geständnis zu motivieren, die im Kern *nicht* von der kriminalistischen Lehr- und Ratgeberliteratur ‚angeleitet' sind. Anders als die Untersuchungsrichter um 1800 lassen sich die Vernehmer heute ganz selbstverständlich auf eine personale und im Grenzfall sogar ‚authentische' (im Sinne von ‚nicht strategisch ausgeklügelte') Beziehung zum Beschuldigten ein, um ihn aus dieser die förmliche Vernehmung übersteigenden Beziehung heraus zu einem Geständnis zu führen. Nur unter dieser Voraussetzung kann das Geständnis dem Beschuldigten als ein Gut vermittelt werden.

Die Herstellung einer kommunikativen Verpflichtung, die zum Geständnis motivieren soll, lässt sich freilich immer als ein durch psychischen Druck erzeugter *Zwang* auffassen, der die rein rationalen Erwägungen des Beschuldigten zu durchkreuzen bemüht ist. Unter dem Vorzeichen einer konsequenten Nutzenmaximierung hingegen wird im Allgemeinen kein Geständnis ohne erdrückende Beweislage abgelegt. Das Geständnis wird dann zum Bestandteil eines bloßen *Handels*. In den USA tritt dieser Aspekt vor allem beim sogenannten *plea bargaining* in den Vordergrund, bei dem die Einigung der Parteien über ein Strafmaß an die Stelle der aufwändigen Sachverhaltsauklärung tritt. Die gegenwärtig diskutierten Gesetzentwürfe des Bundesrates und der Bundesregierung über die so genannte „Urteilsabsprache" schließen hier an. Nach dem Willen des Bundesrates soll der Bundestag einen neuen § 243a StPO in sieben Absätzen beschließen, der die einvernehmliche Verfahrensbeendigung regelt. Die Debatte über dieses neue Zaubermittel der Urteilsabsprache währt bereits seit mehr als zwei Jahrzehnten. Allerdings sehen diese Entwürfe immer noch vor, dass die „Geständnisse" das Gericht überzeugen müssen.

Mit dieser längst schleichend eingetretenen Ökonomisierung des Vernehmungsgeschehens werden sich – so unsere Prognose – die Formen der Geständnismotivierung und die Rolle des Vernehmers *in* der Vernehmung weiter verändern. Die Kunst des Vernehmens *vor* der Vernehumg wird weiterhin die Kunst des Ermittlers bleiben, der Beweisstücke sammelt und damit das setting der Vernehmung definiert. *In* der Vernehmung jedoch wird seine Rolle unter diesen Umständen vielmehr darin bestehen, dem Beschuldigten eine Art ‚Hilfestellung' bei dessen Kosten-Nutzen-Kalkulation zu leisten – deren Rahmen er zuvor mitgesetzt hat. In der so entworfenen Kalkulation müssen dann die Auswirkungen der Nichtgeständigkeit als unangenehmer erscheinen als die mit einem Geständnis einhergehenden. Ein an seiner persönlichen Nutzenmaximierung orientierter Beschuldigter lässt sich in einer solchen Situation am ehesten nondirektiv und aus der Distanz führen. Und dafür bietet sich – so unsere erste Analyse – die Haltung des vertrauenswürdigen *Ratgebers* an.

Mit dem Vernehmer als Ratgeber würde die edukative Dimension in Beschuldigtenvernehmungen in Zukunft zwar auf eine bedeutsame Weise modifiziert, bliebe aber gleichwohl erhalten. Denn ein sogenannter wohlmeinender Rat kann nur auf der Grundlage einer Beziehung gegeben werden, in der der Ratgeber glaubhaft vermittelt, seinen Sachverstand in den Dienst dessen zu stellen, der als beratungsbedürftig definiert wird. Insofern stellt die stets mehr oder weniger implizit bleibende Position des Ratgebers *innerhalb* der Vernehmung eine Weiterentwicklung des ‚Edukativs' dar: Der beratende Vernehmer wendet sich an ein Subjekt, das einerseits selbstbestimmt ist, da es den Rat beherzigen oder ausschlagen kann, das aber andererseits des Rates bedürftig und insofern unmündig ist. Mit dieser Option kann der polizeiliche Vernehmer die Aushandlungsdominanz des Beschuldigten, der die Vernehmung als einen am Kosten-Nutzen-Prinzip orientierten Handel auffasst, zugleich berücksichtigen und unterlaufen.

## 5. Methoden

Es wurde bereits angesprochen, dass das Projekt in methodologischer Hinsicht die Verbindung eines diskursanalytischen Ansatzes im Sinne Foucaults mit der hermeneutischen Wissenssoziologie darstellt. Zur Sicherung einer abgestimmten Vorgehensweise wurden Umrisse einer integrativen hermeneutisch diskursanalytischen Wissenssoziologie entwickelt (Niehaus / Schröer 2004, 2005, Reichertz 2005, siehe auch Reichertz in diesem Band), die sich auch in der Konzeption dieses Bandes widerspiegeln.

Entscheidend für die Fruchtbarkeit dieser Verbindung war ein Ergänzungsverhältnis hinsichtlich des zugrunde gelegten Materials. Auf der einen Seite stehen die hermeneutischen Fallanalysen mit ihren genauen Analysen von Situationssetzung bzw. -definition und situativen Aushandlungsprozessen. Auf der anderen Seite steht die Analyse der diskursiven Formationen des Wissens und der Praktiken, in die diese Aushandlungsprozesse immer schon eingelassen sind. Ohne die historische Dimension ist keine Diskursanalyse im Sinne Foucaults möglich, weil erst der Blick auf die historischen Verschiebungen die jeweils herrschenden Formationen erkennbar macht. Umgekehrt bedarf die Diskursanalyse der Ergänzung durch die in der hermeneutischen Wissenssoziologie entwickelten Verfahren, wenn Aussagen über das tatsächliche Funktionieren von kommunikativen Prozessen gemacht werden sollen. Die Einzelfallanalysen können dann wiederum für eine Analyse der begleitenden theoretischen Diskurse fruchtbar gemacht werden. So lässt sich etwa der sich in den Fallanalysen für die Gegenwart ergebende Befund, dass der Vernehmer tendenziell die Rolle eines Ratgebers einnimmt, mit einer tief greifenden Veränderung unserer Kultur in Zusammenhang bringen, in der verschiedenste diskursive Praktiken des Beratens einen immer größeren Raum einnehmen. Eine Verbindung dieser beiden Ansätze erweist sich – wie man zusammenfassend sagen kann – dann als fruchtbar, wenn die Eigenständigkeit des jeweiligen Erkenntnisinteresses gewahrt bleibt.

Ein weiteres Erfordernis für die Verbindung dieser beiden Ansätze war die Bereitstellung vergleichbaren Untersuchungsmaterials, was die fallbezogenen Analysen angeht. Für die Gegenwart konnte auf transkribierte Vernehmungsmitschnitte und Experteninterviews zurückgegriffen werden. Das Problem war fallbezogenes Material aus früheren Zeiten. Dass die Einzelfälle analysierenden Beiträge dieses Buches sich auf die Zeit nach 1780 und nach 1980 konzentrieren, hat mit diesem Problem zu tun. Zu Zeiten des um 1800 noch herrschenden Inquisitionsverfahrens ist die genaue dialogische Führung eines Verhörprotokolls selten, nach Einführung der polizeilichen Beschuldigtenvernehmung (spätestens nach 1877) kommt sie (wegen der nachfolgenden mündlichen Hauptverhandlung) so gut wie überhaupt nicht mehr vor. Wir haben das Stadtarchiv Konstanz – dem an dieser Stelle ausdrücklich gedankt sei – für unser historisches Material ausgesucht, weil die Verhörprotokolle im uns interessierenden Zeitraum dort mit einer erstaunlichen Akribie geführt wurden und sich deshalb als aussagekräftiger erwiesen als die übrigen uns zur Verfügung stehenden Fälle. Ergänzend wurden für diesen Zeitraum auch literarisierte Falldarstellungen herangezogen.

Die Verwendung der unterschiedlichen Datensorten machte darüber hinaus eine Klärung erforderlich, wie die mit Hilfe dieser Daten gewonnenen Erträge zu einander in Beziehung gesetzt werden können: Hier wurde das in der qualitativen Sozialforschung etablierte Konzept der *Methodentriangulation* aufgegriffen und unserem Projekt angepasst.

## 6. Gliederung des Bandes

Der einleitende Beitrag *Forum internum – forum externum. Institutionstheorien des Geständnisses* von Manfred Schneider rekonstruiert die Geschichte des Geständnisses seit seiner theologischen und kirchenrechtlichen Instituierung im ausgehenden Mittelalter. Er geht davon aus, dass das im Rahmen eines Strafverfahrens abgelegte Geständnis nur angemessen verstanden werden kann, wenn es auf die Geständniskultur des christlichen Abendlandes bezogen wird, wobei der rechtlichen Fixierung der Beichte im Laterankonzil von 1215 eine besondere Bedeutung zukommt. Es scheint nun paradox, dass gerade am Ende dieser Tradition, im ausgehenden 20. Jahrhundert, zwei Theoretiker, Michel Foucault und Pierre Legendre, diese Kultur des Geständnisses in jeweils komplexen theoretischen Modellen zu analysieren suchen.

Der zweite Beitrag *„Wirkung einer Naturkraft". Das Geständnis und sein Motiv in Diskursen um 1800* von Michael Niehaus widmet sich der Ausgangslage des Forschungsprojektes im ausgehenden 18. Jahrhundert. Wie auch zuvor gibt es um 1800 keinen geschlossenen Diskurs über das Geständnis, und auch keinen disziplinären Ort, wo das Geständnis als solches reflektiert wird. Es wird vielmehr als etwas Fragloses, etwas Selbstverständliches vorausgesetzt. Die in diesem Beitrag vorgenommene Rekonstruktion muss deshalb verschiedene diskursive Orte aufsuchen, um die Frage nach den Motiven, die dem Geständnis zugeschrieben werden, angemessen beantworten zu können. Dazu gehören die beginnende Kriminalpsychologie und die neue Gattung psychologisch informierter Falldarstellungen ebenso wie die im 18. Jahrhundert grassierende pädagogische Diskussion um die Onanie.

Die Einzelfallanalyse *Haltloses Geständnis. Der Fall Jakob Sauter* von Michael Niehaus widmet sich einem Mordfall, der 1787 am Konstanzer Kriminalgericht verhandelt wurde. Die acht langen Verhöre, die mit dem zunächst leugnenden, dann geständigen, schließlich aber sein Geständnis widerrufenden Inquisiten durchgeführt und minutiös protokolliert wurden, geben einen unvergleichlichen Einblick in die kommunikativen Prozesse, innerhalb derer um 1800 zum Geständnis motiviert werden sollte. Eine vollständige Analyse der Protokolle ist inzwischen auch als Buch publiziert (Niehaus 2006). Es zeigt sich, dass im Verhör unablässig kommunikative Regelverstöße des Inquisiten wahrgenommen, erzeugt und auf verschiedene Weise geahndet werden. Der Inquisit wird kommunikativen Zwängen ausgesetzt, ohne dass ihm zugleich eine spezifische Geständnismotivation angeboten würde. Wie der Widerruf manifest macht, kann das Gericht auf diese Weise offenbar ein Geständnis unter Druck herbeiführen, nicht aber zu einer geständigen *Haltung motivieren*. Die durch die Abschaffung der Folter implizierte edukative Dimension des Verhörs wird vom Gericht nicht wahrgenommen, weil keine Routine und kein Wissen zur Erlangung eines Geständnisses mit kommunikativen Mitteln zur Verfügung stehen.

Dies stellt auch der Beitrag *Konfrontationen und Lügenstrafen. Akten zur Geständnisarbeit um 1800* von Michael Niehaus und Christian Lück fest, der Analysen verschiedener Verhörprotokolle aus Konstanzer Akten zusammenfasst. So zeigen die Verhörprotokolle zu zwei Unzuchtsdelikten, dass das Gericht die dort deliktspezifisch gebotene Möglichkeit, sich dem Inquisiten auch in der Rolle des Beichtvaters (im Sinne einer besonderen Adressierungsstruktur) anzubieten, nicht ergreift. Die edukative Logik schlägt sich vielmehr auch hier unter negativen Vorzeichen in einer (freilich implizit bleibenden) Degradierung und nicht in einer ,Aufrichtung' des Subjektes nieder. Das Geständnis bleibt daher im einen Fall ein Teilgeständnis und kommt im anderen Fall einem Zusammenbruch angesichts all dessen gleich, was ohnehin nicht länger zu leugnen ist. Formen der – erzieherisch gemeinten – Degradierung (vor allem durch die prozessualen Mittel der Konfrontation und der zumindest angedrohten Lügenstrafe) kennzeichnen auch die Verhöre bei zwei Diebstahlsdelikten. Insbesondere im Verfahren gegen einen minderjährigen Inquisiten soll die zweimalige (erfolglose) Verabreichung von Prügel wegen lügenhaften Verhaltens gewissermaßen die Versäumnisse der übel beleumundeten Eltern kompensieren.

Der nächste Beitrag, *Pathologie des Geständnisses. Zum Stellenwert von Selbstaussagen um 1900* von Michael Niehaus und Christian Lück nimmt eine Sonderstellung ein. Er beschäftigt sich weder mit den Geständnissen nach 1780 noch mit den Geständnissen nach 1980, sondern – gewissermaßen als Scharnier – mit der sich verändernden diskursiven Formation, auf die die Frage der Geständnismotivierung um 1900 trifft. Das Geständnis wird nun weniger als verantwortlicher Sprechakt denn als ein letztlich pathologisches Phänomen wahrgenommen. Besonders deutlich wird dies in der Diskussion um die sogenannte „Tatbestandsdiagnostik" – den unfreiwilligen Selbstverrat, der sich durch die auffällige Reaktion bei Assoziationstests ereignen soll. Einerseits erscheint das Wissen, wie man zum Akt des Gestehens motiviert, um 1900 als ein nicht theoretisierbares praktisches Wissen; andererseits stehen anhaltende Bemühungen um ein Geständnis unter dem Verdacht, zu *falschen* Geständnissen zu führen. Die emphatische Forderung der um 1800 entstehenden Kriminalpsychologie, der Verhörende solle den Verhörten immer auch als *Mensch* betrachten, wird im kriminalpsychologischen Diskurs um 1900 vor allem als zweifelhafte Aufforderung zum ‚gemütlichen Verkehr' mit dem Beschuldigten wahrgenommen.

Der zweite Teil des Bandes widmet sich der Frage, wie es gegenwärtig um das Geständnis im Strafverfahren bestellt ist. Er wird eingeleitet durch Norbert Schröers und Ute Donks Überblick *Leerstelle ,Geständnismotivierung'. Zu einem blinden Fleck im kriminalistischen Diskurs ab den 1960er Jahren*, der sich – stärker als der Überblicksbeitrag für die Zeit um 1800 – auf die Beschuldigtenvernehmung konzentriert. Es zeigt sich zwar, dass seit den sechziger Jahren die kommunikative Dimension des Vernehmungsgeschehens im kriminalistischen Diskurs – nicht zuletzt durch die prozessuale Stärkung der Position des Beschuldigten – an Bedeutung gewinnt. Es bleibt aber bei allgemeinen Empfehlungen zu vertrauensbildenden Maßnahmen, mit denen man die Kooperativität des Beschuldigten gewinnen könne. Seit den siebziger Jahren gewinnt – beeinflusst von herrschafts- und praxiskritischen Analysen aus dem Bereich der Wissenschaft – die dialogische Gestaltung von Vernehmungen zunehmend die Oberhand, so dass die polizeiliche Beschuldigtenvernehmung der Tendenz nach als qualitatives Interview konzipiert scheint. Die Analyse der eigentlichen ‚Beziehungsarbeit' bleibt aber auch nach dieser ,dialogischen Wende' letztlich unbesprochen und unbeachtet.

*Geständnis gegen Beziehung. Zur Geständnismotivierung in Beschuldigtenvernehmungen seit 1980* von Norbert Schröer wendet sich konkreten Fallanalysen zu. Insgesamt fünf Fälle schwererer Kriminalität werden über die

Analyse von Experteninterviews mit den in diesen Fällen vernehmenden Kriminalbeamten zugänglich gemacht. Besonders die im ersten Teil ausführlich dargelegte, sich über einen längeren Zeitraum hinziehende Untersuchung eines Mordversuches zeigt, dass Beschuldigte zu einem Geständnis motiviert werden, weil die Beziehung zum Vernehmungsbeamten von Bedeutung für sie geworden ist und das fortgesetzte Leugnen diese Beziehung aufs Spiel setzen würde. Das Geständnis hat einen Adressaten, es wird zu einer Gabe, die die Beteiligten miteinander verbindet. Im Fall eines sechsfachen Serienmörders wurde diese Beziehung sogar nach der Verurteilung noch für Jahre aufrecht erhalten. In abgeschwächter Form gilt diese Weise der Geständnismotivierung ebenfalls bei Deliktformen innerhalb der Wirtschaftskriminalität, für die man vorab eine eher rational kalkulatorische Haltung des Beschuldigten unterstellen würde: Die Beziehung zwischen Vernehmer und Beschuldigtem muss so weit gediehen sein, dass das Geständnis als ein Gut erscheint.

Der Beitrag von Norbert Schröer, *Der Vernehmer als Ratgeber oder: die distanzierte Führung des Beschuldigten zur eigenverantwortlichen Selbstführung*, stellt zunächst einmal die intensive Analyse des transkribierten Tonbandmitschnitts einer Vernehmung dar. Es handelt sich um einen minder schweren Fall aus dem Bereich der Drogenkriminalität (schon weil beim Geständnis so viel auf die Gestaltung der Vernehmungssituation ankommt, liegt es in der Natur der Sache, dass in den Fällen schwerer Kriminalität wissenschaftliche Beobachter kaum zugelassen werden). Hier kann man sehen, mit welchen Mitteln der Kriminalbeamte den Beschuldigten in eine geständige Position manövrieren kann, ohne dass das Geständnis auch nur ein einziges Mal als solches bezeichnet würde. War um 1780 unablässig vom Geständnis die Rede, so ist es – innerhalb von Vernehmungen – etwas mehr als zweihundert Jahre später beinahe zu einem tabuisierten Wort geworden. Dem entspricht die Position des Ratgebers, aus der heraus dem Vernehmer dies gelingt, indem er sich dem Beschuldigten als Ansprechpartner in einer schwer überschaubaren Situation anbietet. Mit dem Vernehmer als Ratgeber wird die edukative Dimension in Beschuldigtenvernehmungen einschneidend modifiziert. Auch ein sogenannter wohlmeinender Rat kann nur auf der Grundlage einer Beziehung gegeben werden. Mit ihm richtet sich der Vernehmer an ein scheinbar autonomes Subjekt. Mit anderen Worten: Das Subjekt kann wähnen, das Geständnis, das nicht mehr so heißt, aus rationalen Motiven abzulegen.

Der abschließende Beitrag von Jo Reichertz *Foucault als Hermeneut? Lassen sich Diskursanalyse und Hermeneutik gewinnbringend miteinender verbinden?* hat zwei Zielstellungen: Zum einen untersucht er einen Text der für das Gesamtprojekt relevanten Geständnisliteratur aus dem Jahr 1835, zum zweiten setzt er sich aus Sicht der Hermeneutischen Wissenssoziologie mit der Foucaultschen Diskursanalyse auseinander – und zwar mit der Form der Diskursanalyse, die Foucault in seiner ‚Archäologiephase' öfter zum Einsatz brachte. Die Rekonstruktion dieser Variante der Foucaultschen Diskursanalyse, wird dann genutzt, um einige (implizite) Prämissen einer wissenssoziologischen Hermeneutik sichtbar(er) werden zu lassen bzw. deren Plausibilität zu diskutieren. Gerade solche Debatten führten zu der Einsicht, dass insbesondere die späten Arbeiten Foucaults, mit denen er sein Subjektivierungskonzept ausdifferenziert, besser an eine hermeneutisch arbeitende Wissenssoziologie anschlussfähig sind.

# Forum internum – forum externum
## Institutionstheorien des Geständnisses

*Manfred Schneider*

## 1.

*Vorbemerkung:* Die Unterscheidung zwischen dem *forum internum* und dem *forum externum* spielt noch eine Rolle im modernen kanonischen Recht. Danach beansprucht die katholische Kirche aus göttlicher Vollmacht für sich sowohl die Jurisdiktion des Gewissens (*forum conscientiae*) als auch die geistliche Gerichtsbarkeit.[1] Das innere Forum des Gewissens stellt den Menschen Gott gegenüber, wenn auch nach wie vor die priesterliche Leitungsgewalt, wie sie der Kanon 130 des Kanonischen Rechts von 1983 bestimmt, bis dorthin reicht (Listl et al. 1983: 131).[2] Das *forum externum* bezeichnet das öffentliche Gericht, wo vor aller Augen Anklagen erhoben, Beweise geführt, Verteidigungen vorgetragen und Urteile gesprochen werden. Die Theorie und Unterscheidung der beiden Foren wurde von den Kirchenjuristen des späten Mittelalters ausgearbeitet, um den kirchlichen Anspruch auf die urteilende Gewalt in beiden Gerichten zu erheben. Das moderne Gewissen ruht dieser forensischen Konzeption auf (Kittsteiner [2]1992). Noch Kant arbeitete es in seinen Moralvorlesungen aus (Kant [2]1910ff.: XXVII, 1, 296).

Die Konzeption der beiden Foren sowie die daraus hergeleiteten gerichtlichen Regeln und Praktiken, die mittelalterliche Kirchenjuristen ausgearbeitet haben, sind noch heute grundlegend für die Frage nach der Theorie des Geständnisses. Aus den Befunden, die diese Dokumente liefern, leitet sich folgende These her: Die Theorie für die Motive und Gründe, die einen Beschuldigten erst vor den kirchlichen Gerichten und später auch vor den weltlichen Gerichten den Beweisgang durch ein freiwilliges Geständnis abschließen lassen, kommen vor

---

[1]  Der Titel V des CIC/1917 heißt: „De potestate ordinaria et delegata" und der dann folgende Kanon 196 hat den Wortlaut: „Potestas iurisdictionis seu regiminis quae ex divina institutione est in Ecclesia, alia est fori externi, alia fori interni, seu conscientiae, sive sacramentalis sive extrasacramentalis."

[2]  Kanon 130 des CIC/1983, der die Regelungen des CIC/1917 aufgehoben hat, bestimmt: „Potestas regiminis de se exercetur pro foro externo, quandoque tamen pro solo foro interno, ita quidem ut effectus quos eius exercitium natum est habere pro foro externo, in hoc foro non recognoscuntur, nisi quatenus id determinatis pro casibus iure statuatur."

allem aus der dogmatischen und kirchenrechtlichen Begründung für die *confessio* im Bußsakrament. Die Überlieferung zum Thema der Buße seit der Spätantike füllt eine ganze Bibliothek. Sie umfasst Schriften der Kirchenväter (Tertullian, Ambrosius, Augustinus), Konzilsbeschlüsse, authentische wie apokryphe pontifikale Dekrete (Legendre 1975: 577). Kirchenväter, Päpste, Kirchenjuristen und die Gelehrten beider Rechte, die als Autoren der *summae confessorum* auftraten, zählten alle seelenhygienischen und medizinischen Vorteile auf, die die *confesssio* im Rahmen der Buße bietet. Diese Vorteile wurden später mehr oder weniger explizit auf das Geständnis vor dem äußeren (kirchlichen und weltlichen) Gericht übertragen. Die hier historisch gestellte Frage nach der Motivation des Geständnisses ist vor allem auf die dogmatischen, kanonischen und praktischen Schriften verwiesen, die das Mittelalter und die spätere Zeit zunächst über das *forum internum* des Bußsakramentes erstellten. Dort finden sich die Quellen zu jenen Druckmitteln, Hinweisen, und gut gemeinten Ratschlägen, den „Ermahnung, Drohungen und Verheißungen" (Fischer 1789: 34f.), die später die Untersuchungsrichter vorbringen werden, um die Beschuldigten zu der für sie juristisch nachteiligen Aussage zu veranlassen.

Es wird daher zur Erläuterung der beiden Foren und der Geständnisinstitution zunächst der dogmatische und rechtshistorische Kontext der Bestimmungen über die *confessio* in der kirchlichen Buße und im Inquisitionsverfahren dargestellt, die die bekannten Regelungen des IV. Laterankonzils 1215 zum Gesetz erhoben. Weiter werden auf dieser Grundlage die Theorien des Geständnisses, die Michel Foucault und Pierre Legendre formuliert haben, vorgestellt. Sie bilden zwar unterschiedliche Zugänge zur gerichtlichen Praxis des Geständnisses, stehen aber beide auf der methodischen Grundlage der Diskursanalyse.

## 2.

*Einrichtung des forum internum und das psychosomatische Dogma:* Die Theorien dieser beiden Foren entwickeln sich über einen langen Zeitraum hinweg. Äußerungen hierzu tauchten bereits verstreut in den kanonischen Schriften des frühen Mittelalters auf, aber sie wurden erst durch die mit höchster päpstlicher Autorität erlassene Einführung der Beichtpflicht für die gesamte christliche Welt sowie mit der Einrichtung des Inquisitionsverfahrens im kirchlichen Strafprozess verbindlich. Zur Einführung des Inquisitionsverfahrens setzte das IV. Laterankonzil von 1215 im Kanon 8 mehrere neue gerichtliche Prozeduren in

Kraft. Dazu gehörte einmal die ausdrückliche Pflicht der Diözesanvorsteher, der Bischöfe, alle Vergehen, die ihnen zu Ohren kamen, von Amts wegen zu verfolgen. Zuvor waren sie nur tätig geworden, wenn ihnen eine Anklage im Sinne einer *publica infamia* oder einer *insinuatio frequens* vorgelegt wurde (Landau 1966). Auch gegenüber der Infamieanklage galt bereits das Offizialprinzip, das den Prälaten oder Bischof dazu veranlasste, eine Untersuchung einzuleiten. Die seit 1215 gültige Verfahrensordnung zwang nun die kirchlichen Behörden zu einer gerichtlichen Untersuchung (*inquisitio*), die nicht mehr nur die Infamation (die Infamie hieß *accusator fictor*) prüfen, sondern den Sachverhalt aufklären und damit die materielle Wahrheit erarbeiten musste (Landau 1993: 45). Dies war eine folgenreiche Innovation. Der neue Prozess unterschied sich nicht nur von den bisherigen Verfahren, sondern wich zugleich auch von dem im weltlichen Recht der verschiedenen Regionen im Römischen Reich weiter praktizierten Prozesstyp ab. Danach galten auch Diebstahl, Raub und Mord zunächst als private Streitigkeiten, und sie wurden nicht selten durch Entschädigungen kompensiert, die in Listen niedergelegt waren (Kroeschell 1972). Beweise, etwa durch Zeugen, wurden nicht regelmäßig erhoben (Stutz 1929). Ein öffentliches Strafbedürfnis kannten die nichtrömischen Rechtstraditionen nur in Ansätzen. Zur Sicherung der materiellen Wahrheit waren nun in der kirchlichen Inquisition auch Gewaltmittel zugelassen, die zum Beispiel den Ketzer zum Schuldeingeständnis und – das war das erste Ziel dieses Prozesses – zum Widerruf veranlassen sollen. Ganz konsequent untersagte das Laterankonzil von 1215 nach dem Wortlaut des Kanon 18 auch allen Priestern die Beteiligung an Gottesurteilen oder Duellen, die als gerichtliche Entscheidungs- oder Beweisverfahren weiterhin üblich waren.[3] An deren Stelle rückte 1215 ein neues, auf Zeugen und Geständnis gegründetes Beweisverfahren. Damit erhielt die *confessio* ihren Platz als Königin der Beweise im neuen *forum externum* der Kirche. Das Geständnis im modernen Sinne ist also eine Einrichtung aus der Welt der kirchlichen Tribunale: des *forum externum* wie auch des *forum internum* im Bußtribunal, das ebenfalls 1215 im Gefolge der Einrichtung der Beichtpflicht entstand.

Der gleichen Gesetzgebung des Laterankonzils von 1215 verdankt die westliche Welt damit zwei folgenreiche Neuerungen: Die Einrichtung des *forum externum*, des Inquisitionsgerichts, mit dem neuen, auch durch Folter erzwing-baren Geständnis, sowie das im Kanon 21 verfügte *forum internum*, dem Gewissensgericht der für alle Christen verbindlichen jährlichen Beichte. Sowohl

---

3   Vgl. die entsprechenden Regelungen im Artikel 63 des Sachsenspiegel.

das Geständnis als auch die Beichte heißen in der lateinischen Gerichtssprache *confessio*.

Auch die *confessio* des Bußgerichts, des *poenitentiale iudicium*[4], wie es dann heißen wird, blickt auf eine lange Vorgeschichte zurück. Fürs erste ist dabei anzumerken, dass in dieser langen Historie der kirchlichen *confessio* um 1215 eine wichtige Änderung eintrat. Noch das 3. Konzil von Toledo im Jahre 589 hatte im Einklang mit den kirchenväterlichen Vorgaben und den Konzilsbeschlüssen festgelegt, dass das Bußgericht als *forum externum* durchgeführt werden sollte. Die Delinquenten wurden in der Kirche in einer Gruppe von Büßenden separiert und blieben von der Kommunion ausgeschlossen. Die Männer wurden kahl geschoren, Frauen hatten eine entsprechende Kleidung zu tragen. Das war eine sichtbare Infamie. Erst wenn sie der Priester los sprach, erhielten die Büßenden alle ihre Rechte zurück (Watkins 1920/1961: II, 666f.). Obschon die öffentliche Buße schon längst außer Gebrauch gekommen war, wurde erst durch die Lateranbeschlüsse 1215 das alte externe Bußgericht definitiv auf ein inneres *forum* verlegt. Die im Kanon 21 vorgeschriebene intime Ohrenbeichte schützte den Gläubigen von nun an vor den beschämenden Blicken der Gemeinde und verband ihn allein mit dem Ohr und Mund des Priesters. Zunächst ein Mal, später sechs Mal jährlich lautete die für alle Christen verbindliche Frequenz, und wer dieser Pflicht nicht Folge leistete, sah sich mit dem Ausschluss von der Kommunion und mit der Verweigerung eines christlichen Begräbnisses bedroht. Was aber versprachen sich die Kirchenleute davon? Der Kanon 22 erklärte dazu, dass auch alle Ärzte verpflichtet seien, ehe sie einem Patienten ihre Hilfe angedeihen ließen, dafür zu sorgen, dass sich der Kranke erst einmal unter die Kur eines Seelenarztes begab. Denn:

> Die Krankheit des Leibes kommt bisweilen aus der Sünde (...). Deswegen bestimmten wir durch das vorliegende Dekret und schreiben den Ärzten vor: sie sollen, wenn sie zu den Kranken gerufen werden, sie vor allem ermahnen und dazu anhalten, den Seelenarzt zu rufen. Wenn dann für das geistliche Heil des Kranken gesorgt ist, wird man auch mit größerer Aussicht auf Heilung die Medizin für den Körper anwenden. (Foreville 1970: 418).[5]

---

4    Lateinische Belege zu den Kanones 21 und 22 folgen dem Text in den Decretalien Gregors IX, hier Lib. V, Tit. XXXVIII Corpus Iuris Canonici. Friedberg (1879/1959), Bd. II, Sp. 887f.

5    „Quum infirmitas corporalis nonnunquam ex peccato proveniat, (...) presenti decreto statuimus, et districte praecipimus medicis corporum, ut, quum eos ad infirmos vocari contigerit, ipsos ante omnia moneant et inducant, ut medicos vocant animarum, ut, postquam fuerit infirmo de spirituali salute provisum, ad corporalis medicinae remedium salubrius procedatur (...)" Decretal. Gregor IX, Lib. V, Til. XXXVIII, cap. XIII.

Diese Bestimmung ist wenig bekannt. Die Beschlüsse des Konzils gaben nicht nur der Allianz von Kirche und Gericht eine imposante Form, sondern kodifizierten auch eine Allianz von Kirche und Medizin. Diese Verbindung schöpfte dogmatisch aus den Wunderheilungen, die die Bibel erzählt, und ruhte weiter auf der Autorität bedeutender Kirchenväter von Augustinus bis Jean de Gerson (vgl. Lavenia 2004). Allen voran ist hier das *Decretum* des Bischofs Burchard von Worms zu nennen, dessen 19. Buch in 264 Artikeln unter dem Titel *Corrector seu medicus* (um 1000) große Verbreitung erzielte und als Pönitentialhandbuch benutzt wurde. Im Vorwort erklärt der Autor, dass der *Corrector seu medicus* Anweisungen zur Sicherung des körperlichen und seelischen Heils enthalte (Watkins 1920/1961: II, 735). Weiter bahnt Alanus ab Insulis den Weg zur Einrichtung der *confessio* als einer spirituellen Klinik. In seinem *Liber poenitentialis* aus der zweiten Hälfte des 12. Jahrhunderts führt er den Vergleich zwischen dem *medicus spiritualis* und dem *physicus materialis* aus. Wie der leibliche Arzt soll auch der Beichtarzt den Kranken mit freundlichen Worten ansprechen, Mitleid zeigen, damit der Leidende vertrauensvoll den ganzen Umfang seiner Krankheit offen legt (Patrologia Latina [PL] CCX, 286).

Beinahe sieht es so aus, als hätten die beiden prominenten Autoren auch das ärztliche Schweigegebot auf die *medicos spirituales* übertragen. Denn Burchard wie Alanus betonen das Gebot der Diskretion mit großem Nachdruck, und in der Folge bedroht der Kanon 21 der Konzilsbeschlüsse von 1215 den Priester, der dieses Schweigegebot bricht, sogar mit dem Verlust seines Amtes. Die Vorschrift des Konzils, wonach jeder Arzt seine Patienten nur unter der Voraussetzung behandeln durfte, dass er ihn zuvor in die Kur des Seelenarztes geschickt hatte, wanderte nun durch alle Pönitentialhandbücher (Raymund de Penaforte 1603/1967: 457f.) und wurde durch ein Dekret des Tridentiner Konzils von 1445-63 noch verschärft. Ein von Papst Pius V. im Jahre 1566 erlassenes Dekret wollte die Ärzte gar dazu verpflichten, einem Gläubigen, der nicht gebeichtet hat, jedwede Hilfe zu verweigern (Lea 1905/1987: Bd. I, 262f.). Im 18. Jahrhundert wurde die Regel soweit gemildert, dass erst nach dem dritten Krankenbesuch die Behandlung abgebrochen werden musste, wenn der Patient nicht beichten wollte. Bis ins 19. Jahrhundert hinein sahen sich die Körperärzte, die diese Vorschrift nicht beachteten, mit Exkommunikation bedroht (Lea 1905/1987: Bd. I: 264). Das sind die beiden Agenten der Gerichtsreform von 1215: Körperarzt und Seelenarzt.

Die Dekrete des IV. Laterankonzils, die zugleich den Inquisitionsprozess und die Beichte verbindlich machten, das *forum externum* und das *forum internum*, bilden die Gründungsurkunden zur juristischen, kirchenrechtlichen

Instituierung der abendländischen Psychosomatik. So lautete die Doktrin, die es erlaubte oder gar erzwang, alle Winkel des Körpers und auch der Seele nach krankmachenden Ursachen abzusuchen. Zum ersten Mal legte ein gerichtliches System mit unabsehbarer Wirkung fest, dass die innere Stimme, die Seele, der wahre Diskurs des Menschen ein ihm selbst potentiell unzugänglicher Ort ist. Um in der Rede eines Gläubigen, eines Beschuldigten den Unterschied von wahr und falsch zu sichern, muss der dem Subjekt selbst unzugängliche Ort aufgeschlossen werden. Dieser Ort heißt Seele. Wo die Wahrheit ist, da ist die Seele. Daher gibt es Psychologie. Wenn also in einem Gerichtsverfahren die Wahrheit nicht durch Zeugen oder durch ein Geständnis bekannt wird, dann arbeitet sich die gerichtliche, kirchliche, medizinische Theorie an das Innere des Körpers heran, um ihm seine Wahrheit durch Befragung und Folter zu entreißen. Gleichviel ob der „Arzt der Seele", wie der Beichtvater heißt, den Kranken nach seinen Sünden fragt, oder ob der Henker die Daumenschrauben anlegt: Krankheit oder Schmerz bringen den Nachrichtenfluss über Sünde oder Verbrechen in Gang. Noch ein Rechtssatz des 18. Jahrhunderts definiert Krankheit als eine „tortura spiritualis", als eine geistige Folter.

Interessant wird diese Psychosomatik dann im *forum externum* und in der Seelenhygiene, die die Untersuchungsrichter mit dem Geständnis verbinden. Auch der Untersuchungsrichter des 18. Jahrhunderts, der seine Autorität durch eine stärker pädagogisch ausgerichtete Vernehmungstaktik[6] sichert, wird auf die Unterstützung der Beichtväter zurückgreifen und die Argumente der Seelenhygiene nutzen (Quistorp 1789: § 4; Kleinschrodt 1799: I,2, 89). Zuvor aber noch eine Bemerkung zur *confessio* im Bußsakrament. Wie hat die Beichte funktioniert? Man muss sich vorstellen, dass 1215 mit einem Schlage im gesamten Abendland die Praxis einer neuen kirchlichen Regulierung erlernt werden musste. Diese Praxis ging rasch in die Hand der Bettelorden, der Dominikaner und Franziskaner über, die dazu auch von Seiten des Papstes ermuntert wurden. Sie belegten „das ganze Gebiet des forum internum für sich mit Beschlag" (Dietterle 1903: XXIV, 358). Zu lernen hatten nicht nur diese neuen Inquisitoren der Beichte, sondern auch diejenigen, die die *confessio* praktizieren sollten, die Sünder, die Gestehenden. Was muss ich gestehen, was ist eine Sünde, welche Handlungen und Gedanken sollen über die Zunge? Auf der anderen Seite fragen sich die Inquisitoren: Was will ich wissen? Was muss ich erfragen? Vor allem jedoch: Welche Strafen habe ich zu vergeben? In dieses Unwissen hinein schrieb sich eine reiche Literatur, die mit dem Beginn des 13.

---

6    Vgl. den folgenden Beitrag von Michael Niehaus.

Jahrhunderts zu blühen begann. Solche Pönitentialhandbücher und *Summae confessorum*, die dann auch von den Juristen utriusque aus den Bettelordnen verfasst wurden, schlugen nun eine Brücke zwischen den beiden *Foren*. Denn da die Priester im *forum internum* zunehmend mit den sonst in die Zuständigkeit der weltlichen Gerichte fallenden Vergehen zu tun bekamen, mussten sie auch über das Recht des weltlichen Forums informiert sein. Daneben aber entwickelte sich im *forum externum* eine weltliche kirchliche Gerichtspraxis. Die kirchlichen Gerichte waren zuständig für die Kleriker und ihr Hausgesinde; und weiter beanspruchte die kirchliche Jurisdiktion die Zuständigkeit für Testamente, Wucherdelikte oder für eidlich bekräftigte Verträge (Trusen 1990: 275). Auf diese Weise floss in die Pönitentialhandbücher, die Klerikern wie Laien das Bußwesen erläuterten, immer mehr juristisches Wissen zum externen Forum ein, und die Theologen wurden zu Juristen wie umgekehrt die Juristen zu Theologen, so dass man beide als „Zwitterwesen" ansprechen konnte (Ditterle 1903: 355). Die rechtsbildende Wirkung der kanonischen Jurisdiktion, die sich in den *summae* spiegelt, liest sich auch daran ab, dass der kirchliche Zivilprozess in der Folge lange Zeit auch die Grundlage der nichtkirchlichen zivilen Gerichtsbarkeit bildete, bis durch die Rezeption des Römischen Rechts die systematische Umgestaltung des gemeinen Rechts einsetzte. Aber auch früher schon galt es, die Sachverhaltsaufklärung nach klassisch-römischem Muster durchzuführen und die Quintilianischen Fragen nach „personam, causam, locum, tempus, instrumentum" etc. (Quintilianus [2]1988, I: 458) abzuarbeiten. Das Londoner Konzil von 1200 verlangte für das *forum internum* entsprechend die Aufklärung über „tempus, locum, causam, moram" (Watkins 1920/1961: II, 733).

**3.**

*Die Psychosomatik der contritio und ihr körperlicher Ausdruck:* Wenn auch das Bußsakrament auf diese Weise von der *cura animorum* nach und nach in eine systematische Gerichtsbarkeit überging, hielten die Autoren der Pönitentialhandbücher, die das Bußverfahren des Konzilsdekrets kommentierten und juridifizierten, weiter an der psychosomatischen Theorie des Kanon 21 fest. Man macht sich heute keine Vorstellung mehr von der Bedeutung dieser Schriften, erst recht nicht von der Masse dieser Handbücher für den Gebrauch der Bußinstitutionen. Miriam Turrini hat für die Zeit zwischen 1450 und 1650 in Italien 360 einzelne Titel ausgezählt, ihre Bibliographie dieser Epoche umfasst knapp 1400 Ausgaben (Turrini 1991: 33f.). In diesem ungeheuer dichten Schrifttum entfaltet sich die aus der Patristik übernommene reiche medizinische Fachsprache, die den körperlichen Heileffekt durch Geständnis und Buße anschaulich macht. In der *summula fratris Conradi*, die Ditterle auf etwa 1215 datiert, spricht Conrad nachdrücklich von den „animae medicamina" (Ditterle 1903: 528). Der päpstliche Beichtvater Raymund de Pennaforte vergleicht in seiner *Summa confessorum* aus der Zeit zwischen 1234 und 1245 die *remissio* der Sünden mit der Heilung der Aussätzigen. Erst heilt Gott, dann vollzieht der Träger des priesterlichen Amtes mit der Lösung eine Art Nachkur. Die biblische Referenz hierfür liefert eine seit Gregor dem Großen (PL LXXVI, 1200) in allen Pönitentialhandbüchern gleich angeführte Stelle. Jesus brachte nach Lukas 17, 14 die Leprosen erst wieder auf die Beine, ehe er sie zu den Priestern schickte. Alanus ab Insulis nannte die Sündenkrankheit daher „lepra spiritualis" (PL CCX, 386). Auch den Lazarus rief Jesus erst aus dem Grab und übergab ihn anschließend den Jüngern mit der Aufforderung „Solvite eum." Raymund erläutert dazu: Wen Gott von seinen Sünden befreit, dem ist im Auge der Kirche noch längst nicht die *remissio* gewährt. (Raymund de Penaforte 1603/1967: 492, vgl. Ditterle 1903: 540). Unter Berufung auf den Kanon 21 verlangt auch Raymund, dass alle Ärzte die Kranken vor der körperlichen Behandlung dem Seelenarzt zuführen müssen. Wie aber läuft die psychosomatische Kur im Rahmen der *remissio* ab? Um das zu begreifen, ist noch einmal ein Blick zurück in die Dogmatik der *confessio* hilfreich.

Alanus ab Insulis fasst das psychosomatische, beinahe drängt sich auf: das psychoanalytische Dogma bereits in eine Vorschrift für den Beichtenden. Im gleichen Traktat schreibt er vor:

> Ehe der Sünder, der gleichsam ein geistig Kranker ist, zu seinem Arzt, nämlich seinem eigenen Priester, geht, muss er alle Winkel seines Gewissens erforschen, dort also, wo die Sünden in den Winkeln verborgen sind. Auf diese Weise untersucht er, wie sich in den verschiedenen Lebensaltern, in der Kindheit, Jugend, und anderen Lebensphasen verhalten hat.[7]

Die *confessio* setzt die systematische Erkundung der gesamten Biographie voraus, um den Ursprung der Krankheit, die die Sünde ist, zu finden. Während sich die Übeltaten und Sünden der Biographie im Verborgenen und möglicher-

---

7    „si peccator tamquam spritualis aegrotus, antequam accedat ad medicum suum, id est sacer-
     dotem proprium, scrutari debet angulos conscientiae suae, quae peccata in angulis eisdem
     habeant, inquirens quomodo se habuerit in singulis aetatibus suis, in pueritia, ad adolescentiam,
     et aliis aetatibus suis." (PL CCX, 299)

weise auch im Vergessen halten, kann die schlagartig einsetzende Kur an einer Reihe von Körperzeichen abgelesen werden, die auch den Priester/Arzt von der Wirkung des Geständnisses überzeugen. Vor allem Tränen hatten in der medizinischen und juridischen Institution des Geständnisses eine spezifische, dogmatisch ausgearbeitete Bedeutung, die von den beiden Kanones des Jahres 1215 ihren Ausgang nahm und im Lauf der Zeit ihre große Kraft entfalten sollte. Allerdings formulieren die Kanones 21 und 22 nicht das Dogma. Sie stellen die juristische Ausgestaltung des Dogmas dar. Das Dogma selbst errichtet unter anderem der *Tractatus de penitencia* des *Corpus Iuris Canonici*, der sich im zweiten Teil des *Decretum Gratiani* findet. Dort heißt es:

> Wen die Reue ergreift, möge auch vollständige Reue verspüren, und er möge sein Bedauern durch Tränen erweisen, er möge Gott sein Leben durch den Priester darstellen, indem er durch das Geständnis der Verurteilung Gottes zuvorkommt. Denn der Herr schrieb den Bußfertigen vor, dass sie ihr Gesicht den Priestern zuwenden sollen, indem er lehrte, dass die Sünden in körperlicher Gegenwart zu beichten sind und weder durch einen Boten noch durch ein Schriftstück angezeigt werden sollen. Er sprach nämlich „Lasst euer Antlitz sehen" und zwar „alle": nicht einer für alle; lasst nicht einen anderen Boten für euch sprechen, der das von Moses auferlegte Gesetz erfüllt. Auf dass diejenigen, die gesündigt haben, auch darum erröten. Das Erröten selbst hat Teil an der Gnade.[8]

Dies ist die juridische Instituierung der *contritio*-Glaubwürdigkeit durch Tränen. Die biblische Referenz sind die Tränen des Petrus, der nach seinem Verrat an Jesus Matth. 26, 74 „bitterlich weinte", wie Luther übersetzt. Das Weinen des Petrus zeigt in der Erzählung des Apostels die gleiche Struktur wie der Tränenstrom der *contritio*: Die Tränen reagieren auf die Anzeige einer bösen Tat aus dem Munde des Anderen, der bei Petrus kein geringerer ist als der Messias selbst. In dieser doppelten Referenz ist die Psychosomatik des Weinens zugleich juristisch wie biblisch gegründet. Der Bezug auf die Petrus-Tränen ist hier keine fromme Reminiszenz oder gar intertextuelles Spiel; vielmehr sind diese Tränen Gründungstränen. Sie liefern dem Dogma die Referenz. Sie setzen in Geltung,

---

8    Der lateinische Text lautet: „Quem penitet omnino peniteat, et dolore lacrimis ostendat, representet uitam suam Deo per sacerdotem, preueniat iudicium Dei per confessionem. Precepit enim Dominus mundandis, ut ostenderent ora sacerdotibus, docens corporali presentia confitenda peccata, non per nuncium, non per scriptum manifestanda. Dixit enim: ‚Ora monstrate,' et: ‚Omnes,' non unus pro omnibus; non alium statuatis nuncium, qui pro uobis offerat munus a Moyse statutum, sed qui per uos peccastis et uos erubescatis. Erubescentia enim ipsa partem habet remissionis." In: Gratiani Decreti pars secunda, causa XXXIII, quaestio III, distinctio I, caput LXXXVIII (Friedberg 1879/1959: I, 1187f.)

dass sich die Zerknirschung *zeigt* und dass sich die Frage nach der Glaubwürdigkeit an solchen Zeichen beantworten lässt. Die Instituierung des gerichtlichen Weinens in Gratians *Decretum*, die sich an dieser Stelle wörtlich auf das *Liber de vera et falsa poenitentia* des Pseudo-Augustinus (PL VI, Sp. 1122) beruft, verdient noch eine genauere Analyse. Alles entscheidend hierbei ist die dekretierte Vorschrift, dass das Geständnis in körperlicher Präsenz zu erfolgen habe. Wenn die Beichte in den folgenden Jahrhunderten definitiv durch Anonymität und Unsichtbarkeit geschützt wird, so bleiben doch Zeremoniell und semiotisches Repertoire der öffentlichen Zerknirschung erhalten. Nur werden sie auf das *forum externum* übertragen. Die geforderte Präsenz des Gestehenden, die keinerlei Einschränkung zulässt, steht hier unter der Bedingung, dass dem Priester das Gesicht zuzuwenden ist. Dieses Gesetz, das nach Lukas 17, 14 *ora monstrate* befielt, schließt in seinem Wortlaut gewiss noch einige metonymische Bedeutungen ein; es steht aber im Vordergrund, dass der Gestehende oder Beichtende der Institution in Gestalt ihres Stellvertreters sein Gesicht zuwendet. Das Gesicht ist der eigentliche Schauplatz des Geständnisses. Über Raum und Zeit der *confessio* lässt sich das *Decretum* an dieser Stelle sonst keineswegs aus. Es schreibt Präsenz und völlige physiognomische Ausleuchtung vor. Des Weiteren regelt das Dekret ja auch den Fall, dass kein Priester zur Hand ist. Da geht es gleichfalls in erster Linie darum, dass die *confessio* stattfindet. Die *confessio*, das weinende Gesicht und die *erubescentia* sind für den, der das Amt der *remissio* anstelle des Priesters übernimmt, die entscheidenden Merkmale. Das Gesicht verwandelt sich in dem Moment der *monstratio* in die Oberfläche eines überstürzten Zeichenprozesses, der das *remissio*-Drama ausmacht. Die beiden Signifikanten, die den Reigen des in absoluter Aktualität ablaufenden Gnadendramas bestreiten, sind Weinen und Erröten. Aber das Weinen und Erröten kommen nicht aus der geduldigen Beobachtung, sondern bilden ein Präscript. Sie sind allenfalls ein naturrechtlich kodifiziertes rechtsnatürliches Geschehen. Nur verändern sie im Laufe der Zeit ihren Charakter. In der Folge der juristischen Ausarbeitung dieser Zeichen im kirchlichen Prozess sowie in der weltlichen Gerichtsbarkeit, die auf Erbleichen, Lachen, Stocken, Stottern, Weinen lauert, verwandeln sie sich in die willkürlichen Boten eines inneren, dem Subjekt entzogenen *processing*. Man erkennt hier schon den pädagogischen Zug, der dann in der Neuzeit den Diskurs des Untersuchungsrichters bestimmen wird.

Noch ein Blick in den Gesetzestext Gratians. Der erste Satz dieses caput LXXXCVIII lässt die Tränen noch als *Zeichen von etwas* fließen: Sie sind Zeichen des Schmerzes. Hingegen hat dann das Erröten als die untrügliche

Aktualität der Scham und Reue unmittelbar Teil an dem, was es hervorbringt. „Erubescentia enim ipsa partem habet remissionis." Das Erröten nimmt unmittelbar Teil am Ereignis der *remissio*, der Gnade. Aber auf der anderen Seite gilt dieses Erröten wiederum als Ursache der Qual, die die Tränen anzeigen. „Laborat enim mens patiendo erubescentiam, et, quoniam uerecundia magna est pena, qui erubescit pro Christo fit dignus misericordia." („Der Geist, der das Erröten erleidet, hat zu dulden, und zumal die Wahrheit eine große Qual darstellt, wird derjenige, der für Christus errötet, der Gnade teilhaftig.")

Der Zyklus von Schmerz, Tränen, Erröten, Erdulden und Gnade läuft an keinem Algorithmus entlang, er ist keine geregelte Folge, sondern bildet ein einziges Ereignis. Ersichtlich ist es ein seinem psychologischen Innern ausgehöhlter Zeichenprozess, an dem Sprache und Sprechen keinen Anteil haben. Die psychosomatische Instituierung der Tränen unterliegt keiner linguistischen Kontrolle, sondern einem physiognomischen Examen. Wenn sich die Zeichen nicht zeigen, dann geschieht auch nichts. Erst wenn sich alle Elemente auf den Zügen mischen, wenn Erröten, Erbleichen, Tränen und Stocken den unbewussten Willen, zu gesunden und der Gnade teilhaftig zu werden, ankündigen, dann kann die Szene als Szene der Gnade zu Buche schlagen. Oder wie es Hugo von St. Victor sagt: „Prius flendum est, post confitendum." (PL CLXXV, Sp. 554).

In dieser dogmatischen Tiefe schlummert ein psychosomatisches Wissen, das die Erwartung vor Gericht und anderswo stützt, dass das Geständnis eine Kur sei. Das durch kanonische Gesetzgebung installierte Gesetz wurde von der jüdisch-christlichen Kultur in einer langen religiösen Geschichte hervorgebracht. Entscheidend war jedoch die juridische Instituierung 1215. Von hier nehmen die juristischen und theoretischen Versuche ihren Ausgang, das Geständnis als ein Produkt des abendländischen Diskurses zu denken.

### 4.

*Michel Foucault: das Geständnistier:* Im Anschluss an Nietzsches Wort vom Menschen als „Tier (...), das *versprechen* darf" in der *Genealogie der Moral* (Nietzsche 1980: 291) prägte Michel Foucault das Wort vom „Geständnistier". Mit diesem Bezug auf Nietzsches späte Schrift ist der methodische Zugang zur Praxis des Gestehens angedeutet: „L'homme, en Occident, est devenu une bête d'aveu." (Foucault 1976: 80). Es geht Foucault im Sinne Nietzsches um die Genealogie einer Praxis, die sich als eine Protonatur verhüllt, obgleich auch sie eine Art von Züchtung darselt. Methodisch heißt das: Eine historische Analyse, die sich als „activité généalogique" ausweist, sucht nicht nach einem Ursprung, nach einem fixen Punkt, von dem aus sich eine Idee, ein Diskurs, ein Problem aufmacht und in die Zeit der Geschichte eintaucht. Vielmehr widmet sich der Genealoge nach Foucault der Herkunft der Werte, der Moral oder eines theoretischen Diskurses ganz wie ein Arzt: „comme il faut savoir diagnostiquer les maladies du corps, les états de faiblesse et d'énergie, ses fêlures et résistances, pour juger ce qui est un discours philosophique" (Foucault 1994: II, 140). Ausführlicher erläutert Foucault diese genealogische Tätigkeit in einer Vorlesung im Januar 1976. Dort erklärt er:

> Dans cette acitivité, qu'on peut donc dire généalogique (...) il s'agit, en fait, de faire jouer des savoirs locaux, discontinus, disqualifiés, non légitimés, contre l'instance théorique unitaire qui prétendrait les filtrer, les hiérarchiser, les ordonner au nom d'une connaissance vraie, au nom des droits d'une science qui serait détenue par quelques-uns. (Foucault 1997: 10)

Die Frage also, wie der Mensch im Abendland zum Geständnistier hat werden können, bringt für Foucault zugleich mit Notwendigkeit die genealogische Methode mit ins Spiel. Auch das verbindet ihn mit Nietzsche, denn die *Genealogie der Moral* erhob nicht nur einfach Befunde, um das Versprechenstier aus einer Reihe von historischen Gegebenheiten hervorgehen zu lassen, sondern sie wandte sich auch von einer ganzen Tradition des wissenschaftlichen Fragens ab.

Foucaults Diskursanalyse des Geständnisses will durchaus die Ursprünge eines als Seelenkur maskierten Systems der Befragung aufdecken, und es profiliert sich durch den Einsatz der ärztlichen Metaphorik („diagnostiquer les maladies du corps") als eine Art kultureller Anamnese. Ihre methodische Solidarität mit der pseudoärztichen Parxis in der Beichte des *forum internum*, die ja auch den Blick in die verborgenen Winkel des Subjekts lenkt, reicht aber über diese medizinische Rhetorik hinaus. Denn Foucaults Untersuchung richtet sich ebenso auf ganz verborgene Strukturen, die sich eben in einem von der Wissenschaft längst aufgegebenen Dossier von Schriften nachweisen lassen. Die historische Untersuchung des Geständnisses, die genealogisch verfährt, verlangt die „analyse d'un champ multiple et mobile de rapports de force où se produisent des effets globaux, mais jamais totalement stables, de domination" (Foucault 1976: 135). Die Analyse solch komplexer Machtbeziehungen am Material wenig beachteter Texte setzt Foucault nun einer Theorie der Macht entgegen, die er die „juridisch-diskursive" nennt (Foucault 1976: 109). Die juridisch-diskursive Theorie und Methode machen große gesetzgeberische Akte ausfindig und hängen das ganze folgende Geschehen an diesen einen Nagel souveräner Legislation. Foucaults Polemik gegen dieses Juridische fasst gleich zwei Gegner ins Visier: einmal die Methode der Geschichtsschreibung, die den Gang der Dinge von der Höhe staatlicher souveräner Akte her beschreibt; und zum anderen die Theorie, die das Begehren, das im Geständnis und in der Beichte zur Sprache gelangen soll, in intimem Kontakt mit dem Gesetz sieht.

Nicht also die Gewalt, die Macht, der Staat, die Kirche und ihre Autoritäten sind die großen Agenten des kulturellen Prozesses, der das Geständnistier, seine Reflexe, sein Begehren und seine Sprechweisen, bestimmt, sondern eine sehr differenzierte, multipolare Struktur von Machtbeziehungen, Institutionen, Kräften, die sich nicht von einem alles bestimmenden Generalstab steuern lassen. Dabei muss man berücksichtigen, dass Foucaults Untersuchung im ersten Band seiner *Histoire de la sexualité* nicht dem Geständnis der beiden Foren gewidmet ist, sondern dem Geständnis als einer an so vielen Punkten sichtbaren und beobachtbaren Bereitschaft, die Wahrheit aus einem intimen Inneren hervorgehen zu lassen. Die Beichte und die Institution der Buße arbeiten mit an dem, was Foucault ein *Dispositiv*, ein Machtspiel aus Institutionen und Diskursen, nennen wird. Doch spielt all das, was sich um die Offenbarung, Aufklärung, Befreiung oder Repression des Sexes dreht, in ganz anders bestimmten und verflochtenen Beziehungen.

Tatsächlich verdanken wir Foucault diese gänzlich neue Sichtweise der Geständnisthematik. Das „Geständnistier" tritt also nicht nur aus einem juridischen Erlasswesen hervor, nicht nur aus den Kanones der Kirchenmänner oder aus den Kommentaren der Juristen. Es hat sich aus einem Machtspiel herausgeschält, wo Geständnisse zwar vor Richtern und Priestern abgelegt werden, aber außerdem auch in der Medizin, in der Liebe, in der Psychoanalyse, vor Eltern, Lehrern, in der Literatur und in der Öffentlichkeit, um schließlich in Bücher zu wandern. Dies alles erfolgt so überaus freiwillig, dass eine Lesart, die die Gestehenden lediglich mit einer richterlichen oder ärztlichen Institution konfrontiert sieht, diese allgemeine Tatsache nicht in Rechnung stellt.

> L'obligation de l'aveu nous est maintenant renvoyée à partir de tant de points différents, elle nous est désormais si profondément incorporée que nous ne la percevons plus comme l'effet d'un pouvoir qui nous contraint; il nous semble au contraire que la vérité, au plus secret de nous-même, ne 'demande' qu'à se faire jour; que si elle n'y accède pas, c'est qu'une contrainte la retient, que la violence d'un

pouvoir pèse sur elle, et qu'elle ne pourra s'articuler enfin qu'au prix d'une sorte de libération. (Foucault 1976: 80)

Die Genealogie arbeitet exakt an dem Ort, wo die Wahrheit und die Körper eine Einheit bilden. Daher die Rede von der „bête de l'aveu". Die Geständnisbereitschaft, die mehr noch ist als eine „Motivation", hat sich in den Körper eingegraben und kann nur dort wieder aus dem Geflecht der durch die Macht bestimmten „Widerstandspunkte" herausgelöst werden: „Les rapports du pouvoir passent à l'intérieur des corps" (Foucault 1978: 104/232). Das Programm der Genealogie leistet auch Widerstand gegen eine in den siebziger Jahren des vergangenen Jahrhunderts kurrente Theorie der Macht, die Väter, Ehemänner, Chefs, Professoren als „Repräsentanten" der Staatsmacht denunzierte und ihnen den Kampf ansagte. In dem Kapitel mit der Überschrift „méthode" im ersten Teil der *Histoire de la sexualité* bezeichnet Foucault *Macht* als den „Namen einer komplexen strategischen Situation". Der Ort, wo sich dieses „champ multiple et mobile de rapports de force" (Foucault 1976: 135) beobachten lässt, ist der Körper. Beachtenswert ist dabei der Unterschied zwischen dem Subjekt als einem zurechenbaren Träger von Macht und Ohnmacht, und dem Körper, der dem Subjekt gegeben und zugleich entzogen ist. Foucaults Theorie des Geständnisses zielt ja auf die Sexualität als dem „Durchgangspunkt für Machtbeziehungen". Das Geständnis, das diese spezifische Sexualität als ihr diskursives Korrelat mit sich führt, bildet den „Stützpunkt und das Scharnier unterschiedlichster Strategien". Tatsächlich ist der weite Bereich der Liebe, Liebe zwischen Männern und Frauen, zwischen Eltern und Kindern, Gläubigen und Gott, das Paradefeld jenes Willens zum Wissen, dem das abendländische Geständnisdispositiv aufruht.

So sehr es Foucault darum geht, das Geständnis als eine moderne Praxis im Geflecht von Körpern, Institutionen und Machtpraktiken zu beschreiben, so deutlich markiert er aber auch, dass das Geständnis als die privilegierte Form anzusehen ist, in der die Moderne überhaupt die Wahrheit des Menschen ausmacht. Der Bogen, den er schlägt, reicht von 1215 und dem Kanon *Omnes utriusque sexus* bis zur Psychoanalyse unserer Tage. Am Ende dieses langen Parcours tritt das Subjekt zunehmend freiwillig, von einem inneren Willen getrieben, vor den Anderen, um Zeugnis von sich selbst abzulegen. Es beginnt, wie Pierre Legendre sagen wird, seinen Zensor zu lieben. Gerade die moderne ärztliche Institution des Geständnisses, die die Psychoanalyse eingerichtet hat, verweist auf die Kontinuität des medizinischem Paradigmas, das das Geständnis immer noch unter die Mittel zur *cura animorum* rechnet.

Allerdings zeigt Foucaults Intervention zum Fall des 1976 offenbar unschuldig exekutierten zweiundzwanzigjährigen Vertreters Christian Ranucci, dass er durchaus die juridische Seite des Geständnisses im Blick behalten hat. Ranucci war beschuldigt worden, im Juni 1974 das achtjährige Mädchen Marie-Dolorès Rambla entführt und erstochen zu haben. Ranucci war weder von den Zeugen der Entführung identifiziert worden, noch gab es irgendwelche klaren Indizien für seine Täterschaft. Er hatte lediglich einen Tag nach der Entführung in der Nähe des Ortes, wo später die Leiche des Mädchens gefunden wurde, einen Unfall verursacht und war daraufhin geflohen. Zeugen des Unfalls waren ihm gefolgt und hatten sein Kennzeichen aufgeschrieben. Diese Zeugen wollen dann, nachdem sie zunächst etwas ganz anderes zu Protokoll gaben, gesehen haben, wie Ranucci ein offenbar noch lebendiges Mädchen vom Beifahrersitz seines demolierten Autos aus ins freie Feld getragen hat. Da Ranucci am Ende des mehrstündigen Verhörs ein Geständnis abgelegt hat, das er kurz darauf widerrief, nahmen der Verdacht und die Maschinerie der Jurisdiktion ihren Lauf. In seiner Rezension einer vernichtenden Kritik des Prozess, die der Journalist Gilles Perrault 1978 veröffentlicht hatte, gab Foucault im *Nouvel Observateur* den Grund für den Justizirrtum an. Es war die *religion de l'aveu*. Und später betonte er erneut: „L'aveu a déployé ses pouvoirs magiques" (Foucault 1994: III, 659). Die *Magie* des Geständnisses ist die Macht, die sich allerdings keineswegs ausschließlich in den Foren niedergelassen und ausgebreitet hat, sondern in dem strategischen Feld, das die Körper durchzieht, sie hält und leitet. Dass diese strategische Lage den Gestehenden nicht allein mit Richtern konfrontiert oder mit psychiatrischen Gutachtern, sondern dass alle gleichermaßen von der Macht des Geständnisses ergriffen sind, erläutert Foucault an der Rolle, die tatsächlich ein Psychiater im Prozess gegen Ranucci gespielt hat. Denn dem Psychiater oblag lediglich die Expertise, ob Ranucci schuldfähig war oder nicht. Doch von der magischen Gewalt des (abgelegten) Geständnisses mitgerissen, entwickelte der Psychiater auch die Hypothese, dass dem Beschuldigten die Tat zuzutrauen war. Foucault unterstreicht den strategischen Zusammenhang: Da das Verbrechen selbst in den Akten ungeklärt geblieben war, da das Reich der Tatsachen nicht sprach, benötigte man den Typ der forensischen Wahrscheinlichkeit, den *Kriminellen*, der aus einer „unreifen" Sexualität und anderen „Anomalien", vor allem jedoch aus einem Geständnis hervorging. Kein Zweifel, der Justizirrtum, der sich in so vielen ungereimten Details des Verfahrens gegen Ranucci abzeichnete, trug für Foucault sein Geheimnis im Dispositiv des Geständnisses. Die strikte Aufklärung über diesen Unterschied zwischen einem Wissen von positiven Tatsachen und einem anthropologischen Wissen, dass heterogene Sachverhalte zusammenleimt, bildet eines der entschiedenen *Motive* für seine konsequente Kritik des Geständnisses.

**5.**

*Pierre Legendre: das Eingeständnis der Schuld:* An entscheidender Stelle hat Michel Foucault auch auf das Unternehmen des Juristen und Psychoanalytikers Pierre Legendre Bezug genommen. In einem Gespräch mit Angehörigen des „Département de Psychanalyse der Université de Paris VIII" betonte er, dass Legendres Untersuchung in dem Buch *L'amour du censeur* „dringend nötig" sei, dass er aber nicht an die Entstehung von Machtbeziehungen in einem hierarchischen System glaube (Foucault 1978: 128). In dem erwähnten Buch widmet Legendre ein ganzes Kapitel der „Politique des confesseurs" (Legendre 1974: 143ff.). Die „dogmatische Ordnung", die im Untertitel des Buches angesprochen wird, entspricht tatsächlich ziemlich genau der „juridisch-diskursiven" Konzeption von Macht, die Foucault kritisiert. Während Foucaults Genealogie eine Welt von „wimmelnden" Einzelleben und damit auch von „wimmelnden" Sprechakten voraussetzt, in denen sich immer wieder andere Verhältnisse und Beziehungen ausbilden, arbeitet Legendre an einem Verständnis der abendländischen Institutionen als dem dogmatischen Regelwerk der Neuzeit. Während für Foucault jene Macht, die das Wimmeln in Strukturen überführt, gerade das Rätsel darstellt, dem er seine Forschungen widmet, geht Legendre von der nahezu entgegengesetzten anthropologischen Notwendigkeit aus, dass Subjekte in der Welt einen Ort benötigen, und dass ihnen dieser Ort durch Schicksal und Kultur zugewiesen wird. Das geschieht allerdings „von oben", denn die Subjekte sehen sich in zweierlei Hinsicht in eine Ordnung eingefügt: Sie stehen in einer Genealogie von Herkünften, den *fata*, die ihnen, vom Zufall geleitet, ein Geschlecht, eine Sprache, eine Position in einer Familie (als Jüngste, Älteste, Vater, Tochter), einen Ort, einen Staat, eine Religion geben, die ihnen allesamt Verpflichtungen auferlegen. Zum zweiten aber stehen sie in einer Ordnung von Beziehungen zur Macht, nämlich zu Gott und der im Staat verkörperten Macht.

Auch Legendre analysiert die Moderne von einem bestimmten Ereignis der mittelalterlichen Geschichte her: Von der Reinterpretation der Grundlagen des Staates und der Kirche durch den Rückgriff auf das römische Recht. Das nennt er die „Revolution der Interpretation". Die Historie des Rechts und der Institutionen bildet daher nicht einen Teilaspekt einer Historie, die Foucault in vielen heterogenen Beziehungen und strategischen Konstellationen aufsucht, sondern sie ist die schicksalbestimmende Macht schlechthin. Die Interpretationsrevolution hat daher auch die beiden Foren eröffnet, das *forum internum* und das *forum externum,* um diese Interpretation zu vermitteln. Das neuzeitliche Subjekt, das vor den Richtern der beiden Foren sein Geständnis ablegt und diesem Willen, sein Innerstes zu offenbaren, auch die Herrschaft über seine Zunge abtritt, ist nach Legendre das Kind der neuzeitlichen Texte. Diese Texte sind der Inbegriff eines Spieles, das Autorität und Macht aus Büchern und Schriften herleitet. Will man wissen, wie und warum die moderne Welt sich diese Ordnung gegeben hat, dann ist der Analytiker auf dieses Spiel verwiesen. Indem er Hierarchie, Geltung, Interpretation und Umgestaltung dieser Texte untersucht, arbeitet er methodisch als Analytiker des Diskurses. Die Diskursanalyse ist Interpretation von Mächten, die interpretieren.

Die Vermittlung der Interpreten bietet nach Legendre dem Subjekt zweierlei: Genealogie und Ursprung. Man könnte den Unterschied der Positionen Foucaults und Legendres an dem Einsatz entwickeln, der den beiden Termen „Genealogie" und „Ursprung" im jeweiligen Theoriekonzept zugeschlagen wird. Für Legendre steht aus Gründen, die er methodisch aus einer an Lacan orientierten Ontogenese des Subjekts heraus begründet, zweifelsfrei fest, dass jeder Mensch in den beiden Dimensionen von *Genealogie* („wieso nehme ich diesen Platz ein?") und *Ursprung* („von wo aus erwerben die Mächte ihre Geltung?") einen Ort finden muss: Er benötigt als hier schicksalhaft verortetes Subjekt einen Kontakt zum Ursprung, der diese zufällige Verteilung regelt: Woher kommt die Welt, was ist das Jenseits der erfahrbaren Zeit und des zugänglichen Raumes? Und er benötigt einen Anschluss an das Universum der Texte, die die Grundlage der Einschränkungen, Verbote und Verpflichtungen, die seine soziale Existenz bestimmen, bilden. Wer sichert vor allem die Ordnung, die in der Moderne eine Ordnung des Rechts ist? Dies zu leisten ist die „fonction parentale", wie Legendre sagt, die väterliche Funktion des Staates.

Die beiden Foren erfüllen zumal diese Funktion. Es sind die dort tätigen Richter, Vikare der staatlichen Macht, die die Subjekte mit der Referenz des Rechts (der Verbote) in Beziehung setzen. Die beiden Foren richten damit die soziale Jurisdiktion und die Jurisdiktion über das Subjekt ein. Beide stellen die Verbindung her mit dem Stifter und Garanten des Rechts. Das interne Forum richtet durch die Vermittlung des Priesterrichters die Verbindung mit dem höchsten Garanten ein, mit der Referenz; hingegen vermittelt der Richter des externen Forums im Namen der höchsten Referenz das Verbot als Grundlage für die Regulierung in den Streitigkeiten des Sozialen. Hier wie dort gewinnt das

Subjekt Anschluss an die Gründe seiner selbst und des Sozialen durch die Vermittlung des Interpreten: des Richters. Um damit auf die Funktion des inneren Forum zu kommen: Für Legendre beruht die soziale Funktion des Geständnisses im Bußverfahren darin, dass das Subjekt mit der Referenz schlechthin in Verbindung gebracht wird:

> Il s'agissait, rituellement, c'est-à-dire symboliquement, de rendre justice à Dieu pour l'atteinte à lui portée; en termes non religieux: l'atteinte portée à la Référence. Ainsi ce procès met-il en scène le lien du sujet avec le Tiers, rendu présent par la médiation du confesseur. A l'échelle de la culture, cette pratique notifie que la Référence ne se confond pas avec l'ordre des intérêts sociaux et que la transgression ne se résout pas seulement par un Droit pénal, mais ouvre sur l'univers du sujet et l'ordre du *désir*, un terme beaucoup manié par le discours chrétien sur le sujet. (Legendre 1992: 271)

Hier würde Foucault wieder von der Magie des Geständnisses sprechen. Während Legendre die fundamentalen Strukturen der westlichen Gesellschaften im Blick hat und damit die unbedingte Notwendigkeit, dass neben dem wissenschaftlichen Diskurs auch eine mythische, religiöse oder eben strukturierende Dimension des Rechts gewahrt sein muss, bleibt Foucaults Blick an der nackten, perfiden Gewalt des Geständnisses hängen.

Warum also liebt der abendländische Mensch seinen Zensor? Legendres Antwort darauf erweist sich darum als kompliziert, weil er die Einrichtungen der mittelalterlichen Juristen in ihrer anthropologischen Notwendigkeit analysiert, zugleich aber sehen muss, dass die Moderne sich entschieden von diesem dogmatischen Glauben absetzt und stattdessen einem szientifischen Glauben huldigt, der das Geständnis nur noch in seiner forensischen Funktion sieht und in Frage stellt.

Wie Foucault erkennt auch Legendre (der selbst Psychoanalytiker ist), dass die Psychoanalyse das System der Geständniskultur beerbt und erweitert hat. Während Foucault diese Seite der Psychoanalyse auch skeptisch beurteilt, weist Legendre darauf hin, dass der Psychoanalytiker in die Rolle des richterlichen Interpreten geschlüpft ist. Dies liest sich einfach an der Historie des Ödipus ab, der die antike Konzeption der Fata und der Schuld bis in die Moderne getragen hat und spätestens seit Freud auch die Last der psychoanalytischen Theorie des Begehrens trägt. Als Begehrender tritt jeder Mensch in das Spiel der Reproduktion ein, aber er hat in diesem Spiel eben nur den Anspruch, seinen Platz zu finden und seine Schuld zu begleichen. Auch die Psychoanalyse vermag dem Subjekt nichts zu vermitteln als die Erkenntnis, dass es seine *Fata* annehmen muss, und Ödipus hatte zu erkennen, dass er nicht gleichzeitig Sohn und Gatte sein kann. Auch Freud sprach gerne von der „Beichte" seiner Patienten. Die Kur der Psychoanalyse unterscheidet sich daher kaum von der *cura animorum*, die die Beichtväter pflegten. Der Zensor wird geliebt, weil er ein *medicus spiritualis* ist.

Eine Theorie des Geständnisses hat also Erklärungen dafür zu liefern, warum die westliche Welt (noch heute) an das Mysterium des Geständnisses glaubt. Foucault erblickt in diesem anhaltenden Glauben eine spezifische Machtwirkung, die keinen Urheber kennt, sondern die sich im dauernden Platzwechsel von Urhebern und Opfern erhält. Das ist ja auch eine Lesart des ödipalen Dramas: Ödipus richtet sich selbst. Pierre Legendre hingegen erkennt in dem „Mysterium" des Geständnisses das Element einer Institution, die auf eine spezifische Situation des Menschen in der westlichen Welt hin eingerichtet ist. Kein Mensch kann sich in der Welt halten (es sei denn als Krimineller, Verrückter oder Drogensüchtiger), der nicht in einen symbolischen Austausch mit dem eintritt, was sich aller Wissenschaft und allem Wissen entzieht. Das muss keineswegs Religion sein. Die Frage: Woher komme ich und wo gehe ich hin? ist ja nicht nur eine Frage an mich als Einzelsubjekt, sondern an die Menschheit. In seiner genealogischen Verbundenheit mit dem Ursprung der Schuld, wie sie die biblische Erzählung von Adam und Eva festhält, verfügt das abendländische Subjekt über ein Bild des genealogischen Anfangs und damit über einen Zugang zu den Ursprüngen seiner selbst, der als ein Schuldiger sich und der Natur der Dinge etwas zu entrichten hat. Am Ende ist jedes Subjekt der Natur „einen Tod schuldig". Die Konfession ist danach der Ort, wo diese Schuld eingestanden werden kann.

# „Wirkung einer Naturkraft"
## Das Geständnis und sein Motiv in Diskursen um 1800

*Michael Niehaus*

### 1.

Für eine Rekonstruktion der diskursiven Logik des Geständnisses um 1800 bedarf es einer allgemeinen Klärung des Verhältnisses von *Geständnis* und *Beichtbekenntnis*. Es reicht nicht aus, auf die verschiedenen institutionellen Orte zu verweisen: dass das Geständnis vor Gericht, die Beichte hingegen im Beichtstuhl abgelegt wird. Das zeigt bereits die literarische *Confessio*, die eine Form jenseits dieser Orte ist. Rousseaus *Confessions* wurden sowohl unter dem Titel *Bekenntnisse* wie *Geständnisse* ins Deutsche übersetzt. Seit 1800 wird eine Rede installiert, die sowohl das Geständnis wie auch die Beichte als Sprechhandlungen identifiziert, die auch jenseits ihrer institutionellen Verortung vorkommen. Unter diesen Voraussetzungen wird etwa das, was der Erzieher seinem Zögling gegebenenfalls abfordert, teils als Beichte und teils als Geständnis aufgefasst. Gerade die Frage nach der Zuschreibung von Geständnis*motiven* muss dies berücksichtigen. Die Frage nach den Geständnismotiven und damit auch nach der Geständnismotivation wird nämlich genau unter dieser Voraussetzung *komplex*.

Gleichwohl muss das Geständnis zunächst einmal in seiner eigentlichen Form als Rechtsakt in einem gerichtlichen Verfahren aufgefasst werden. Das Beichtbekenntnis im *forum internum* dient der Seelsorge des Sünders (und jeder ist ein Sünder), das gerichtliche Geständnis im *forum externum* bewirkt die Übernahme einer Verantwortung durch einen Täter (und nur wenige sind Täter).[1] Ersteres geschieht nichtöffentlich, jenes öffentlich – zumindest gerichtsöffentlich. Im Gegensatz zur Ohrenbeichte wird das Geständnis vor Zeugen abgelegt bzw. aufgeschrieben. Anders als das erfolgreiche Geständnis wird die erfolgreiche Beichte darüber hinaus von Beginn an mit subjektiven Voraussetzungen und Wirkungen verknüpft. Der Beichtende muss bereuen (in Form der Zerknirschung, der *contritio*, oder wenigstens des aufrichtigen Besserungswunsches, der *attritio*) und wird absolviert. Diese Zuschreibungen gehören zur Institution der Beichte unabhängig davon, ob sie tatsächliche

---

1  Vgl. den Beitrag von Manfred Schneider in diesem Band.

Motive und Effekte darstellen. Unter dem Aspekt der Beichte als *Institution* ist es daher nicht sinnvoll zu fragen, aus welchen Motiven jemand tatsächlich beichtet. Und von einer *Motivierung* zur Beichte lässt sich ohnehin nicht sprechen, denn sie wird *auferlegt* und *abgenommen*. Sie ist einerseits eine von der kirchlichen Institution auferlegte Pflicht, wenn etwa die Zulassung zum Abendmahl von der vorangegangenen Beichte abhängig gemacht wird (Ohst 1995). Und andererseits steht der *Vollzug* der Beichte unter der Prämisse, dass das Subjekt *von sich aus* kommt, um sich seine Sünden in der Beichte abnehmen zu lassen. Andernfalls würde es nicht *bereuen*.

Das gerichtliche Geständnis ist immer auch Rechtsakt, und in dieser Perspektive, in der es als Prozesshandlung des Beschuldigten erscheint, ist aus entgegengesetzten Gründen von Motiv und Motivierung ebenso wenig die Rede wie im Zusammenhang der Beichte. Ganz deutlich ist das, solange der Strafprozess als Anklageverfahren (Akkusationsprinzip) organisiert ist. Die Motive, aus denen jemand die Richtigkeit eines Klagevorwurfs innerhalb eines Verfahrens einräumt, sind zunächst einmal nicht Bestandteil des Verfahrens. Entscheidend ist vielmehr nur, dass es sich um einen Akt des Subjekts handelt, dem man rechtliche Wirkungen zuschreiben kann (Kleinheyer 1979). Entsprechend muss dann innerhalb des Inquisitionsverfahrens die Unfreiwilligkeit des erfolterten Geständnisses durch dessen der Form nach ‚freiwillige‘ Wiederholung an einem anderen Ort gewissermaßen geheilt werden, wie schon Gandinus im 13. Jahrhundert in seinem *Tractatus de malificiis* erklärt (Kantorowicz 1907: I, 144f.). Von juristischer Seite spielen Geständnismotiv und Geständnismotivierung daher nur eine Rolle, wenn sie Auswirkung auf diese Fragen haben. Dies gilt insbesondere, weil die gesetzliche Beweistheorie des Inquisitionsverfahrens bis ins 19. Jahrhundert hinein keine strafmildernde Wirkung des Geständnisses vorsieht, sondern in ihm (abgesehen von der Überführung durch zwei vollgültige Zeugen) gerade die Voraussetzung für eine rechtskräftige Verurteilung zur gesetzlichen Strafe sieht.

Eine wirkliche Frage nach dem Geständnismotiv taucht daher erst auf, wenn diese idealtypische Unterscheidung zwischen Geständnis und Beichtbekenntnis nicht mehr rein aufrechterhalten wird, wenn das Geständnis *auch* als eine Art Beichte wahrgenommen, die kategoriale Trennung zwischen *forum internum* und *forum externum* also verwischt wird. Dann kann und muss beim gerichtlichen Geständnis gefragt werden, ob bei ihm *tatsächlich* die Motive vorliegen, die mit dem Beichtbekenntnis *institutionell* verknüpft sind. Diese Verwischung oder Vermischung ist nun im Inquisitionsverfahren auf prozessualer Ebene von Anfang an angelegt. Sie resultiert daraus, dass dieses

Verfahren zunächst ein Disziplinarverfahren ist, das Strafbußen verhängt (Trusen 1989, Niehaus 2003: 121ff.). Daher explizieren die kirchlichen Inquisitionshandbücher schon des 14. und 15. Jahrhunderts verschiedene Formen, auf den Verhörten einzuwirken und ihn auf diese Weise zum Geständnis zu motivieren. Das Verhör lässt sich überhaupt nur als *Interaktionssituation* auffassen, wenn Geständnismotive und Geständnismotivierungen unterstellt werden, die sich nicht in der Drohung mit der Tortur erschöpfen. Im Rahmen des weltlichen Inquisitionsverfahren vor 1780 geschieht eine Motivierung zum Geständnis über die „Ermahnungen", die Wahrheit zu bekennen, die sich gewöhnlich verschiedener Motivierungskomplexe bedient: die Drohung mit der Tortur, der Hinweis auf die erhöhten Kosten des Verfahrens bei weiterer Leugnung, das Betonen des Rechts der Obrigkeit auf Wahrheit, die Gewissensrede.

Diese Argumente werden aber allesamt als Formeln von außen an das kommunikative Geschehen im Verhör herangetragen und beanspruchen Geltung unabhängig vom jeweiligen Inquirenten und vom jeweiligen Inquisiten. Gleichwohl bereitet sich darin vor, was man behelfsmäßig als ‚Psychologisierung' der Geständnismotivierung bezeichnen kann. Denn es geht hier um die Vermittlung des Geständnisses als *Gut*. Die Kriminalpsychologie kann dann diese Vermittlung prinzipiell als kommunikativen Prozess denken, der situationsspezifisch ablaufen soll. Die neue Stellung des Geständnisses als zu vermittelndes Gut äußert sich in zwei miteinander verknüpften Verschiebungen: Erstens kann man jetzt ein Feld wahrnehmen, in dem Beichtbekenntnis und Geständnis zwei verschiedene Erscheinungsweisen *derselben* (menschlichen, kommunikativen) Verhaltensweise sind, und zweitens kann diese Verhaltensweise um 1800 als erklärungsbedürftig erscheinen. Warum soll jemand ein Geständnis ablegen, wenn er davon Nachteile hat? Diese Frage stellt sich bei der Beichte nicht, da das Subjekt vom Beichtbekenntnis keine Nachteile hat. In Bezug auf das gerichtliche Geständnis hingegen führt dieses Problem zu anthropologischen Annahmen. In der Variante Foucaults (Foucault 1983) lautet die Frage – jetzt auf das disparate Feld der Geständnispraktiken bezogen – eher: Warum gesteht das Subjekt, ohne dabei an seinen Vorteil zu denken? Letztlich ist diese Frage, an das einzelne Subjekt gerichtet, höchstens dort sinnvoll, wo die betreffende (als Beichte oder als Geständnis identifizierbare) Praxis *keine* Institution ist – wobei man aus religionsgeschichtlicher Sicht von der Beichte als einer Art „Menschheitsinstitution" (Asmussen 1980: 412) gesprochen hat. Die Rede vom Menschen als ‚Geständnistier' verdankt sich ebenfalls einem Absehen von der Differenz zwischen Beichte und Geständnis und dem institutionellen Ort dieser

Praktiken. Gerade in dieser Vermischung und im Unkenntlichwerden dieser Institutionalität liegt die wesentliche Voraussetzung der modernen ‚Geständniskultur'.

## 2.

Ein Geständnis kann abgelegt oder vorenthalten werden. Es wird insofern als *kontingent* wahrgenommen. Anders die Beichte, die sich als eine *Pflichtbeichte* institutionalisieren lässt (Ohst 1995). Wenn man – wie im Laterankonzil von 1215 festgelegt – einmal im Jahr beichten *muss*, um zum Abendmahl zugelassen zu werden, dann werden damit an die Missachtung der Pflicht institutionelle Folgen geknüpft, die auf einer ganz andern Ebene anzusiedeln sind als die Folgen eines ausbleibenden Geständnisses in Zeiten der Folter. Der Zwang, der auf denjenigen ausgeübt wird, der zu beichten hat, kann sich nicht zu physischer Gewalt verdichten. Die Einrichtung der Pflichtbeichte setzt voraus, dass das betreffende Subjekt in den Genuss des Abendmahls zu kommen trachtet, dass es sich nicht aus der Gemeinschaft der Gläubigen ausschließen will. Nur weil es beim Geständnis zunächst einmal kein analoges Motiv gibt, kann die Ausübung eines *aktuellen* Zwanges in einer ganz spezifischen *Situation* zu seiner Herbeiführung als sinnvoll erscheinen. Während es kontingent bleibt, ob die Zwangsausübung in dieser spezifischen Situation den gewünschten Erfolg zeitigt, wird die Beichte als einfache Regelbefolgung entgegengenommen. In Bezug auf den *Inhalt* der Beichte und des Geständnisses dreht sich das Kontingenzverhältnis freilich um: *Was* gebeichtet wird, steht dahin. Die Beichtspiegel stellen den Auswahlkatalog all dessen dar, was zum Inhalt einer Beichte werden kann. Das Geständnis hingegen ist Bestandteil eines Verfahrens, in dem es um einen ganz bestimmten Tatvorwurf geht. Nur diesen Tatvorwurf hat das Geständnis zu betreffen, sonst ist es keins.

In seiner schärfsten Entgegensetzung reduziert sich das Geständnis vor dem *forum externum* auf das „Ja", mit dem das Subjekt die Verantwortung für eine ihm vorgeworfene Tat übernimmt, während es im *forum internum* gerade darauf ankommt, dass der Beichtende seine Vergehen (mit der Begleiterscheinung der *erubescentia*) über die Lippen bringt, worin sie auch immer bestehen mögen. Bei der Beichte wird zugleich *festgelegt*, dass sie dem Sünder *gut* tut. Sie ist *per se* eine *Kur*. Nach einem weitergehenden Motiv zu fragen ist daher nicht sinnvoll. Für das gerichtliche Geständnis hingegen gibt es keinen entsprechend guten Grund. Es gibt aber innerhalb der Rechtsordnung streng genommen auch keinen Ort, von dem aus über die Motive eines Geständnisses zu reden wäre. Es wird vielmehr vorausgesetzt, dass sich das Geständnis einer Abwägung oder einer Einsicht verdankt (dass es etwas erspart). Erst die juridisch-christliche Perspektive lässt das Geständnis vor Gericht zu einem Fall für das Gewissen werden, indem sie den Verbrecher zugleich zu seinem Sünder erklärt, der seine Reue durch das Geständnis unter Beweis stellt (Legendre 1998: 54ff.). Mit dieser Verknüpfung ist an und für sich noch keine Vermischung der beiden unterschiedenen institutionellen Orte gegeben. Eine solche Vermischung wird aber vorbereitet und äußert sich dann in den – letztlich durch die Verfahrensform *per inquisitionem* ermöglichten – Bemühungen, zu einem Geständnis zu motivieren (Legendre 1997: 173). Erst im Rahmen dieser Bemühungen tritt dann die Kontingenz des Geständnisses vor Augen.

Im gemeinrechtlichen Inquisitionsprozess des 17. und 18. Jahrhunderts soll die Geständnisbereitschaft – neben bzw. im Vorfeld der Tortur – vor allem durch die sogenannten „ernstlichen Ermahnungen" geweckt werden. Der Untersuchungsrichter referiert mit ihnen auf eine Verpflichtung, die nicht in der Situation vor Gericht fundiert ist. In ihrem Versuch, die Gewissensangst zu wecken, stellen sie eine Art *tortura spiritualis* dar, ein Angreifen des Verhörten mit ‚scharfen Worten' im gütlichen Verhör (wohl meist mit Ausblick auf die ‚scharfe Frage' des peinlichen Verhörs) – zumal wenn der Inquirent „im Stande seyn" soll, diese „Gewissensrede" im Ernstfall „2, 3 bis 4 Stunden zu continuiren", wie es in vielsagender Übertreibung noch in einem Handbuch von 1772 heißt (Wangermann 1772: 112). Solche vorbereiteten Reden lassen sich auf die Kontingenz des Geständnisses nicht ein. Sie setzen schon voraus, aus welchem Motiv heraus das Geständnis erfolgen *muss*. Eine eigentliche Motivierung zum Geständnis findet erst dort statt, wo sie sich nicht mehr in – gewissermaßen situationsblinden – Versuchen der Normdurchsetzung erschöpft. Man kann auch sagen: Sie erfolgt erst als eine bewegliche Strategie, die die Kontingenz des Erfolgs in ihre Bemühungen einbezieht. Das Geständnis wird zu einem Ereignis, das eintreten oder ausbleiben kann, ohne dass man genau weiß, warum. Damit wird es zu einer rätselhaften und merkwürdigen Sache.

Vom „Gebiete der Psychologie" aus betrachtet erscheint das Geständnis – nach Verlassen der rein normativen Ebene – zunächst einmal als unwahrscheinlich: „Wie geht es zu, und welches sind die Kräfte, die der Untersuchungsrichter in dem Inquisiten anregt, daß dieser durch sein Geständnis freiwillig und ohne allen Zwang in der Strafe ein großes Unglück über sich selbst verhängt, dem er doch durch Verweigerung dieses Geständnisses in den meisten Fällen, wie er selbst weis, entgehen würde? Dieß ist die Aufgabe, womit bey jedem auf

Bekenntniß gebauten Strafurtheil der gesunde Menschenverstand sich zweifelnd beschäftigt." (Snell 1819: 3) Angesichts eines so verstandenen Naturtriebs der Selbsterhaltung müssen alle bloßen Ermahnungen verblassen. Zumindest müssen sie den „Umständen" und dem „Karakter des Beschuldigten" Rechnung tragen, wenn sie seinen spezifischen vorurteilsbehafteten „Glückseligkeitsplan" überwinden und ihm vor Augen stellen sollen, dass ein Geständnis das beste für ihn ist (Fischer 1789: 43). Angesichts der Kontingenz des Geständnisses kann keine allgemeine Theorie hinreichend erklären, wieso die Geständnis-motivierung im je besonderen Fall Erfolg hat oder nicht. Wie es bei der Motivierung zum Geständnis zugeht, muss in erster Linie Sache eines fall-bezogenen Wissens sein. Insofern das Geständnis ein kontingentes Ereignis ist, erscheinen daher vor allem Falldarstellungen und literarische Texte als der adäquate Ort seiner Explikation. Innerhalb von Erzählungen werden Geständ-nisse nicht nur – trivialer Weise – innerhalb der jeweils geschilderten *Situation* abgelegt, es können auch bestimmte situative Bedingungen statuiert werden, die für das Ablegen eines Geständnisses erfüllt sein müssen. Das prominenteste Beispiel hierfür ist zweifellos Schillers *Verbrecher aus verlorener Ehre*, dem der Oberamtmann am Schluss beim ersten Verhöre sehr brüsk, tags drauf im zweiten Verhör hingegen ausgesprochen freundlich begegnet, was der „Sonnen-wirt" unter vier Augen mit der Erklärung quittiert: „Ihr gestriges Betragen, Herr Oberamtmann, hätte mich nimmermehr zu einem Geständnis gebracht, denn ich trotze der Gewalt. Die Bescheidenheit, womit sie mich heute behandeln, hat mir Vertrauen und Achtung gegen sie gegeben." (Schiller 1792. 29) In E.T.A. Hoff manns *Elixieren des Teufels* kommt es dem ehemaligen Mönch Medardus, als ihn der Untersuchungsrichter „mit recht ins Herz dringender Gutmütigkeit" anblickt, so vor, „als müsse ich nun [...] frei gestehen und dann mir das Messer ins Herz stoßen" (Hoffmann 1815/16: 216). Der bei Hoffmann pathologisch anmutende Geständnisdrang lässt auch die Bemühung von Schillers Verbrecher, sich mit dem Geständnis als Rechtssubjekt zu positionieren, in einem frag-würdigen Licht erscheinen: Der Kontext lässt den Verdacht aufkommen, dass sich die Eigenschaften, durch die sich der Oberamtmann dem Inhaftierten als geeigneter Adressat des Geständnisses anbietet, vor allem der Projektion verdanken.[2] In jedem Falle heben die literarischen Darstellungen hinsichtlich der situativen Bedingtheit des Geständnisses die Position desjenigen hervor, der es entgegennimmt. Es muss eine *Beziehung* zum Adressaten unterstellt werden,

---

2    Vielsagend in dieser Hinsicht ist wenig später die an den Oberamtmann gerichtete Bemerkung:
     „Ich habe mir längst einen Mann gewünscht, wie Sie" (Schiller 1792: 30).

die durch wechselseitige Anerkennung grundiert ist, mit dem Terminus ‚Vertrauen' charakterisiert wird und das erfolgende Geständnis dann als eine *Gabe* definiert.

Aus dieser Logik scheint erstens zu folgen, dass es *regelmäßig* zum Geständnis kommt, wenn die richtigen Voraussetzungen gegeben, das Vertrauen geschöpft ist. Wird die Motivierung zum Geständnis stets als *möglich* gedacht, so läuft das offenbar auf eine anthropologische Annahme hinaus, der zu Folge der Mensch von Natur aus zum Geständnis geneigt ist. Zweitens stellt sich die Frage nach der Natur einer Beziehung, bei der derjenige, der *von Amts wegen* zum Geständnis zu motivieren hat, lediglich den *Anschein* von Vertrauen und Anerkennung künstlich hervorzurufen braucht. Eine Kriminalerzählung aus dem Jahre 1796 von August Gottlieb Meißner, in dessen Geschichten dem Geständnis häufig eine Schlüsselrolle zukommt (Berg 2005: 209ff.), ist hierfür exemplarisch (Niehaus 2004). Ihr Protagonist ist einer jener ‚unglücklichen Mörder', die die Kriminalgeschichten der deutschen Spätaufklärung bevölkern (Dainat 1991).

Der Titel *Mörder seiner Verlobten und Räuber! dann eine Zeitlang redlicher Mann; seltsam entdeckt, noch seltsamer sich selbst angebend* (Meißner 1796: 253–328) gibt schon die Inhaltsangabe. Der inhaftierte Protagonist hat bereits eine Folterung hinter sich, das Geständnis aber noch vor sich. Sehr ausführlich wird nun erzählt, wie sich ein außenstehender Rechtsgelehrter namens Falk ins Verfahren drängt und sich anheischig macht, das Geständnis hervorzulocken. Zu diesem Zwecke schleicht er sich in das Vertrauen des jungen Mannes, besucht ihn einige Male unter Vorwänden in seiner Zelle, bezeigt „Mitleid mit seinem Zustand", bedauert ihn „auf eine freundliche Art", so dass der „Unglückliche" zum ersten Mal seit langer Zeit die ihm schon fremd gewordene „Sprache der Bedaurung" (ebd.: 306). Als nächstes erwirkt Doktor Falk ein besseres Gefängnis für den Inquisiten. Einige Zeit später lässt er den Kerkermeister sich entfernen und wartet mit Speis und Trank für eine gemeinsame Mahlzeit auf.[3] Der dankbare Inquisit fasst umso eher „Zutrauen gegen einen solchen Menschen" (ebd.: 309), als dieser dabei scheinbar nicht auf ein Geständnis hinzuwirken versucht. Das Geständnis erfolgt dann, nachdem Doktor Falk den Inquisiten hat erraten lassen, dass ohne ein solches die verbesserte Situation leider nicht werde anhalten können. Ist es darum bloß das

---

3   Anton Bauers *Anleitung zur Criminalpraxis* zählt zu den unerlaubten Mitteln der Geständnismotivierung den „*psychische[n]* Zwang", die „Androhung unstatthafter Uebel, und Versprechungen", und zwar auch solche, die der Richter „zu erfüllen vermag, welche aber den Angeschuldigten zu einem unwahren Bekenntnisse verlocken könnten, wie z.B. bequemere Haft, Gestattung eines lange entbehrten Genusses" (Bauer 1837: 74f.).

Ergebnis einer Abwägung, eines Kalküls? Keineswegs. Schon deshalb nicht, weil auch das Kalkül in einer bestimmten *Situation* erfolgt. Nur weil es den Adressaten gibt, kann das Kalkül greifen: Nicht zufällig nennt der Text das Geständnis eine „Beichte". Allerdings ist es eine Beichte unter der von beiden geteilten Voraussetzung, dass das Beichtgeheimnis nicht gewahrt bleibt. Gleichwohl soll die vertrauliche Situation so aufgefasst werden, als ob dies der Fall wäre – als ob der *kommunikative* Akt des Gestehens und der *rechtliche* Akt des Geständnisses zur Deckung kommen könnten. Doktor Falk bringt diese wohltätige Fiktion zum Einsturz. Er hat nämlich zur Sicherheit vorab zwei Zeugen „ins Nebenzimmer beschieden" (ebd.: 314), wo sie alles mit angehört haben. Bis zu seiner Hinrichtung wird sich der Inquisit wie jemand verhalten, der enttäuscht worden ist. Obwohl Doktor Falk die Abmachung treulich einhält, am Kalkül also nichts auszusetzen ist, mag der Inquisit von seinem Wein nicht mehr trinken.

Auch in den Augen des Verfassers dieser Kriminalgeschichte bringt die voreilige Sorge Falks um Ergebnissicherung nur die grundsätzliche Aporie der Geständnismotivierung zum Vorschein. Für den Beobachter der Verhörkommunikation ist es moralisch fragwürdig, ein „Geständnis durch List" (ebd.: 323) zu entlocken – auch wenn die List nur darin besteht, die sogenannte ‚Situationsechtheit' vorzutäuschen. Wer eine vertrauliche Beziehung nur aufbaut, um mit ihrer Hilfe zum Geständnis zu motivieren, der ist in Wahrheit der falsche Adressat dieser Gabe. Meißner gießt die Schlussfolgerung, die daraus zu ziehen ist, in die unpraktikable Lehre, dass man die Kontingenz Kontingenz sein lassen müsse. Mit dem Geständnis belohnt wird – so legt eine an die Fallgeschichte angehängte Anekdote dar – die *menschliche Regung*. Sie handelt von Prager Juden, die vor einiger Zeit schwer, aber erfolglos gefoltert wurden, weil sie „des Straßenraubs fast überwiesen waren". Der Prozedur wohnt auch – seiner Amtspflicht als Appellationsrat entsprechend – ein Graf bei, „so sehr sein Herz dabei litt" (ebd.: 327). Nach Beendigung der Prozedur holt dieser Graf „von ohngefähr" seine Schnupftabakdose hervor, auf die der begehrliche Blick eines schon ergrauten Juden fällt. Der Graf bietet ihm davon an. „Der Greis schnupfte; eine Thräne trat ihm ins Auge; er schwieg ein paar Minuten." Dann legt er sein Geständnis ab: „Die Folter hätt' ich überstanden. Aber da Sie so menschlich mit mir umgehen, so will ich nun auch ohne Folter alles bekennen." (Ebd.: 327f.)

## 3.

Die herausragende Stellung des Geständnisses im Inquisitionsverfahren bleibt nach Abschaffung (bzw. dem Außergebrauchkommen) der Folter, die sich ab 1740 in Preußen und bis 1800 in den meisten deutschen Staaten vollzieht (Schmoeckel 2000), zunächst erhalten. Im Prinzip kann eine ordentliche Strafe in schwereren Delikten nur nach einem vollen Beweis erfolgen, für den in Abwesenheit zweier Zeugen zumeist nur das Geständnis in Frage kommt. Vor allem kann die Todesstrafe nicht ohne Geständnis verhängt werden. Die Bemühungen zu seiner Herbeiführung verschieben sich daher nicht bloß, sie verstärken sich auch, was vor allem in der häufigen Wiederholung der Verhöre (und der damit verbundenen Verlängerung der Untersuchungshaft) handgreiflich wird.

Vor diesem Hintergrund ist das Geständnis ein ausgiebig entfalteter Gegenstand im Schrifttum des Strafprozessrecht sowohl in Zeitschriftenartikeln (Kleinschrod 1802) und Monographien (Tittmann 1810) wie in allgemeinen Darstellungen. In Christoph Stübels voluminösem Werk *Das Criminalverfahren in den deutschen Gerichten* sind mehr als einhundertzwanzig Paragraphen dieser Materie gewidmet (Stübel 1811: §§ 711–839). Darin ist viel von den erforderlichen Eigenschaften eines vollgültigen Bekenntnisses die Rede, wobei Stübel den Status des Bekenntnisses als Rechtsakt in den Vordergrund stellt. So muss der „Inculpat" nicht nur eine „richtige Vorstellung von den nachtheiligen Folgen" seines Geständnisses haben, diese Folgen müssen auch auf institutioneller Ebene vorgesehen sein; das Geständnis ist nur dann „*ernstlich*", wenn die selbstbelastende nicht – wie bei den „Beichtväter[n]" – „unter der Voraussetzung" abgelegt wird, dass die Adressaten „solches zu seinem Nachtheil nicht benutzen würden" (ebd.: § 735). Ausführlich ist natürlich etwa auch von der notwendigen richterlichen Prüfung des Geständnisses oder von den Wirkungen des Widerrufes die Rede.

Wie aber wird die herausragende Stellung des vollgültigen Geständnisses in diesem Schrifttum begründet? Wie viele andere bedient sich Stübel der folgenden Gedankenfigur: „Die Glaubwürdigkeit der Bekenntnisse beruhet auf den beyden Präsumtionen, daß den Inculpaten die beste oder wenigstens hinreichende Wissenschaft von den Objecten der Untersuchung beywohne und sie ohne Bewußtseyn ihrer Schuld nichts einräumen würden." (ebd.: § 731) In der ersten Hinsicht kann der *Inhalt* der Aussagen dazu dienen, „die Wahrhaftigkeit der Bekenntnisse gewisser zu beurtheilen" (ebd.). In der zweiten Hinsicht muss sichergestellt werden, dass der Geständige nicht unter einer Krankheit leidet, bei welcher „der Trieb der Selbsterhaltung unterdrückt ist" (ebd.: 733) oder wenn er sich in einer so drückenden Lage befindet, dass „die bevorstehende Strafe aufhört, ein Übel für ihn zu sein" (ebd.: § 736). Das Geständnis darf weder einer Pathologie des Subjekts noch einer Pathologie der Situation geschuldet sein. Es soll eine nichtpathologische Anomalie sein.

Denn eine Anomalie muss das Geständnis sein, weil sein Prestige gerade von seiner Unwahrscheinlichkeit herrührt: „Seine überzeugende Kraft und Stärke beruhet auf dem ganz allgemeinen Triebe der Selbsterhaltung und insbesondere auf der allen Menschen eigenen Richtung des niederen Begehrungsvermögens" (ebd.: § 722), das ihn dazu bestimmt, „einen Schmerz, als Schmerz, ein Übel, als Übel" und daher ganz besonders „die wegen eines Verbrechens angedrohte Strafe" zu meiden (ebd.: § 723). Welcher Beweggrund kann aber dem Geständnis aus rechtlicher Sicht unterstellt werden, wenn die „sinnliche Natur des Menschen vor dem Geständnis zurückbeben" (ebd.) muss? Neben dem „Unvermögen, diejenigen Widersprüche zu heben, in welchen die Behauptung ihrer Unschuld mit vielen vorliegenden und bereits ausgemachten Nebenumständen steht" (ebd.: § 726), und neben der „Vorstellung der Inculpaten von der gewissen Überführung und davon, daß ihr Zurückhalten der Wahrheit ihnen nicht weiter nützen könne" (ebd.: § 725), muss zugleich „ein oberes Begehrungsvermögen oder die reine, freye Willkühr" postuliert werden, „vermöge welcher wir uns durch die Achtung gegen das Sittengesetz und die Pflicht bestimmen lassen". Genauer: „Bey dem größten Verbrecher gewinnt oft durch einen hohen Grad an Rührung und Reue die Vorstellung von der Pflicht, die Wahrheit zu bekennen und das gethane Unrecht möglichst wieder gut zu machen, über die sinnliche Natur völlig die Oberhand." (ebd.: § 724). Der juridische Diskurs hat an das Institut des Geständnisses zu *glauben*. Wie aber die Situation zu beschreiben ist, in der das Unwahrscheinliche „oft" geschehen kann, ist nicht mehr Sache dieses Diskurses.

Nach Maßgabe einer kleinen diskursiven Verschiebung stellt sich das Phänomen des Geständnisses etwas anders dar. Einer der einflussreichsten Juristen der Zeit, Paul Johann Anselm von Feuerbach, hat zwar nicht in seinem *Lehrbuch des Peinlichen Rechts* (Feuerbach 1801), wohl aber in seiner erstmals 1829 erschienenen *Aktenmäßigen Darstellung merkwürdiger Verbrechen* einen genaueren Blick auf die Geständnismotive geworfen. In einem eigenen, mit „Die Bekenntnisse" überschriebenen Kapitel (Feuerbach 1829: 468–526) gibt er einen empiriegesättigten Abriss der Geständnisproblematik. Die Perspektive bringt es mit sich, dass das Geständnis viel von seiner herausragenden Stellung einzubüßen scheint. Die von Stübel und anderen vorgetragene Präsumtion, dass, wer sich „zu einer strafbaren Handlung bekennt, aller Vermuthung nach die Wahrheit ausgesprochen" (ebd.: 468) habe, scheint Feuerbach unzulässig. Tatsächlich gebe es – und damit führt Feuerbach einen zukunftsweisenden Gesichtspunkt in die Diskussion ein[4] – „nach der Erfahrung, wenigstens ebenso viele mögliche Beweggründe zu einem falschen, als zu einem wahren Bekenntnisse" (ebd.).

Zunächst einmal wisse jeder, „daß Bekenntnisse aus ächter sittlicher Reue oder gar aus lauterer Wahrhaftigkeit nur zu den seltenen Merkwürdigkeiten gehören und daß, eben wegen jener sinnlichen Natur des Menschen, Tausende von Verbrechern gegen Einen lieber ihr Verbrechen im eigenen Bewußtsein tragen, als dasselbe in einem Geständnisse niederzulegen" (ebd.). Feuerbach wirft also einen *desillusionierten,* einen *ungläubigen* Blick auf das Geständnis, das umso eher unter einen grundsätzlichen Motivverdacht zu stellen ist, als gerade denen, die etwas zu gestehen haben, und denen die moralische Höchstleistung kaum zuzutrauen ist, die das Geständnis aus wirklicher Reue impliziert. Das Geständnis aus Reue ist ein unwahrscheinlicher Grenzfall. Zum wahrscheinlichen Fall wird das Geständnis nur, weil es der menschlichen Natur sowie dem Prinzip der Selbsterhaltung und Unlustvermeidung entspricht. Entsprechend wird statuiert: „Alle Bekenntnisse haben darin ihren Entstehungsgrund, daß der Bekennende durch seine Aussage entweder einer gegenwärtigen Unannehmlichkeit auszuweichen, oder einen künftigen Nachtheil von sich abzuwenden, oder irgend einen gegenwärtigen, oder zukünftigen Vortheil (dieses Wort im weitesten Umfange genommen) dadurch zu erlangen sucht." (ebd.)

Aus der psychologischen Perspektive müssen sich die Quellen des Geständnisses als trüb erweisen. Wie aber schon die All-Aussage verrät, ist das nur scheinbar das Resultat einer rein empirischen Betrachtung. Wenn Feuerbach apodiktisch erklärt: „Niemand gibt sein Bekenntnis umsonst" (ebd.) – so spricht daraus der Wille, das dem Anschein nach Verschiedenartigste unter ein einheitliches Prinzip zu subsumieren. Letztlich gilt dies auch für den Grenzfall der wirklichen Reue, die, „obgleich aus übersinnlichen Quellen, der Religion oder dem Gewissen, entsprungen, in den Kreis der Sinnlichkeit in so ferne eintritt, als sie dem Menschen eine Pein verursacht, welcher zu entgehen er seine Tat zu bekennen sich gedrungen fühlt" (ebd.: 469). Umso mehr gilt es für die übrigen „sinnlichen Beweggründe", die Feuerbach aus einer „unerschöpflichen Menge" von Motiven herausgreift: „der Gedanke, durch zweckloses Leugnen" die

---

4 Vgl. dazu ausführlich den Beitrag über die *Pathologie des Geständnisses* in diesem Band. Feuerbachs Überlegungen weisen insgesamt voraus auf die Skepsis gegenüber dem Geständnis in der Diskursformation um 1900.

„Lage" nur zu verschlimmern; der Wunsch, der „folternden Ungewißheit des Schicksals" zu entgehen; die „stumpfsinnige Trägheit", die „eine Sache gerne verloren gibt, nur um der gegenwärtigen Unannehmlichkeit enthoben zu sein"; der „Mangel an Kräften des Widerstandes gegen die Mittel, welche der Untersuchungsrichter" ins Feld führt; die „Scham vor sich selbst oder vor dem Richter, dem er nicht länger als dummer, oder unverschämter Lügner gegen über stehen mag" (ebd.).

Der zuletzt aufgeführte Beweggrund führt vor Augen, dass der Erklärungswert dieser theoretischen Überlegungen sehr begrenzt ist. Mit der „Scham" wird die intersubjektive Dimension des Geständnisses zwar einerseits aufgerufen, andererseits aber sogleich wieder verstellt. Der unbarmherzige Blick auf die verborgenen Motive bringt es mit sich, dass die Situationsdefinition, die Feuerbach für das Geständnis in Anschlag bringt, eher den Charakter einer Lagebestimmung durch den *„reflectirenden Egoismus"* (Snell 1819: 45) hat, für die der fragliche Adressat und die institutionelle Rahmung nur ein Moment unter vielen darstellen und folglich auch die Motivierung zum Geständnis nicht als kommunikativer Vorgang gedacht werden kann. Zwar wird das Bekenntnis als ein Resultat der Situation aufgefasst, in der sich das Subjekt befindet, aber nur, insoweit dies für alle menschlichen Akte und Verhaltensweisen gilt. Daher lässt sich auch über die Wahrhaftigkeit eines Bekenntnisses, das keine *Gabe* ist, weiter nichts aussagen. Alle Beweggründe, die zu einem wahrhaftigen Geständnis führen mögen, können auch lügenhafte Geständnisse veranlassen – sogar die „Reue selbst kann, schwärmerisch ausschweifend, durch Lügenbekenntnisse täuschen, wenn sie die bürgerliche Strafe für das Begangene zu gering findet" (Feuerbach 1829: 469).

Dass Bekenntnisse ebenso wahr wie falsch sein können, ist aus Feuerbachs Perspektive nicht weiter bedenklich: Wenn man – wie im Gesetz vorgeschrieben – ihren Wahrheitsgehalt gewissenhaft überprüft, sind sie allemal hilfreich für die gerichtliche Untersuchung. Bedenklich sind allerdings die konsequenten Schlussfolgerungen, die Feuerbach für die Beurteilung der Glaubwürdigkeit zieht. Wesentlich seien die Umstände, unter denen das Geständnis abgelegt wurde, „die äussern Veranlassungen, durch welche es herbeigefürt worden"; dabei gelte die Regel, dass, je mehr der Verbrecher „anfangs geläugnet, mit je mehr Beharrlichkeit und Geschick er den gestellten Netzen auszuweichen versucht hat, desto mehr Glaubwürdigkeit hat das nachher abgelegte Geständnis für sich" (ebd.). Umgekehrt verhalte es sich beim „sich darbietenden Selbstankläger", der ein *unmotiviertes* Geständnis ablegt: Hier wird man „eher jede andere Absicht, als die, ein wahres Bekenntnis abzulegen voraussetzen" (ebd.:

472). Mit anderen Worten: Je weniger das Geständnis auf das Konto des Subjekts geht und als eine freiwillige Gabe erscheint, je mehr es die letzte Möglichkeit darstellt und gleichsam von außen diktiert wird – desto besser ist es gegründet. Denn nur dann sind die Umstände, unter denen es abgelegt wird, dem unkalkulierbaren Einzugsbereich des Subjekts entzogen und unter die Kontrolle der untersuchenden Instanz gebracht. Dass dies nicht ohne weiteres vereinbar ist mit der erforderlichen *Freiwilligkeit* des Bekenntnisses, lässt sich etwa der Wendung entnehmen, im besten Falle würde man die Schuldigen dazu bringen, „gegen ihre Neigung (versteht sich übrigens freiwillig) das Bekenntnis abzulegen" (ebd.: 471). Aus einer allgemeinen Perspektive kann man ebenso umgekehrt behaupten, es sei eine „so wohl durch die Natur der Sache als auch durch die Geschichte aller Legislationen bestätigte Regel, daß der Werth des Geständnisses um so höher steigt, je weniger man sich bemüht, dasselbe zu erhalten, und umgekehrt in dem Verhältnisse sinkt, in welchem man Mittel anwendet, dasselbe zu erlangen" (Geib 1842: 158).

Tatsächlich verfügt die um 1800 freigesetzte psychologische Beschreibungsperspektive, für die alle Geständnisse aus selbstsüchtigen Motiven entsprechend der sinnlichen Natur des Menschen erfolgen, über keinen haltbaren begrifflichen Unterschied von Freiwilligkeit und Zwang. Den muss sie sich vom Recht vorgeben lassen, das dann aber eben das freiwillige Geständnis dem Subjekt als einen Akt *zurechnet* (Stübel) – und zwar unabhängig von den Motiven, die dabei mitgewirkt haben mögen. Der desillusionierte Diskurs vermag allenfalls zu sagen, wie es um das Geständnis ,in der Wirklichkeit' bestellt ist. Da aber das Geständnis ,in Wirklichkeit' etwas ist, was kraft seiner institutionellen Dimension über die ,Wirklichkeit' hinausgeht, vermag er auch das nicht zu sagen. Die Möglichkeit, das Subjekt zu einem Geständnis zu *motivieren*, bleibt in einer Theorie, für die das Geständnis kein *Gut* ist, ein blinder Fleck.

Das heißt auch: Was im Einzelfall geschieht, bleibt ein blinder Fleck. Gerade weil der desillusionierte Blick auf das Geständnis seine Erkenntnisse aus einer Vielzahl von Fällen abstrahiert zu haben vermeint, kann er die Ereignishaftigkeit des Geständnisses im Einzelfall nicht hinreichend beschreiben. Auf eine mustergültige Weise zeigt sich dies in einer Falldarstellung aus Feuerbachs eigener Sammlung. Es handelt sich um die unter dem Titel „Tartüffe als Mörder" präsentierte Geschichte des angesehenen Priesters und Pfarrers Franz Salesius Riembauer, der im Jahre 1807 der Mutter eines seiner zahlreichen unehelichen Kinder die Gurgel durchgeschnitten hat, weil sie gedroht hatte, ihr Verhältnis zu ihm öffentlich zu machen (Feuerbach 1829: 292–325). Erst sechs

Jahre später kommt es zur Anzeige durch eine eingeschüchterte Tatzeugin. Der versierte Riembauer versteht sich auf die „hohe Politik der Verbrecher, [...] alle diejenigen Thatsachen, für welche Beweise vorhanden sind, zuvorkommend einzuräumen" (ebd.: 304), ohne aber ein Geständnis bezüglich der Tat abzulegen. An seiner Erzählung, deren „Gehaltlosigkeit und Ungereimtheit" (ebd.: 306) offenbar ist, hält er „*vier* Jahre hindurch" und „in nicht weniger als neunundneunzig Verhören" (ebd.) fest, so dass die Akten der Untersuchung am Ende „zu einer Masse von 42 Foliobänden" (ebd.: 309) angeschwollen sind.

Dem quantitativen Übermaß an Geständnismotivierung tritt ein qualitatives Übermaß zur Seite (von dem sich Feuerbach übrigens ebenso wenig kritisch distanziert): Als sich „am Aller-Seelentage 1815" (ebd.: 308) die Untat zum achten Male jährt, zieht der Untersuchungsrichter das achtundachtzigste Verhör bis Mitternacht in die Länge, um dann unversehens ein schwarzes Tuch aufzuheben, unter welchem der Totenkopf des Mordopfers sichtbar wird. Man will beim Inquisiten zwar einen „innern Kampf bei diesem Anblicke" bemerken, allein dessen Antwort lautet: „Mein Gewissen ist ruhig! Dieser Todtenkopf hier, könnte er reden, er würde sagen: Riembauer ist mein Freund, er war nicht mein Mörder!" (Ebd.) Feuerbach nennt diesen Mann eine „mit Jesuiten-Moral geschminkte Lasterseele" (ebd.: 314), der seinen Lebenswandel für gerecht-fertigt hält, solange er kein öffentliches Ärgernis erregt, der seine Mordtat zur Verhinderung des Skandals für vertretbar hält, und aus demselben Grunde die Lizenz zu haben glaubt, das begangene Verbrechen auch zu leugnen. Tatsäch-lich hat der im Kirchenrecht bewanderte Riembauer ganz eigene Ansichten zum Verhältnis von *forum internum* und *forum externum*. Nur um Gott zu dienen, erklärt er, „schmachtete ich so viele Jahre im Kerker und gestand mein Ver-brechen nicht. Nachdem ich es aber als eine Bestimmung Gottes einsehen gelernt habe, daß meine That von mir selbst entdeckt werden solle, so gestand ich sie rein." (Ebd.: 314) Wie sollte eine weltliche Instanz einen solchem Men-schen zum Geständnis motivieren können?

Der Falldarstellung zufolge ist es nach dem neunundneunzigsten Verhör so zugegangen: Ein Jude wird unter dem Kerkerfenster Riembauers zur Hinrich-tung geführt. Riembauer gibt seiner Verwunderung Ausdruck über die „Standhaftigkeit, Ruhe und Heiterkeit" dieses Menschen. Man berichtet ihm, der Mann sei „erst von dem Augenblicke an, wo er durch aufrichtiges Geständniß sich mit seinem Gewissen ausgesöhnt, in solche beseligende Gemüthsstimmung versetzt worden" (ebd.: 309). Einige Tage später bewahr-heitet sich der Merksatz: „So lange die Untersuchung dauert, darf der Richter die Hoffnung ein Geständnis zu erlangen nicht aufgeben." (Bauer 1837, 70)

Riembauer lässt um das hundertste Verhör bitten, „weil er glaube, an einer bedeutenden Gewissenskrankheit zu leiden, die ihm vielleicht eine aufrichtige Beichte entfernen könne" (ebd.). Auch nach seinem Geständnis wird er freilich „keine eigentliche Reue" (ebd.: 313) zeigen. Welche Art von Aufschluss soll man hier von einer Theorie erwarten können, in der der institutionelle Ort des Geständnisses keine Berücksichtigung findet?

## 4.

Geständnisse und Geständnismotivierungen kommen nicht nur in gerichtlichen Verhören vor. Sie gehören in das Reich menschlicher Kommunikation. Aus dieser Perspektive ist der *institutionelle* Kontext, in dem sich das Geständnis ereignet, zweitrangig – und damit auch die Unterscheidung zwischen Geständnis und Beichte. Entscheidend ist vielmehr die Ähnlichkeit der verschiedenen kommunikativen *Situationen*, in denen es zum Geständnis kommt (Niehaus 2003: 285ff.). Erst um 1800 wird diese Ähnlichkeit von Diskursen aufgenommen. Denn sie wird nur unter der Voraussetzung wahrgenommen, dass *die* menschliche Kommunikation ihrem Wesen nach überall *dieselbe* ist. Und insofern ist etwa das, was in den Verhörzimmern vor sich geht, nicht mehr nur Sache der Juristen. Diese Wahrnehmung wird eben dadurch begünstigt, dass es sich um Vorgänge im Verhörzimmer handelt und nicht um öffentliche Verhandlungen, in denen das Geständnis als Teil einer triangulären Struktur mit dem Richter als Dritten erscheint (Legendre 1998: 43). Neben der erzählenden Literatur kann auch die Kriminalpsychologie im ausgehenden 18. Jahrhundert diese Vorgänge zum Gegenstand von Betrachtungen machen. Dies geschieht nicht von Ungefähr in ihren emphatischen Anfängen, bevor sie sich als Disziplin konturiert hat.

Johann Christian Gottlieb Schaumanns *Ideen zu einer Kriminalpsychologie* sollen ihrem Autor zufolge „nur die *Vorläuferin* nachfolgender, vollständigerer Arbeiten seyn" (Schaumann 1792: 6). Was der Doktor der Philosophie und Lehrer am königlichen Pädagogium zu Halle in der Form unsystematischer Briefe abhandelt, ist vor allem an die Richter adressiert (ebd.: 10). Dass sich hier ein Fachfremder bemüßigt fühlt, Grundsätze der Kriminalpsychologie aufzustellen, ist das eigentliche diskursive Ereignis eines Textes, der sich im wesentlichen auf die Emphase beschränkt, die Perspektive *des Menschen* einzufordern. So verbreitet sich Schaumann zunächst darüber, wie unerlässlich möglichst genaue und umfangreiche Kenntnisse des Menschen überhaupt und des Inquisiten im besonderen sind, die der „*wohlmeynende* Blick des *väterlichen* Beobachters" (ebd.: 19) zu sammeln habe. Paradigma dieser Wissenserweiterung ist ihm das freiwillige „*Bekenntniss*" (ebd.: 21), zu dessen Erwirkung man „des Inquisiten Vertrauen" (ebd.: 24) erwerben müsse. Dazu müsse der Richter als erstes versuchen, „*die dem Inquisiten so nahe liegende Vorstellung, dass der Inquisitor sein Gegner, sein Feind sey, wegzuräumen*" (ebd.: 25), was ihm nur mit Hilfe von „Menschenachtung", „Menschenliebe", „Menschenfreundlichkeit" (ebd.: 28) und „Menschenkenntnis" (ebd.: 31) – gelingen könne.

Die Frage, wie man einen Schuldigen zum Geständnis motivieren kann, gerät bei Schaumann gewissermaßen zur Nagelprobe für die Kriminalpsychologie schlechthin. Dem entspricht der einzige konkrete Ratschlag, den er in dieser Sache für die Richter parat hat: „Redet zu denen, über die ihr urtheilen sollt, wie der Vater zu seinem angeschuldigten Sohn. Für die *Vaterstimme* ist nur der Unmensch taub, für die Stimme des *gefühllosen Feindes* ein *jeder.*" (ebd.: 27). Weil auch die Inquisiten Menschen sind, müssen auch sie unter die Obhut menschlicher Kommunikation genommen werden können (es sei denn, sie sind Unmenschen). Wenn der Richter dem Inquisiten *zu verstehen gibt*, dass er ihn am liebsten unschuldig sehen würde oder zumindest seine „Handlung in der vortheilhaftesten Gestalt" (ebd.: 27) sehen möchte, so soll er ihn nicht als einen Täter, sondern als einen Sünder sehen, dessen Vergehen im *forum internum* bereinigt werden. Im emphatischen Blick auf die kommunikative Beziehung selbst wird von der Frage nach den persönlichen Motiven und den institutionellen Folgen des Geständnisses völlig abgesehen. Insofern ist der Rat des Pädagogen Schaumann plump und eher als symptomatische Absichtserklärung aufzufassen. Der Untersuchungsrichter soll in den Inquisiten dringen können wie der Vater in den Sohn, als könne die institutionelle Situationsdefinition durch die familial-pädagogische Situationsdefinition ersetzt werden, sich das Geständnis einfach als Kur bewähren.

Gleichwohl ist dies ein Hinweis darauf, wie die Geständnismotivierung mit kommunikativen Mitteln gedacht werden kann. Sie erfolgt nach dieser Analogie auf der Grundlage eines verpflichtenden Bandes, einer *Beziehung* zwischen dem Verhörenden und dem Verhörten, die *de facto* nicht besteht. Man könnte sagen, dass es sich um ein natürliches Band handelt, das künstlich hergestellt werden muss. Es legt das Geständnis nahe als das, was *das Beste* für das betreffende Subjekt ist. Ohne die Voraussetzung, dass das Geständnis erstens an und für sich ein *Gut* ist und dass es zweitens in der bestehenden Situation *das Beste* ist, gibt es keine Geständnismotivierung. In diesem Sinne kann man von der „edukativen" Logik der Geständnismotivierung sprechen, die die medizinale

Logik des Bekenntnisses gewissermaßen beerbt und verschiebt. Innerhalb dieser edukativen Logik erweist sich das Geständnis als amalgamiert mit der Beichte. Was bei der Entgegennahme des Bekenntnisses durch den Seelenarzt als institutionelle Voraussetzung gegeben ist – dass das Bekenntnis ein heilendes Gut ist –, wird in der Geständnismotivierung zum möglichen Ergebnis kommunikativer Bemühungen.

Wenn Schaumann die „*Vaterstimme*" ins Feld führt, folgt er damit also einer naheliegenden Verbindung. Die Erziehung ist neben den gerichtlichen Verfahren der zweite Bereich, in denen es regelmäßig zu Situationen von Verhör und Geständnis kommt. Das „Recht" – so etwa Johann Heinrich Campe, der einflussreichste deutsche Pädagoge des ausgehenden 18. Jahrhunderts – „ein Geständniß der Wahrheit von uns zu fordern", hätten „unsere Aelteren, unsere Lehrer und unsere Obrigkeiten" (Campe 1831: Bd. 9, 82). Das bloße *Recht* auf Wahrheit soll in der Erziehung freilich nicht in den Vordergrund rücken: Gemäß ihrer edukativen Logik gehören die Bemühungen um die Offenheit des Zöglings gegenüber dem Erzieher in das ganze Ensemble der Praktiken, mit denen jemand dazu gebracht werden soll, zu tun, was zu seinem eigenen Besten ist.

Dass das Recht auf Wahrheit nicht so recht erzwingbar ist, dass auch ein Zögling sich als ein für die ‚Vaterstimme' tauber ‚Unmensch' erweisen könnte, ist eher ein Befund, dem sich die pädagogischen Systeme schon aus systematischen Gründen eher selten und jedenfalls ungern stellen. Wenn die Erziehung nach allen Regeln der Kunst vonstatten geht, dann wendet sich der Zögling vertrauensvoll an seinen Erzieher, dann gibt es – wenn überhaupt etwas zu gestehen – keinen Bedarf an Geständnismotivierung. Gerade die Pädagogik ist von Haus aus gehalten, jegliche Kontingenz zu bekämpfen. Sie erscheint daher als Unfall. Wo es etwas zu gestehen gibt, besteht die Gefahr der Eskalation. Und es lässt die Beziehung zwischen dem Erzieher und dem Zögling nicht unberührt, wenn es – wie Jean Pauls *Erziehlehre* erklärt – zum „Wettstreit zwischen elterlicher und kindlicher Hartnäckigkeit" (Jean Paul 1807: 94) und zur Versteifung auf die Lüge kommt, die in besonderer Weise „unheilig" ist, weil sie das „Seelenband" (ebd.: 220f.) zwischen den Menschen zerstört.

Auch in der ‚Erziehlehre' ist das Geständnis daher im Verhältnis zu seinem Stellenwert in der Praxis ein wenig gewürdigter Gegenstand der theoretischen Betrachtung. Gleichwohl gibt es Ende des 18. Jahrhunderts ein wichtiges Segment des pädagogischen Diskurses, in dem es notgedrungen zur Anwendung kommen muss: die Rede über die verderblichen Folgen der Selbstbefleckung, der Onanie. In ihr tritt die medizinale Seite des Pädagogen besonders deutlich hervor. Seit dem ersten Erscheinen des berüchtigten englischen Werkes *Onania* breitet sich in Europa ein Diskurs über die verheerenden *gesundheitlichen* Folgen der Selbstbefleckung aus.[5] Die Sünde der Onanie ist das Paradigma einer Sache, die es *zu gestehen* gilt (Foucault 1983: 84ff.). Tatsächlich könnte sich der Onaniediskurs ohne die Geständnispraktiken überhaupt nicht entfalten und vervielfältigen. Seit der vierten Auflage beschreitet der anonyme Verfasser der *Onania* einen zukunftsweisenden Weg, der auch in Deutschland Schule macht: Er druckt im „Erweiterungsteil" Briefe von betroffenen Patienten ab, die sich an ihn gewandt haben (Bloch 1998: 124ff.). In diesem Einspeisen von Geständnissen in den Diskurs kündigt sich jene für die Herausbildung der Wissenschaften vom Menschen konstitutive „Verpflichtung zum Geständnis" an, die uns Foucault zu Folge „so tief in Fleisch und Blut übergegangen" ist, „daß sie gar nicht mehr als Wirkung einer Macht erscheint, die Zwang auf uns ausübt" (Foucault 1983: 77). Es kann aber nur das zum Gegenstand eines Geständnisses gemacht werden, was zuvor uneingestanden war. Daher kann das „Uneingestehlich-Gestandene" (ebd.: 83) auch zum Gegenstand von Bemühungen werden, in denen die Macht sich sehr wohl zu erkennen gibt. Die Pädagogen des ausgehenden 18. Jahrhunderts rechnen sehr wohl mit Subjekten, die bezüglich der Selbstbefleckung zum Geständnis erst motiviert werden müssen – auch wenn sie sich lieber über die Maßnahmen verbreiten, die die Lust an dieser Heimlichkeit gar nicht erst aufkommen lassen, oder wenigstens über die Maßnahmen der Aufsicht, die die Heimlichkeiten vereiteln sollen.

Zwar wird das Thema etwa unter der Überschrift „Wie wird man hinlänglich gewiß, ob ein Kind mit der Selbstschwächung angesteckt ist, oder nicht? Wie bringt man sie zum Geständnis, und wie hat man sich gegen den Verbrecher zu verhalten?" (Oest 1787: 162) abgehandelt, aber die Voraussetzungen dieser Untersuchung sind ganz andere als bei den Verbrechern vor Gericht. Vor allem ist das Kind, insofern es sich *angesteckt* hat, von einer *Krankheit* befallen; es ist nicht Täter, sondern Opfer. Da diese Krankheit aber zugleich ein *Laster* ist, das man *betreibt* und daher *bejaht*, heißt es, der Zögling habe „nicht sowol ein Verbrechen, als einen Fehler zu gestehen" (ebd.: 168). Die Subjektposition, in der sich der Zögling befindet, bleibt daher zweideutig.

Einerseits muss der Erzieher die Rolle des Beichtvaters übernehmen und den Zögling *behandeln* wie ein Seelenarzt (Legendre 1997: 174). Am liebsten stellt sich der pädagogische Diskurs vor, die Kinder seien unschuldig schuldig

---

5    Merkwürdigerweise ist das Datum der Erstveröffentlichung nicht gesichert (nicht zuletzt wegen der sich überstürzenden Neuauflagen sind von den ersten drei Auflagen keine Exemplare mehr vorhanden). Vielfach wird das Jahr 1710 angenommen (vgl. Bloch 1998: 98ff.). Die fünfzehnte Auflage aus dem Jahre 1730 wurde ins Deutsche übersetzt.

geworden: „Absichtliche Verheimlichung ist auf Seiten der Kinder, besonders in frühern Jahren nicht zu vermuten, weil sie selten wissen, daß sie dadurch etwas Böses thun." (Oest 1787: 164) Dadurch entsteht allerdings das Problem, auf welche Weise man überhaupt das Gespräch auf die Sache bringt und mit welchen Worten man den Tatbestand umschreibt. Empfohlen wird der Weg über die verbrieften Symptome des Lasters. Das Kind wird darüber informiert, dass man über seine Leiden Bescheid weiß – durch solche Informiertheit bekommt der Fragende überdies „mehr Credit" (Villaume 1787: 192) – und dass man deren weiteren Verlauf prognostizieren kann – wie etwa: „du wirst eine Menge kleiner Geschwüre im Gesicht bekommen" (Villaume 1787: 192). Man kann auch auf das Schicksal anderer Kinder verweisen, die an ihrem Laster zugrunde gegangen sind – in einem abgedruckten Musterverhör fragt der Erzieher: „Warum bist du so roth und unruhig geworden bei der Geschichte des armen Knaben, der sich auf so unglückliche Weise sein Leben verkürzte?" (ebd.: 197).

Andererseits spricht der Diskurs eben nicht von der Beichte, sondern vom Geständnis. Auch diejenigen, die unschuldig schuldig geworden sind, haben sich immerhin der *Verheimlichung* dieses Lasters schuldig gemacht. Ohne den *Tatbestand* der Heimlichkeit bräuchte es keine Motivierung zum Geständnis. Und von denjenigen, die man bereits „aus Vorsicht von dem Schaden der Unzucht unterrichtet hat" (ebd.: 191), werden „die mehresten wol leugnen", wenn man ihnen die Tatfrage stellt – „allein ihre Schaamröthe wird sie verrathen" (ebd.: 192). Aber dieser Selbstverrat ist natürlich nicht ausreichend. Auch wenn der Erzieher schon durch Krankheitssymptome und anderweitige Versuchsanordnungen zu den „stärksten Vermuthungsgründen" gekommen ist, „bleibt die Frage aber immer notwendig, damit man ihr eigenes Geständniß erhalte" (Oest 1787: 166). Insoweit profitiert der pädagogische Diskurs nicht von ungefähr von der Terminologie der gerichtlichen Untersuchung. Im übrigen soll man erst dann aufs Geständnis dringen, wenn die Schuld zweifellos ist: „Ehe man aber zum Verhör schreitet, hat man sich wohl zu versichern, ob das Kind auch wirklich mit dem Laster befleckt sey" (Winterfeld 1787: 595). Bei der Beichte gibt es keine Verdachtslogik – es gibt keine Vermutungen, kein *corpus delicti*, keine Spuren und schon gar kein Ertappen auf frischer Tat, wie es der erzieherischen Aufsicht vorschwebt: „Habt ihr auf solche Art den Beweis in Händen, so benutzt die Verlegenheit des Kindes auf der Stelle und laßt dem entdeckten Verbrecher ja keine Zeit sich zu sammeln und Entschuldigungen zu erdichten" (ebd.: 597).

Den allergrößten Wert legen die Pädagogen auf den vertrauensvollen und vertraulichen Ton als Voraussetzung erfolgreicher Geständnismotivierung. Im äußersten Fall kann die Fürsorge des Erziehers so weit gehen, dem Zögling das Geständnis gleichsam abzunehmen. So geschieht es im schon zitierten Musterverhör, wo der ausführlich eingekreiste Knabe auf die Frage „warum weinst du?" schließlich nur noch „Ach Gott!" antworten kann: „Soll ich dir dein Geständniß ersparen? Nicht wahr, du hast eben das gethan, was jener unglückliche Junge that?" (Villaume 1787: 198) Dann braucht es nur noch das *Ja*. Entscheidend für den Erfolg ist die *Beziehung* zwischen dem Erzieher und dem Zögling – die überdies, insofern es um das Delikt der Verheimlichung geht, in dieser Sache auch auf dem Prüfstand steht. Hauptsächlich kommt es darauf, „daß die fragende Person Achtung und Liebe bei dem Kinde und einen entschiedenen Werth in den Augen desselben habe; es muss überzeugt sein, man wolle sein Bestes und habe auch schon eher Geständnisse seiner Fehler mit Nachsicht und gütiger Zurechtweisung aufgenommen"; dazu bedarf einer Person, die „zugleich Erzieher, Freund und Rathgeber der Jugend ist" (Oest 1787: 167f.). Um „Kinder zum Geständnis zu bewegen", muss zwar die „erste Bemühung" darauf gerichtet sein, ihr Vertrauen und ihre Liebe zu erwerben", hinzukommen muss aber die günstige – intime – Situation: „Dann nahm ich sie, und zwar zu einer Zeit, da wir im besten Vernehmen miteinander standen, allein" (Villaume 1787: 188). Man sollte auch versuchen, „vorher durch ein vertrauliches Gespräch sich den Weg zu bahnen und das Herz zu öfnen. Man kann dem Gespräche leicht eine Wendung geben, durch die man der Sache näher kömmt" (Oest 1787: 168). Wenn das geschehen ist, sollte die „heilige Versicherung" gegeben werden, „dass weder von Verweisen noch Strafen die Rede seyn" werde (Villaume 1787: 189).

Unter diesen Voraussetzungen „ist es nicht wahrscheinlich, daß das Kind die Unwahrheit sagen werde" (Oest 1787: 169). Die wahre Probe besteht die Weitsicht des Erziehers allerdings erst „im Fall einer äußersten Verstockung und Bosheit" (ebd.). Hier gilt es, auch das Zurückhalten des Geständnisses als ein Symptom zu betrachten. Die Bemühungen um das Geständnis dürfen die Beziehung nicht aufs Spiel setzen. Überdies sei erstens „nicht abzusehen, daß Härte und Drohungen ein freiwilliges Geständniß bewürken solten", und zweitens vertrage sich ein solches „Betragen nicht mit dem sanften und rührenden Tone, den man nachher annehmen muß" (ebd.). Einstweilen kann man in einem solchen Fall nur eine Lossprechung von der Instanz verfügen – und „seine Aufmerksamkeit verdoppel[n]" (ebd.: 170).

Der pädagogische Diskurs expliziert, dass kommunikative Geständnismotivierung nur im Rahmen einer edukativen Logik stattfinden kann. Man darf das Bekenntnis gegenüber dem Erzieher auf die Situation des gerichtlichen

Verhörs übertragen, insofern diese in der Wahrnehmung zu einer Kommunikationssituation wird. Dass die Verhältnisse dort ganz anders sind – dass sich der Richter auf keine Beziehung berufen kann, dass der Verbrecher mehr als nur ein Sünder ist, dass er für eine Tat bestraft werden soll –, soll die kommunikative Form der Geständnismotivierung zwar nicht vergessen machen, wohl aber in den Hintergrund drängen. Im Prinzip setzt die Abschaffung der Folter das Verhör als eine solche Kommunikationssituation frei – bzw. bürdet sie dem Verhör diese Last auf (Niehaus 2003: 232ff.). Die dadurch implizierte edukative Logik wird in einem fragwürdigen prozessualen Mittel augenfällig, das um 1800 bedeutsam wird und von Anfang an kontrovers ist: die *Lügen-* und *Ungehorsamsstrafen* (Bruns 1994: 143–156).

Anders als die Folter ist sind diese Strafen ein Mittel, das – unabhängig von der Stärke des Verdachts – auf die vom Inquisiten verschuldeten offenbaren *Kommunikationsdefekte* antworten soll. Wer die Antwort ganz oder teilweise verweigert, sich wahnsinnig stellt oder der Lüge überführt ist (Hohbach 1831: 458f.), der kann „mit härterm Gefängnisse, Schmälerung der Kost, und Schlägen" (Kleinschrod 1799: 92f.) traktiert werden.[6] Insofern diese Zwangsmittel auf das zukünftige Verhalten einwirken sollen, sind sie eigentlich keine Strafen, sondern *Züchtigungen* (Hohbach 1831: 453), die dem Inquisiten etwas *zu verstehen geben* sollen. Darin liegt ihre strukturelle Nähe zur Erziehung. Sie wird ausdrücklich, wenn es etwa heißt: „Man bestraft ja die Lügen bey Kindern, warum nicht bey Erwachsenen?" (Kleinschrod 1799: 81) Dem entspricht, dass es sich um Züchtigungsformen handelt, die man ähnlich auch bei Kindern anwendet. Hingegen zählen weder Schmälerung der Kost noch Schläge zu den gesetzlichen Formen der Tortur. Gleichwohl muss man sich bei der Verabreichung der Lügenstrafen „sehr hüten, daß nicht der Beschuldigte glauben könne, er werde gezüchtigt, um das ihm angeschuldigte Verbrechen zu gestehen" (Grolman 1798: 450). Mit der Betonung dieser Differenz wird darauf beharrt, dass es nicht darum geht, den Verdacht zu bestrafen, den der Betreffende durch sein Aussageverhalten auf sich lädt, sondern nur um das Fehlverhalten im Verhör selbst. Durch offenbare Lügen, durch verstocktes Schweigen, durch Simulationsversuche wird der Richter gleichsam *beleidigt*. In den ihm zur Enttäuschungsreaktion zur Verfügung stehenden (und über das jeweilige Verhör hinausreichenden) Disziplinarmaßnahmen spiegelt sich das Gewaltverhältnis wider, das auch das Verhältnis zwischen Erzieher und Zögling definiert.

---

6    Vgl. für praktische Beispiele die Beiträge *Konfrontationen und Lügenstrafen* sowie *Haltloses Geständnis* in diesem Band.

Dass deshalb im weiteren Sinne alles, was der Untersuchungsrichter tun und lassen kann, als eine Unzufriedenheit mit den Antworten des nichtgeständigen Inquisiten aufgefasst werden kann, ist die gängige Kritik an dieser Folge der Aussagepflicht: „Denn hat es nicht der Inquirent in seiner Macht, den Inquisiten zu jeder Stunde, bei Tag oder Nacht zum Verhör vorführen und ihn anderer Seits wieder [...] lange genug sitzen zu lassen, dass ihm ein Verhör selbst als eine Wohlthat wird erscheinen müssen?" (Zachariae 1846: 99; vgl. auch 108ff.) Diese Form der Geständnismotivierung ist freilich ihrerseits das Eingeständnis eines Scheiterns. Sie entspricht dem beziehungsgefährdenden ‚Wettstreit zwischen elterlicher und kindlicher Hartnäckigkeit', zu dem es gerade die Reformpädagogen nicht kommen lassen wollen. Der ideale Inquirent braucht keine Lügenstrafen zu verhängen, weil der Inquisit es nicht über sich bringt, seinem Gegenüber weiter ins Gesicht zu lügen.

## 5.

Am besten ist es der Theorie nach, den Inquisiten in die dem „Bekennen förderliche *Gemüthsstimmung* als Rührung, Ueberraschung, Reuegefühl u.s.w. zu versetzen" (Bauer 1837: 71), *bevor* er sich aufs Leugnen verlegt. Das ist der Hauptgedanke eines Aufsatzes von Ludwig Pfister mit dem schönen Titel *Über die zweckmäßigste Benutzung des Augenblicks des ersten Erscheinens der Verbrecher vor Gericht; nebst einem Criminalfalle, als Beleg der aufgestellten Grundsätze*. Der Richter muss nämlich den großen Eindruck, den dieses erste Erscheinen auf den Inquisiten macht, nach Möglichkeit durch eine Anrede „im feyerlich ernsten, doch nicht zurückschreckenden, vielmehr Zutrauen einflößenden Tone" (Pfister 1802: 74) zu verstärken suchen. Die in den Gerichten übliche Frage, „Ob Constituto die Ursache seiner Vorladung oder Verhaftung bekannt sey?" hält Pfister hierfür „in der Regel, immer für schädlich" (ebd.: 77), da sie „das Zutrauen des Inquisiten zum Richter, schon im Anfange der Untersuchung, und noch ehe es begründet ist, zu zerstöhren droht" (ebd.: 77f.). Die Richtigkeit des aufgestellten Grundsatzes, dass man sich bei der Motivierung zum Geständnis „durchaus nach den verschiedenen Umständen und individuellen Verhältnissen eines jeden Falles" (ebd.: 85) zu richten habe, kann natürlich nur über die Darstellung eines Falles erfolgen.

Der Praktiker Pfister (vgl. Pfister 1814–1820) erzählt ausführlich von den Bemühungen um das Geständnis eines mutmaßlichen Raubmörders, bei dem er nicht unmittelbar mit der Untersuchung betraut war. Bei einer Visitation des

Gefängnisses richtet er eine Ansprache an den Mann, an deren Ende er „einige Rührung" (Pfister 1802: 90) bei ihm zu entdecken glaubt. Der Häftling bittet um ein sofortiges Verhör und versichert, „er wolle alles – alles sagen; er wolle mir auf der Stelle alles einbekennen, als ob er (er ist katholisch) vor seinem Beichtvater stände, wenn ich ihn nur anhören wolle" (ebd.: 91). Es gibt also einen rechten Adressaten und die rechte „Stimmung" (ebd.: 90) für das Geständnis. Der weitere Verlauf zeigt nun aber auf, wie zerbrechlich, wie *kontingent* der Geständniswunsch ist. Pfister ist bereit, das Geständnis vorläufig entgegenzunehmen, bevor das reguläre Verhör angesetzt ist, muss dann aber bemerken, dass sich dessen „Erzählung, so wie sie der entscheidenden Katastrophe näher rückte, dehnte, [...] und daß ihn also der Entschluß: zu bekennen, zu reuen beginne" (ebd.: 92). Als es dann durch den Eintritt eines Gefangenenwärters unversehens zu einer Unterbrechung kommt, ist es mit dem Geständnis vorerst vorbei: Die Erzählung wird abgebogen. Pfister dringt nicht weiter in den Mann, sondern attestiert ihm, „daß er kein ganz böser Mensch, sondern noch einiger Rührung und eines guten Entschlusses fähig sey" (ebd.: 94). Er solle „seinen Zustand näher überlegen, und sich Kraft und Stärke von oben erflehen", um „sich selbst Wort zu halten" (ebd.). Bereitwillig erfüllt Pfister die Bitte des Mannes, ihn am nächsten Morgen noch einmal zu besuchen. Nun vertraut der Mann Pfister an: „Gott habe ihn in dem Vorsatz bestärkt: alles zu bekennen. Ich möge nur veranstalten, daß er in das Verhör komme, er wolle alles angeben" (ebd.: 95). Pfister führt ihn vor die vollbesetzte Gerichtsbank und hält eine kurze Ansprache, in deren Mittelpunkt er die nunmehrige kommunikative Verpflichtung zum Geständnis stellt:

> Ich habe, im Vertrauen auf die Aufrichtigkeit eurer freywilligen Erklärung, und in der Zuversicht, daß ihr euern Vorsatz erfüllen werdet, diese Herren, eure Richter bewogen, das Gericht auf der Stelle zu eröffnen. Euer Verlangen, euer sehnlichster Wunsch ist erfüllt, – ihr steht vor Gericht, auf der Stätte, nach der ihr verlangtet, – ich habe mein Wort erfüllt, – erfüllt nun auch von eurer Seite die Zusage, die ihr mir und durch mich euern Richtern gabt [...].(Ebd.: 96)

Diese Worte versammeln in kompakter Form die Grundmotive jeglicher Geständnismotivierung und gipfeln nicht von Ungefähr in dem (scheinbaren) Paradox einer *Verpflichtung auf einen Wunsch*. Ihre Wirkung lässt denn auch nichts zu wünschen übrig. Der Mann bricht „in lautes Weinen und Schluchzen" aus und stößt hervor: „Ja, ich will Wort halten, – ich will alles – alles sagen; die reine Wahrheit" (ebd.: 96). Schon bei den ersten Worten wird er aber im

Versuch, sein Geständnis als freiwillige Gabe an den Mann zu bringen, unterbrochen. Der „dirigirende Richter" (ebd.) muss erst das Protokoll einrichten und
dann ordnungsgemäß die Fragen zur Person stellen. Damit erweist er sich als
menschenunkundig. Als der Mann endlich zum Geständnis aufgefordert wird,
ist es mit seiner Bereitschaft vorbei. Er leugnet alles ab. Alle Ermahnungen
stoßen auf taube Ohren. Widerwillig schaltet sich der erzürnte Pfister noch
einmal ein und bewirkt zumindest, dass der Mann seine Erzählung wieder
aufnimmt und die Tat nun als einen Akt der Notwehr darstellt. Der dirigierende
Richter, erzürnt über diese das „unverkennbare Gepräge einer nicht aufrichtigen
Angabe" tragende Erzählung, stellt falsche Fragen, verliert über die unbefrie-
genden Antworten seine Fassung, bricht in „verächtliche Schimpfworte gegen
den Inquisiten" aus und droht ihm schließlich: „ich werde dir deine Lügen
vertreiben" (ebd.: 100). Forthin erscheint der Inquisit als ein „anderer Mensch":
„frech, und oft sogar aufbrausend und ungestüm" (ebd.: 103).

Ludwig Pfister erzählt also eine lehrreiche Geschichte, die Bedingungen
für das Gelingen und Gründe für das Scheitern der Geständnismotivierung
angibt. Gelingen kann sie nur im Rahmen der edukativen Logik, in der das
Geständnis mit der Beichte amalgamiert wird, in der es einen vertrauenswürdigen Adressaten gibt, in der sich das Subjekt von einer kommunikativen
Verpflichtung ergriffen fühlt, in der Einsicht in die Kontingenz und Situations-
abhängigkeit des Geständnisses besteht und in der die Ansprechbarkeit und
Erziehbarkeit des Subjekts jederzeit unterstellt wird. Scheitern wird die Geständnismotivierung dort, wo an die Stelle der Beziehung zwischen Inquirent
und Inquisit das bloße Rechtsverhältnis tritt, wo sich der Inquisit zum bloß
kalkulierenden Vernunftwesen verhärten kann, wo die Einlösung der Verpflichtung zum Geständnis befohlen wird oder wo das Erziehungsmittel der
Lügenstrafe die Unansprechbarkeit des Subjekts vorwegnimmt.

Der Virtuose der Geständnismotivierung soll also bewirken können, dass
sich das Subjekt ihm gegenüber *öffnet*, statt sich allen gegenüber zu *verhärten*.
Aber wie geht das zu? Worauf kann er referieren? Pfister hat nichts weiter als
die Erklärung parat, der Inquisit sei das Bekenntnis „sich selbst, seinem Richter
und der Menschheit schuldig" (ebd.: 90). Eine Theorie, die hier genaueren Aufschluss bringt, wird nicht ohne anthropologische Annahmen auskommen. An ihr
versucht sich Wilhelm Snell (der ebenfalls eine Zeit lang als Untersuchungsrichter tätig war) in seiner Abhandlung *Betrachtungen über die Anwendung der
Psychologie im Verhöre mit dem peinlich Angeschuldigten* aus dem Jahre 1819.
Die Psychologie, die Snell in diesem einzigen Buch, das sich ganz und gar der

Frage der Geständnismotivierung widmet[7], zur Anwendung bringt, ist aber eine ganz andere als diejenige Feuerbachs: Sie bemüht sich darum, die institutionelle Dimension mitzudenken.

Für Snell bleibt jede Verurteilung ohne Geständnis unvollständig. Im Rahmen der Untersuchung den schuldigen Inquisiten zur Anerkennung seiner Schuld zu bringen, nennt er eine „Aufgabe der höheren Anthropologie" (Snell 1819: 15). Sie ist zudem das „Resultat des psychologischen Divinationsvermögens" (ebd.), insofern das „Schuldbewußtseyn [...] schon vor dem Bekenntniß entdeckt worden ist" (ebd.: 14). Denn der Inquisit legt dieses in der Einsicht ab, „daß er jenes nicht länger verbergen könne" (ebd.). In seinem „offenen Geständnisse" erliegt der Inquisit „der Gewalt der unaufhaltsam und von allen Seiten auf ihn einstürzenden Wahrheit" (ebd.). Damit das geschieht, muss der Inquisit *behandelt* werden.

Snell unterscheidet zwischen der „künstlichen" und der „natürlichen" Behandlungsmethode" ebd.: 39f.). Die künstliche Behandlungsmethode richtet sich „vorzugsweise auf den Verstand" (ebd.: 40) des Inquisiten. Es werden ihm in einer „mühsamen Untersuchung" (ebd.: 41) alle Ausflüchte wiederlegt, bis er zu der Einsicht kommt, dass ihm nichts mehr als das Geständnis übrig bleibt: Dann „beugt sich [...] der reflectirende Sinnenmensch unter das Gesetz der Notwendigkeit" (ebd.: 42). Die natürliche Behandlungsmethode hingegen richtet sich „vorzugsweise auf die Empfindung" und kommt meist „auf *einen* Schlag zum Ziele" (ebd.: 40), bevor sich das Subjekt verhärtet hat. Hier, wo der „Untersuchungsrichter als Mensch mit der einfachen Beredsamkeit des allgemeinen Menschengefühls vor dem Menschen steht" (ebd.: 41), wird das Geständnis zu einem kommunikativen Akt. Der Gegensatz zwischen diesen beiden Behandlungsmethoden wird von Snell bis aufs Äußerste zugespitzt:

> *Dort* zeigt sich uns das erfreuliche Schauspiel eines zurückkehrenden Verirrten, der, ergriffen von einem großen Gefühl, in der freywillig übernommenen Buße mit der Menschheit sich aussöhnt. *Hier* verweilen wir ungern bey dem Anblick der starren Bosheit, die sich in ihren eignen Werken vor der Consequenz der Wahrheit vernichtet fühlt. (ebd.: 44)

---

7  Snells Buch wird zwar in der weiteren strafprozessrechtlichen Literatur bisweilen erwähnt, hat aber keine weite Verbreitung gefunden. Es war zunächst als erstes Heft einer „Reihe von Abhandlungen über verschiedene Gegenstände der Strafrechtswissenschaft" geplant, zu denen es aber nicht mehr gekommen ist, weil Snell 1819 aus politischen Gründen seines Amtes als Untersuchungsrichter enthoben wurde und 1821 in die Schweiz ging.

Mit dieser Entgegensetzung vertieft Snell freilich eine geläufige Unterscheidung. Dass man dem Geständnis sowohl durch Widerlegung der Lügen und Widersprüche näher kommen kann wie auch durch Appell an das Gewissen, lag schon immer auf der Hand. Snells Buch befasst sich im Folgenden nur mit der natürlichen Behandlungsmethode, und seine Entgegensetzung dient vor allem dazu, diesen Untersuchungsgegenstand allererst als etwas zu umreißen, was sich nicht von selbst versteht. Es sieht daher so aus, als beträfen die beiden Behandlungsmethoden verschiedene Gattungen von Subjekten, zwischen denen es keine Übergänge gibt. Tatsächlich betreffen sie aber lediglich verschiedene Subjekt*positionen* (vgl. Niehaus 2003: 300ff.). Dies ist auch Snell durchaus klar, wenn er schreibt, in „der Ausübung des Untersuchungs-Geschäftes" wirkten „oft beyde Methoden Hand in Hand", er wolle aber, da sie „nach verschiedenen psychologischen Gesetzen verschiedene Seelenvermögen in Thätigkeit" brächten, gleichwohl „jede der beyden Behandlungsmethoden [...] in ihrer Eigenthümlichkeit betrachten" (ebd.: 44f.).

Immer wieder stellt sich Snell die Frage: „Worin liegt, wenn es auch dem Untersuchungsrichter gelingt, auf das Gefühl des schuldigen Inquisiten erschütternd einzuwirken, der Grund, daß daraus ein Geständnis erfolge?" (ebd.: 43) Diese Frage ergibt sich erst aus der Einsicht in die Subjektposition des Untersuchungsrichters, die eben nicht – wie noch bei Pfisters Ansprache unterstellt – so beschaffen ist, dass eine unmittelbare Gewissensrede an das Subjekts gehalten werden kann. Bei der „Erzeugung von Motiven für das Geständnis" kann der Inquirent „die Wirksamkeit der moralischen Kräfte weder vom Inquisiten fodern, noch auch sie berechnen." (ebd.: 37) Er ist ein „*Repräsentant des Staats*", der „zu seinen einzelnen Bürgern nur in einem Rechts- nicht in einem Gewissens-Verhältnisse steht". Daher darf er sich auch nicht „zum Gewissensrichter aufwerfen" (ebd.). Insofern darf er also den Platz des Beichtvaters im *forum internum* nicht beanspruchen. Gleichwohl soll sich das Subjekt dem Untersuchungsrichter gegenüber vertrauensvoll *öffnen*. Wenn der Inquirent Snell zufolge „auf indirecte Art auf die sittliche Erhebung eines Verbrechers wirken" (ebd.: 38) und das Geständnis als ein *Gut* erscheinen lassen darf, so wird das *forum internum* auf diese Weise – nach Maßgabe der edukativen Logik – lediglich unsichtbar. Es geht im kommunikativen Verhältnis selbst auf.

Das kommunikative Verhältnis ist ein Wert an sich, der sich in einer gegenwärtigen *Situation* realisiert. Der „ängstlich berechnende Sinnenmensch" hält das Geständnis zurück, weil es „in der Strafe ein sinnliches Übel" zur Folge hat (ebd.: 45). Diese Folge ist aber fern. Durch das „stark erschütterte Gefühl" hingegen werde „einestheils die Reflexion in ihrem Geschäfte gestört, anderntheils die ganze Thätigkeit der Seele auf die Gegenwart gefesselt, und dadurch die Vorstellung der Zukunft verdunkelt". Dadurch erwacht „die Empfänglichkeit für die edleren Empfindungen der Humanität", die „Vorstellung des Strafübels" hingegen wird entkräftet, „und das durch nichts mehr zurückgehaltene Geständniß erfolgt auf jeden leichten Anstoß" (ebd.). Snell gibt diesem Gedanken noch eine andere – ins Anthropologische gewendete – Fassung:

> Jeder Mensch trägt von Natur ein Wahrheitsgefühl und einen Wahrheitstrieb, die in ihrer Wurzel mit dem Gewissen zusammenhängen, in der Brust, und wird dadurch instinctartig zur Aussage der Wahrheit getrieben. Die Lüge liegt [...] nie in der menschlichen Natur, sondern beruht auf einer Verkehrtheit [...]. Alles Läugnen und Verstellen setzt also einen künstlichen und widernatürlichen Zustand voraus, der immer eine gewisse Anstrengung erfordert. Es besteht eine Disharmonie zwischen dem *außern* Menschen in seiner Darstellung und dem innern Menschen in seinem Bewußtseyn. Eine Erschütterung der Seele aber hebt den künstlichen Zustand auf und giebt sie ihrem natürlichen Zustand zurück; der Wahrheitstrieb wird auf der Stelle wirksam, und indem sich die Harmonie zwischen dem äußern und dem innern Menschen unwillkührlich herstellt, erfolgt das Geständniß von selbst, mehr als Wirkung einer Naturkraft, als eines überlegten Entschlusses.(Ebd.: 46)

Zunächst einmal fällt auf, dass der Wahrheitstrieb in dieser Auslassung negativ fundiert wird. Er ist kein natürliches moralisches Prinzip, sondern ergibt sich lediglich aus dem Prinzip der Aufwandsersparnis: Widernatürlich ist einfach der Aufwand, den Verstellung und Lüge erfordern. Darin liegt aber auch die Abhängigkeit des Wahrheitstriebes von der jeweiligen Situation. Je größer in einer bestimmten Situation der verstandesmäßig begründete Aufwand an Verstellung und Lüge ist, desto mehr erscheint das Geständnis dann ‚als Wirkung einer Naturkraft'. Das ist aber nur die eine Seite. Wäre es alles, so stünde diese Naturkraft in direkter Abhängigkeit vom ‚Druck', der zur Erzielung des Geständnisses aufgebaut wird. Nicht Druck, sondern Erschütterung soll aber das Geständnis bewirken.

Geständnismotivierung besagt gerade, dass dem Subjekt – weil es einen Geständnis*trieb* nicht gibt – ein *Motiv* für das Geständnis *gegeben* wird, das seine ‚Wurzel' schon in ihm hat. Wenn es „Wesen und [...] Aufgabe dieses Untersuchungsgeschäftes" ist, „durch freie Entwicklung zureichender Motive einen Entschluß in der Seele des Inquisiten zu erzeugen", so folgt daraus Snell zufolge der „Grundsatz: die Untersuchung soll ganz im Geiste des Inquisiten operiren; der Untersuchungsrichter soll während der ganzen Entwicklung seines Geschäfts in die Gemüthslage des Angeschuldigten sich versetzen" (ebd.: 50f.).

Aus diesem Grundsatz bildet Snell drei „Hauptregeln" zur Geständnismotivierung. Erstens muss sich der Untersuchungsrichter bemühen, „seine Hypothese, wornach etwa der Inquisit schuldig ist, diesem zu verhüllen"; er muss die „Motive zum Geständnisse zu erzeugen" suchen, ohne „geradezu auf ein Geständniß zu dringen" (ebd.: 51). Zweitens soll er stets „die Annahme nur eines geringeren Grades der Verschuldung zur Basis" nehmen, „bis die ausgemittelten Umstände, eine höhere Strafbarkeit anzunehmen, nothwendig machen" (ebd.: 55f.). Drittens soll er „auch *als Mensch* die That des Verbrechers nicht härter" beurtheilen, „als dieser selbst sie beurtheilt" (ebd.: 58).

Diese entscheidende dritte Regel birgt das eigentliche Problem. Nach Snell ergibt sie sich schlicht aus dem Grundsatz, „in der Behandlung des Inquisiten von dessen eignem Gesichtspunct" (ebd.) auszugehen. Gleichwohl lässt sich die darin enthaltene *Forderung* nicht nach Belieben erfüllen. Sie ist keine bloße *Anweisung*. Wie der Untersuchungsrichter eine Tat *als Mensch* zu beurteilen hat, kann man ihm – anders als das *Verhüllen* der Schuldhypothese und die *Annahme* eines geringeren Verschuldungsgrades – nicht vorschreiben. Zum Leitfaden könnte man nur erheben, dass der Untersuchungsrichter so tun soll, *als ob* er die Tat nicht härter beurteile als dieser selbst. Gerade aber auf die Situationsechtheit (deren Fehlen Meißner in seiner Fallgeschichte anprangert) muss es Snell ankommen. Nur unter dieser Voraussetzung ist eine *Beziehung*, eine Kommunikationssituation im emphatischen Sinne möglich. Damit wird die Geständnismotivierung aus dem Bereich anwendbaren Regelwissens ausgegliedert.

Snell äußert sich eingehend zu seiner dritten ‚Regel'. So erklärt er, der Inquisit sei stets bestrebt, „auch den Untersuchungsrichter als Menschen von seiner Unschuld zu überzeugen, oder doch der moralischen Geringschätzung desselben zu entgehen"; es tue „dem Inquisiten wohl, wenn er bey dem Bestreben, nicht verkannt zu werden, auf ein Herz trifft, das zur schonenden Beurtheilung menschlicher Gebrechen geneigt ist"; er fühle sich „sympathetisch zu einem solchen Richter hingezogen und durch ein Band an ihn geknüpft, das um so stärker und inniger ist, je verlaßner er sich sieht und je tiefer er das Bedürfniß nach Theilnahme empfindet" (ebd.: 60). Dadurch wird die Situation der Geständnismotivierung *komplex*. So ist es dem Untersuchungsrichter aufgetragen, „mit den ihm zur Untersuchung Übergebenen menschlich zu fühlen, während er als Vertreter des Staats ihre Verbrechen aufzeichnet" (ebd.). Des weiteren ist es auch nicht einfach das ‚menschliche Fühlen', das für die Geständnismotivierung zuständig ist. Denn das Geständnis ist keineswegs bloß an den Menschen gerichtet; der Bezug zum *forum externum* ist nicht aus ihm wegzudenken. Manifest wird dies für Snell etwa beim „Schaamgefühl", das sich „nicht auf das Verhältniß des *Staatsbürgers* im Inquisiten zum *Gesetzesvertreter* in dem Untersuchungsrichter, sondern auf das Verhältniß des *Menschen* zum *Menschen*" (ebd.: 76) gründet. Das Schamgefühl betrifft die Kommunikationssituation. Unter Umständen kann es das Geständnis durchaus behindern – vor allem dann, wenn es mit dem Geständnis verknüpft ist, dem Untersuchungsrichter bisher *belogen* zu haben (deshalb soll die Motivierung zum Geständnis nach Möglichkeit auch erfolgen, bevor sich der Inquisit auf das Leugnen festgelegt hat). Gerade im Stellenwert der Lüge schlägt sich die edukative Logik der Geständnismotivierung nieder: Um seine Auffassung zu begründen, eine der „empfindlichsten Demüthigungen" liege „in dem Geständnisse, *gelogen* zu haben", weshalb es „den Menschen oft schwerer" ankomme, „eine *Lüge*, als eine *verbothene That* zu bekennen" (ebd.: 79), bezieht sich Snell in einem ausführlichen Exkurs auf Jean Pauls Überlegungen zu den Kinderlügen in *Levana oder Erziehlehre* (vgl. Jean Paul 1807: 219–222).

Die Frage der Lüge führt darüber hinaus zu einer Erklärung darüber, in welcher Weise sich das Subjekt im Akt des Gestehens von seinem Vergehen loslöst, indem es sich zu ihm bekennt: Weil der Inquisit vor dem *forum externum* die Verantwortung für seine Taten übernimmt, kann er sich als Mensch von ihnen lossagen. Snell denkt diesen Vorgang nicht als eine einfache moralische Erhebung, sondern eher als eine regelmäßige Begleiterscheinung des Geständnisaktes:

> Fast jeder Verbrecher, sogar der Gewohnheitsverbrecher, fühlt in dem Augenblick, wo er vor Gericht gefodert wird, Reue über seine Handlungsweise und faßt den Entschluß, ein besserer Mensch zu werden. Am stärksten ergreift ihn dieser Unwille im Moment des Geständnisses: denn nun kann er auch den äußern Folgen seienr Verbrechen nicht mehr zu entkommen hoffen. Er vereinigt sich in diesem Momente mit dem Richter in der Mißbilligung *dessen, was er gewesen ist*, und findet Trost darin, wenn der Richter in ihm den Zustand einer veredelten Gesinnung anerkennt und die verbotenen Thaten seines *vergangenen* Lebens nicht *dem* Menschen, der ihm *izt gegenübersteht*, zum Vorwurfe macht. (Ebd.: 82)

Während das Subjekt im Geständnis beanspruchen zu können glaubt, als ein Mensch anerkannt zu werden, der durch die gegenwärtige *Situation* als kommunikatives Subjekt und nicht durch seine Vergangenheit als Täter definiert ist, so erscheint in ihm mit der „Lüge" umgekehrt „der *jetzige* Mensch, wie er vor dem

Richter steht, als Complize des *gewesenen* Menschen, der die verbothene Handlung verübt hatte (ebd.).

Snell versucht sich hier an einer anthropologischen Situierung des Geständnisaktes. Ihr zu Folge muss der Adressat des Geständnisses in anthropologischer Rücksicht an das *glauben*, was ihm in der Anleitungsliteratur gewöhnlich als bloß taktische Maßnahme anempfohlen wird. Unabhängig davon, ob das Geständnis nur von dem Gefühl des ‚Unwillens‘ über sich selbst angesichts der äußeren Folgen der Tat begleitet wird oder ob es von wirklicher ‚Reue‘ getragen ist, ist es als etwas anzuerkennen, das den ‚Zustand einer veredelten Gesinnung‘ nach sich zieht. Ohne Ansehen der wirklichen Motive erscheint das Geständnis als ein *Gut*. In diesem Sinne ist das Geständnis aus der anthropologischen Perspektive *institutionell* mit ‚Reue‘ verknüpft (während die Reue für Feuerbach im Gegensatz dazu immer auf etwas *anderes* zurückgeführt werden kann).[8]

Ihre definitive Ausformung gewinnt die institutionelle Dimension des Geständnisses in einer abschließenden Überlegung Snells. Zwar seien die „Motive […], die der Untersuchungsrichter für das Geständniß in dem Gemüth des Verbrechers mehr *wiedererwecken*, als erzeugen kann", ganz *„verschiedenartig"*, es gebe aber *„eine* Triebfeder dieser Art, auf deren Wirksamkeit fast *allenthalben* zu rechnen ist. Dieß ist der *Schicksalsglaube."* (ebd.: 115) Dieser Glaube sei „unter *allen Classen* von *Verbrechern"* zu finden, vor allem aber bei den Gewohnheitsverbrechern, den „verhärtete[n] Bösewichten" (ebd.: 121) – also bei jenen, denen eigentlich die ‚künstliche Behandlungsmethode‘ vorbehalten ist. Tatsächlich sei „*dieser* Glaube […], oft noch der einzige Faden, woran der Frevler mit dem Unendlichen zusammenhängt" (ebd.: 122). Was ein solches Subjekt begleite, sei das *„Gespenst seiner Schuld"* (ebd.: 121). Was aber geschieht, wenn der Verbrecher *gefasst* und vor den Richter gestellt wird?

In dieser Gemüthsstimmung ändert sich nehmlich des Verbrechers gewöhnliche Ansicht von der Strafe gänzlich. Er erblickt nunmehr in *seiner Bestrafung eine unbedingt nothwendige Folge seiner Übelthaten.* Denn erstlich erscheint ihm als Grund der Strafen überhaupt nicht das *Gesez* und die *Anordnung des Staats*, sondern ein *ursprünglicher* Zusammenhang der Verschuldung mit dem Verbrechen. Er kann sich den Begriff der Rechtsverletzung nicht denken, ohne sich die Strafe dazu zu denken […]. (Ebd.: 122)

---

8   Man kann auch sprechakttheoretisch einfach sagen: Es ist eben ein *institutional fact* und kein *brute fact.*

Unter dieser Voraussetzung tritt der *Vertreter der Institution* als *Abgesandter des Schicksals* auf. Und mit dem Geständnis erfolgt die Anerkennung dieses Schicksals – die Einsicht, dass das Geständnis notwendig ist. Es verdankt sich dem „Gefühle der *Resignation*" (ebd.: 125). Da „der Schicksalsglaube [...] ein Glaube des *Gefühls* und nicht der *Verstandes-Überzeugung*" (ebd.: 124) ist, wird auch dieses Geständnis der natürlichen Behandlungsmethode zugeordnet. Das heißt: Auch zu einem solchen Geständnis kann der Richter motivieren. Aber insofern sich das Geständnis aus einem solchen Motiv speist, ist es nicht mehr an den Menschen gerichtet, der es hört. Es ist kein kommunikativer Akt mehr. Soll man sagen, auch das Geständnis aus Resignation sei einem „Wahrheitstrieb" geschuldet, der in seiner „Wurzel mit dem Gewissen" zusammenhängt? In jedem Falle hat es mit dem *forum internum* nichts mehr zu tun. Bei dem, der aus Resignation gesteht, wird das, was als ‚Wirkung einer Naturkraft' erscheint, aus einer *anderen* Quelle gespeist – „von einer *höhern* Macht leitet er die Fügungen über sein Geschick her, die Fügungen, wornach jede verborgene That endlich an den Tag muß" (ebd.: 124). Darin erweist sich das Subjekt als *instituiert*. In der Institution erblickt es eine Agentur der Notwendigkeit. „Dieser höhern Ordnung" sieht es sowohl „den *Richter*, als auch *sich selbst*, unterworfen" und in „diesem Glauben" fühlt es sich „seinem Richter *gleichgestellt*" (ebd.). In seiner reinen Form würde das Geständnis aus Resignation jede Motivierung erübrigen. Auf der anderen Seite hat jedes Geständnis, *insofern es ein Akt ist*, Anteil an dieser Resignation (vgl. Lohsing 1905: 120; Niehaus 2004b: 7f.). Wer ein Geständnis ablegt, legt sein Schicksal in die Hände der Institution. Er weiß das. Hat es da noch einen Sinn, von einem Motiv zu sprechen?

# Haltloses Geständnis
## Der Fall Jakob Sauter

*Michael Niehaus*


### 1.

Am 22. November 1787 wird der Wagnergeselle Johann Baptist Fromlet auf einem Dachboden im Spital zu Konstanz erschlagen aufgefunden. Der Verdacht fällt schnell auf den vormaligen Wagnermeister des Spitals Jakob Sauter, der sich zur Zeit auf Reisen befindet. Bei seiner Rückkehr am 26. November wird Sauter festgenommen und zwischen dem 27. November und dem 3. Dezember immer wieder verhört. Im Laufe dieser Verhöre legt er zunächst ein Teil-geständnis und dann ein Geständnis ab, das er allerdings widerruft. Von diesem Widerruf lässt er sich nicht mehr abbringen. Er wird gleichwohl zu einer zehn-jährigen Gefängnisstrafe verurteilt und stirbt während der Haft.

Sauter ist ein völlig unbescholtener Konstanzer Bürger. Es gibt keine Zeugen und keine direkten Indizien, die ihn belasten. Der Verdacht gründet sich zunächst nur auf ein mäßiges Motiv sowie auf das Fehlen eines Alibis und anderer Tatverdächtiger. Alles spielt sich folglich im Verhör mit dem Inquisiten ab. Dabei steht die Motivierung zum Geständnis unter der Voraussetzung, dass die Folter im (damals zu Österreich gehörenden) Konstanz etwa zehn Jahre zuvor abgeschafft worden ist. Wie sehr die Tortur noch im Bewusstsein der beteiligten Richter ist, belegt die Äußerung in der Urteilsrelation, Sauter habe sich so sehr verdächtig gemacht, dass die „Tortur mit dem Delinquenten bis auf den äußersten Grad hätte vorgenommen werden müssen" (fol. 219 v.)[1], wenn es sie denn noch gegeben hätte. Durch diese Ausgangslage bekommt der Fall Jakob Sauter exemplarischen Charakter: Es zeichnet sich allererst ab, was es überhaupt heißen kann, jemanden mit kommunikativen Mitteln zum Geständnis zu motivieren.

Die anberaumten Verhöre spannen einen Raum auf, in dem aus den Interaktionen der Beteiligten ein komplexes Geschehen wird, das sie ineinander verwickelt und das in seinem Verlauf unvorhersehbar ist. Geständnis-

---

[1] Die Seitenangaben beziehen sich auf die Akte STAK H XII 130 im Stadtarchiv Konstanz. Da die Interrogatorien, die Fragstücke durch sämtliche Verhöre durchnummeriert sind, wurde auf die Seitenangabe dort verzichtet.

motivierung wird als solche beobachtbar innerhalb des Verhörs als einer irreduziblen, kontingenten *Situation.* Diese Situation ist gegeben, auch wenn sich das Gericht im Fall Jakob Sauter noch unzureichend darauf eingestellt hat. Gerade im unbefriedigenden Verlauf des Verhörgeschehens macht das Gericht die Erfahrung der Kontingenz, die allen Überlegungen zur Geständnismotivierung zum Grunde liegen muss. Die Versuche, mit kommunikativen Mitteln zum Geständnis zu motivieren, können jederzeit scheitern oder gelingen, und anders als bei der Folter – die ebenfalls kein unfehlbares Mittel ist – wird diese Erfahrung der Kontingenz ihrerseits wieder zum Bestandteil des Verhörgeschehens. Im Fall Jakob Sauter verdichtet sich diese Lehre in einer gleichsam dramatischen Form: Das Gericht, das den Inquisiten zum Geständnis gebracht zu haben glaubte, wird eines Besseren belehrt.

Diese Vorgänge sollen nachfolgend in ihren entscheidenden Phasen genauer beschrieben und rekonstruiert werden. Dabei kann auf der einen Seite der Anschein entstehen, die Kontingenz werde dadurch reduziert oder eingeebnet, dass das Verhörgeschehen nachvollziehbar gemacht wird – als könnten die Fehler, die das Gericht begeht, einen verlässlichen Weg zur Geständnismotivierung weisen. Auf der anderen Seite wird die Kontingenz gerade in ihrer Wiederholung erfahrbar – und es gibt immer den passenden Inquisiten oder Beschuldigten, der die Unverlässlichkeit aller Wege der Geständnismotivierung vor Augen stellt. Der Zufall hat gewollt, dass er hier Jakob Sauter heißt. Er wird gerade in seiner Dummheit – zum *Paradigma* des Inquisiten.

Beschreibbar ist das Verhörgeschehen nur, weil es zu Protokoll gebracht worden ist und weil das Protokoll bestimmten Ansprüchen genügt. Die für das Konstanzer Gericht verbindliche *Theresiana* bestimmt über das Amt des Protokollführers, dass er die „von dem Inquisiten, oder den Zeugen gegebene Antworten von Wort, zu Wort, von Mund in die Feder, das ist: mit eben den Worten, wie es der Inquisit, oder der Zeug redet, folglich nicht in der dritten, sondern in der ersten Person" aufzeichnen soll (Theresiana 1769: Art. 20, § 20). Solche Vorschriften sind nicht unbedingt ‚wörtlich' zu nehmen. Auch wenn das Protokoll sowohl die Fragen wie die Antworten umfasst, so heißt das nicht, dass auch die Vorstufen einer Antwort und die ergänzenden Nachfragen aufgezeichnet werden. Es ist der Gewissenhaftigkeit des Actuarius Rosenlächer zu danken, dass die Protokolle im Fall Sauter immer wieder ergänzende Bemerkungen enthalten, die informieren über Dinge, die nicht zu Protokoll gebracht wurden und die Rückschlüsse zulassen auf das, was in kein Protokoll zu bringen ist.

## 2.

Die ersten Fragen, die Jakob Sauter im sogenannten *Turm* – einem der beiden Gefängnisse der Stadt (Kühne 1979: 142f.) – gestellt werden, beziehen sich auf seine Person. Sie informieren darüber, dass der zweiundfünfzigjährige Inquisit ledig ist, dass er sich ein kleines Vermögen zusammengespart hat und siebenundzwanzig Jahre im Konstanzer Spital als Wagnermeister beschäftigt war, bevor ihm zwei Wochen zuvor im Rahmen von Strukturreformen gekündigt worden ist, weil man dort keine Wagnerei mehr benötige.[2] Die *Spezialfragen* beginnen dann mit der Erkundigung, ob der Inquisit den Grund seiner Verhaftung kenne, gehen daraufhin zu seinem Verhältnis zum Ermordeten über, um dann bei den Vorgängen an jenem Donnerstag morgen anzugelangen, an dem Sauter seine Reise schon längst angetreten hatte, als man den Erschlagenen auf einem Dachboden, der Wagnerdille, auffand.

Int: 9.
Wenn seyt ihr am Donnerstag
aufgestanden, und wie habt ihr die
Zeit bis zu eurer Abreise zugebracht?

> R: Um 6. Uhr bin ich aufgestanden,
> ging zu den Kapuzinern in die Mess,
> von da in die Werkstatt, von da in die
> Unterstube, sodann zum Spithalthor
> hinaus, zu einer Jungfer beym Nagler
> im Lindwurm, und endlich zu dem
> Kiefer Staudinger, wo ich noch um 3.
> Xr Grünöhl getrunken habe.

Int: 10.
Was habt ihr in der Werkstatt gethan?

> R: Ich habe die Kappe, welche ich
> wirklich da bey mir habe, abgeholt.

Int: 11.
Seyt ihr allein in der Werkstatt
gewesen?

---

2  Das Konstanzer Spital war nicht nur Krankenhaus und Altenheim, sondern auch ein ausgedehntes Wirtschaftsunternehmen; vgl. Fromm et al. 2000.

> R: Der ermordete Fromlet müßte nur
> bey mir gewesen seyn.

Die erste Schilderung des Ablaufes ist noch einigermaßen beredt; aber schon die Kappe, die Sauter noch in der Werkstatt geholt haben will, erweist sich später als eine Ausrede. Und die letzte Antwort ist dann auf verhängnisvolle Weise unentschieden. Der Befragte überblickt nicht, welche Folgelasten ihm bei der einen oder andern Antwort ins Haus stehen. Er weiß nicht, bei welcher Antwort ihm am ehesten eine widerspruchsfreie Vervollständigung seines Berichtes gelingen könnte. Und das liegt wiederum daran, dass er die Frage nicht vorausgesehen hat und nicht in der Lage war, sich eine *vertretbare* Antwort zurechtzulegen. Zumindest aus der Sicht des Gerichts weist dies darauf hin, dass er den Mord tatsächlich begangen hat.

Die unschlüssige Antwort wirft die Frage auf, ob Sauter nicht einfach die intellektuellen Fähigkeiten fehlen, die erforderlich sind, um ein derartiges Verhör durchzustehen (in der dem Urteil vorausgeschickten „Relation" werden die gelehrten Richter in ihrer ausführlichen Darlegung des Falles davon sprechen, daß Sauter auch jene „Dummheit" bemerken ließ, die ohne weitere Umstände als „der gewöhnliche Gefährte der Boßheit" (fol. 220v) bezeichnet wird). Gewiss lässt der Inquisit hier mangelnden Überblick erkennen; das versteht man aber nur, wenn man einsieht, dass das Verhör seinem Wesen nach darauf ausgerichtet ist, den Befragten den Überblick verlieren zu lassen und ihn somit gewissermaßen in die Position des ‚Dummen' zu versetzen. Der bedeutende Strafprozeßrechtler Gallus Aloys Kleinschrod hat diese Einsicht einige Jahre später in die Worte gefasst: „Nur wenige Menschen jener Gattung, wie sie gewöhnlich vor peinlichen Gerichten stehen, sind im Stande, selbst einen wahren Vorfall, im Zusammenhange zu erzählen; noch weniger also besitzen sie die Gewandtheit, ihre Fictionen so zusammen zu reihen, daß sich nicht im Vortrage verrätherische Lücken und Widersprüche ergäben. Sie fühlen dieses natürlicher Weise selbst, und wenn sie auch dieses Gefühl nicht bestimmen sollte, die leichtere Erzählung der Wahrheit jener der Fiction vorzuziehen; so erzeugt es doch, nothwendiger Weise, Verlegenheit, die das Misliche der Lage des Inquisiten erhöht, die Ausführung der gewagten Erzählung erschwert, und die Mängel derselben auffallender macht." (Kleinschrod 1804: 76) In diesem Sinne lautet die nächste an Sauter gerichtete Frage:

Int: 12.
Man muß eine bestimmtere Antwort
haben, sagt also ja oder Nein!

R: ja er ist bey mir gewesen.

Damit ist die Antwort zwar eindeutig genug, aber dem Gericht geht es eben
nicht nur um diese Bestimmtheit:

Int: 13.
Aus was Ursach wolltet ihr dann hier
mit der Sprach nicht heraus?

Im ausgehenden 18. Jahrhundert ist diese Frage *außerordentlich* – außer der
Reihe. Das Außerordentliche besteht zunächst darin, dass sie einen Metadiskurs
eröffnet. Der Inquisit soll über sein Aussageverhalten selbst aussagen. Ein
solches Ansinnen könnte in einem gewöhnlichen Inquisitionsverfahren des 18.
Jahrhunderts allenfalls vorgekommen sein, wenn es darum ging, bei einer noch
nicht erstatteten Antwort nachzuhelfen (aber auch und gerade dann wäre sie als
zusätzliche Frage nicht ins Protokoll aufgenommen worden). Hier aber *hat* der
Inquisit – oder, wie es häufig heißt: der „Konstitut" – die zugehörige Frage
bereits beantwortet. Die Nachfrage verweist auf die *Situation*, in der sie gestellt
wird. Erstmals im Protokoll kommt an dieser Stelle der deiktische Ausdruck
„hier" vor, der die Verhörsituation selbst bezeichnet. Wenn die fragende Instanz
thematisiert, dass der Konstitut nicht mit der Sprache heraus will, bringt sie
zugleich *sich selbst* ins Spiel als dieser konkrete Fragende, *dem gegenüber* der
Befragte mit der Sprache nicht heraus will. Das „hier" verweist also auf eine
*Beziehung*, die aber *hier* nur negativ – über die Verletzung der vorausgesetzten
Pflichten – bestimmt ist.

Worin besteht der Sinn dieser Frage? Man könnte meinen, es liege nahe,
eine solche Frage zu stellen; es liegt aber nicht nahe, sie ins Protokoll
aufzunehmen, da sie eigentlich *sinnlos* ist. Wer in der Sache nicht mit der
Sprache heraus will, wird kaum befriedigend erklären, *warum* er in der Sache
nicht mit der Sprache heraus will. Ein solcher Wechsel von der Inhaltsebene auf
die Beziehungsebene bewirkt in der Regel eine *Blockade*. Dennoch wird eine
solche Frage tausendfach gestellt, und zwar auf dem Feld der *Pädagogik*. Mit ihr
versucht der Erzieher das sich durch verstocktes Schweigen entziehende Kind
dazu zu bringen, sich ihm doch zu öffnen. Auch auf dem Gebiet der Pädagogik
ist ein solcher Versuch wenig erfolgversprechend. Aber er ist wenigstens

naheliegend, da zwischen dem Erzieher und dem Kind eine Beziehung unterstellt werden darf, für deren Blockierung eben diese Frage das Symptom ist. Die hierbei unterstellte und investierte Beziehung ließe sich etwa in der Fortsetzung explizieren, dass das Kind ‚keine Angst' zu haben brauche und dem Erzieher ‚alles sagen' könne, dass es also keinen wirklichen Grund habe, nicht mit der Sprache heraus zu wollen. Wenn der Fragende auf diese Weise die Beziehung zum Antwortenden einsetzt, exponiert er sich als jemand, der nicht nur ein Recht auf eine Antwort hat, sondern an dieser Antwort auch *interessiert* ist und von ihrem Ausbleiben *enttäuscht* werden kann. Trotz der asymmetrischen Machtverteilung wird damit immer auch die Ohnmacht des Fragenden offenbar, der das verstockte Schweigen nicht durchbrechen, die Antwort nicht erzwingen kann.

Die an Jakob Sauter gerichtete Frage folgt ebenfalls dieser Logik. Ihr perlokutionärer Witz besteht aber genau umgekehrt darin, die Blockierung manifest zu machen und damit nicht etwa die Ohnmacht des Gerichtes, sondern die Schuldigkeit des Inquisiten offenbar werden zu lassen und dem Protokoll einzuverleiben. Das Gericht stellt diese Frage zu dem Zweck, keine befriedigende Antwort zu bekommen. Und so sieht die Antwort aus:

> R: /:Constitut saß hier nun zimmliche
> weile ganz stille, hob die Händ in die
> Höhe, und warf die Augen ganz
> erschroken auf die Anwesende :/
> Endlich antwortete er: ich weiß
> hierauf nichts zu sagen.

Dies ist ein Musterbeispiel für die sogenannten *Gebärdenbemerkungen,* die nach dem Willen der Strafprozessordnungen und ihrer Kommentatoren seit den Anfängen des Inquisitionsverfahrens dem Verhörprotokoll einverleibt werden sollten (Schneider 1996, Niehaus 2005). Die für den Konstanzer Kanzlisten Rosenlächer verbindliche *Theresiana* erklärt zum Gebärdenprotokoll, es sei „bey jedesmaliger Verhörung eines Inquisitens auf alle desselben Regungen, und Geberden, als Entsetzung, Furcht, Zittern, Farbveränderung, Gelassenheit, Herzhaftigkeit, und was sonst einigen Behelff zu dessen mehreren Beschwer- oder Unschuldsaufklärung abgeben kann, genaue Acht zu haben, und unter dem Artikel, wo was dergleichen vorfallet, Anmerkungsweise beyzurucken" (Theresiana 1769: Art. 31, § 36). In der gerichtlichen Praxis findet man solche Gebärdenbemerkungen vor dem Ende des 18. Jahrhunderts relativ selten. Auch beschränken sie sich zumeist auf einfache Klassifizierungen und enthalten keine eigentliche Beschreibung des aktuellen Verhaltens, die *hier* sogar die *Situation selbst* aufscheinen lässt in der Bemerkung, dass der „Constitut" seine erschrockenen Blicke „auf die Anwesende" geworfen habe.

Diese Sequenz weist den Weg für das weitere Vorgehen. In der Folge kann sich Sauter nicht entscheiden, ob er oder das Mordopfer die Werkstatt zuerst verlassen hat, und auch bei seinen Versuchen, die Zeit bis zu seinem Abmarsch aus dem Spital so zu füllen, dass er keine Gelegenheit zu Begehung der Tat hatte, wird er in Widersprüche verwickelt. Die Darstellung des Inquisiten kommt allerdings nur so lange in Frage, wie es nicht um die unmittelbaren Tatumstände geht, die dem Vernehmen nach ja unbekannt sind. Daher schlägt das Gericht die zweite Hälfte dieses ersten Verhörs den umgekehrten Weg ein und beginnt mit der Frage:

Int: 29.
Sind euch nähere Umständ bekannt,
warum dieser Mensch gemordet
worden?

> R: Ich weiß weiter nichts, als daß er
> todgeschlagen worden seyn soll; man
> eröfnet mich also.

Mit einer Reihe von Fragen will das Gericht den Inquisiten nun Schritt für Schritt bis zu dem Punkt führen, an dem dieser nicht umhin kann *zuzugestehen*, dass er allein als Täter in Frage kommt. Dabei muss der Inquisit nicht darauf achten, dass seine Antworten widerspruchsfrei sind, es werden ihm vielmehr *Schlüsse* vorgelegt, die er als zwingend erachten soll. Er soll der Beweisführung des Gerichts lediglich zustimmen. In dieser Hinsicht erweist sich der Inquisit Jakob Sauter als *folgsam*. Aber nur bis zu einem bestimmten *Punkt*. Nachdem man ihm vorgelesen hat, welche Verletzungen laut ärztlichem Bericht an der Leiche festgestellt wurden, wird er befragt:

Int: 39.
Was glaubt ihr nun hat sich wohl der
Verstorbene selbst ermordet, oder ist
er von einem andern entleibt worden?

> R: Selbst kann er sich nicht
> umgebracht haben, weil die Wunden

zu häufig und zwar von hinten
angebracht worden.

Int: 40.
Auf die 32te Frag habt ihr selbst
eingesehen, daß sich der Verstorbene
entweder selbst entleibt, oder von
einem ermordet worden seye, dem
der Ort bekannt war? Nun müßt ihr
auch gestehen, daß die
Selbstmordung nicht Plaz habe, und
also die Mordthat von einem
Bekannten geschehen seyn müße;
was sagt ihr dazu?

R: Ich kann zwar dem Schluss wider
nichts aus stellen, nur aber kann und
muß ich behaupten, daß dieser
Schluss auf mich nicht angewendet
werden könne, denn ich war ja vor
meiner Reisze an besagten
Donnerstag in der Früh nicht auf der
Binne, und seit dem Donnerstag bis
gestern nicht mehr hier.

Ohne den „Schluss" selbst in Frage zu stellen, erklärt Sauter in Vorwegnahme
des Kommenden, dass der Übergang vom bloßen Vernunftschluss auf die
Wirklichkeit nicht gelingen wird: Der ‚Schluss' kann auf ihn ‚nicht angewendet'
werden. Und warum nicht? Das Argument des Inquisiten ist letztlich
tautologisch: Die Behauptung, dass er nicht der Täter sein kann, weil er nicht
am Tatort war, soll ihm ja damit gerade widerlegt werden. Im Grunde beharrt
Sauter bloß darauf, dass die Wirklichkeit eben die Wirklichkeit ist und sich
nicht durch Vernunftschlüsse herleiten lässt. Aber was kann man dagegen
*sagen*?

Int: 41.
Man muß euch sagen, daß nach
eingeholter Auskunft der Ermordete
schon am Donnerstag bey dem

Mittagessen, bey welchem er nicht
erschienen ist, vermißt wurde, und
man also darauf verfallen müße, daß
die Mordthat am Donnerstag in der
Früh begangen worden seye; Es muß
daher die Vermuthung auf Euch
selbst fallen.

R: Ich bins einmal nicht, daß weiß
Gott im Himmel.

Das Gericht lässt sich durch die Vorwegnahme des Inquisiten nicht aus dem
Konzept bringen und formuliert hier nun endlich den lange vorbereiteten
direkten Tatvorwurf. Im Duktus der Frage wiederholt sich noch einmal der
Anspruch der Beweisführung. Sie endet mit dem Tatvorwurf als einer
*notwendigen* und *unabweislichen* Vermutung. Es fehlt nichts mehr, nur noch das
Geständnis. Aber das Geständnis erfolgt nicht. Für seine Unschuld an der
Mordtat ruft der Inquisit *Gott* zum Zeugen an. Das ist die übliche Weise, in der
Inquisiten ihre Unschuld bekräftigen. Gleichwohl gibt es zu denken, dass Gott
an dieser Stelle zum ersten Mal im Verhör mit Jakob Sauter auftaucht. Das
*weltliche* Gericht hat sich bislang an keiner Stelle auf Gott berufen.

Die Vorgehensweise des Gerichts entspricht den Regeln des klassischen
artikulierten Verhörs, nach denen dem Inquisiten in geordneter Weise die gegen
ihn vorliegenden Verdachtsgründe so vorgelegt werden sollten, dass er seine
Täterschaft zugestehen oder wenigstens einsehen musste, dass die Verdachtsgründe für die Verhängung der peinlichen Frage oder zur Verurteilung zu einer
außerordentlichen Strafe bzw. zum Reinigungseid ausreichten. Gegebenenfalls
wurde diese Beweisführung durch den Vorhalt des Tatwerkzeugs oder anderer
Gegenstände ergänzt, von denen man sich einen Zusammenbruch der Verteidi-
gungsbemühungen des Inquisiten erhoffte. Auch Sauter hat man die Tatwaffe,
die Pelzkappe des Erschlagenen und den bei ihm aufgefundenen Schlüssel zur
Wagnerdille vorgelegt, ohne dass dieser eine Regung gezeigt hätte. Die bewährten Formen der Motivierung zum Geständnis sind also fehlgeschlagen. Anders
aber, als zu den Zeiten, in denen das förmliche artikulierte Verhör den
Abschluss der Untersuchung bildete, kann es jetzt noch lange weitergehen.

**3.**

Im zweiten Verhör, am Morgen des nächsten Tages, legt es das Gericht – oder genauer: der „Kommissarius" von Albini – nach einigen einleitenden Fragen darauf an, den Inquisiten zu dem Eingeständnis zu bringen, gelogen zu haben. Das Eingeständnis der Lüge soll zum Geständnis führen. Ausgangspunkt ist die erwähnte „Kappe":

Int: 57.
Wißt ihr euch noch zu erinnern, was
ihr gestern auf die 10te Frag: was
habt ihr in der Werkstatt gethan,
geantwortet habt?

> R: Ja, ich habe gesagt, ich habe eine
> Kappe abgeholt.

Int: 58.
Ihr habt nicht nur gesagt, daß ihr eine
Kappe abgeholt habt, sondern noch
beygesezt, es seye die nämliche
Kappe, die ihr noch wirklich bey
euch habt. Nun bekennet ihr, daß ihr
eben diese Kappe auf der
Salmanschweiler Reisze und am
lezten Mitwoch bey euch die ganze
Nacht durch gehabt habt; reimt nun
diese eure Antwort zusammen?

> R: /: Ad Instantias multas und mit
> ganz erschrokenem Angesicht :/ ich
> habe gelogen.

Die Falschaussagen des Vortages waren eher *leicht erkennbare* Ausflüchte, die vom Gericht sogleich aufgedeckt wurden. Hier aber wird die Aufdeckung einer *Lüge* langsam vorbereitet und überfällt den Inquisiten, der in diesem Moment *nicht wusste*, dass er sich widersprochen hatte. Abgesehen davon ist diese Lüge schwerwiegend, weil mit ihrer Aufdeckung der Grund wegfällt, aus dem Sauter am Donnerstag morgen die Werkstatt betreten haben will. Bevor das Gericht darauf zu sprechen kommt, stellt es auch hier noch die unbeantwortbare Zwischenfrage:

Int: 59.
Warum habt ihr gelogen?

> R: Ad itteratas Instantias konnt man nichts aus ihm herausbringen, als folgende Antwort: ich habe nicht gewußt, ob ich die Kappe gehabt oder nicht.

In den Augen des Gerichts würde die korrekte Antwort auf die gestellte Frage etwa lauten: ,weil ich verheimlichen wollte, dass ich den Fromlet erschlagen habe'. Die korrekte Antwort wäre also das *Geständnis*. In den Augen dessen, der das Geständnis hören möchte und belogen wurde, ist das immer die korrekte Antwort. Die Frage nach dem Grund der Lüge ist ein Versuch der Motivierung zum Geständnis über kommunikativen Zwang. So bleibt Sauter nur die Blockade, die das Protokoll aufzeichnet.

Int: 60.
Warum seyt ihr also in die Werkstatt?

> R: Ich habe Tabak geholt. /: nach dem der Konstitut mehr als 10. mal so befragt wurde, erhielt man erst diese Antwort.

Viele Vorstellungen, *instantias multas*, waren nötig, um den Konstituten zu seiner vorletzten Antwort zu bewegen; wiederholte Vorstellungen, *itteras instantias*, waren nötig, um bei der letzten Frage zu einer Antwort zu gelangen, zehnmal muss nun die Frage wiederholt werden, bis man eine Antwort erhält. Das Verhör ist nahe am Nullpunkt vollkommener Antwortverweigerung. Wenn die Verhaltensbemerkungen hier so reichlich zu lesen sind, so liegt das an der in Konstanz üblichen besonders genauen Protokollierungsform *und* an der besonderen Lage des Falles. Weil aus der Sicht des Gerichtes hier nichts weiter fehlt als das Geständnis des Inquisiten, verweisen sämtliche Gebärdenbemerkungen letztlich auf dessen Verweigerung. Vor allem aber liegt es an der Verhörführung, die in der willentlichen Herbeiführung der Blockade offensichtlich den Königsweg zum Geständnis erblickt, und an der Eigenart des

Inquisiten, dessen Schicksal es ist, diese Blockade zu erleiden. Aus diesen Besonderheiten erwächst das Paradigmatische: Im Herzen des Verhörs schläft stets der Nullpunkt des Verhörs.

Nachdem das Gericht dem Inquisiten vor Augen geführt hat, wie „unglaublich" seine Ausflucht mit dem Tabak ist und dieser daraufhin nurmehr ganz verworren antworten kann, scheint ihm die Zeit reif für einen weiteren Frontalangriff:

Int: 62.
Sehet hier wider eine neuerliche Lüg;
oder wenigst eine Unbeständikeit im
Reden, welche ihren Grund nur in
einem sich schuldig wißenden Herzen
haben kann: was sagt ihr zu diesem
Vernunftschluß?

Am Vortag war das Gericht mit einem anderen „Vernunftschluss" gescheitert, als es nach und nach seine Beweisgründe vorgelegt hatte, um dem Inquisiten nur noch das Zugeständnis zu lassen, der Täter zu sein. Der jetzige „Vernunftschluss" erfolgt vom entgegengesetzten Grund aus: Vom Aussageverhalten des Inquisiten wird auf seine Schuld geschlossen. Dass dies nur ein ganz unspezifischer Schluss sein kann, wird schon in der Formulierung des Vorhaltes deutlich. Mit einer *spezifischen* Beobachtung, dass etwa der Inquisit *genau* beim Präsentieren des Mordwerkzeuges aus der Fassung geraten wäre, kann das Gericht ja gerade nicht aufwarten.[3] Das ist aber auch nicht weiter ausschlaggebend. Denn in jedem Falle ist der „Vernunftschluss" etwas, was das Gericht dem Inquisiten *vorlegen* muss. Anders wäre es nur, wenn die Aufforderung zum Geständnis unmittelbar, ohne Umschweife erfolgen würde: *Wir sehen, dass du schuldig bist! Gestehe!* Dies aber darf in keinem rechtsförmigen Verfahren gesagt werden (sondern nur in der Sphäre der Erziehung). Dem befragten Subjekt wird daher die Möglichkeit eingeräumt, den *Schluss* auf sich selbst als Täter *abzulehnen.* Dazu benötigt es kein Argument. Die Ablehnung erfolgt dann vielmehr *kategorisch.* Damit hat das befragte Subjekt gewissermaßen ausgenutzt, dass es nach den Regeln vernünftigen Argumentierens angesprochen

---

3  Als Sauter im ersten Verhör die Tatwaffe, sein eigenes Arbeits-Beil, präsentiert wird, notiert das
   Protokoll lediglich die Antwort (ad Int. 37): „Ja! es ist mein Arbeits Beuel, welcher in der
   Werkstatt aufbewahrt war. Ich sehe, daß er mit Blut besprizt, und mit Haaren, die daran ange-
   bachen sind, besprengt ist."

werden muss, die es selbst nicht befolgt. Darum ist es als *hartnäckig* zu betrachten. Sauter antwortet:

> R: Ich weiß zwar nichts dagegen zu
> sagen, aber ich bin einmal an diesem
> Todschlag nicht schuldig.

Damit ist der zweite Versuch fehlgeschlagen, den Inquisiten so unmittelbar wie möglich zum Geständnis zu motivieren. Für den Rest dieses vormittäglichen Verhörs verbleibt dem Gericht nur noch, weitere Lügen und Unbeständigkeiten des Verhörten zu provozieren. Bevor das Verhör jedoch am Nachmittag fortgesetzt wird, gibt das Gericht noch zu Protokoll, dass das Verhalten des Inquisiten ein Nachspiel hat in Form einer besonderen *Maßnahme*: „Die gar zu vielen unverschämten Lügen welche den Konstitut so sehr mit Inzichten beschwehren müßen veranlaßten das Gericht nicht nur allein ihm über den Mittag nur Waßer und Brod zukommen zu laßen, sondern auch sich seiner Person durch Anlegung der Ketten an Hand und Fuß noch beßer zu versichern." Dies ist eine milde Form der sogenannten *Ungehorsams-* oder *Lügenstrafen*, wie sie nach der Abschaffung der Tortur in Gebrauch kamen (Bruns 1994: 143–156) und diskutiert wurden (Hohbach 1831). Sauter muss lügen, weil er die Aussage nicht verweigern darf.

Im Grunde sind die Strafen, die das Gericht für die unverschämten Lügen verhängt, dasselbe wie die Fragen, in denen es das lügenhafte Verhalten zur Sprache bringt. Sowohl die Unterschreitung des Redens zur Sache im Zugriff auf den Körper wie auch die Überschreitung des Redens zur Sache im Metadiskurs beziehen sich auf die Ebene kommunikativen Handelns – auf die Ebene der Beziehung – und implizieren *zugleich* ein Gewaltverhältnis. Anders als die Folter dient die Lügenstrafe nicht unmittelbar der Erforschung der Wahrheit, sondern richtet sich gegen den *Widerstand*, der der amtlichen Wahrheitserforschung entgegengesetzt wird.[4]

Während die peinliche Frage als Entscheidungsinstrument fungiert, deren Durchführung die Abarbeitung eines zuvor festgelegten Programmes ist, soll bei der Lügenstrafe auf informelle Weise eine Verhaltensänderung bewirkt werden. Die geschmälerte Kost und die Ketten sind als *Argumente* zu verstehen, die den Inquisiten zur *Einsicht* bringen sollen, dass es *so* nicht weitergeht. Es handelt

---

4    Neben der Verschärfung von Haftbedingungen bestanden die Lügenstrafen vor allem in der Verabreichung von Schlägen. Auch das Konstanzer Kriminalgericht hat bisweilen Ordnungsstrafen in Gestalt von Stockstreichen verhängt und ist dazu in einer Verordnung von 1790 noch einmal eigens autorisiert worden (Kühne 1979: 44 f.).

sich nicht um eigentliche Strafen, sondern um Züchtigungen, die die vom Inquisiten verschuldeten Kommunikationsdefekte heilen sollen. Der Inquisit rückt in die Position eines unmündigen Zöglings, der keine Rechte geltend machen kann, sondern auf diese Weise diszipliniert werden muss, *wenn er keine andere Sprache versteht.* Von daher versteht sich das Argument, mit dem die Lügenstrafen begründet werden: „Man bestraft ja die Lügen bey Kindern, warum nicht bey Erwachsenen?" (Kleinschrod 1799: 81)[5]

Es ist fraglich, ob sich Jakob Sauter über die Mittagszeit vom vormittäglichen Verhör so weit erholt hat, dass er einen klaren Gedanken fassen kann. Das Gericht jedenfalls macht ihm mit seiner ersten Frage klar, dass er die Zwischenzeit dazu genutzt haben sollte, über seine Lügen nachzudenken:

Int: 71.
Seyt ihr noch nicht in euch selbst
gegangen, und nunmehr entschloßen,
statt so viele Lügen die eure
Gefangenschaft nur erschweren
müßen, nunmehr die Wahrheit rein
einzugestehen?

> R: Ich erkenne zwar, daß ich das
> Fasten und die mir angelegte Ketten
> durch mein unverschämtes Lügen
> wohl verdient habe; allein der Thäter
> der Mordthat bin ich nicht.

Bisher, so insinuiert das Gericht, hat der Inquisit nur Lügen eingestanden, jetzt soll er die Wahrheit eingestehen. Es ist aber wohl zu bemerken, dass hier die beiden verschiedenen Verwendungen des Wortes *gestehen* bzw. *eingestehen* vermischt werden – denn das Gericht ist ja darauf aus, dass das eine in das andere übergeht. Eine Lüge eingestehen heißt sagen, *dass* man gelogen hat. Die Wahrheit eingestehen hingegen heißt *die Wahrheit sagen.* Sauter *muss* eben nicht im selben Sinne die Wahrheit sagen, wie er die Lügen hat eingestehen *müssen.* Und so fällt denn auch seine Antwort aus. Folgsam erkennt Sauter an, dass er die Lügenstrafe durch seine Selbstwidersprüche verdient hat. Aber ein Schluss auf seine Täterschaft als der materiellen Wahrheit findet dadurch nicht

---

5   Übrigens wurden Lügenstrafen gerade in Konstanz eher an jugendlichen Inquisiten vollstreckt (vgl. Kühne 1979, 44 f.). Vgl. auch den Beitrag Konfrontationen und Lügenstrafen in diesem Band.

statt. Da er aber nicht in der Lage ist, eine Lüge vorzubringen, die er nicht eingestehen muss, scheint jetzt alles wieder von vorne losgehen zu müssen.

Tatsächlich verwickelt sich Sauter in der Folge mit seinen neuen Ausflüchten in neue Widersprüche und muss wiederholt einräumen, gelogen zu haben. So behauptet er schließlich, in der überschüssigen Zeit, die er ausfüllen muss, um den Mord nicht begangen haben zu können, in seiner Kammer gewesen zu sein, um dort noch ein Taschentuch („Naßtuch") zu holen. Das Gericht weist ihm sogleich nach, dass das nicht möglich ist:

Int: 90
Man will euch nun euer
unverschämtes Lügen und die
Unmöglichkeit das Naßtuch, welches
ihr erst am Donnerstag abgeholt habt,
schon am Mittwoch in das Kamisol
gethan zu haben, nochmal vor Augen
stellen und fragt euch also, was euch
auch sogar zu dieser Lüg bringen
konnte?

> R: /: lächelnd :/ Nichts, außer daß ich
> die Wahrheit nicht gesagt habe.

Die Gebärdenbemerkung „lächelnd" ist auffallend und rätselhaft. Handelt es sich um ein spöttisches, ein verächtliches, ein heuchlerisches, ein gequältes oder ein verzweifeltes Lächeln? In jedem Falle ist es ein *deplaziertes* Lächeln, eine offenbar unwillkürliche Begleiterscheinung der Lüge. Sauter muss gestehen, nicht die Wahrheit zu sagen, ohne die Wahrheit gestehen zu können. Dieses Lächeln ist eine letzte Form des Widerstandes, des Festhaltens an der Falschheit.

Das Lächeln erscheint aber noch einmal in einem veränderten Licht, wenn man weiß, dass der Inquisit Jakob Sauter bei der Frage Int. 90 etwas anderes gehört hat, als das Protokoll verzeichnet. In der Akte sind nämlich zunächst einige Zeilen gestrichen, bevor die Frage mit den nachträglich eingefügten Worten „Man will" anhebt. Genauer: Diese Zeilen sollten nicht einfach *gestrichen*, sie sollten *unlesbar* gemacht werden mittels einer über die Schrift gelegten Schicht von mit kräftiger Feder ausgeführten Ringeln. Ursprünglich war zu Protokoll gegeben worden:

Int. 90
Diese Antwort verdienet mehr nicht,
als daß man euch mit Streichen
züchtigen sollte, man will aber euch
noch verschonen, und euch nun euer
unverschämtes Lügen und die
Unmöglichkeit das Naßtuch, welches
ihr erst am Donnerstag abgeholt habt,
schon am Mittwoch in das Kamisol
gethan zu haben, nochmal vor Augen
stellen und fragt euch also, was euch
auch sogar zu dieser Lüg bringen
konnte?

Es versteht sich von selbst, dass eine derartige Tilgung eine Prozessordnungs-widrigkeit darstellt, da an einem einmal geschriebenen Protokoll, „nichts ausgestrichen, radirt oder geändert werden" (Tittmann 1806-1810: Bd. IV, 464) darf. Andererseits zeigt die offene Sichtbarkeit dieser Tilgung, dass dieser – auch unbeanstandet bleibende – Verstoß für nicht sonderlich schwerwiegend erachtet wurde.

Was den Inhalt der gestrichenen Passage betrifft, so enthält sie eine neue Qualität der Bemühungen um das Geständnis. Was Sauter mit einem schiefen Lächeln quittiert, ist die Drohung mit einer verschärften Lügenstrafe, die Aussicht auf manifeste Ausübung von Gewalt, die den Inquisiten sehr viel expliziter als bisher für ein verstocktes Kind nimmt. Zugleich ist die Drohung mit Schlägen auf eine ganz neue Weise in den kommunikativen Vorgang des Verhörs integriert, während die vorherige Lügenstrafe nach Beendigung des Verhörs erfolgte, ohne dass zuvor entsprechende Drohungen *ausgesprochen* worden waren. Wenn das Gericht nun die Möglichkeit von Stockstreichen in den Raum stellt, erhofft es sich einen unmittelbaren Effekt auf das Antwort-verhalten – umso mehr, als es sich für einen älteren und bislang nicht vorbestraften Bürger um eine im höchsten Maße entehrende und degradierende Maßnahme handelt. Auch dies, darf man vermuten, ist in das Lächeln ein-gegangen.

Int: 91.
Es muß also auch eine Lüge seyn, daß
ihr ein Naßtuch geholt habt?

R: Ja es ist eine Lüge.

Int: 92.
Was habt ihr also in euerer Kammer
gethan?

R: Nichts.

Int: 93.
Nun kann das Gericht nicht glauben,
daß ihr jemal in euer Kammer
gewesen seyt; wollt ihr daßelbe noch
mehr herumführen, biß man auch auf
die Wahrheit hierinn kommt?

R: /: nach längerm Stillschweigen :/
Nein ich bin nicht darinn gewesen.

Int: 94.
Wo seyt ihr also sonst wehrend dieser
Viertl Stund gewesen?

R: Auf diese Frage hat man unendlich
zerschiedene Antworten erhalten,
welche der Konstitut, nachdem man
ihn die Unwahrscheinlichkeit
derselben zeigte, nicht wollte zum
Protokoll nehmen lassen. Unter
anderen war aber die merkwürdigste
Antwort: ich bin die Stiege
herabgekommen. Wohl zwanzigmal
wurde er gefragt, woher er von der
Stiege gekommen seye? Allein immer
war er wie stumm, und aller
Instanzen ungeacht erhielt man keine
Antwort. Man sah sich also veranlaßt
folgende Frage zu stellen.

Int: 95.
Getraut ihr euch den Ort, woher ihr
die Stiegen heruntergekommen seyt,
nicht zu benennen?

R: /: nach länger Pause :/ ja ich
getraue mir es. – eine Weile darauf –
Nein! ich getraue es mir nicht.

Das Lächeln war der Vorbote von Sauters Demontage. Das Protokoll weist den
Inquisiten jetzt als jemanden aus, der nicht mehr *verantwortlich* antworten kann.
Daher setzt die Gebärdenbemerkung auf einer anderen Ebene an: Nun werden
nämlich die geäußerten Antworten selbst zum Teil der Verhaltensbemerkung.
Ihr Wortlaut wird augenscheinlich nicht mehr protokolliert, weil er *unverant-
wortlich* ist. Damit hat sich nicht bloß die Verteidigungsstrategie des Inquisiten
erschöpft, dieser selbst ist dabei, erschöpft zusammenzubrechen. Lieber wäre es
dem Gericht natürlich, wenn der Inquisit aus der *Einsicht* in die Aussichtslosig-
keit der Verteidigung die nötigen Vernunftschlüsse ziehen würde oder aber
wenn er sich *erschüttert* eines Besseren besönne und das Geständnis ablegte. Bei
Sauter hat keines von beidem statt oder beides konvergiert. Man sieht das an der
letzten Ausflucht, die das Protokoll als die „merkwürdigste" und also weg-
weisende Antwort zu unterstreichen nicht unterlassen hat: „ich bin die Stiege
herabgekommen", in der der Tatort (und seine Anwesenheit dort) nurmehr auf
der *sprachlichen* Ebene *ausgespart* bleibt. Wer die Stiege herabgekommen ist,
muss *zuvor* irgendwo gewesen sein. Mit dieser *logischen* Schlussfolgerung wird
der Inquisit in unablässig wiederholten Nachfragen konfrontiert. Allein der
Konstitut hat nur noch diese Äußerung tun können. Damit wird manifest, dass er
keine Ausflucht mehr hat. Es bleibt jetzt nichts mehr übrig, als dass sich *seine
Lippen zum Geständnis formen.*
　　Weil Sauter, dem man sicherlich mit einiger Intensität zugeredet hat, „wie
stumm" bleibt, wechselt das Gericht die Ebene. Mit der Erkundigung, ob er sich
den „Ort" zu sagen nicht *getraue*, ersetzt es die Frage nach dem wahren Ort
durch die Frage nach dem Grund, aus dem der wahre Ort nicht über die Lippen
will. Der Übergang zum Metadiskurs hat aber eine andere Form und Funktion
als etwa die Nachfrage im ersten Verhör (Int. 13), warum er mit der „Sprach
nicht heraus" wollte. Dort zeitigte er eine entlarvende Blockade des Aussagesubjekts, hier hingegen ergeht die Aufforderung, über eine subjektive
Verfassung zu sprechen, um die entscheidende Blockade zu lösen. Daher

schwingt in der Form der Frage so etwas wie Anteilnahme mit dem Inquisiten und seinem Zustand mit. Dem gegenüber ist es letztlich zweitrangig, in welchem *Ton* diese Frage gestellt wurde. Sie involviert in jedem Falle die ‚Beziehungsebene', um einen Widerstand zu überwinden und dem Inquisiten zu ‚helfen'. Sauter bleibt jedenfalls nichts übrig, als zu sagen, dass er sich nicht getraut, da er sonst den Ort tatsächlich nennen müsste. Das Eingeständnis, dass er sich nicht *getraut*, den Ort zu nennen, ist beinahe schon das Eingeständnis, dass er sich nicht getraut, ein Geständnis abzulegen. In dieser Richtung geht es weiter:

Int: 96.
Warum er denn sich nicht getraue
diesen Ort nahmhaft zu machen?

R: /: aller Instanzen ungeachtet :/
könnte man keine Antwort von ihm
erhalten.

Int: 97.
Eben dieses Stillschweigen sagt
ausdeutlich, daß der Ort, wo ihr
gewesen seyt, nicht der erlaubteste
seyn müßte und es ist also gewiß, daß
ihr euch eben wegen dem Aufenthalt
an diesem Ort eines Verbrechens
schuldig wißt. Was sagt ihr hiezu?

R: /: post multas Instantias :/ ja ich
hab gefehlt. Jedoch nämlich nur in
dem Verstand, daß ich den Ort nicht
angeben will.

Nachdem die erste Frage nur eine weitere Drehung an der Schraube unbeant-wortbarer Thematisierungen bringt, präsentiert das Gericht dem Inquisiten mit der zweiten Frage die bisher unausgesprochene Voraussetzung, vermeidet es aber seinerseits, den inkriminierten Ort ‚namhaft' zu machen. Auf diese Weise wird Sauter notgedrungen wiederum in die Position desjenigen versetzt, der *Schlussfolgerungen* zustimmen oder ablehnen kann. Aus diesem Dilemma kommt kein Versuch zur Geständnismotivierung heraus. Der unmittelbare Erfolg dieser Frage ist deshalb auch nicht größer als beim letzten Versuch in dieser Richtung am Vormittag, als Sauter (in Int. 62) der „Vernunftschluss" vorgelegt wurde, dass seine Lügen „nur in einem sich schuldig wißenden Herzen" gründen könnten. Gleichwohl darf das Gericht zuversichtlich sein. Denn die Lage ist eine andere als am Vormittag. Sauter ist inzwischen mit seinem Zusammenbruch so nahe an den Ort der Tat geführt worden, dass er das Geständnis nicht mehr durch Lügen sondern nur noch durch Schweigen vermeiden könnte.

Int: 98.
ist euch der Ort aus dem gestrigen
Verhör noch bekannt, wo man den
Ermordeten gefunden hat?

R: Ja! Es ist die Wagnerdille.

Int: 99.
Führet nicht allenfalls die Stieg,
worunter ihr gekommen zu seyn
einbekannt habt, auf die Wagnerdille.

R: Ja!

Was das Gericht vom Inquisiten hören wollte, führt es nun in aller Form selbst aus. Es gibt nur die Stiege, die zum Tatort führt. Der Zusammenbruch, der den Inquisiten davon sprechen ließ, die Stiege heruntergekommen zu sein, hat dem Gericht das entscheidende Mittel an die Hand gegeben, ihn wieder zurückzuzwingen.

Int: 100.
Diesem nach müßt ihr auf dem Ort,
wo der Ermordete gefunden worden
ist, selbst gewesen, und von daher
gekommen seyn?

R: Ja! /: dieses Ja hat er dreymal
widerholt.

Damit ist das erste Ziel erreicht: Der Inquisit konnte nicht umhin einzugestehen, dass er sich zur Tatzeit am Tatort befunden hat. Der Weg dorthin ist ein Lehrstück darüber, wie jemandem am Schluss ‚nichts anderes übrig bleibt'. Jetzt fehlt nur noch das Geständnis seines *Tuns*:

Int: 101.
Seyt ihr allein da gewesen oder nicht?

R: Nein!

Int: 102.
Wer ist denn bey euch gewesen?

R: Der Ermordete Fromlet.

Nach diesen weiteren Festlegungen möchte das Gericht nun auch das Geständnis der Tat hören. Dabei gibt es aber eine Überraschung:

Int: 103.
Durch wenn wird also diese Mordthat
geschehen seyn?

R: Durch einen fremden
Handwerkspursch, ich habe aber
dazugeholfen.

Die Frage wird offensichtlich noch im vollen Gefühl der Überzeugung gestellt, dass das Geständnis der Tat sich nun als eine notwendige Schlussfolgerung von selbst ergeben werde. Gleichwohl wird das Gericht nur mäßig irritiert von dieser unvorhergesehenen Wendung gewesen sein. Schließlich handelt es sich um eine leicht durchschaubare letzte Ausflucht. Und: So leicht es ist, einen fremden Handwerksburschen hervorzuzaubern, so schwer ist es, ihn widerspruchsfrei im Sein zu halten – zumal für einen Inquisiten, der schon an der konsistenten Einbindung eines „Naßtuchs" scheitert. Das Gericht möchte erst einmal hören, wie das Ganze zugegangen sein soll:

Int: 104.
Sagt nun also die nähern Umstände
von dieser Mordthat?

R: Als wir beyde, nämlich ich und der
Ermordete in einem Zimmer
gefrühstükt hatten, gieng dieser
Leztere in die Werkstatt, holte allda
den mir gestern vorgezeigten Beuel,
und gieng dann mit auf die Dille. Um
eben diese Zeit kam der besagte

> Handwerkspursch, welchen ich den
> Tag zuvor bey einem Glaß Wein im
> Fischgrat kennen gelernt hab, zu mir
> in den Spital und traf mich eben auf
> dem Kreuzweg bey der Meisterstube
> im Spital an. Ich gieng sohin mit ihm
> auf die Dille, wo der
> Handwerkspursch dem Fromlet den
> bey sich habenden Beuel aus der
> Hand genommen, und ihn damit
> todgeschlagen hat. Nach diesem
> giengen wir beyde wider die Dille
> herunter, der Handwerkspursch zu
> der vordern und ich zu der hintern
> Spitalthür hinaus, wo ich sohin zu
> meiner Landsmänin um einen Brief
> abzuholen gegangen bin.

Es ist abzusehen, dass dieser *verzweifelten* Erfindung keine lange Lebensdauer beschieden ist. Sauter hat sich dazu entschieden, den Handwerksburschen nicht nur aus dem Nichts auftauchen, sondern auch sogleich wieder ins Nichts verschwinden zu lassen, um möglichst wenig mit ihm in Berührung gekommen zu sein. Eine rechte Geschichte kommt auf diese Weise nicht zustande. In Anbetracht des Zustandes, in dem sich der erschöpfte Inquisit befindet, ist es ohnehin erstaunlich, dass er, nachdem er die Tat *so gut wie gestanden* hat, noch die Kraft zu einer derartigen Gegendarstellung findet. Es ist allerdings nicht anzunehmen, dass dieser Bericht ohne weitere Einreden und Nachfragen von Seiten des Gerichts zustande gekommen ist. Erst das Protokoll hat der letzten Ausflucht Sauters wohl jene minimale Kohärenz verliehen, die man fürs erste *stehen lassen* kann. Das Verhör wird beendet, und ein Eintrag ins Protokoll vom nächsten Tag erklärt, warum man sich die Widerlegung von Sauters Darstellung für ein späteres Verhör aufgehoben hat: „Wegen gar zu vielfältigen Zögeren und Staunen des Delinquenten mußte man mit dem gestern Nachmittag aufgenommenen Verhör bis spaten Abend zubringen, wodurch es geschehen ist, daß man es bey einer ganz summarischen Erzehlung der Mordthat bewenden lassen mußte." Der Verlauf des nachmittäglichen Verhörs kann die Frage aufkommen lassen, ob sein Teilgeständnis nicht damit zusammenhängt, dass ihm das Gericht auf eine vielleicht nicht unrechtmäßige, aber doch bedenkliche Weise zu Leibe gerückt ist. Es ist zu vermuten, dass der vorsitzende Richter von Albini derartige Erwägungen angestellt hat, und – um über das Ergebnis des Verhörs keinen Zweifel aufkommen zu lassen – nach dessen Beendigung jene Stelle unlesbar gemacht hat, die von der handgreiflichen Bedrohung Sauters handelt.

**4.**

Das Verhör am nächsten Morgen widmet sich also der Widerlegung der verzweifelten Erfindung. Sehr schnell wird Sauter bei einer ersten Ungereimtheit ertappt. Und – vermutlich unerwartet – lässt der Inquisit den „fremden Handwerkspursch" ohne weiteres fallen:

Int: 112.
Aus diesem folgt, daß ihr entweder
diesen Handwerkspursch bey der
geschehenen Mordthat nicht könnt
bey euch gehabt haben, oder daß ihr
hiebey einen anderen Gehülfen
zuzoget, was sagt ihr hiezu?

R: Ich hab Niemand bey mir gehabt.

Int: 113.
Durch wen geschah also die
Mordthat?

R: Durch mich.

Dies also ist ‚das Geständnis'. Es wirkt nunmehr ganz unscheinbar – eben, als sei es (wie auch das „also" in der Frage andeutet) eine bloße Schlussfolgerung, als habe sich Jakob Sauter am Ende einfach *resigniert* treiben lassen, als habe er nur noch gesagt, was *zu sagen* war. Als sei das Geständnis, mit anderen Worten, im Grunde genommen *kein Akt* gewesen. Es steht dahin, in welcher Weise der Adressat das Geständnis in der gegenwärtigen Situation *beantworten* wird. Erst in dieser Dimension der Antwort wird sich erweisen, *was das Geständnis gewesen sein wird.*

Int: 114.
Wie habt ihr denn diese Mordthat
angegangen?

Sauters Worte „Durch mich" waren in einen Zusammenhang eingebettet, in dem
sie zweifelsfrei als Worte des Geständnisses identifizierbar waren. Es war daher
nicht notwendig und nicht zu erwarten, dass sie sich unter Verwendung der
explizit performativen Wendung „ich gestehe" als *das Geständnis* deklarierten.
Daraus folgt aber, dass das Geständnis noch nicht als solches *bezeichnet* worden
ist. Zwar wissen beide Seiten, dass die jeweils andere Seite weiß, dass die Worte
„Durch mich" gestehende Worte waren, jedoch hat sich dieses Wissen noch
nicht in der gemeinsamen Anerkennung der *Form* des Geständnisses expliziert.
Das Gericht hätte also die Frage stellen können: „Ihr gesteht also nunmehr,
diese Mordtat begangen zu haben?" Mit dieser Frage, würde es das Geständnis
nicht nur *gewürdigt* und den *Einschnitt*, den es darstellt, markiert haben, es
würde den Inquisiten damit zugleich auch auf das Geständnis verpflichtet haben.
Anstatt auf diese Weise das Geständnis als *Institut* aufzurufen und das Subjekt
an dieses Institut zu *binden*, schreitet das Gericht mit seiner Anschlussfrage (der
‚natürlichen' Tendenz des Inquisitionsverfahrens und jedes Untersuchungsverfahrens entsprechend) *formlos* voran, indem es die Fragen zur Sache ohne
Unterbrechung fortsetzt, *als sei nichts geschehen* – als müsse das Geständnis
zunächst dadurch *gesichert* werden, dass man es zu einem *umfassenden
Geständnis* ausbaut.

> R: Nachdem ich und zwar zuerst die
> untere Stube, wo ich und der Fromlet
> gefrühstükt haben, verlassen hatte,
> gieng ich sogleich auf die
> Wagnerdille, wartete allda, biß der
> Fromlet gekommen ist, welches sich
> ungefähr eine Viertelstund verzögeret
> hat; als ich nun den Fromlet kommen
> hörte, stellte ich mich hinter die Thür,
> welche auf die Wagnerdille führt, und
> als er in die Thür hereintrat, hab ich
> ihm von hinten her mit dem mir
> vorgezeigten Beuel auf den Kopf
> geschlagen.

Die *inhaltlichen* Ausführungen treten *an die Stelle* des Geständnisses *in aller Form*. Das Verhör bleibt bei der Sache. Ebenso wenig, wie das Gericht zuvor seinen Wunsch in den Imperativ *Gestehe!* gießen konnte, vermag es nun *als Gericht* der Tatsache Ausdruck zu verleihen, dass der Inquisit jetzt endlich das gesagt hat, was es zu hören wünschte. Anders der Erzieher, der sich über das Geständnis des Zöglings freuen darf, weil es das vorausgesetzte verbindende Band erneuert.

Das Band zwischen dem Verhörenden und dem Verhörten hingegen ist nicht vorausgesetzt, sondern kann sich nur auf die kommunikative Situation des Verhörs selbst beziehen. In diesem Sinne wäre es durch die Bezugnahme auf das Geständnis möglich, den Inquisiten im weiteren Verlauf des Verhörs *als* jemanden zu *behandeln*, der *Einsicht gezeigt* und sich *gebessert* hat. Im Falle Sauter sieht das Gericht offenbar keine Veranlassung dazu. Sauter hat sich in den Augen des Gerichts keineswegs gebessert; er ist derselbe wie vorher; gestanden hat er nur, weil ihm nichts anderes übrig blieb. Das Gericht verfügt nicht über die grundlegende Unterscheidung zwischen der Person des Inquisiten als solcher und seiner veränderten Subjektposition innerhalb der Kommunikationssituation des Verhörs, die durch sein Geständnis impliziert ist. Es erkennt nicht, daß es die Kommunikationssituation verlangt, den Geständigen *als* jemanden zu *behandeln*, der sich eines Besseren hat belehren lassen – unabhängig davon, ob dies wirklich der Fall ist oder nicht. Das liegt daran, dass die Selbstreferenzialität der Verhörsituation für das Gericht nur negativ als ein Störfall in Rechnung gestellt wird. Metasprachlich thematisiert werden lediglich die unverschämten Lügen und die Aussageunwilligkeit des Inquisiten. Sein Geständnis hingegen wird nicht thematisch. Insofern verhält sich das Gericht in einem doppelten Sinne nicht *situationsadäquat*.

Im folgenden bemüht sich das Gericht ausschließlich um eine gründliche Rekonstruktion der Tat und ihrer Vorgeschichte, wobei die Tendenz erkennbar wird, den folgsamen Inquisiten ‚möglichst viel' gestehen zu lassen. Ohne dass Sauter dessen recht gewahr zu werden scheint, sollen ihm Heimtücke und besondere Grausamkeit nachgewiesen werden. Besonders aufschlussreich und beinahe unfreiwillig komisch wird das dort, wo es um die Zahl der dem Ermordeten verabreichten Schläge geht:

Int: 121.
Wenn aber an dem Ermordeten
mehrere Schläge wahrgenommen

würden, vom wem glaubtet ihr, daß
die übrigen geschehen seyen?

R: Auch von mir.

Int: 122.
Man sagt euch also daß er 7. Wunden
habe. Glaubt ihr also, daß ihr ihm alle
zugefügt habt?

R: Ja sie sind alle von mir.

Sauter hat offenbar blindlings weiter auf sein Opfer eingeschlagen, als dieses wider Erwarten nach dem ersten, von hinten geführten Schlag noch „Jesus Marie" geschrieen hat. Das Gericht zeigt aber keinerlei Interesse an der subjektiven Befindlichkeit des Täters und kann ihm daher auch später nicht glauben, als er behauptet, seinem Opfer keine weiteren Schläge mehr gegeben zu haben, nachdem es noch einmal hochgehoben hatte, um sich von seinem Tod zu überzeugen. Es ist vielmehr bestrebt, Jakob Sauter mit Haut und Haaren in der Rubrik *kaltblütiger Mörder* unterzubringen und möchte deshalb nicht hinnehmen, dass die Tätlichkeit selbst einen Zustand hervorruft, an den die Motive des planenden Verstandes nicht heranreichen. Sauter muss daher das Gefühl bekommen, dass das Gericht aus seiner Tat etwas macht, was sie nicht ist, und dass es ihn – als hätte es kein Geständnis gegeben – weiterhin für einen verstockten Lügner hält. Dies wird gegen Ende dieses Verhors manifest:

Int: 132.
Was habt ihr bey der Ermordung für
ein Kleid angehabt?

R: Ein himmelblaues, welches ich
volbeendter That in der Werkstatt
abgezogen, unter den Hobelbank
gethan, dafür jenes, welches ich bey
mir hab, angezogen habe, das ich in
der früh, wie ich aufgestanden bin,
mit mir herunter genommen, und ehe
ich zu den Kappuzinern in die Meß
gieng, in der Werkstatt versorgt habe.

Int: 133.
Was hat euch bewogen ein anderes
Kleid anzuziehen?

R: Es war nämlich blutig dasjenige,
welches ich damalen angehabt habe.

Int: 134.
Ihr sehet also, daß ihr das Gericht
wider einmal angelogen habt, indem
ihr immer behaupteten, als wäret ihr
von der Dille sogleich hinaus
gegangen, nun aber bekennet ihr euch
in der Werkstatt eingekleidet zu
haben.

R: Ja ja! Ich muß gelogen haben.

Es greift zu kurz (oder geht zu weit), wenn man dem Vorsitzenden Richter von
Albini und seinen Beisitzern anlastet, im Inquisiten Jakob Sauter nicht den
*Menschen* gesehen zu haben. Der Befund, dass das Gericht sich nicht *situationsadäquat* verhält, besagt vielmehr: Es hat nicht die nötigen Konsequenzen daraus
gezogen, dass die institutionelle Praxis des Verhörs durch die Abschaffung der
peinlichen Frage zugleich eine kommunikative Situation geworden *ist*. Erst
durch diese Veränderung und die damit verbundene Ausweitung und Wiederholung der Verhörtätigkeit gerät der Inquisit virtuell und *wie von selbst* in die
Subjektposition des hartnäckigen Lügners. Wer aber dem Inquisiten wie hier
den Verstoß gegen die Regel kommunikativen Handelns vorwirft, den die Lüge
darstellt, der müsste umgekehrt auch sein eigenes Vorgehen den Gegebenheiten
der Kommunikationssituation oder genauer Interaktionssituation anpassen. Er
müsste sich selber als der Interaktant wahrnehmen, der er ist. Als *Mensch* muss
der Untersuchungsrichter agieren, insofern er sich nicht ausschließlich als
Stellvertreter einer Institution begreifen darf. Er muss in bezug auf sich selbst
die Unterscheidung zwischen Untersuchungsrichter und Kommunikationsteilnehmer handhaben können und in bezug auf sein Gegenüber die
Unterscheidung zwischen Inquisit und Kommunikationsteilnehmer vornehmen.

Mit der Fortsetzung des Verhörs am Nachmittag hat sich die ablehnende
Haltung des Gerichts noch vertieft. Man hat nämlich in der Mittagszeit in der
besagten Werkstatt ein blutbeflecktes Kamisol gesucht, statt dessen aber – wie

Sauter in der ersten Frage auch gleich bestätigt – nur ein *nicht* blutbeflecktes blaues Kleid gefunden. Das Gericht zieht daraus offensichtlich keine weiteren Schlussfolgerungen als die auf die unverbesserliche Lügenhaftigkeit des Inquisiten. Die Hauptbeschäftigung an diesem Nachmittag gilt der Erforschung des Tatmotivs. Sauter selbst nennt „Mißgunst" und „Zorn", weil man seinen Gesellen im Spital behalten, ihn jedoch entlassen hat. Das Gericht möchte hingegen den niedrigen Beweggrund des Eigennutzes unterschieben (Sauter habe gehofft, an Stelle seines Gesellen wenigstens für eine Zeit wieder angestellt zu werden), um ihm dann nicht nur die Vergeblichkeit, sondern auch die Unnötigkeit seiner Tat vor Augen zu halten:

Int: 163.
Ihr seyt ja noch gut bey Kräften, habt
eine kurze Zeit her immer Reißen
vorgenommen, und also euch noch
gar gut um eine andere Arbeit sehen
können, besonders auch, da ihr
keinen Mangel an Baarschaft habt;
was wißt ihr gegen diese Umstände,
die euch euer Verbrechen
erschwehren müßen, einzuwenden?

R: Wider diese Umstände kann ich
nichts sagen, es ist billig und wahr

Mit dieser letzten Frage macht das Gericht gleichsam einen dicken Strich unter das, was man die *Zurückweisung des Geständnisses* nennen könnte. Natürlich weist das Gericht Sauters Geständnis nicht in einem rechtlichen Sinne zurück, wohl aber auf einer symbolischen Ebene als *Gabe*. Von Anfang an hat das Gericht das Geständnis Sauters nicht als eine Gabe aufgefasst. Es hat nicht verstanden, dass das Geständnis, aus dem Blickwinkel des Verhörs als einer kommunikativen Situation, als eine Gabe angenommen werden muss, auch wenn es nicht als Gabe gemeint war.

## 5.

Das Verhör am nächsten Tag beginnt mit folgendem Eintrag ins Protokoll: „Heut früh konnte man anderer unterschiedlichen Geschäften wegen mit dem

Verhör nicht fortfahren; diesen Nachmittag aber versammelte sich das Gericht wider, und als man den Inquisit demselben vorführte, trat er mit einem Kruzifix in der Hand in das Zimmer, und fieng sogleich an in einem trozigen Thon folgender maßen zu reden: *Ich muß auch jemand mit mir bringen, der für mich redt.* [...]." Sauter gestaltet die Vorführung also als Auftritt. Das Kruzifix soll ihm die Kraft geben, standhaft zu bleiben und dem Gericht die Stirn zu bieten mit einer unbeirrbaren Rede des *Widerrufs.* Aber das weiß das Gericht noch nicht. Nachdem es dem Delinquenten die Ketten abgenommen hat (die man ihm trotz seines Geständnisses wieder angelegt hat, gewissermaßen als Merkzeichen dafür, dass er noch immer als unverschämter Lügner gilt), fragt das Gericht in einer unpassend formulierten Frage nach:

Int: 164.
Was soll dann dieses Kruzifix mit
euch reden?

> R: Daß ich den nicht hab gemördet
> und nicht todgeschlagen hab.

Int: 165.
Wer ist denn der?

> R: Der Fromlet; denn ich hab diese
> Hosen, diese Strümpf, und diesen
> Rok angehabt, und man hat kein Blut
> daran gesehen.

Jetzt ist der Widerruf *de facto* in der Welt. Aber damit ist noch nicht gesagt, was ein Widerruf ‚eigentlich' ist. Ist der Widerruf denn jetzt *unwiderruflich* in der Welt? Dieses logische Problem steht auch im Hintergrund, wenn man sich der Frage zuwendet, was der Widerruf in *rechtlicher* Hinsicht besagte, als Jakob Sauter sein Geständnis widerrief. Welche Wirkung soll vor allem ein Widerruf haben, „wenn der Inculpat, ohne etwas zu seiner Entschuldigung anzuführen, sein Bekenntniß zurücknimmt, oder die angegebenen Entschuldigungsgründe ganz unerheblich sind" (Stübel 1811–1815: § 764)? Die *Theresiana* – der im Falle Sauter verbindliche Gesetzestext – bestimmt über das Geständnis, dass es, um einen „vollständigen Beweis" auszumachen, nicht nur deutlich, umständlich, gründlich und gerichtlich sein muß – es muß auch „beständig seyn". (Theresiana 1769: Art. 32, § 2) Diese fünfte Voraussetzung eines vollgültigen Geständnisses

ist beim Widerruf nicht erfüllt, weshalb der Geständniswiderruf eine Verurteilung zur *poena ordinaria* unmöglich macht.

Allerdings ist diese Voraussetzung in sich selbst problematisch. Denn ihr
zufolge kann ein vollgültiges Geständnis überhaupt kein *Akt* sein. Vielmehr hat
ein vollgültiges Geständnis dann vorgelegen, wenn es nicht widerrufen worden
sein wird. Das Erfordernis der Beständigkeit ersetzt das Erfordernis, dass ein
Geständnis in aller Form wiederholt werden muss, um als Rechtsakt zur Geltung
zu kommen. Aber diesen Ort, an dem das Geständnis in aller Form wiederholt,
gibt es in einer Untersuchung, wie sie mit Sauter angestellt wird, überhaupt
nicht. Innerhalb des *Untersuchungsverfahrens* wird sich das Geständnis jederzeit
als unbeständig erwiesen haben können (erst im Urteil kann die Beständigkeit
festgestellt werden). Daraus ergibt sich ein wesentlicher Grundsatz für die Bemühungen des Untersuchungsrichters: Sie dürfen sich nicht nur darauf richten,
die Motive für den *Akt des Gestehens* im Inquisiten hervorzurufen, davon
untrennbar ist die Aufgabe, den *Zustand der Geständigkeit* oder die *geständige
Haltung* aufrecht zu erhalten.[6] Dies ist es, worin der Herr von Albini
offensichtlich gefehlt hat.

Die Begründung, die er seinem Widerruf hinzufügt – „denn ich hab diese
Hosen, diese Strümpf, und diesen Rok angehabt, und man hat kein Blut daran
gesehen" – erscheint zunächst rätselhaft und jedenfalls deplaziert. Unter anderem handelt es sich überhaupt nicht um einen wirklichen Entlastungsgrund,
sondern nur um die Zurückweisung eines speziellen Verdachtsgrundes, der
überdies ins Leere geht – Sauter war ja nie vorgehalten worden, dass die
Kleidung, die er beim Verhör trägt, Blutflecken aufweise. Den Sinn dieser
Begründung kann man sich vielleicht so zurechtlegen: Da man keine Blutspuren
an meiner Kleidung gefunden hat, gibt es nichts, was mich *sichtbar* mit der Tat
in Verbindung bringt; die Tat *klebt* nicht an mir; alles, was mich mit der Tat
verbindet, sind Worte; ich kann also mein Geständnis widerrufen, ohne zu den
Tatsachen im Widerspruch zu stehen.

Aber nach diesem Beginn ist es dem Gericht freilich ein Leichtes, über
Selbstwidersprüche voranschreitend das Verhör fortzusetzen, ohne direkt auf
den Widerruf zu sprechen zu kommen. Die Frage ist nur, welchen Nutzen das
hat, zumal das Protokoll bald vermeldet, dass Fragen zehn- und zwanzigmal
wiederholt werden mussten. Nachdem ihm wieder eine lügenhafte Ausflucht

---

6    Bei dem namhaften Praktiker Ludwig Pfister lautet daher die Devise: „Der Untersuchungsrichter
     muss die Möglichkeit eines erfolgenden Widerrufs stets vor Augen haben, und sorgfältig alles
     vermeiden, wodurch dem Inquisiten Gelegenheit und Reiz dazu gegeben wird." (Pfister 1814-
     1820: Bd. 5, 560)

nachgewiesen worden ist, versucht es das Gericht noch einmal mit der Thematisierung der kommunikativen Dimension:

Int: 176.
Mit welchem Recht könnt ihr wohl
das Gericht so anzuliegen?

R: Weil ich es nicht besser versteh.

Int: 177.
Ihr müßt es verstehen, daß es nicht
erlaubt ist seinen Nächsten, viel
weniger seinen Richter anzuliegen?

R: Ja! Ich sehe es ein.

Int: 178.
Was sucht ihr also durch euere
Lügen?

R: Nichts, weder Nutzen noch
Schaden.

Int: 179.
Diese Antwort heißt zwar in sich
selbst nichts; man sagt euch aber
gleichwohl, daß ihr euch durch das
Lügen schaden müßt, wie es euch ja
bekannt seyn wird, daß auf Lügen
Strafen gesezt sind; was sagt ihr
dazu?

R: Es ist recht, wenn sie bestraft
werden.

Int: 180.
Hiedurch verrathet ihr ein verstoktes,
unbändiges und gewissenloses Herz;
denn was soll man anders von einem
Menschen, der sich auch vor Strafen
nicht förchtet, glauben?

> R: /: Nach einem gar langen
> Stillschweigen :/ es giebt zeitliche
> und Ewige Strafen.

Das zunehmend gereizt wirkende Gericht hat einen normativen Diskurs begonnen, die dem insoweit folgsamen Inquisiten eine Selbstverurteilung als Lügner abnötigt. Wie wenig das aber fruchtet, zeigt die letzte Antwort, mit der Sauter nach längerer Bedenkzeit den normativen Diskurs gegen das Gericht kehrt: Dieses ist für Verstöße gegen Gesetze zuständig, die mit zeitlichen Strafen abgegolten werden; was darüber hinaus geht, fällt nicht mehr in sein Ressort. Es scheint, als habe sich Sauter dem Anspruch des Gerichtes entzogen.

Nach diesem Intermezzo nimmt das Gericht einen neuen Anlauf und arbeitet den Prozessstoff noch einmal in einer ermüdenden Reihe von Fragen durch, ohne dabei um einen Schritt voranzukommen. Und am Ende sieht es sich doch genötigt, die Frage zu stellen, die es das ganze Verhör über aufgeschoben hat:

Int: 230.
Da ihr also zu gar keinem
Einbekenntniß mehr zu bringen seyt,
so sagt man euch denn, was ihr euern
vorigen Verhören gütlich einbekannt
habt: namlich ihr, seyet auf der
Wagnerdille gewesen; wollt ihr nun
dieses Bekenntniß zurükrufen?

> R: Ja!

Damit verwandelt sich der *faktische* Widerruf in einem *formellen* Widerruf, in dem sich das Subjekt als Rechtssubjekt behauptet. Denn erst jetzt fragt das Gericht *in aller Form*, ob Sauter sein „Bekenntniß zurükrufen" möchte. Und dieser Form scheint die Kraft zu entsprechen, mit der Jakob Sauter nun das gefestigte „Ja!" spricht, das vermieden werden sollte. Wenigstens ist nach dieser Klärung der Weg frei, um am Ende dieses Verhörs, das bis tief in die Nacht gedauert haben muss, die Frage nach den Gründen des Geständnisses aufzuwerfen:

Int: 233.
Warum habt ihr dann einbekennet,
diesen Todschlag verübt zu haben?

> R: Daß ich selber ein dummer Teufel bin.

Man darf sich also noch einmal die Frage vorlegen, wie dumm Sauter ‚wirklich' ist – ob die Dummheit, die er sich jetzt selber zuschreibt, tatsächlich eine Eigenschaft der Person ist. Wer glaubt, dass diese Frage schon beantwortet wäre, teilt die Auffassung des Gerichts, dass das Verhör allemal die Wahrheit an den Tag bringt. Im Verhör hat sich die Dummheit Sauters gewiss in aller Klarheit erwiesen. Aber außerhalb des Verhörs? Jakob Sauter hat es trotz einer wenig aussichtsreichen Jugend zum geachteten Wagnermeister gebracht. Er hat sich ein kleines Vermögen angespart und ist in Geldangelegenheiten umsichtig verfahren. Er kann auch lesen und schreiben. Daraus mag man nun schließen, dass Sauter so dumm nicht sein kann. Zumindest hat er, wie es aussieht, niemandem die Gelegenheit gegeben, ihn für dumm zu verkaufen oder für einen dummen Teufel zu halten. Es hat aber eben auch in seinem gewohnten Lebenswandel keine Gelegenheit und keinen Bedarf gegeben, die Fähigkeiten zu erwerben, mit denen man ein Verhör umsichtig durchsteht, das es auf die Dummheit des Verhörten abgesehen hat. In diesen Verhören begegnen wir einem Menschen, der – ‚aus der Bahn geworfen' – zum ‚dummen Teufel' geworden ist.

Int: 234.
Man fragt euch nun für heute zum
lezten mal, ob ihr zu keinem beßern
Geständniß, sondern dahin
entschloßen seyt, das Gericht zu
bewegen, daß es euch, so wie es
heute geschehen ist, auf alle
Umstände wider zurükführen, und
durch lauter Lügen endlich die
Wahrheit wider aus euch bringen
muß?

> R: Ich laß alles gelten bis auf den
> lezten Punkt, nämlich ich bin der
> Todschläger des Baptistles nicht.

Aus diesen vorläufig abschließenden Worten des Gerichtes spricht nicht nur die erschöpfte Geduld, sondern auch ein erkenntnistheoretischer Optimismus, den man in Anbetracht der bisherigen Verhöre nicht unbedingt teilen wird. Den ,lezten Punkt' wird man Sauter nicht nehmen können.

**6.**

Zwei Tage lang werden die Verhöre ausgesetzt. Ein Eintragung ins Protokoll bringt damit in Zusammenhang, dass „Konstitut in seinem lezten Verhör gar so unverschämt und hartnäkig alles das widerrufte", was er vorher gestanden hat. Sauter soll also auf diese Weise etwas *bedeutet* werden. Dass er tatsächlich Schlüsse daraus gezogen hat, wird auf eine theatralische Weise sogleich offenbar, denn das Protokoll vom 3. Dezember 1787 berichtet: „Der diesen Morgen wider hereingeführte Inquisit fiel bey seinem Eintretten in das Zimmer auf beyde Knie nieder, hob die Händ in die Höhe, fieng an seinen Gott allvorderst wegen allen seinen Sünden um Verzeihung zu bitten, that das nämliche gegen das Gericht mit dem Ausdruk: es ist mir Leid, daß ich euch meine Herren solang aufgehalten und herumgezogen habe".

Dass dieses unterwürfige Verhalten nicht der Vorbote des Widerrufs des Widerrufs ist, sieht man schon daran, dass Sauter von „allen seinen Sünden" spricht, als ginge es nicht vielmehr um jene einzige Sünde, die ein Verbrechen ist. Auch ist die an Gott gerichtete Bitte um Verzeihung vor allem auf die Anwesenden berechnet. Ginge es Sauter bloß um Gott, so hätte er sich in seiner Zelle an ihn wenden müssen. Eigentlich richtet sich die Bitte um Verzeihung ausschließlich an das Gericht. Sie gilt aber nicht dem Widerruf, sondern den Umständen, die er dem Gericht mit diesem Widerruf gemacht hat. Und zudem möchte er das Gericht vorab gnädig stimmen für die Umstände, die er mit seinem hartnäckigen Schweigen und seinen dummen Antworten gleich wieder machen wird. In jedem Falle sieht man an diesen zu Protokoll genommenen Ergebenheitsbekundungen, dass die Situation des Verhörs eine Abhängigkeitsbeziehung zwischen dem Verhörten und den Verhörten nicht nur *evoziert*, sondern auch *aktenkundig* macht – eine unglückliche Beziehung, in der es den einen nach einem Geständnis *verlangt*, mit dem der andere nicht *dienen* kann.

Nur vor dem Beginn des eigentlichen Verhörs ist dazu Gelegenheit, in dieser Weise die Beziehung zu pflegen, von der innerhalb des Verhörs nicht die Rede sein kann. Diese Pflege kann für Sauter nur darin bestehen, dass er gegenüber dem Gericht dieselbe Demut an den Tag legt, die gegenüber Gott angebracht ist. Die Art und Weise, wie Sauter die diesseitige Obrigkeit mit der jenseitigen vermengt, bleibt freilich zweideutig. Man kann nämlich auch hier wieder sagen, daß er die jenseitige Obrigkeit gegen die diesseitige *ausspielt*, wenn er den Anschein erweckt, er sei mit Gott im Reinen oder könne mit ihm ins Reine kommen. Das Protokoll fährt im Bericht über Sauters *performance* fort: „Nach diesem fieng er an von Meßlesen laßen und dergleichen zu reden und stand nicht eher wider auf, als bis man ihn hiezu aufgemuntert hatte, sezte sich sohin nach mehrmal geküßter Erde mit aufgehobenen Händen auf seinen Stuhl und fieng zu weinen an." Über der performativen Logik dieser Szene darf nicht vergessen werden, dass es Sauter zugleich ernst ist, und dass die Lage ernst ist. Das Performative ist nicht das Gespielte, sondern ein *letztes Mittel*. Das Küssen der Erde ist nicht einfach eine übertriebene Darbietung, es ist auch ein Symptom dafür, in welchem Maße dieser Mann ‚aus der Bahn geworfen' ist. Kann man diese Stimmung des Inquisiten nicht für sich ausnützen?

Int: 235.
Das Gericht muß durch dieses euer
Betragen erkennen, daß ihr anfanget
euere begangenen Sünden sowohl vor
Gott als der Obrigkeit zu bereuen;
sagt ihm also, welche Sünde euch am
meisten auf dem Herzen drüke?

                         R: Der Todschlag, welchen ich soll
                         an dem Baptistle begangen haben.

Das Gericht nimmt die Vermengung seiner selbst mit den jenseitigen Institutionen dankbar auf und fällt sogleich in einen seelsorgerischen Tonfall, wo nicht mehr von Verbrechen die Rede ist, sondern von Sünden, die das Herz drücken usw. Im Grunde ist dies die einzige Alternative zur Sanktionierung lügenhaften Verhaltens, die dem vorsitzenden Richter von Albini für die Motivierung zum Geständnis zur Verfügung steht. Indem die beiden Seiten dieser Alternative aber auseinanderfallen, verfehlen sie ihre Wirkung. „Anwendung der Psychologie im Verhöre mit dem peinlich Angeschuldigten" (Snell 1819) findet dann statt, wenn diese beiden Haltungen in einander übergehen.

    In der Folge versucht das Gericht den seelsorgerischen Duktus trotz abschlägiger Bescheide des Inquisiten noch ein wenig aufrecht zu halten, um dann aber feststellen zu müssen:

Int: 239.
Ihr müßt selbst einsehen, daß euere
vorstehende Antworten wider nicht
aufeinander gehen, und man eben
deßwegen euer reumüthiges Betragen
bloß für eine Verstellung ansehen
müsse?

R: Das ist nicht, dann ich war
unschuldig.

Int: 240.
Man sagt euch also widholtermal, daß
ihr selbst einbekennet habet, den
Baptist Fromlet todgeschlagen zu
haben, und fragt euch nochmal von
der Ursach dieser Einbekenntniß?

R: Daß man mich laufen und gehen
läßt.

Diese nur auf den ersten Blick merkwürdige Erklärung leitet eine zweite Phase
der Thematisierung des Geständnisses ein. Sauters Auskunft ist letztlich präzise:
Er hat das Geständnis nicht abgelegt, um freigelassen zu werden, sondern um
der unerträglich bedrängenden Verhörsituation zu entkommen. Das Gericht
hingegen reagiert mit Unverständnis:

Int: 241.
Ihr müßt doch wißen, daß man
Todschläger nicht laufen laße?

R: Man könnte keine andere Antwort
herausbringen, als: Ich war der
Todschläger nicht.

Auf zwei weitere Nachfragen nach dem Geständnismotiv erklärt Sauter „Es war
halt ein unüberlegtes Wesen" und „Es ist nicht überlegt gewesen, ich hab es aus
Forcht geredt". Mit der letzten Erklärung ist schon mehr oder weniger das Verhalten desjenigen angesprochen, der ihm gegenüber sitzt. Da die Furcht nicht

der fernen Strafe für das eingestandene Verbrechen gelten kann, muss sie sich auf die Nähe dessen beziehen, der sie ihm einflößt.

Das, was Sauter ‚Furcht' nennt, glaubt man bei der Lektüre des Verhörprotokolls mit Händen greifen zu können. Entscheidend ist aber die Gegenprobe: Wenn das Gericht Sauter nicht glauben möchte, dass er sein Geständnis aus Furcht abgelegt hat, dann muss es *eine andere Geständnismotivation* unterstellen können. Eine solche Alternative hat es aber nicht vorzuweisen. Vielmehr hat das Gericht von Anfang an unterstellt, dass Sauter nicht deshalb gestanden hat, weil er irgendwie gestehen *wollte*, sondern weil ihm irgendwie nichts anderes *übrig blieb*. Dass das nur scheinbar eine Erklärung ist, hat das Gericht nachher feststellen können. Denn bei den Versuchen, Sauter von seinem Widerruf abzubringen, ist diesem – trotz noch schlechterer Ausgangslage – sehr wohl etwas anderes übrig geblieben. An keiner Stelle hat das Gericht Sauters Geständnis einem *Beweggrund* zugeordnet; es hat dem Geständigen das Geständnis nicht *zugesprochen* und nicht *zugerechnet*. Damit hat es dem das Geständnis Widerrufenden die Möglichkeit verschafft, es nunmehr unwiderleglich auf die Furcht zurückzuführen. Es geht nicht darum, welches das *wahre* Geständnismotiv ist, sondern darum, dass das Geständnis keine *Begründung* erfahren hat und ihm kein Ort im Diskurs zugewiesen worden ist – dass ihm keine *geteilte* Bedeutung zugeordnet wurde, die es *verankert* hätte. So ist das Geständnis haltlos geblieben und hat sich als nicht haltbar erwiesen.

Auch weitere Nachfragen des Gerichts führen zu nichts mehr. So verfällt man schließlich darauf, dem Inquisiten sämtliche Antworten, die er in der Phase seines Geständnisses gegeben hat, noch einmal zu verlesen und vorzuhalten. Aber Sauter, hat sich auf dem „Punkt" seines Widerrufs zurückgezogen. Er lässt sich auf nichts mehr ein und antwortet nur einsilbig mit Sätzen wie: „ich habe es halt nicht gethan" oder „Kurz, ich hab ihn nicht umgebracht". Ganz am Ende dieses Vormittages versucht das Gericht dann noch etwas Neues. Es fragt nach den Gründen für den abermaligen Aufbruch zu einer Reise an jenem Donnerstagmorgen. Sauter gibt bereitwillig Auskunft, er habe in die Nähe von Schaffhausen und in seine alte Heimat gemusst. Auf die Nachfrage, was er dort zu tun gehabt habe, erhält es dann eine ausnehmend ausführliche Antwort, die einen ganz anderen Jakob Sauter zeigen – einen Mann, der nach der Kündigung im Spital mit Überblick seine Zukunft geplant hat, der als geachteter Bürger mit beiden Beinen im Leben stand und der auf seine strebsame Vergangenheit stolz sein durfte. Das ist jetzt Vergangenheit.

Am Nachmittag werden die Verhöre mit Jakob Sauter zum Abschluss gebracht. Es geschieht nicht mehr viel. Der halbherzige Versuch des Gerichts,

Sauters Erklärungen über die Abreise am Morgen der Tat zu einem neuen
Verdachtsgrund auszugestalten, werden überraschend glaubhaft und folgerichtig
pariert. Nachdem das Gericht sich noch einmal den Widerruf in aller Form hat
bestätigen lassen, verfällt es auf eine merkwürdige Thematisierung des vermut-
lichen Verfahrensausgangs:

Int: 273.
Man hat mit euch alle Umstände, die
ihr einbekannt habt, durchgegangen,
und bey keinem einzigen Umstand
wußtet ihr die Ursache des
geschehenen Wiederrufs anzugeben;
könnt ihr also wohl glauben, daß ihr
als unschuldig erkennet und von aller
Strafe frey gesprochen werden
könnet?

> R: Dasselbe könnt ich iezt nicht, weil
> ich soviel mal gelogen hab, und das
> Gericht so lange herumgezogen.

Es sagt viel über die Verhöre mit Jakob Sauter aus, dass er sich seiner Lügen in
den Verhören halber für strafwürdig bekennt. Das Gericht will aber auf etwas
anderes hinaus, nämlich dass diese Lügen den Inquisiten in einem solchen Maße
verdächtig erscheinen lassen, dass über ihn die größtmögliche Verdachtsstrafe
verhängt werden muss. So erklärt es mit seiner letzten Frage:

Int: 287.
Da ihr nun also selbst einsehet, eine
Strafe verdient zu haben, und dabey
nicht läugnen könnt, daß der
Verdacht eines Meuchelmörders,
welchen ihr allein euch zugezogen zu
haben glaubt, sehr stark aufliege,
welchen auch mit einer eben so
starken Strafe wird belegt werden
müssen, so erhellet von selbst, daß ihr
zu allenfälliger Verminderung dieser
Strafe dem Richter jene Umstände an

Handen zu geben habt, welche euer
Vergehen verringern können; man
gestattet euch also eine dreytägige
Bedenkzeit, nach welcher man
dasjenige, was euch zu euerm
Vortheil gereichen kann, von euch
aufnehmen wird. Ihr werdet also
diese Zeit wohl zu benuzen wissen.

> R: Ich werde also diese 3. Tag zu
> meinem Nutzen anwenden.

Natürlich kann Jakob Sauter zu dem anberaumten Termin nichts vorbringen, was das Gericht in irgendeiner Weise beeindrucken würde. Damit sind die Akten geschlossen. Der Verfasser der „gutächtlichen Relation", die dem Urteil zugrunde gelegt wird, ist der vorsitzende Richter von Albini selbst, dem der Inquisit so oft ins Gesicht gelogen hat. Dieser unterlässt es nicht zu betonen, dass dessen gerichtliches, „bey beseztem Gericht in förmlichen Verhören" (fol. 211r) abgelegtes Geständnis nicht durch „Suggestivfragen, Bedrohungen und andere dergleichen ungebührliche Mittel herausgebracht worden" (fol. 208v) ist. Von Albini hält nach „reiflichem Nachdenken" als Strafe für Sauter eine „20 jährige Anschmiedung und jährlich an dem Tag des geschehenen Verbrechens zu empfangende 40 Stockstreiche" für „angemessen" (fol. 225v–226r). Erst das Appellationsgericht in Freiburg, das das Konstanzer Urteil *Seiner k. k. apostolischen Majestät* vorgelegt hat, reduziert das Strafmaß auf zehn Jahre.

Unter das Protokoll des letzten Verhörs hat das Gericht noch einen zusammenfassenden Kommentar zu Sauters Verhalten in diesem Verfahren gesetzt. Das Gericht findet es „noch nöthig beyzusetzen, daß er während seines Bekenntnißes der verübten Mordthat sich eben so unreumüthig als vor und nach demselben aufgeführt hat, vast bey allen Antworten stokte, und das Gericht bey jedem wichtigen Umstand zu gar vielfältigen Widerholungen der Fragstüke gezwungen hat, auf die er öfter gar keine Antworten oder auch oft sehr trozige gegeben hat". Aus dieser Charakterisierung spricht die verfehlte Perspektive des Gerichts. Sie ist verfehlt unabhängig davon, ob Jakob Sauter *in Wahrheit* ohne Reue ist oder nicht. Hätte das Gericht ihm das Geständnis zugerechnet, so würde es ihn anders behandelt haben. Und diese andere Weise der Behandlung hätte wahrscheinlich verhindert, dass Sauter auf den Widerruf verfällt. Der Grund für diese verfehlte Haltung ist weniger im Richter von Albini als in der Logik des Verfahrens selbst zu suchen – in einer Auffassung vom Verhör, die

‚noch nicht' die Folgerungen daraus gezogen hat, dass es nach Abschaffung der Folter zu einer unhintergehbaren Kommunikationssituation geworden ist. In diesem ‚noch nicht' ist also der historische Index dieser Verhöre bezeichnet. Die kommunikative oder genauer interaktive Dimension wird hier nicht zum Ausgangspunkt für eine *Beziehungsdefinition*, die innerhalb der Verhöre zur Wirkung kommen könnte. Das Gericht bleibt jederzeit ‚das Gericht', das auf dem Aussagezwang und der Wahrheitspflicht als den lediglich rechtlichen Grundlagen des Verhörs besteht. Daher schlägt sich die kommunikative Dimension regelmäßig nur in den Vorwürfen nieder, dass der Inquisit mit der Sprache nicht heraus will oder lügt. Es ist letztlich nur folgerichtig, dass es ihm auf diese Weise zwar gelingt, den sogenannten ‚Druck' aufzubauen, der zum Geständnis führt, nicht aber eine dauerhaft geständige Haltung herbeizuführen. Der Widerruf ist eine direkte Folge der Verkennung der kommunikativen Struktur des Verhörs. Anders formuliert: Es gelingt dem Gericht nicht, Sauter an sein Geständnis zu *binden*. Eine solche Bindung könnte auf der Ebene der *Beziehung* erzielt werden. In ihrer Minimalform wirkt sich die Beziehung dahingehend aus, dass das Subjekt es nicht über sich bringt, seinem Gegenüber *ins Gesicht zu lügen*. Es wird also eine imaginäre Achse ins Spiel gebracht. Es geht um Erwartungen und die Vermeidung ihrer Enttäuschung. Diese Ebene ist in den Verhören mit Sauter durchaus vorhanden. Daher bringt Sauter nur mithilfe eines ‚Fürsprechers' die Kraft zum Widerruf auf, der die entscheidende Erwartungsenttäuschung darstellt.

Um Sauter an sein Geständnis zu binden, um es *haltbar* zu machen, hätte das Gericht (hätte von Albini) das Geständnis als ein *Gut* aufnehmen und annehmen müssen. Es hätte – unabhängig von den unterstellbaren *Motiven* – dem Geständnis eine vertretbare *Motivation* zuschreiben müssen; es hätte das Geständnis mit der Reue über die Tat, mit der Stimme des Gewissens, mit der Ehrbarkeit der Prinzipien oder wenigstens mit einer Bereitschaft und einem Entgegenkommen in Zusammenhang bringen müssen. Nur als ein *Gut* kann das Geständnis in den Diskurs eingeführt werden. Wer von einem Geständnis annimmt, dass es sich lediglich dem von seinem Gegenüber ausgeübten Druck verdankt, kann dann auch nicht über das Geständnis *sprechen*. Es ist aber festzuhalten, dass unter diesen ‚Druck' auch die *Beziehung* zum Gegenüber subsumiert werden muss. Man kann nicht *sagen*, dass ein Geständnis *um der Beziehung willen* abgelegt worden ist – eben weil es als ein die Beziehung (und somit die Achse des Imaginären) übersteigendes *Gut* firmiert.

# Konfrontationen und Lügenstrafen
## Akten zur Geständnisarbeit um 1800

*Michael Niehaus / Christian Lück*

## 1.

Wer die Untersuchungsakten landläufiger Inquisitionsverfahren um 1800 betrachtet, wird in den protokollierten Verhören kaum Spuren jenes von der avancierten Theorie geforderten untersuchungsrichterlichen Bemühens entdecken, sich „in die Gemüthslage des Angeschuldigten" zu „versetzen" (Snell 1819: 51). Er wird kaum Anzeichen dafür finden, dass sich der Inquisit „sympathetisch" zu seinem Untersuchungsrichter „hingezogen" und „durch ein Band an ihn geknüpft" fühlt (ebd.: 60), um ihm schließlich „vertrauensvoll die tiefsten Falten seines Bewußtseyns" (ebd.: 68) zu eröffnen. Dafür lassen sich zwei naheliegende Gründe namhaft machen.

Zum Ersten hängt das natürlich mit der Selektionsleistung des Protokolls zusammen. Ein Verhörprotokoll ist kein Vernehmungstranskript. Es soll zwar „Wort für Wort" verzeichnen, was der Inquisit zu sagen hat, aber dies ist nicht unbedingt wörtlich zu verstehen (Niehaus 2005). So zeigen etwa die Bemerkungen, die bisweilen das Aussageverhalten Jakob Sauters[1] kommentieren, dass keineswegs alles aufgeschrieben worden ist, was dem Inquisiten über die Lippen kam. Vor allem aber ist zu vermuten, dass nicht alles, was das Gericht vorbringt, Eingang ins Protokoll findet; „nicht die Versprechungen und Drohungen werden protokollirt", merkt der bedeutende Jurist Carl Joseph Anton Mittermaier kritisch an (Mittermaier 1819: 63). Ermahnungen und Vorhalte, mit denen sich der Untersuchungsrichter an den Inquisiten wendet, werden in der Regel nur summarisch wiedergegeben. Es ist stets die interaktive Dimension des Verhörs, die in der Protokollierungspraxis weitgehend ausgeblendet bleibt und nur indirekt zu erschließen ist.

Zum Zweiten sind die Untersuchungsrichter in der gewöhnlichen Praxis eben nicht jene Virtuosen der Geständnismotivierung, die sich die avancierte Theorie erträumt. Für den Verstoß gegen die erste von Wilhelm Snell aufgestellte Regel, der zufolge sich der Untersuchungsrichter bemühen müsse,

---

[1] Vgl. den Beitrag Haltloses Geständnis. Der Fall Jakob Sauter in diesem Band (etwa die Antwort auf Int. 94).

„seine Hypothese, wornach etwa der Inquisit schuldig ist, diesem zu verhüllen", und die „Motive zum Geständnisse zu erzeugen", ohne „geradezu auf ein Geständnis zu dringen" (Snell 1819: 51), liefern die „Annalen der peinlichen Proceduren in Deutschland [...] eine Menge der traurigsten Belege" (ebd.: 61). Zu diesen traurigen Belegen zählen auch die Protokolle der Verhöre mit Jakob Sauter. Das sind nicht unbedingt Belege des Scheiterns. Dem Inquisiten kann auch ein Geständnis abgerungen werden, wenn er alles andere als „Vertrauen zu dem Richter" (ebd.: 52) hat.

Auch hierzu bedarf es freilich der Mittel, die dem Fortfall der Folter als Instrument zur Erforschung der Wahrheit und zur Entscheidungsfindung Rechnung tragen. Diese Mittel zeugen zwar nicht von einer Bemühung um ein „Band" zwischen dem Verhörenden und dem Verhörten, sind aber gleichwohl auf die kommunikative Seite des Verhörs zu beziehen. Unter der strafprozessualen Bedingung, dass der Inquisit einem Antwortzwang unterliegt, kommt die ‚Beziehungsebene' immer schon unter negativen Vorzeichen ins Spiel. Während die Virtuosen des Verhörs diese strafprozessuale Rahmenbedingung in der Verhörkommunikation nach Möglichkeit vergessen machen möchten, ziehen sich die landläufigen Inquirenten gerne auf sie zurück. Das ändert aber nichts daran, dass auch diese Mittel *innerhalb* der Verhör*kommunikation* wirksam werden und in dieser Hinsicht zu analysieren sind. Es gibt im Grunde nur zwei klar konturierte Mittel, die in dieser Weise einerseits auf die Verhörkommunikation einwirken und sich andererseits von ihr abheben: die *Konfrontationen* und die *Lügenstrafen.* Diese beiden naheliegenden Mittel sollen daher im Vordergrund stehen, wenn im Folgenden die Formen der Geständnismotivierung in der Praxis anhand einiger Fälle minder schwerer Kriminalität am Stadtgericht Konstanz untersucht werden, das in seiner Protokollierungspraxis besonders gewissenhaft war (Kühne 1979).

## 2.

Das erste Beispiel ist ein Verfahren wegen *widernatürlicher Unzucht* aus dem Jahre 1810. Sexuelle Vergehen sind bezüglich der Frage der Geständnismotivierung besonders signifikant. Die Strafbarkeit solcher *delictae carnis* versteht sich insofern nicht von selbst, als es bei ihnen in der Regel keinen Verletzten gibt, der Klage erheben möchte. Als hochgradig unverhältnismäßig erscheinen daher (nicht erst um 1800) die drakonischen Strafen, die das gemeine Recht für die *Sodomia* (den gleichgeschlechtlichen Beischlaf und den Beischlaf mit Tieren) vorsieht. Die teilweise bis ins 19. Jahrhundert gültige *Carolina* sah in Artikel 116 die Todesstrafe für widernatürliche Unzucht vor; dieses Gesetz war im Prinzip zu Beginn des 19. Jahrhunderts noch in weiten Teilen Deutschlands in Kraft, auch wenn die Todesstrafe nicht mehr vollstreckt wurde (Bauer 1833: § 329). Das preußische Landrecht von 1794 bestimmte in § 146 – zu jener Zeit fortschrittlich –, dass die „widernatürliche Unzucht, welche zwischen Personen männlichen Geschlechts oder von Menschen mit Thieren verübt wird, [...] mit Gefängniß von sechs Monaten bis zu vier Jahren [...] zu bestrafen" sei. Das für Konstanz verbindliche *Badische Strafedikt von 1803* setzt eine zweijährige Kettenstrafe fest (Rhenanus 1823: § 56). Nach Napoleons – in die besetzten Gebiete Deutschlands exportierten – *Code Pénal* von 1810 waren dann aber nur noch sexuelle Handlungen strafbar, die in die Rechte Dritter eingriffen – was auch vom bayrischen Gesetzbuch von 1813 übernommen wurde.

Beinahe zu gleicher Zeit kann die widernatürliche Unzucht also als todeswürdiges Verbrechen oder als unsträfliches Laster aufgefasst werden. Sie betrifft ein *Prinzip*, für das sich die weltliche Gerichtsbarkeit zuständig erklären *kann*, aber nicht *muss*. Diese Einschätzung kann nicht ohne Wirkung bleiben auf das Subjekt selbst, das nicht wissen kann, was es mit der *Sünde* der widernatürlichen Unzucht auf sich hat – in welchem Verhältnis *forum externum* (verstanden als Institution des Gerichts) und *forum internum* (repräsentiert vor allem durch die Institution der Beichte) in dieser Sache stehen. Diese Ungewissheit wirkt sich aus auf die Ansprechbarkeit des Subjekts im Verhör. Jenseits (oder diesseits) der Gerichtsbarkeit werden um 1800 die Lüste zum Paradigma dessen, was man zu gestehen hat (Foucault 1977).

Eine junge Magd erzählt, sie habe den Schmiedegesellen Michael Hermann gesehen, wie er sich mit heruntergelassener Hose am hellichten Tage im Stall an einer Kuh zu schaffen gemacht habe. Der Meister selbst informiert die Obrigkeit über dieses Gerücht. Das Gericht lädt daraufhin zunächst die Magd vor, von der es erfährt, auf dem Weg zum Stall habe sie, durch das Stallfenster sehend, den Besagten „hinter unserer schwarzen Kuh wie angemauert stehen" sehen. Als sie in den Stall kam und er sie erblickt habe, „so bukte er sich schnell zuerst von der Kuh hinweg". Sie habe aber gesehen, „daß er die Hosen und Hemd offen hatte": „Hierüber erschrak ich so sehr daß ich gleich wieder davon lief; gleich darauf sah ich diesen Michael hinter mir aus dem Stahle kommen, und sein Schürzfell im Gehen anlegen, er gieng ohne ein Wort zu sagen fort, sah aber todten blaß aus". Im Stall habe sie noch einen umgekehrten Kübel „hinter der nemmlichen schwarzen Kuh" gesehen, „auf dem er wahrscheinlich gestanden ist". Diese

„Geschichte" habe sie „so sehr erschrekt, daß ich es weder dem Herrn noch Frau zu sagen getraute, ich getraute es endlich unserm Knechte an, und dieser sagte es unserer Frau." (fol. 2r–2v, ad int. 3)[2]

Diese Aussage ist alles, was das Gericht in der Hand hat von einem Vergehen, bei dem es keinen Geschädigten gibt und kein *corpus delicti*. Es geht also nur um ein Prinzip. Und dieses Prinzip scheint schon gegenwärtig und spürbar in dieser Sachverhaltsdarstellung, nach der sich Blicke wortlos gekreuzt haben, wo es um eine erschreckende und unsägliche Sache ging, die aber einem dunklen Zwang gehorchend letztlich doch zur Sprache gebracht werden musste. Damit ist die Sache schon situiert: Es handelt sich um ein Vergehen, dessen Strafbarkeit zwar einerseits fraglich ist, zu dem man aber andererseits nicht *stehen* kann.

Mit dieser Aussage bewaffnet, lässt das Gericht den Schmiedknecht sogleich arretieren, um ihn noch am selben Abend zu verhören. Auch auf wiederholte Nachfrage will Michael Hermann nicht wissen, weshalb man ihn geholt hat. Um ihm auf die Sprünge zu helfen, versucht das Gericht daraufhin mittels der bewährten Taktik, ausgehend von der Einleitungsfrage „Wo seid ihr gestern Nachmittags gewesen?" (int. 13) nach und nach den Punkt anzusteuern, an dem der Verhörte zugeben muss, im Stall ertappt worden zu sein. Dieser Mechanismus allmählicher Eingrenzung tritt hier umso deutlicher hervor, als der Befragte alles abstreitet und den ganzen Tag in der Werkstatt zugebracht haben will. In den sechs sich anschließenden Fragen *konfrontiert* das Gericht den Verhörten jedes Mal mit einer nicht näher spezifizierten, anderslautenden „Aussage". Schließlich sieht es sich gezwungen, seine Referenz selber *de facto* aufzudecken mit dem Vorhalt, nach dieser „Aussage" habe man ihn „sogar im Stalle hinter einer Kuh gesehen" (int. 19). Um welches Delikt es geht, eröffnet das Gericht freilich auch jetzt nicht.

Michael Hermann beharrt auf seiner anfänglichen Verneinung. Erst nach der letzten Spezifizierung – „Man muß euch sogar eröffnen, daß man bemerkt hat, daß ihr im Fortgehen aus dem Stall euer Schürzfell angezogen habet?" (int. 21) – klärt er ein Missverständnis auf, das auf ein Versehen der Zeugin zurückgeht: „Nein, das war vorgestern." (ad int. 21) Mit dieser zweifellos absichtsvoll verzögerten Aufklärung hat der Verhörte das Gericht – gleichsam als Rechtssubjekt agierend – zwar gezwungen, ihm die belastende Aussage mehr oder weniger vollständig auf den Tisch zu legen, er hat sich dadurch aber – auf kommunikativer Ebene – erst recht verdächtig gemacht: Wer nichts zu ver-

---

2    Stadtarchiv Konstanz STAK H XII 235.

bergen hätte, würde das Missverständnis früher aus dem Weg geräumt haben. Allerdings kann Michael Hermann auf dieser Grundlage nun seine kurze Gegendarstellung geben, der zufolge er sein Schürzfell nur abgelegt hatte, um im Stall – nach dem Biergenuss im angrenzenden Wirtshaus – „das Wasser abzuschlagen" (ad int. 22). Alles weitere leugnet er beharrlich. Auch die Zeugin will er nicht gesehen haben.

Zur entscheidenden Wende kommt es nach dem Ende des Verhörs, als Michael Hermann schon seine Unterschrift unter das Protokoll gesetzt hat: „Nachdem das Protokoll bereits geschlossen, so erklärt sich Inquisit daß er nun eingestehen wolle, was er wißte, und was er gethan habe." (fol. 7v) Dies ist die Einleitung zu einem anscheinend *unmotivierten* (und – da ein einzelner Zeuge zu einer wirklichen Verurteilung nicht ausgereicht hätte – zu einem offenbar auch *unnötigen*) Geständnis. Man muss annehmen, dass nach Schließung des Protokolls noch Weiteres – nicht unmittelbar zur Sache Gehöriges – zum Inquisiten gesagt wurde. Zumindest wird man dem bislang Unbescholtenen *zu verstehen gegeben* haben, dass man ihn nach dieser Aussage in den Arrest zurückführen und nicht etwa wieder gehen lassen werde. Wahrscheinlich wird man das Abführen auch kommentiert haben. In einem weiteren Sinne ist auch dies eine Art ‚Lügenstrafe' – nämlich eine Strafe dafür, dass es dem Inquisiten nicht gelungen ist, seine Unschuldsbehauptung mit der Zeugenaussage kompatibel zu machen. In jedem Falle resultiert das nun folgende Teilgeständnis nicht aus einer planmäßigen Geständnismotivierung im Verhör, sondern aus informellen Bestandteilen der *Situation*, in die sich der Verhörte versetzt sieht. In seiner Aufforderung, das Geständnis nun zu Protokoll zu geben, weist das Gericht noch einmal explizit auf sich selbst als den *rechtmäßigen* Adressaten der wahren Aussage hin und betont zugleich den rechtlichen Status dieser Aussage durch die distanzierende Anrede in der dritten Person (während es den Verhörten zuvor immer mit „ihr" angeredet hatte): „Er soll also aufrichtig und mit der dem Richter schuldigen Freymüthigkeit die Wahrheit bekennen" (int. 38). Das Gericht bekommt Folgendes zu hören: „Vorgestern Morgens haben wir die Pferde des Augsburger Kotten beschlagen, dort habe ich Wein getrunken, imm Bierhaus darauf beim Beschlagen Bier, und endlich im Lamm mit dem Sattler nochmals Bier, dieses alles untereinander machte, daß ich so berauscht wurde, daß ich nicht mehr arbeiten konnte. Als ich nun heim wollte, gieng ich in den Kuhstall um das Wasser abzuschlagen, da kam mir der Gedanke, eine Kuh fleischlich zu gebrauchen, ich schikte mich auch schon zu diesem Geschäfte an, während dem aber hat es mich wieder gereut und ich habe mein Verbrechen nicht vollbracht." (ad int. 38)

Das ist wohl weniger ein ‚freimütiges' Geständnis denn eine komplexe Kompromissbildung. Die zuvor nicht erwähnte (später aber durch weitere Zeugenbefragungen zweifelsfrei erwiesene) Trunkenheit soll als eine Voraussetzung für den plötzlichen Einfall glaubhaft gemacht werden, „eine Kuh fleischlich zu gebrauchen". Es ist wichtig, dass das Gericht diese – dann sogleich weiterverwendete – Explizierung des Tatbestandes hier zunächst vom Inquisiten zu hören bekommen darf. Als es ihn mit der „Aussage" der ungenannten Zeugin konfrontierte, hatte es den eigentlichen Tatvorwurf auf eine Weise ausgespart, dass nur der Schuldbewusste wissen können sollte, wovon die Rede war. Mit seinem Geständnis reagiert Michael Hermann auf dieses Nichtgesagte. Er versucht dem Rechnung zu tragen, was die Zeugin hat sehen können *und* welche Schlüsse sie daraus hat ziehen müssen. Denn mit der gebrauchten Wendung überschreibt er die beschämenden Einzelheiten des Sachverhaltes schon wieder durch ihre tatbestandliche Fixierung. Problematisch ist dabei, dass er seine Aussage mit der Aussage einer Zeugin in Einklang zu bringen versucht, die er weiterhin nicht wahrgenommen haben will. Damit gerät sein Geständnis in eine Aporie: Je besser sich seine Aussage mit derjenigen der Zeugin deckt, desto verlässlicher macht er sie; umso unglaubhafter wird folglich seine Beteuerung, die Zeugin nicht wahrgenommen zu haben, wenn diese das Gegenteil behauptet.

Es ist nicht schwer zu sehen, aus welchen Motiven der Inquisit dieses Dilemma in Kauf nimmt. Ein gerichtliches Geständnis als solches impliziert zwar die Übernahme der Verantwortung für eine Tat, es verbindet sich aber gerade deshalb gewöhnlich mit der Tendenz, sich von der Tat zu *distanzieren.* Ein ausgezeichneter Modus dieser Distanzierung besteht darin, sie als etwas darzustellen, was dem Subjekt von außen zustößt und nicht in seinem Wesen verankert ist. Hier ist das ganze Geständnis daraufhin konzipiert, das Vergehen erstens auf einer momentanen Eingebung beruhen zu lassen, der Trunkenheit und Gelegenheit von ungefähr den Boden bereitet haben. Und zweitens konzipiert sich Michael Hermann selbst als entschlussfähig genug, von dem ihm ganz wesensfremden Versuch selbsttätig wieder zurückgetreten zu sein. Genau diese Selbstdefinition kann er aber nicht glaubhaft aufrechterhalten, wenn er zugibt, durch die Dazwischenkunft der Magd bei seiner Unternehmung gestört worden zu sein.

Oberflächlich gesehen kreisen die folgenden Verhöre vor allem um die Frage, wie weit der Inquisit „mit dem Versuche der fleischlichen Vermischung gekommen" (int. 40) ist. Die erste Antwort hierauf lautet: „Ich weiß nichts bestimmtes, nur soviel weiß ich, daß ich mein Glied mit der Kuh noch nicht vereinigt habe." (ad int. 40) Von dieser Antwort (die es dem Gericht nun seinerseits gestatten wird, beliebig oft das Wort „Glied" in den Mund zu nehmen) wird der Inquisit nicht abrücken: Vor der ‚Vereinigung‘ kam die Reue. Zwar ist es – wie vom Gericht mehrfach betont – nach der „vorhandenen Aussage", nach der man „euch hinter einer Kuh wie angemauert stehen gesehen, [...] nicht wahrscheinlich, daß ihr nicht euer Glied mit der Kuh vereiniget habet" (int. 41), doch wirklich *gesehen* hat die Zeugin die Vereinigung eben nicht. Juristisch gesehen kommt der Frage der „Vereinigung" entscheidende Bedeutung zu, denn das Gesetz erklärt in Sachen „Bestialität" die Tat für „vollbracht, sobald eine körperliche Vereinigung erfolgt ist", also unabhängig von einer etwaigen *seminis emissio* (Rhenanus 1823: § 56). Tatsächlich wird aber die Behauptung des Inquisiten, die Zeugin nicht gesehen zu haben und von ihr bei seinem beschämenden Tun nicht überrascht worden zu sein, der eigentliche Kernpunkt des Verfahrens. Die Inkompatibilität der Aussagen in diesem Punkt muss in einer *Konfrontation* gipfeln, bei der die Zeugin freilich das Prestige des Wahrsprechens vorab auf ihrer Seite hat – das Verhältnis zwischen dem „Confrontanten" und dem „Confrontaten" ist keineswegs symmetrisch (Stübel 1811: § 2049).

Zuvor kommt es allerdings noch zu einer kleinen Digression, die zwar nichts zur Sache tut, aber bezeichnend für die Eigenart des Inquisiten und seine Stellung im Verfahren ist. Michael Hermann bittet nämlich zwei Tage nach seiner Inhaftierung, zum Verhör vorgelassen zu werden, um dort von sich aus das Geständnis abzulegen, dass er überhaupt nicht so heiße. In Wahrheit stamme er aus der Gegend von Heilbronn habe sich falsche Ausweispapiere besorgt, „aus keiner andern Absicht, als dem Militärstande, den ich fürchte, zu entgehen, u. es reut mich daß ich diesen Umstand nicht gleich in meinem ersten Verhör angegeben habe" (ad int. 60). Das Gericht zeigt sich an dieser Enthüllung nur mäßig interessiert. Sie gibt aber Einblick in eine Art ‚Geständnismechanik‘. Michael Hermann – wie wir ihn weiterhin nennen wollen – ist offenbar anfällig für die Vorstellung, nur ein zuvorkommendes Geständnis all dessen, was dem Gericht möglicherweise nicht unbekannt bleiben wird, könne seine Diskreditierung als Aussageperson verhindern. Dass ein solches Verhalten mit dem Motiv der ‚Reue‘ verknüpft werden muss, wirft freilich auch ein Licht auf die ‚Reue‘, die zum ‚Rücktritt vom Versuch‘ in Sachen widernatürlicher Unzucht geführt haben soll.

Der Höhepunkt des Verfahrens ist die Konfrontation des Inquisiten mit der Zeugin, der Magd Agnes Kohler. Sie findet aber erst acht Wochen nach der Inhaftierung statt. Nach der Anzeige war das Gericht zunächst außerordentlich schnell vorgegangen: Man hatte sogleich am Nachmittag des 28. Juli die Magd vernommen, dann um sechs Uhr den Bezichtigten verhört, im Laufe des Abends sein Teilgeständnis entgegengenommen und sogar noch die Zeugin ein zweites Mal geholt, um sich der Datierung des Vorfalls zu versichern. Das zweite Verhör mit Michael Hermann erfolgte aber schon auf dessen eigenes Betreiben. Danach lässt man ihn mehr als einen Monat in seiner Untersuchungshaft (eine Verzögerung, die mit „der Organisation der Stadt" und „andern häufigen Untersuchungen" (fol. 15v) eher schlecht als recht begründet wird) und begrüßt ihn am 7. September mit der Frage: „Wie ergeht es euch in euerm Gewahrsam?" (int. 86; die Antwort des Inquisiten fällt notgedrungen konventionell aus: „Ich habe über nichts zu klagen") Dieses Wartenlassen ist zwar keine Lügenstrafe, zielt aber auf die gleiche Wirkung – es soll Druck ausüben und zu einem weitergehenden Geständnis motivieren. Weil es aber auch in diesem und einem weiteren Verhör am 20. September beim abermaligen Vorhalt der konfrontierenden Aussagen zu keinem ‚freimütigen' Geständnis kommt, beginnt das Gericht mit den Vorbereitungen zur wirklichen Konfrontation, die es vorab schon androht mit den Worten: „Wollt ihr es darauf ankommen lassen, daß sie es euch ins Angesicht behauptet, daß ihr sie gesehen habet?"

Die Konfrontation wird als ein entscheidendes prozessuales Mittel aufgefasst – als ein *letztes* Mittel, bei deren Einsatz einem einschlägigen Aufsatz zu Folge „Kenntnis der menschlichen Seele […], so wie bei Verhören überhaupt, eine der nothwendigsten Vorbedingungen" ist, „um zu einem Resultat zu kommen" (Jagemann 1835: 30). Vor der Anberaumung muss die Zeugin sich beim Pfarramt über die Wichtigkeit des Eides belehren lassen. Mit einer Bescheinigung hierüber erscheint sie am 26. September vor Gericht und wird vor der anschließenden Vereidigung noch einmal über die Kernpunkte befragt (Jagemann rät bei der Konfrontation zwecks nachhaltigerem Eindruck eine Vereidigung in Gegenwart des Inquisiten an; vgl. ebd.: 57). Dann holt man den Inquisiten und fragt auch ihn noch einmal: „Besteht ihr noch darauf, daß ihr die Agnes Kohler als sie in den Stall eingetretten nicht erblikt habet, gerade in dem Augenblike als ihr hinter der schwarzen Kuh gewesen, und euch gleich sodann zurük gebükt habet?" (int. 114) Und es hält ihm vor: „Mann will euch nochmal eröffnen, daß sie unter ihrem abgelegten Eide deponiert habe daß ihr sie angesehen, und daß sie euch in die Augen gesehen habe." (int. 115) Michael Hermann bietet darauf hin ebenfalls den Eid an: „Ich kan einmal nicht anders sagen als ich habe sie nicht gesehen, und daß will ich mit einem Eide erhärten" (ad int. 115). Die abschließende – formelhafte – Frage des Gerichtes geht nicht darauf ein: „Wollt ihr es darauf ankommen lassen daß die Agnes Kohler euch das Gegentheil ins Angesicht behaupte?" (int 116.)

Die Konfrontation selbst ist kurz. Die linke Spalte im Protokoll verzeichnet die Auslassung der Agnes Kohler, rechts gegenüber befindet sich die Reaktion des Michael Hermann. Der Niederschlag der Gegenüberstellung ist lediglich eine gesteigerte Rhetorik: Der Inquisit „will nicht mehr gesund aus diesem Zimmer gehen, und kein Antheil an der Seligkeit haben", wenn er „die Agnes gesehen" hat; dieser zu Folge hat ihr der Inquisit „starr ins Gesicht" gesehen, „und wenn er mich nicht gesehen hätte, so müßte er stokblind gewesen seyn" (fol. 26v). Das Gericht fasst das Resultat dahingehend zusammen, dass die junge Frau und der junge Mann das Widersprechende „frisch und unverzagt einander ins Gesicht behaupteten" (fol. 27r).

Tags drauf gibt es noch ein letztes Verhör mit dem Inquisiten, bei dem das Gericht wohl noch eine verzögerte Wirkung der Konfrontation erhofft und jedenfalls auf bedenkliche Weise klarstellt, welchen Stellenwert es ihr beimisst: „Ihr werdet von selbst einsehen, daß ihre beeidigte Aussagen vollkommenen Glauben verdienen, und daß euer Leugnen euch nicht helfen kan" (int. 118). Die geständnismotivierende Funktion der Konfrontation, die offiziell dazu dienen soll, „einige Widersprüche zu berichtigen" (fol. 26r), wird in dieser Formulierung explizit (während das Leugnen in Wahrheit sehr wohl helfen kann, da die Aussage eines einzigen Zeugen keinen Beweis darstellt). Das prozessuale Mittel der Konfrontation baut auf die interaktionelle Dimension der Situation und ihre Eigendynamik. Dem Versuch, innerhalb der *Verhörsituation* mit kommunikativen Mitteln zum Geständnis zu motivieren, steht die Konfrontation aber im Grunde entgegen. Sie tritt ja gewissermaßen an die Stelle der Interaktion zwischen dem Verhörenden und dem Verhörten, der eine entsprechende Kraft nicht zugetraut wird. Und insofern die Gegenüberstellung mit dem Zeugen die Tätigkeit des Gerichtes fortsetzt, den Inquisiten mit widersprechenden Aussagen zu konfrontieren, stellt sie eine affektiv intensivierte Form dessen dar, was Wilhelm Snell die „künstliche Behandlungsmethode" nennt.[3] Die selbstbelastende Korrektur von Aussagen in der Konfrontation wäre daher auch kein an das Gericht adressiertes Geständnis. Es müsste erst nachträglich in ein solches verwandelt werden. In Anbetracht dessen ist es durchaus sinnvoll, wenn sich das Gericht – wie hier – noch etwas verspricht von einer

---

3 In diesem Zusammenhang ist auch auf Snells eigene Einschätzung der Konfrontation und ihres Verhältnisses zum Verhör bezeichnend: „In den meisten Fällen, worin [...] die Drohung der Confrontation von Nutzen ist, wird der Act der Confrontation selbst dem Zweck der Untersuchung entgegenwirken." (Snell 1819, 84 Fn.)

nachträglichen Kommentierung und Deutung der Konfrontationssituation im Verhör.

Dieser letzte Versuch muss hier freilich erfolglos bleiben. Von Anfang an ist seitens des Gerichtes keinerlei Bemühen erkennbar, ein wie auch immer geartetes Band zum Inquisiten zu knüpfen. Es bleibt bei einer unteilnehmenden, distanzierten Haltung, die nicht einmal Unverständnis über das inkriminierte Delikt signalisiert. Gegenüber den Bemühungen des Inquisiten, das Vergehen als eine Art Fehlleistung oder Unfall zu deklarieren, reagiert es – wie um 1800 immer wieder zu beobachten – auf der rein sachlichen Ebene der Tatbestandserhebung. So fragt es nicht nach der Herkunft des Einfalls, eine Kuh geschlechtlich zu missbrauchen, oder nach sonstigen sexuellen Gewohnheiten des Inquisiten. Es versucht nicht, die Tat in dessen Lebensgeschichte oder in seinem Charakter zu verankern, es stimmt ihrer Einschätzung durch den Inquisiten weder zu noch lehnt es sie ausdrücklich ab, sondern behandelt sie vollkommen isoliert, als losgerissenes Faktum. Die *kommunikative* Dimension dieser Verhöre besteht daher vor allem in der Wiederholung der Fragen, die zu immer neuen Variationen derselben Antworten führen. Was sich auf diese Weise *mitteilt*, ist die Fruchtlosigkeit des Verhörens selber, die derjenige verschuldet, dem die *korrekte* Antwort noch nicht über die Lippen kam. Dies verleiht der bloßen Wiederholung (wie der Verlängerung der Untersuchungshaft) ihren *edukativen* Aspekt – die Aufmerksamkeit verschiebt sich von der Sachverhaltsaufklärung auf das Aussageverhalten.

Der Verzicht auf kommunikative Formen der Geständnismotivierung im engeren Sinne, der mit diesem Verharren auf einer rein rechtlichen Ebene verbunden ist, wird besonders deutlich an einer Stelle, wo sich ein Anknüpfungspunkt ergeben hätte: Im Verhör vom 7. September versucht der Inquisit noch einmal auf andere Weise plausibel zu machen, dass ihn nicht etwa das Auftauchen der Magd vom Vollzug der widernatürlichen Unzucht abgehalten habe: „Wenn mich jemand gesehen hätte, so hätte ich mit ihm gesprochen, und ihn gebetten mich nicht anzuzeigen sondern mich einem Geistlichen zum Zuspruch zu übergeben, ich hätte mir alles gefallen lassen wenn ich ja hätte weggehen wollen, so hätte ich Zeit genug gehabt indem erst 2 Tage nachher die Anzeige geschehen ist." (ad int. 97) Das Gericht fragt daraufhin, ob der Inquisit sich erinnere, „einen Kübel im Stall gesehen zu haben" (int. 98), statt auf diese beziehungsreiche Auslassung einzugehen. Mit dem Geistlichen wird in ihr das *forum internum*, jener konkurrierende Adressat von Geständnissen ins Spiel gebracht, der für die Sünde der Sodomie nach den modernen Vorstellungen des napoleonischen *Code Pénal* allein zuständig sein kann. Auch wenn die Erklärung des Inquisiten ausgesprochen unglaubwürdig klingt, hätte das Gericht sie zum Ausgangspunkt eines Versuches machen können, eine andere Weise des Redens über die in Frage stehende Sünde zu entwickeln. Den Rechtsstandpunkt verlassend, hätte es seinerseits mit einem „Zuspruch" zum Geständnis zu motivieren versuchen können. Aber das Geständnis, um das es dem Gericht geht, hat in seinen Augen eben nichts mit einer Beichte zu tun.

Aus diesem Grunde entgeht dem Gericht auch die Besonderheit der von ihm anberaumten Konfrontation: Deren Inhalt ist ja letztlich ebenfalls eine Konfrontation – nämlich die Frage, ob die Magd Agnes Kohler den Schmied-knecht Michael Hermann schon bei der Begehung der Tat durch ihren Blick mit der Widernatürlichkeit dieser Tat konfrontiert hat. Wenn er in diesem beschämenden Moment so getan hat, als sähe er diesen Blick nicht, dann ist die spätere Konfrontation mit derselben jungen Frau gewiss der letzte Ort, an dem er diese Verleugnung rückgängig machen würde. Wie sehr im übrigen der Blick, der ihn bei seiner ‚asozialen' sexuellen Betätigung überrascht, einerseits das soziale Band selbst mit seinen Normen repräsentiert, offenbart seine Verlaut-barung, er hätte im Falle des Überraschtwerdens den Betreffenden darum gebeten, ihn einem Geistlichen zu übergeben. Und andererseits führt der Blick der Magd umso mehr die beschämende Abwegigkeit eines Tuns vor Augen, zu dem man nicht stehen kann, als die Magd ihrerseits ein ‚sozialverträgliches' Objekt sexueller Betätigung darstellt. Die Bemühungen des Gerichts um ein ‚freimütiges' Geständnis sind letztlich zum Scheitern verurteilt, weil es blind ist für die intersubjektive Dimension des Schamgefühls, dessen „Schonung" sich der Untersuchungsrichter Snell zufolge „zur sorgfältigsten Pflicht" (Snell 1819: 78) machen soll.

Der Inquisit bittet am Ende der Untersuchung darum, daß man ihm seinen „bisherigen Arrest und die Schande die ich durch meine Arretierung erlitten als Straffe anzurechnen, indem ich mich bisher überal gut aufgeführt habe" (ad int. 129). Das zeigt noch einmal, wie sehr der Inquisit seinen Status als *zoon politikon* im Auge hat, den das Gericht nicht in Rechnung stellt – schon sein erstes Geständnis dürfte sich vor allem der Einsicht verdankt haben, nicht mehr ohne ‚Gesichtsverlust' aus dieser Sache herauszukommen. Das Gericht selbst will, wie einer Zwischenbemerkung zu entnehmen ist, die Untersuchung jetzt zügig abschließen, weil „das Verbrechen ein bloßes Attentat blieb" und der Inquisit „daher leicht länger im Arrest zurükgehalten wurde, als seine wirkliche Strafzeit betragen dürfte" (fol. 29r). Aber man hat sich getäuscht. Das Hofgericht in Freiburg (Konstanz gehört inzwischen zum Großherzogtum Baden) verurteilt Michael Hermann am 8. Februar 1811 zu dreieinhalbjährigem

Zuchthaus mit Willkomm und Abschied, Erstattung der Gerichtskosten und anschließender Landesverweisung.


**3.**

Am Abend des 5. Januar 1811 nimmt das Konstanzer Gericht die Anzeige auf, ein Mann namens J. Baptist Hermann habe mit mehreren Kindern beiderlei Geschlechts Unzucht getrieben.[4] Hermann ist in Konstanz als „sogenannter Maußer" – Mausfänger – bekannt und laut „Personalbeschrieb" ein Mann „ziemlich großer Statur, 56. Jährigen Alters, hat dunkelbraune Haar, länglichen Gesichts, grauer Augen, starken Bart". Die Anzeige beschuldigt ihn des unerlaubten Umgangs mit zwei Mädchen im Alter von sieben und acht Jahren sowie mit dem zwölfjährigen Karl Konstanzer, dem Sohn eines pensionierten Kanzlisten. Die Untersuchung bringt in Verhören mit Betroffenen, Zeugen und dem Beschuldigten weitere Taten und Opfer ans Licht. Insgesamt geht es um zehn Kinder: Sie wurden von Hermann auf den Petershauser Wall gelockt und entblößt, worauf hin er sich „mit bloßem Leib auf sie hingelegt" (ad int. 23.) hat; er hat sie „in die Höhe gelupft, geküßt u. am Leib betastet"; er hat aber auch ein Kind „in die Kammer genommen, selbes auf das Bett gelegt", sein „Glied zwischen die Schenkel gethan, und mit selbem das Kind gekitzelt" (int. 28-31); die achtjährige Tocher des Glasermeisters Kreutzer hat er elf bis zwölf Mal „theils in ein Kämmerle, theils in den Keller mit sich genohmen, selbe[] entblößt, sich den Hosenladen aufgemacht, u. nach dem Ausdruck des Kinds selbes nach längerer Zeit angeprünzlet" (Verhör mit Kreutzer am 10. Januar 1811).

Vor der Aufnahme der gerichtlichen Untersuchung gegen Hermann hatte diese Sache bereits ein Vorspiel vor dem *forum internum*. Einige Taten nämlich liegen schon zwei bis drei Jahre zurück. Damals hatten zwei Kinder ihren Müttern eröffnet, der Mauser habe mit ihnen „Sauerey getrieben" (Verhör mit Anton Scheuring vom 11. Januar 1811). Ein Vater war daraufhin zum Pfarrer von St. Stephan geeilt, „damit der Hermann zu ihm gerufen, u. von solchen schlechten unerlaubten Handlungen, abzustehen von ihm gewahrnet werden möchte". Der Seelsorger ließ – so der Vater bei seiner Befragung – den Sünder auch sogleich kommen und hielt ihm „eine fürchterliche Strafpredigt". Der Pfarrer hatte – nach des Inquisiten eigener Aussage – außerdem Kunde vom

---

4    Stadtarchiv Konstanz STAK H XII 236.

ebenfalls aus dieser Zeit datierenden unerlaubten Umgang mit Karl Konstanzer und auch die Frau des Schlossermeisters hatte ihm schon damals die Schändung ihrer Tochter geklagt: Er „machte mir eine lange Strafpredigt, trug mir zu Beichten, u. ihm den Beichtzedel, zu bringen, auf" (ad int. 10), berichtet der Inquisit. – Es ging also zwei oder drei Jahre zuvor schon einmal eine *fama* gegen Hermann um. Sie war zwar dem weltlichen Gericht nicht zu Ohren gekommen, hatte aber doch offenbar Kreise gezogen, und man hatte versucht, das „Aergerniß" mittels der seelsorgerischen Autorität zu unterbinden.

Die Anzeige vom 5. Januar 1811 beim weltlichen Gericht hat einen aktuellen Anlass: „Am Vorabend vor dem Heil. Tag" hat der sechzehn jährige Sohn einer Bäckermeisterwitwe beobachtet, dass Hermann mit seiner Schwester von einem Heuboden herunter gestiegen kam, was er unverzüglich seiner Mutter berichtete. Diese nahm „das Kind sogleich allein zu [...] [sich] in die Stuben, examinirte es, was es mit dem Maußer auf der Heubühne gemacht habe, und mußte von selbem zu [...] [ihrem] größten Erstaunen, u. Ergerniß vernehmen, daß Maußer, /: wie das Kind sagte :/ im etwas zwischen die Schenkel gethan, an selben hin – u. her gerieben, u. es an selben eine Nässe bemerkt habe." (Verhör mit Aloysia Martin vom 7. Januar 1811) Nachfragen der Mutter ergeben, dass dies drei- oder viermal geschehen sei und der Mauser dem Kind „allzeit einen Kreutzer gegeben [habe], sagend, es solle Äpfel oder Bieren kaufen" (ebd.). – Und wieder muss der Vorfall Kreise gezogen haben, denn zur Anzeige kommen jetzt auch die vormaligen Unzuchtsverbrechen an einem weiteren Mädchen und Karl Konstanzer.

Der Versuch, das „Aergerniß" zuerst in der Diskretion des *forum internum* abzustellen, ist bezeichnend für diese Serie fleischlicher Verbrechen. Der ebenfalls betroffene Dom-Messmer Johannes Wirth bemerkt, er sei „damals fest entschlossen gewesen bey der Obrigkeit von der Behandlung seiner Kinder eine Anzeige zu machen, allein er habe gedenkt, daß es der Maußer hartnäckig läugnen, u. seine gute Kinder, noch verschreit werden möchten" (Verhör vom 10. Januar 1811). Bei fleischlichen Delikten wendet sich ein gewisser Grad des Verdachts auch immer gegen die Opfer. Die (Kinder-)Schändung ist, in der damaligen Wahrnehmung, auch und gerade Schande der Kinder. Das zeigt sich besonders deutlich in der stolz vorgetragenen Aussage der Schlossermeisterin, die aus heutiger Perspektive erschreckt: „Da mir nun, dieses das Kind gutherzig eröffnet, so habe ich selbes, und zwar ganz derb mit der Ruthen abgestraft, und ich und mein Mann drohten ihm, daß sofern es sich noch einmal unterstehen sollte zum Mauser zu gehen, es möge seyn wo es wolle, mir es in dem Spithal in den Stock hauen lassen, und sofort ganz aus dem Hauß jagen werden, worüber es bitterlich zu weinen anfieng, sagend, es wolle in seinem Leben niemal mehr zu dem Maußer gehen." (Verhör vom 8. Januar 1811) Besonders stehen offenbar Päderastie-Opfer, also Knaben, unter Verdacht, Lust zu empfinden und somit gemeinsame Sache mit einem Täter zu machen, der nicht mit Drohung und Gewalt zu Werke gegangen ist. So fragt das Gericht den Karl Konstanzer, ob er seinem Beichtvater „nichts gesagt [habe], auf welche Art der Maußer dich behandlet" habe (Verhör mit Konstanzer vom 8. Januar 1811). Die Kontamination aller Beteiligten zeigt sich noch in den Sprachregelungen – sowohl des Gerichts, das auch hier immer nur Formulierungen der Verhörten aufgreift, als auch der Konstanzer Bürger und des Pfarrers, die allesamt vom „Aergerniß" sprechen.

Strafrechtlich gesehen sind bei dieser Serie von Unzuchtsverbrechen zwei verschiedene Arten fleischlicher Delikte im Spiel. Anton Bauers *Lehrbuch des Strafrechts* zufolge erfüllt die Päderastie mit Karl Konstanzer als „naturwidrige Befriedigung des Geschlechtstriebs" den Tatbestand der Sodomie (*sodomia ratione sexus*). Sie wurde von der *Carolina* und bis ins 18. Jahrhundert hinein noch mit dem Feuertod bedroht (Bauer 1833: §§ 328f.), das *Badische Strafedikt von 1803* stellt sie unter „zweijährige[] Kettenstrafe [...] mit lebenslänglicher Amtsverbannung" (Rhenanus 1823: § 56). Der Missbrauch der Mädchen fällt unter die damals etwas weniger schwerwiegende Kategorie der Schändung oder Notzucht, die die *Carolina* mit dem Schwert bedrohte (Bauer 1833: §§ 190-194). Weil die Mädchen rechtlich als „Einwilligungsunfähige[] Personen" gelten, fallen diese Taten nach dem *Strafedikt* unter den Tatbestand der „Quasi-Notzucht" (Rhenanus 1823: § 60). Sind – wie in den vorliegenden Fällen – die Opfer „unreife[] Personen", so bedeutet dies einen erschwerenden Umstand und „längere[s] Schellenwerk[]", d.h. öffentliche Zwangsarbeit mit Freiheitsentzug als Strafe (ebd.). Unbestimmt bleibt das Kriterium für die volle Erfüllung des Tatbestandes, das manche Gelehrte in der *seminis immissio*, andere im bloßen Samenerguss erkennen (Bauer 1833: § 194). – Für Hermann herrscht offenbar Ungewissheit hinsichtlich der Schwere seiner Taten und die zu erwartende Strafe. Dies ist ein Teil des Unwissens, das auch hier die Subjektposition des Inquisiten im Verhör ausmacht.

Das erste Verhör mit Hermann, das am 9. Januar 1811 stattfindet, steht einmal mehr unter der Bedingung, dass dieser nicht weiß, was das Gericht weiß. So gibt er eine ganze Reihe von Taten zu, von denen das Gericht noch keine Kunde hat. Nach der wiederholten Standard-Eingangsfrage, ob „ihr euch die Ursach euerer Vorberufung nicht vorstellen könnt" (int. 2) und der Antwort, dass er sich „lediglich nichts vorstellen" (ad int. 2) könne, eröffnet ihm das

Gericht die Anzeige, nach der er „mit Kindern beederley Geschlechts einen unerlaubten Umgang gepflogen" (int. 4) habe. Hierauf gibt er den Umgang mit „zwey Mädgen welche aber schon etwas groß sind" zu. Dahinter verbergen sich aber Vorfälle, über die dem Gericht zu diesem Zeitpunkt noch keinerlei Informationen vorliegen. Es inquiriert hierüber auch zunächst nicht weiter. Erst als es nach eingehenden Zeugenvernehmungen Informationen hat, wird Hermann im zweiten Verhör zwei Tage später zu diesen Vergehen befragt. Auf ähnliche Weise erfährt das Gericht im ersten Verhör von den Vergehen an zwei weiteren Mädchen (ad int. 15).

Auf die Antwort, die den Umgang mit den beiden nunmehr schon älteren Kindern gesteht, fragt das Gericht gleich weiter nach „sonst [...] andern" (int. 6) Kindern. Als er hierauf einräumt, „das Kind des Gallers" sei zu ihm gekommen, worauf er „diesem das Hemdchen auf[gehoben], u. [...] ihm ein Paar Streich auf den Hindern" gegeben habe, hat das Gericht einen ihm bekannten Stoff. Hier kann es dem Inquisiten Lügen vorhalten: „Nach einer vorhandenen Aussage ist euer Vorgeben Grundfalsch, ihr werdet daher ernstlich erinnert, der Obrigkeit die Wahrheit zu Handen zu geben." (int. 8) Zur Logik dieser ernsten Ermahnung gehört, den Inquisiten über die Konsequenzen weiteren Lügens im Dunkeln zu lassen, so dass die Lügenstrafe zunächst nur vage am Horizont auftaucht. Das hat augenblicklich Wirkung, denn Hermann „fällt [...] ein", das Kind mehrmals „auf einen Laubsack gelegt, u. selbes mit meinem Glied an dem Bauch gekitzelt" zu haben. Aber auch diese Aussage ist noch nicht kompatibel mit der vorliegenden Zeugenaussage, der zufolge der Inquisit dem Kind sein Geschlechtsteil „zwischen die Schenkel gesteckt" habe, wobei es „naß geworden" sei (int. 9). – Ein Inquisit, dem immer nur gerade das einfällt, was er nicht mehr leugnen kann, und der so lächerlicher Weise seine Inquisiten-Zunge mit einem ‚unschuldigen' Gedächtnis kurzgeschlossen zu haben suggerieren will, ist freilich nichts weniger als glaubwürdig.

In der Antwort auf den neuerlichen Vorhalt – nämlich die *Befleckung* des Kindes – zeichnet sich dann die Demarkationslinie ab, die in diesem Verhör ganz nach den Regeln der „künstlichen Behandlungsmethode" lange Zeit den „Kampf des Untersuchungsrichters mit dem Inquisiten" (Snell 1819: 42) bestimmen wird. Hermann sagt aus: „Von mir hat das Kind nicht naß werden können, weil von mir kein Saamen gekommen. Seit anno 1796. wo ich eine Todts-Kranckheit ausgestanden, bin ich nicht mehr im Stande von mir einen Saamen zu lassen, wenn das Kind naß geworden, so müßt es, da ich solches mit dem Glied gekitzelt habe, geprünzelt haben." (ad int. 9) Es kann nicht geschehen sein, was organisch nicht möglich ist. Diese Aussage ist nicht nur

schwer zu widerlegen (es wäre etwa ein ärztliches Gutachten einzuholen), sie
verschiebt auch die Verteidigungslinie vom reinen Sachverhalt der Umstände
hin zum Symbolischen: Ein Befleckung, in der die *Schuld* sichtbar und manifest
würde, hat nach der Version des Inquisiten nicht stattgefunden, *konnte*
überhaupt nicht stattfinden. Hiermit verschiebt sich das Verhör in den
Grenzbereich zwischen *forum externum* (mit seinem uneindeutigen
Tatbestandskriterium, das zwischen *seminis emissio* oder *immissio* schwankt)
und *forum internum* (mit seinem Vorrat symbolischer Schuldzeichen).

Genau diese Verteidigungstaktik taucht auch wieder am Ende des ersten
Verhörs auf. Auch hier geht es um das Zwischen-den-Kinderschenkeln des
Gliedes und seines Ausflusses, diesmal in Bezug auf ein anderes Mädchen.
Nach einer Reihe quälender Fragen muss Hermann eingestehen, auch mit ihr
unerlaubten Umgang gehabt zu haben. Das Kind, so hält das Gericht dem
Inquisiten die vorhandene Zeugenaussage vor, sei „beflekt, oder naß geworden"
(int. 20). Hermann kann „nicht läugnen", dass er mit dem Glied zwischen den
Schenkeln war, „daß aber das Kind von mir, da ich wie schon gesagt, nicht mehr
Seminieren kann, naß geworden, ist platterdings unmöglich, sondern wenn es
wirklich naß geworden ist, so muß selbes das Wasser gelassen haben" (ad int.
20). Diesmal reagiert das Gericht aber, indem es die Verschiebung aufnimmt
und das *forum internum* seinerseits ins Spiel bringt: Nachdem der Stadtpfarrer
von St. Stephan ihm eine Strafpredigt gehalten habe, er sich aber danach noch
weiterer widernatürlicher Vergehen strafbar gemacht habe, scheine es, dass bei
ihm „keine Besserung zu hoffen sey" (int. 21). Bei wem durch die Vermittlung
des Priesters im *forum internum* die Verbindung mit dem höchsten Garanten des
Rechts nicht hergestellt werden kann[5], den kann das *forum externum* nur noch
aus dem Verkehr ziehen, so die Logik des Gerichts.

Damit wird – auch der sprachlichen Form nach – die ‚künstliche
Behandlungsmethode' verlassen und dem Inquisiten statt dessen eröffnet, dass
das Gericht ihn als unverbesserliches Subjekt ansieht. Auf diese Weise wird er
dazu gebracht, eine Rede über sein Selbstverhältnis aufzunehmen. Das ist eine
Art Geständnismotivierung. Über den bloßen Vorwurf der Lügenhaftigkeit geht
sie entscheidend hinaus. Sie bringt die äußerste Möglichkeit negativer
Beziehungsdefinition ins Spiel, um das Subjekt dazu zu provozieren, durch
ein Geständnis den Beweis anzutreten, dass es keineswegs unverbesserlich ist.
Diese Verrechnung des verwerflichen Deliktes mit einem verwerflichen

---

5    Vgl. den Beitrag Forum internum – forum externum. Institutionstheorien des Geständnisses in
     diesem Band (etwa Abschnitt 5).

Aussageverhalten im Verhör bedarf der Bezugnahme auf das *forum internum* und ist ein grundlegendes Kennzeichen der edukativen Logik. Was folgt, trägt entsprechend die Züge eines Geständnisses einerseits, einer Entschuldigung andererseits: „Ich habe mich doch 3. oder über 3. Jahr enthalten, jeder Mensch ist fehlerhaft, ich komme hin und wieder, wenn ich Vieh in der Kuhr habe, einen Trunk Wein über, u. es ist die mehrere mal geschehen, wenn ich betrunken war, ich bitte Gott, u. die Obrigkeit kniefällig um Verzeihung, u. da ich schon 56. bis 57. Jahr alt bin, so bitte mich mit einer gnädigen Straf zu belegen, u. ich gelobe heilig Zeit Lebens kein solches Verbrechen, weder ein anderes mehr noch zu begehen." (ad int. 21) Deutlich wird hier, dass der Inquisit versucht, der quälenden Situation zu entkommen: Das Eingeständnis, wie jeder Mensch fehlerhaft zu sein, besonders betrunkener Weise; die Bitte um Verzeihung; die Bitte um – gnädige – Strafe; das Gelöbnis der Besserung: All das soll entlasten. Und der Logik der Entlastung ist auch der Hinweis auf seine Tätigkeit („Vieh in der Kuhr") geschuldet, der sich am Ende eines späteren Verhörs wiederholt: „[...] nur bitte ich mich nun so eher mit einer gelinden Strafe zu belegen, als ich bereits durch 40. Jahr dem Gemeinwesen durch den Maußfang, als den bürgl. Viehinhabern durch meine Viehärzliche Kenntniße immerhin ersprießliche Dienste geleistet habe" (ad int. 37). Seinem verzweifelten Plädoyer nach ist Hermann weniger unverbesserliches Subjekt, als vielmehr Mitglied des Gemeinwesens, das freilich seine Fehler habe, also zugegebener Weise nicht ganz unbescholten sei. Konfrontiert mit der gerichtlichen Logik, dass der Unverbesserliche und Undisziplinierbare auszuschließen sei, bleibt Hermann nur der Appell an den gnädigen, verzeihenden Einschluss seiner fehlerhaften Natur. Hier wird deutlich, wie sehr die Subjektposition Hermanns durch das Vorspiel auf dem *forum internum* bestimmt wird. Es setzt das weltliche Gericht seinerseits in die Lage, den Inquisiten als verworfenes Subjekt anzusprechen und in psychische Qualen zu verwickeln.

Mit seiner Bitte um eine gnädige Strafe versucht Hermann, sich der quälenden Verhörsituation zu entziehen. Das gelingt ihm, insofern das erste Verhör danach beendet wird. Der Erfolg ist freilich nur vorübergehend. Das Gericht kann nicht eher zufrieden sein, bevor in den Verhören mit dem Beschuldigten und in den Zeugenvernehmungen keine neuen Namen von Kindern mehr auftauchen und die Aussagen des Inquisiten mit denen der Zeugen kompatibel sind. Deshalb hat Hermann in den kommenden sieben Tagen noch ein weiteres, ähnlich quälendes Verhör, eine Konfrontation und ein Schlussverhör vor sich. Zunächst aber verbringt das Gericht anderthalb Tage mit Zeugenbefragungen. Anschließend hat es hinreichend viele Informationen, um Hermann so viele

Vorhalte zu machen, dass er schließlich auch seine Strategie der vorgeschützten „Todts-Kranckheit" nicht mehr aufrechterhalten kann.

Das zweite Verhör wird eröffnet mit Fragen zum unerlaubten Umgang mit zwei Schwestern und einem dritten Mädchen. Hermanns Widerstand ist von Beginn an nicht besonders groß. Das Gericht hat es eher leicht und gar nicht nötig, dem Inquisiten Selbstwidersprüche nachzuweisen. Der Vorhalt entsprechender Zeugenaussagen bringt ihn sogleich zum Eingeständnis, das Gericht zu belügen. Die Kinder, gibt Hermann schnell zu, sind nicht „selber" auf den Petershauser Wall gekommen, sondern er hat sie „gerufen". Als das Verhör zu den Vergehen an den Töchtern des Dom-Messmers fortschreitet, ist die Situation ähnlich. Hermann gibt zunächst bereitwillig zu, das ältere Kind, Franziska, in „die Kammer genommen, selbes auf das Bett gelegt, mein Glied ihm zwischen die Schenkel gethan, und mit selbem das Kind gekitzelt" (ad int. 28) zu haben. Auf die anschließende Frage, ob er mit der jüngeren Rosa gar keinen unerlaubten Umgang gehabt habe, gibt er zu Protokoll, das Mädchen sei „räudig" gewesen, habe angeblich „weh am Leib" gehabt, weswegen er ihr das Hemd angehoben und „auf den Leib geblaßen" habe (ad int. 29). Daraufhin macht das Gericht ihm einen ernsten Vorhalt: „Da ihr abermal euch nicht schamet die Commission mit den unverschämtesten Lügen zu behelligen, so will man euch zum letztenmal ernstlich erinnern die Wahrheit zu bekennen, wiedrigenfalls man andere Zwangsmittel zu ergreifen sich genöthiget sehen wird." (int. 30) Die nunmehr unverhohlene Drohung mit einer Lügenstrafe hat erneut Wirkung. Der eingeschüchterte Hermann bekennt, „mit dem jüngeren Kind das nemliche [...] was mit dem älteren" (ad int. 30) getrieben zu haben.

Das ist allerdings noch immer nicht die ganze Wahrheit: Das Gericht hat nämlich die Information, dass der Inkulpat „nicht das ältere sondern im Gegentheil das jüngere" Kind zu sich in die Kammer genommen habe, wo er es auf seinen Schoß genommen, entblößt und schließlich – nach dem Ausdruck des Kindes – „angeprünzlet" habe (int. 31). Der strategische Zug des Gerichts besteht an dieser Stelle darin, dem Inquisiten diese Umstände nicht in gesonderten Artikel vorzuhalten. Damit unterläuft es gewissermaßen die Regeln des artikulierten Verhörs, das für jeden einzelnen Punkt auch ein eigenes Fragstück vorsieht. Mit dem Vorhalt der anders lautenden Zeugenaussage verbindet es nämlich gleich den Vorhalt der Unwahrscheinlichkeit der kümmerlichen Verteidigungsstrategie Hermanns: „[...] es ist also nicht anderst zu vermuthen, als das ihr den Saamen, wie auch bey dem Kind der verwittibten Bäckermeisterin Martin, u. des Schlossermeisters Galler geschehen, seyn mag auf den bloßen Leib gelassen habet. Ihr werdet daher neuerdings erinnert, die Wahrheit zu bekennen." (int. 31).

Der Inquisit Hermann ist daraufhin offenbar nicht mehr in der Lage zu differenzieren und antwortet auf die kumulierten Vorhaltungen mit einem möglicherweise vollen, in jedem Falle aber beschämenden Geständnis: „Ich will gestehen, daß mir mein Glied hin u. wieder jedoch so zu sagen nur einige Augenblicke stehet, und ich alsdann einen ganz wässerigen Saamen lassen kann, welches mehrentheils geschieht, wenn ich einen guten Wein getrunken habe, und eben damals als ich dieses Kind in die Kammer genohmen, u. auf die Schoß gesetzt habe, war ich betrunken, mein Glied stunde mir einige Minuten, u. da ich dieses an den Schenklen des Kinds hin u. her reibte, ließ ich den Saamen lauffen, u. das Kind glaubte hinmit das ich selbes anprünzlete, u. das nemliche ist auch bey den Kindern des Gallers u. der verwittibten Martin geschehen." (ad int. 31)

Wie auch im Mordfall Sauter[6] wird das solcher Art abgelegte Geständnis vom Gericht in keiner Weise als eine Leistung des Subjekts oder als ein Gut gewürdigt. Das liegt zum Teil an der Form des Verfahrens – an der Form des artikulierten Verhörs, den Anforderungen an das Protokoll, und damit letztlich an der Schriftlichkeit des Inquisitionsverfahrens. Es liegt aber auch daran, dass die Bezugnahme auf das *forum internum* hier seine Grenze findet. Nur auf die unverschämten Lügen, nicht auf das beschämende Geständnis kann das Gericht eingehen. Statt dessen sorgt es nach der Kumulation erst einmal wieder für die einem artikulierten Verhör angemessene Differenzierung und vergewissert sich, dass Hermann das ältere Kind lediglich am bloßen Leib betastet und nicht auf die selbe Art behandelt hat wie die jüngere Schwester. Erst dann stellt es die Kompatibilität der Aussagen her, die das Kriterium materieller Wahrheit abgibt. Nachdem es auf diese Weise die Zuspitzung der Situation zwecks Geständnismotivierung wieder moderiert hat, fragt es dann auch nach, wie Hermann im ersten Verhör habe behaupten können, er sei seit der ausgestandenen „Todts-Kranckheit" nicht mehr zu seminieren im Stande gewesen. Hermann erklärt diese Lüge mit der entlastenden Schutzbehauptung, dass das, „was von mir geht, mehr einem Wasser als einem Saamen ähnlich ist" (ad int. 33). Ohne es darauf anzulegen – allein durch die Logik seines Fragens – produziert das Gericht in Sachen *delictae carnis* eine Geständnisrede, die sich nicht in der Einräumung eines Tatbestandes erschöpfen kann, sondern in beschämenden Einzelheiten verlieren muss.

---

6    Vgl. den Beitrag Haltloses Geständnis. Der Fall Jakob Sauter von Niehaus (Abschnitt 6).

Im dritten Verhör mit Hermann findet die Konfrontation mit Karl Konstanzer statt. Ihr Stellenwert ist fragwürdig und ihr Ertrag gering. Zum Zeitpunkt der Konfrontation mit Konstanzer sind Hermanns Aussagen zu allen übrigen Fällen mit den vorliegenden Zeugenaussagen kompatibel und seine Verteidigungsstrategie zusammengebrochen. Allein im Zusammenhang mit dem Knaben ist ihm noch die Unwahrscheinlichkeit einer Aussage, von der er nicht abweichen will, aufzuzeigen. Der Einsatz des „letzten Mittels" (Jagemann 1835: 31) wird rechtlich und ökonomisch nur von der Tatsache her verständlich, dass die Päderastie mit Konstanzer einen ganz anderen Tatbestand darstellt als die Notzuchtsverbrechen an den Mädchen. Aber die handgreifliche *strafrechtliche Bedeutung* der letzten offenen Frage bleibt dennoch auch aus dieser Perspektive zweifelhaft: Es geht darum, ob Konstanzer Hermanns Glied in die Hand hat nehmen müssen und wie oft der unerlaubte Umgang geschehen sei. – Ganz gewiss aber kommt dem unerlaubten Umgang mit dem einzigem Knaben in der Reihe der Opfer ein besonderes *symbolisches Gewicht* zu.

Konstanzer bildet daher gleichsam einen eigenen, von den anderen Fällen entkoppelten Fall. Schon als das Gericht dem Mauser im ersten Verhör eröffnet, warum er vorberufen worden ist, zeichnet sich das Gewicht des Päderastie-Vorwurfs ab: Er habe, so räumt der Verhörte ein, einmal zwei Mädchen verführt, aber mit „einem Kind männlichen Geschlechts oder Knaben, habe ich in meinem Leben nichts zu thun gehabt" (ad int. 4). Nachdem er dann im Verlauf des ersten Verhörs eingestehen muss, das Gericht angelogen zu haben, räumt er auch den Umgang mit Konstanzer ein. Er gesteht aber trotz Vorhaltungen lediglich, dass er im Winter vor zwei oder drei Jahren den Konstanzer mit Äpfeln zu sich ins Haus und an den warmen Ofen gelockt habe, wo er „des Knaben Glied in [s]eine Hand genohmen habe". Konstanzer aber habe das seinige „nicht berührt" (ad int. 12). Das Gericht hat von Konstanzer gegenteilige Informationen über Umstände und Umfänge der fraglichen Handlungen: „[...] er führte mich nun in eine Kammer, legte mich auf ein Bett, machte mir zu erst, u. alsdann ihm den Hosenladen auf, nahme meinen Giekel in die Hand, u. ich mußte ebenfalls den seinigen in die Hand zu nehmen, u. er riebe mir mit diesem an meinem Bauch." Das sei fünf bis sechs Mal geschehen, bis der Hermann „mich nicht mehr begehrt [hat], u. ich [...] nicht mehr zu ihm gegangen" bin (Verhör mit Karl Konstanzer vom 8. Januar 1811). Dies wird dem Inquisiten Hermann wiederholt vorgehalten und durch die Drohung ergänzt: „[...] wollt ihr es darauf ankommen lassen, daß Konstanzer es euch unter das Angesicht behaupte." (int. 13) Hermann beharrt aber auf seiner Version, die er „mit einem Eyd bestättigen" (ad int. 14) wolle. Auch als er im zweiten Verhör gefragt wird, ob er es also darauf ankommen lassen wolle, dass man ihm den Konstanzer „an die Seiten stelle" und dieser ihm „seine Aussagen in das Angesicht behaupte" (int. 27), bleibt er fest: „Ich muß auf den, auf das 13. u. 14. Fragstück ertheilten Antworten ein-fürallemal beharren, u. mir gefallen lassen, wenn man mir den Konstanzer an die Seite stellet." (ad int. 27) Der Fall Konstanzer ist also von seiner Ökonomie her, von den Investitionen Hermanns her, ein ganz anderer Fall, ein Sonderfall. Hier hat es das Gericht nicht so leicht, ihn zu Geständnissen zu motivieren. Und nur unter dieser Perspektive kann die Konfrontation tatsächlich als „letztes Mittel" angebracht sein.

Ähnlich wie in den anderen Fällen ist Hermanns Strategie aber auch bezüglich des inzwischen zwölfjährigen Karl Konstanzer kein Erfolg beschieden. Der Situation der Konfrontation ist er nicht gewachsen. Konstanzers Aussage scheint glaubwürdig, zumal er seine ursprüngliche Aussage korrigiert oder – in der Logik zunehmender Glaubwürdigkeit – präzisiert: Der Hermann habe ihn nur zweimal zu unerlaubtem Umgang verführt, der einmal am warmen Ofen, das andere Mal in der Kammer stattgefunden habe. Außerdem kann der Knabe den Zeitpunkt präzisieren. Dem hat Hermann außer einer erneuten Amnesie nicht viel entgegenzusetzen: „[...] daß der Konstanzer bey dem Offen mein Glied in seine Hand genohmen, oder wie er vorgiebt, in seine Hand nehmen müssen, kann ich mich nicht entsinnen, doch will ich es auch nicht ganz wiedersprechen, weil ich meistentheils wo ich betrunken gewesen, derley Handlungen begangen habe." (Konfrontationsverhör vom 12. Januar 1811) Auch die Amnesie ist vermutlich einem Schamgefühl geschuldet. Ludwig Jagemann macht darauf aufmerksam, dass die Inkulpaten wegen eines „ganz eigene[n] Schamgefühls" häufig erst nach Abtreten des Konfrontanten gestehen (Jagemann 1835: 63f.). Allerdings werde mittels Konfrontation selten ein „vollkommenes Geständniß" erreicht, „aber um so häufiger qualificirte Geständnisse oder halbe Concessionen" wie etwa: „ich kann mich *nicht erinnern*" (ebd., 64). In diesem Fall ist die Demontage des Inquisiten wohl so weit vorangeschritten, dass er auch in dem anschließenden Verhör zu keiner anderen Aussage mehr fähig ist: „Ich weiß nichts anderst zu sagen, als was ich schon gesagt habe, vielleicht mag der junge Knabe die Wahrheit gesagt haben, u. ich es betrunkenheitshalber nicht wissen." (ad int. 39) Ein hartnäckiges Leugnen ist das nicht.

Hermann stürzen alle seine Verteidigungsstrategien und offenbar auch seine Entlastungsversuche symbolischer Art zusammen. Im Schlussverhör bleibt ihm nichts, als jeden ihm vorgehaltenen Frageartikel einzugestehen. Noch einmal nach dem Vorspiel auf dem *forum internum* gefragt, bekennt er zerknirscht: „Ja, es ist wahr, u. es ist mir nur leid, daß nach einer so ernstlichen Wahrnung ich in meinem liederlichen Leben fortgefahren bin." (ad int. 52) Hermann scheint als Mensch völlig zusammenzubrechen: Zur Aktenversendung und zum Urteil kommt es nicht mehr. Am Tag nach dem Schlussverhör bemerkt der Stadtchirurg „einige kleine Geschwüre an seiner Zunge". Schon zehn Tage später wohnt der Physicus Dr. Sauter seinem Tod bei, von dem er in einem Schreiben vom 30. Januar 1811 berichtet, dass der Verdacht auf Selbstmord durch Gift jeglicher Grundlage entbehre. Vielmehr sei Baptist Hermann in Folge einer Lungenkrankheit erstickt.

## 4.

Für die Frage nach der Geständnismotivierung sind Unzuchtsfälle gerade deshalb interessant, weil sie Sonderfälle sind. Das Subjekt sieht sich weniger als Verbrecher denn als Sünder, dessen abweichendes Verhalten zunächst vor das *forum internum* gehört. Sowohl bei der einmaligen Entgleisung des Sodomiten als auch beim geradezu gewohnheitsmäßigen sexuellen Missbrauch von Kindern kommt die Instanz des Pfarrers ins Spiel. Allerdings beide Male nicht in Form einer freiwilligen Beichte: Der Schmiedknecht Michael Hermann behauptet lediglich, er hätte sich von der Zeugin am liebsten an einen Pfarrer um Beistand vermitteln lassen, damit seine Verfehlung nicht an die Öffentlichkeit dringt. Der ‚Mauser' beichtet seine Verfehlungen nicht, sondern wird zum Pfarrer zitiert, um eine Strafpredigt zu erhalten, die aber nicht von dauerhaftem Erfolg gekrönt ist. In beiden Fällen geht es um eine erzieherische Einwirkung auf den Sünder, dessen Verhalten in der Stille zu *korrigieren* ist, ohne dass er sich öffentlich für seine Verfehlung *verantworten* muss. Wenn es nun doch vor dem *forum externum* zur Verantwortung gezogen wird, so muss das Subjekt dies einerseits in besonderer Weise als Demontage empfinden. Und andererseits werden dem Gericht auf diese Weise zugleich Funktionen des *forum internum* übertragen: Die Inquisiten erwarten *Zuspruch*; der eine erwartet, dass sein Vergehen als eine bloße Entgleisung anerkannt wird, der andere will sein Geständnis als Zeichen seiner Besserung anerkannt wissen. In beiden Fällen kommt das Gericht diesem Anerkennungsbegehren aber nicht nach. Damit verbleibt es – was die Geständnismotivierung angeht – auf der Ebene der Konfrontationen und der Lügenstrafen. Es nimmt auch hier nicht wahr, dass es sich immer schon in einer Interaktionssituation befindet. Denn das

Anerkennungsbegehren der Inquisiten in diesen Fällen abweichenden sexuellen Verhaltens ist nur der Sonderfall dieser Situationsdefinition.

Die hier zu beobachtende Limitierung der Praktiken der Geständnis-motivierung lässt sich abschließend an zwei weniger extravaganten Fällen überprüfen, die in den Bereich der Kleinkriminalität fallen: Beide Male geht es um die unrechtmäßige Inbesitznahme einer Taschenuhr. Der erste Fall ist der des ehemaligen französischen Offiziers Joseph Derailh, den es im Zuge der Revolutionskriege nach Konstanz verschlagen hat, wo ihm nun – im Januar 1798 – das Geld ausgegangen ist.[7] Unter dem Vorwand, von einem aus Genf nach Konstanz gekommenen Uhrmacher zwei Uhren kaufen zu wollen, hat er eine der ausgesuchten Uhren mitgehen lassen. Als der Franzose nicht mehr auftaucht, um die beiden Uhren abzuholen, wird er dem Uhrmacher verdächtig. Im Kaffeehaus trifft er Derailh an, der baldige Abholung nebst Bestellung zwei Dutzend weiterer Uhren in Aussicht stellt. Nachdem Derailh aber wieder ausbleibt, macht sich der Uhrmacher auf die Suche und stößt auf einen Italiener, dem Derailh die verschwundene Uhr offenbar verkauft hat. Zusammen begibt man sich in das Bierhaus zur Sonne, wo man Derailh aufgreift. Dieser leugnet zunächst die Identität der beiden Uhren mit fadenscheinigen Gründen und bittet den Uhrmacher dann offenbar leise darum, er „solle nichts aus der Sache machen, er wolle ihm die Uhr zurückstellen" (Zeugenbefragung mit Guenin vom 9. Januar 1798). Um die Identität der Uhr und dieses halbe Geständnis in verzweifelter Lage geht es bei der Konfrontation, die das Gericht zwischen dem Uhrmacher und dem inhaftierten Derailh veranstaltet, nachdem aus diesem im ersten und einem zweiten Verhör „nicht das mindeste Geständnis heraus-gebracht werden konnte" (Schlussbemerkung zum Verhör mit Derailh vom 9. Januar 1798). Der Uhrmacher beharrt unter seinem „abgelegten Eide darauf, daß Inquisit gesagt, ich solle kein Lermen machen, er wolle mir die Uhr wieder geben, und dieß hat auch der Italiener, und mein Gesell gehört, man kann auch diese darüber einvernemmen". Diesem Schwergewicht von Aussage kann der Inquisit nur das pure Beharren auf seinen haltlosen Ausflüchten entgegensetzen.

Nach Abtreten des Zeugen versucht es das Gericht mit einem Frontal-angriff: „Der Uhrmacher, welcher gegenwärtig mit euch confrontirt worden, hat doch einen wirklichen Eid abgelegt, daß ihr ihm gesagt habt, er solle keinen Lermen machen, ihr wollet ihm die Uhr zurückstellen, es ist also nicht nur wahr-scheinlich, sondern vielmehr für bekannt anzunemen, daß ihr dieß gesagt habe, was sagt ihr hiezu?" (int. 41) Hier wie sonst dient das Mittel der Konfrontation

---

7    Stadtarchiv Konstanz STAK H XII 20/17.

dazu, dem Inquisiten vor Augen zu führen, dass das Leugnen zwecklos ist. Und in diesem Falle hat das Gericht mit der schulmäßigen Mahnrede nach Beendigung der Konfrontation Erfolg. Derailh antwortet: „Es mag wahr sein. *Lacrimando*: Ich wil die Obrigkeit nicht mehr lang aufhalten, ich wil alles frei gestehen, ich habe die Uhr gestohlen, meine Mittellosigkeit, da ich gar keinen Kreutzer Geld mehr hatte, hat mich hiezu gebracht, ich habe in meinem Leben niemal etwas gestohlen." (ad int. 41)

Dieses Geständnis enthält nun – beinahe formularhaft – alle Bestandteile, die für die Subjektposition eines schuldigen Inquisiten bestimmend sind. In der ersten Formulierung – „Es mag wahr sein" – spürt man den Widerstand in einer Sache schwinden, bei der man sich nicht wie der ‚Mauser' (der ja nach der Konfrontation bei dieser halben Einräumung bleibt) auf eine Amnesie zurückziehen kann. Im *Lacrimando*, den zu Protokoll gegebenen Tränen des Offiziers, spricht sich dessen Regression auf die Position des kindlichen Übeltäters aus. In der Erklärung, er wolle die „Obrigkeit nicht mehr lang aufhalten", kommt entsprechend eine Einschätzung der Gerichtsinstitution als einer Instanz diesseits der Gewaltenteilung zum Ausdruck, für die nicht nur das begangene Delikt, sondern vor allem auch das hartnäckige Leugnen desselben ein ‚Ärgernis' darstellt. Im Gegenzug kommt die Erklärung, das Delikt „frei gestehen" zu wollen, einer Art Wiederaufrichtung gleich, die das Geständnis trotz des ausgeübten Druckes als eine freiwillige Gabe deklariert. So wird das Geständnis, was seine Motivierung betrifft, ganz und gar in der bedrängenden Situation verankert. So, wie für das Geständnis kein situationsunabhängiges Motiv wie Ehre oder Reue geltend gemacht wird, referiert auch die nun folgende Erklärung der Tat auf eine bedrängende Situation: die der Mittellosigkeit. Dies dient aber nicht nur zur Entschuldigung. Gewiss will Derailh mit dieser und der nachgeschobenen Bemerkung, er habe bisher noch nicht gestohlen, seine Tat als einmalige Entgleisung darstellen und damit um eine milde Bestrafung bitten. Zugleich aber sind auch diese Bemerkungen auf die gegenwärtige Situation des Verhörs zu beziehen: Er will nicht als Dieb *dastehen*.

Bemerkenswert ist im übrigen die erste Anschlussfrage des Gerichts auf das Geständnis (bevor es zu einer ausführlicheren Rekonstruktion der Lebensumstände des Inquisiten ansetzt) – es fragt nach den Gründen für die Zurückhaltung des Geständnisses, als ob vor allem anderen dieses Aussagedelikt der Erklärung bedürfe: „Warum habt ihr es bisher geleugnet, die Uhr gestohlen, und selbe von einem Franzoßen gekauft zu haben?" (int. 42) Auf eine solche Frage gibt es nur schlechte Antworten; Derailh wählt die folgende: „Es war eine Schwachheit von mir, ich wollte meine familie schonen." (ad int. 42) Die Familie ist freilich fern. Nah hingegen ist die Deklassierung eines Offiziers, der sich noch bei der Tatbegehung als Mann von Welt präsentiert. In der Antwort auf die spätere Frage, wie er sich „auf eine solche Art" habe „vergehen können" (int. 47), nennt er den Diebstahl, zu dem ihn „das unglückliche Spielen und die leider daraus entstandene Armuth" gebracht habe, einen „Fehltritt" (ad int. 47) – eine Etikettierung, die das Gericht immerhin übernimmt, wenn es am Schluss zusammenfassend vom „großen Fehltritt" (Schlussfrage im Verhör mit Derailh vom 13. Januar 1798) spricht, für den er nun während der üblichen dreitägigen Bedenkzeit noch Entschuldigungsgründe sammeln könne.

Im zweiten Fall, aus dem Jahre 1793, geht es zwar ebenfalls um das Verschwinden einer Uhr, doch ist er in mancher Hinsicht entgegengesetzt.[8] Beim gewesenen Offizier Derailh hat eine Konfrontation den erwünschten Erfolg; bei Heinrich Bruder, dem vierzehnjährigen Sohn eines schlecht beleumundeten Hafnermeisters, bleibt die wiederholte Verabreichung von Lügenstrafen ohne Erfolg. Dieser „Bub", den man bei keiner Ehre packen kann, weil er zumal in den Augen des Gerichts ohnehin keine zu verlieren hat, soll eine Uhr unterschlagen haben, die er bei einem seiner Botengänge in ein Konstanzer „Uhrenfabrik-Komtoir" hätte bringen sollen (Zeugenbefragung mit Lechot vom 19. Februar 1793). Offenbar scheint diese besonders raffinierte Uhr, die ihm zweifelsfrei ausgehändigt wurde, ihren Adressaten – wie erst einige Zeit später bei der Abrechnung bemerkt wird –, nicht erreicht zu haben. Der Bub ist bereits im Bilde und antwortet auf die einschlägige Frage, ob er wisse, warum man ihn vor Gericht gerufen habe, sogleich mit dem Hinweis auf sein fehlendes Geständnis: „Ja, weil ich es nicht eingestanden habe, und weil ich es nicht eingestehen kann, wie es mit der Uhr gegangen ist." (ad int. 2) Damit ist das Leitmotiv präzise angegeben, denn es fehlt in diesem Falle auf Seiten des jugendlichen Inquisiten tatsächlich nichts als das Geständnis; und umgekehrt fehlt es auf Seiten des Gerichts an jedem weiteren Belastungsgrund.

Das sind die idealen Bedingungen für das Vorbringen von Lügen und das Verabreichen von Lügenstrafen. In diesem Inquisitionsverfahren gegen einen Minderjährigen ist das Edukativ in seiner Rohform zu besichtigen, in der das ihm zugrundeliegende Gewaltverhältnis klar zu Tage tritt. Die auf Geständnismotivierung ausgerichtete Verhörsituation verfügt – so zeigt sich hier noch einmal – über keine Stop-Funktion. Zunächst erklärt der Bub, er habe die Uhr „in der Hand getragen" und wisse nicht, „wo sie hingekommen ist" (ad int. 10).

---

8 Stadtarchiv Konstanz STAK H XII 209 Nr. 2.

Das Gericht in Person des Richters von Albini[9] lässt das nicht gelten: „Es ist unmöglich, daß du nicht wissen sollest, wohin diese Uhr gekommen, du wirst also ernstlich gewarnet, die Wahrheit zu bekennen?" (int. 11) Darauf gibt der Bub zunächst die bedenkliche Antwort: „Ich will mich bis morgen bedenken, und es ihnen alsdann morgen sagen" (ad int. 11), ringt sich in der Folge aber dann zu der Aussage durch, er habe (nach einigem Verweilen unterwegs), „als ich unter die Thür in das Komtoir kame", bemerkt, „daß ich keine Uhr mehr hatte" (ad int. 14). Gleich darauf erklärt er nach ernsten Ermahnungen, wenn „man im Komtoir nachsuchen würde, so würde man" die Uhr „schon finden" (ad int. 15). Als ihm der Widerspruch vorgehalten wird, reagiert der Bub verstört: „Ich sage selbst, daß es gelogen ist, ich weiß nicht, was ich sagen soll, vor Schrecken; daß ich die Uhr unter der Thür gemangelt, ist eine Lüge, daß ich aber die Uhr in das Komtoir gebracht habe, ist die Wahrheit." (ad int. 16) Daraufhin wird das Verhör abgebrochen und der Bub arretiert.

Für den Richter ist die Sache klar. Von der Lüge schließt er auf die Schuld. Einer protokollarischen Vorbemerkung beim nächsten Verhör zwei Tage später lässt sich unmittelbar entnehmen, dass sich die edukative Logik gerade dort entfaltet, wo die Erziehung missraten ist und nurmehr die Lügenstrafe in Frage kommt: Die „offenbaren Lügen" des Buben zeigten klar, „daß er von seinen liederlichen Eltern vorhinein schon instruirt worden" sei; auch sei er – was gerichtsnotorisch wurde – „schon einmal seinem Vater zur Entfremdung einiges Bruchholzes behilflich geweßt" (Vorbemerkung zum Verhör mit Bruder vom 21. Februar 1793). Vor dem heutigen Verhör sei ihm daher „ein ernstlicher Zuspruch gemacht worden die Wahrheit zu reden" (ebd.). Das Gegenteil geschieht. Nachdem das Gericht die erste Erklärung, die Uhr müsse aus einem vorgezeigten großen Loch in seiner Tasche herausgefallen sein, mit der Bemerkung pariert, er könne dieses Loch auch später absichtlich in die Tasche gerissen haben, beginnt der Bub zu weinen. Das davon unbeeindruckte Gericht dringt auf eine neue Darstellung des Herganges, die dann neue Widersprüche zeitigt und zu der Scheinfrage Veranlassung gibt: „Du weißt, daß die Lügen strafbar sind, und da du schon wiederholt zu solchen deine Zuflucht genohmen, so mußt du eine besondere Absicht haben, um den Hergang dieser Sache besser zu verdecken?" (int. 23) Im folgenden muss der Bub immer wieder gestehen, gelogen zu haben. Auf die Frage: „Wie unterfangest du dich die Obrigkeit mit so vielen Lügen anzugehen?" (int. 30), gibt er zur Antwort: „Ich habe nichts gewußt zu sagen, ich habe geglaubt, ich werde dadurch hinauskommen." (ad int.

---

9    Von Albini war einige Jahre zuvor auch der vorsitzende Richter im Mordfall Sauter.

30) Ein Geständnis ist damit nicht gemeint. Das Verhör endet unter Tränen und mit der Beteuerung: „und wann man mich umbringt, so kann ich nichts anderes sagen" (ad int. 34).

Für den nächsten Tag werden dem Buben „25. Ruthenstreich wegen diesem strafbaren Lügen" zudiktiert, deren Verabreichung er noch durch das Geständnis zu verhindern sucht, „er wolle gern bekennen, man solle ihm nur nichts thun, er habe diese gewisse Uhr einer gewissen Frau" versetzt (Vorbemerkung zum Verhör mit Bruder vom 22. Februar). Als sich dies aber als neuerliche Lüge erweist, wird die Lügenstrafe vollzogen. Was dabei herauskommt, ist aber bloß das, was Jean Paul in seiner *Erziehlehre* als heillosen „Wettstreit zwischen elterlicher und kindlicher Hartnäckigkeit" bezeichnet (Jean Paul 1807: § 67).

Die kommunikative Dimension der Verhörsituation zerfällt in die Bestandteile, aus denen sie immer schon zusammengesetzt ist: Gewalt und Metakommunikation – denn geredet wird vor allem noch über die Lügen. Die weiteren Verhöre und auch fünfundzwanzig weitere Hiebe können also nichts fruchten. Der „boshafte Bub", der laut Protokoll „nur immer Gott und die Obrigkeit anzulügen" sucht (Vorbemerkung zum Verhör mit Bruder vom 23. Februar 1793), bringt am Ende unter fortgesetztem Weinen bloß noch hervor: „ach mein Gott! wann ich etwas anderes mit dieser Uhr gethan hätte, würde ich ja solches gleich anfangs bekannt haben, und mich nicht so schlagen lassen." (ad int. 58) Dem Gericht fällt daraufhin auch nichts mehr ein als ein Hinweis auf den erzieherischen Zweck der Lügenstrafe: „Diese Schläge sind dir nur gegeben worden, wegen deiner offenbar strafbaren Lügen, die Obrigkeit will nichts anders haben, als die reine Wahrheit, die du ihr zu sagen schuldig bist?" (int. 59) Ein Eintrag am Ende der Akte vermeldet, dass Heinrich Bruder freigesprochen worden ist.

# Pathologie des Geständnisses
## Zum Stellenwert von Selbstaussagen um 1900

*Christian Lück / Michael Niehaus*

**1.**

„Seit die neueste Entwickelung des Strafverfahrens in den meisten Ländern die Beweistheorie abschaffte, und somit das Geständniss einen Theil seiner Wichtigkeit verlor", heißt es in Jagemanns und Brauers *Criminallexikon* von 1854, enthielten sich „die meisten Strafprocessordnungen aller Vorschriften über dasselbe" (Jagemann / Brauer 1854: 392). Die Strafprozessordnung für das Deutsche Reich von 1877 schreibt im § 136 das Recht auf Aussageverweigerung fest – die Vernehmung soll dem Beschuldigten nunmehr „Gelegenheit zur Beseitigung der gegen ihn vorliegenden Verdachtsgründe und zur Geltendmachung der zu seinen Gunsten sprechenden Tatsachen geben". Unter dieser Voraussetzung sind alle *„Ermahnungen zur Ablegung eines Geständnisses"* streng genommen eine verwerfliche „Kundgebung der Ansicht des Inquirenten über die Schuldfrage" (Henschel 1909: 140) und somit rechtlich nicht mehr vertretbar. Sie sind aber auch nicht mehr erforderlich. Denn anders als im Inquisitionsprozess wird das Urteil jetzt in einer mündlichen Hauptverhandlung gefällt, die auf das Geständnis des Angeklagten verzichten kann.

Die Umstellung auf das akkusatorische Prinzip der Hauptverhandlung mit rechtlicher Unschuldsvermutung versetzte die weiterhin dem inquisitorischen Prinzip verpflichteten polizeilichen und untersuchungsrichterlichen Vernehmungen in einen gewissen Legitimationsnotstand. Dort bleibt ein Geständnis schon deshalb wünschenswert, weil es die Ermittlungen faktisch in ausgezeichneter Weise abzuschließen oder abzurunden scheint. Die Bemühungen um das Geständnis aber bleiben – im Vergleich zum Aktenprozess – zumeist in dem Maße im Dunkeln, in dem die Hauptverhandlung im Lichte der Öffentlichkeit erstrahlt. Es sei, so ein Kritiker, vor allem die *„Scheu des Inquirenten*, sich *zu denjenigen Grundsätzen, nach welchen er praktisch verfährt, auch theoretisch zu bekennen"*, die dazu führe, „daß man heutzutage nur verhältnismäßig selten einen *aktenmäßigen Beleg* für diejenige Methode findet, welche die herrschende Praxis bei der Vernehmung des Beschuldigten tatsächlich zu befolgen pflegt" (Henschel 1909: 51).

Ein „Geständnis", erklärt etwa August Geyer in seinem *Lehrbuch des gemeinen deutschen Strafproceßrechts* von 1880, sei „jede Erklärung des

Angeklagten [...], durch welche er die Wahrheit *irgendeines ihm nachtheiligen Umstandes* einräumt; im engeren Sinne ist es das Zugeständniß desselben, daß er *das Verbrechen begangen* habe" (Geyer 1880: 721). Ganz gleich aber, ob es sich um ein Geständnis im weiteren oder im engeren Sinne handelt – in jedem Fall ist es zunächst einmal Beweismittel unter anderen. Wie alle anderen Beweismittel kann es wahr oder falsch sein. Immer wieder wird betont, dass – schon falscher Selbstanklagen wegen – „auf das Geständniß *allein* keine Verurteilung gebaut werden darf" (ebd.: 723), auch wenn es „gewiss oft den Ausschlag geben" könne (Lohsing 1905: 65).

Auch zu Zeiten des Inquisitionsverfahrens wusste man um die Gefahr falscher Geständnisse und nahm ein Geständnis nicht unbefragt hin. Aber die Nachprüfungen zielten darauf, ob das Geständnis alle Erfordernisse erfüllte, um *gültig* zu sein. Nun jedoch, nach den Strafprozessrechtsreformen des 19. Jahrhunderts, geht es bei der Überprüfung nur mehr darum, ob das Geständnis *wahr* ist. Gewiss unterscheidet sich in den meisten Fällen eine Überprüfung im Hinblick auf Gültigkeit kaum von einer Überprüfung im Hinblick auf Wahrheit, und gerade die Ausrichtung des Inquisitionsverfahrens auf materielle Wahrheitsfindung führt dazu, die Gültigkeit eines Geständnisses an seine *Wahrscheinlichkeit* zu knüpfen. Gleichwohl bleibt die herausgehobene prozessuale Stellung des Geständnisses im Inquisitionsverfahren dadurch erhalten, dass das Geständnis vom Gericht *und* vom Inquisiten zunächst einmal als ein prozessualer Akt, als ein *Rechtsakt* aufgefasst wird, durch den der Inquisit seiner rechtmäßigen Verurteilung wegen des von ihm eingestandenen Verbrechens zustimmt. Die Überprüfung eines solchen Geständnisses betrifft dann vor allem die Frage, ob es mit dem ermittelten Tatbestand harmoniert. Im Gegensatz dazu kommt das *Motiv* zum Geständnis in erster Linie nur dann in Betracht, wenn es möglicherweise „aus Schlauheit" (um von einer schwereren Verschuldung abzulenken) oder „aus Bosheit" (um anderen zu schaden) abgelegt wird (Jagemann 1838: 327f.).

Anders verhält es sich, wenn das Geständnis nur noch im Hinblick auf seine Übereinstimmung mit den übrigen Ergebnissen der Beweiserhebung gewürdigt wird. Dann kann von einem Geständnis im eigentlichen Sinne gar nicht mehr die Rede sein, weil es seinen Status als *Rechtsakt* scheinbar vollends einbüßt, als sei es eine *Aussage* unter anderen. Tatsächlich lässt sich das Geständnis jedoch niemals auf eine Aussage unter anderen reduzieren, steht es nicht in einer Reihe mit den übrigen Beweismitteln. Aber diese Sonderstellung lässt sich theoretisch nicht recht bestimmen. Das wird in einer Erklärung von Ernst Lohsing deutlich, der zu Beginn des 20. Jahrhunderts die maßgebliche Untersuchung zum *Geständnis in Strafsachen* vorgelegt hat. Ihm zufolge ist das

Geständnis für das Strafurteil in der Regel „suppletorisch" – das heißt, dass „nach Lage des Falles [...] weder das Geständnis für sich allein noch die Ergebnisse der übrigen Beweiserhebungen an sich zu einer Verurteilung genügen", dass wir jedoch, wenn wir beides „summieren, [...] mit unendlicher Wahrscheinlichkeit" auf die Täterschaft schließen können (Lohsing 1905: 68f.). Diese Erklärung ist in sich widersprüchlich. Ginge es bloß darum, dass sich Wahrscheinlichkeiten *summierten*, so gäbe es keinen Grund, die aus den übrigen Beweiserhebungen sich ergebende Wahrscheinlichkeit von derjenigen, die aus dem Geständnis fließt, zu unterscheiden. Tatsächlich deutet gerade die Wendung von der ‚unendlichen Wahrscheinlichkeit' an, dass erst das Geständnis eine *Gewissheit* gewährt, die sich nicht in Wahrscheinlichkeitsgraden ausdrücken lässt und die damit zusammenhängt, dass kein Beteiligter gegen das Ergebnis *Einspruch* erhebt. Daher führt das Geständnis auch bei vollkommen ausreichenden übrigen Beweisgründen dazu, „dass Richter und Geschworene mit erhöhter Beruhigung ihres verantwortungsvollen Amtes walten können" (Lohsing 1905: 68).[1]


**2.**

Wenn das Geständnis zunächst einmal eine *Aussage* ist, müsste es in den Gegenstandsbereich einer Disziplin fallen, die um 1900 entsteht und sich *Psychologie der Aussage* nennt (Szewczyk 1981). Als der Begründer aussagepsychologischer Forschung gilt der Franzose Alfred Binet, der 1900 ein Buch mit dem Titel *La suggestibilité* vorlegte. In Deutschland gab William Stern mit seiner Untersuchung *Zur Psychologie der Aussage. Experimentelle Untersuchungen über Erinnerungstreue* die Richtung vor. In seiner *Vorbemerkung* nennt Stern das Problem, dem er sich widmet, eines der „angewandten Psychologie" – nämlich das „psychologische Phänomen" der „Treue bzw. Untreue der Erinnerung", für das als Anwendungsgebiet „in erster Linie die Rechtspflege in Betracht" komme (Stern 1902: III).

Dieser Ansatzpunkt macht bereits deutlich, dass die Psychologie der Aussage lediglich auf die *Zeugenaussage* abzielen kann. Es geht um die Mängel, die eine Aussage aufweist, obwohl sie nach bestem Wissen und Gewissen getätigt

---

1   Diese Beruhigung ist umso größer, je schwerwiegender das fragliche Verbrechen ist. Es ist schon aus diesem Grunde zu vermuten, dass sich bezüglich der Bemühungen um ein Geständnis nach der Strafprozessrechtsreform zunehmend eine Kluft auftut zwischen den leichteren und den schwereren Straftaten. Sicher hat man sich auch um 1800 mehr um das Geständnis eines Mörders bemüht als um das eines Diebes. Immerhin aber konnte in beiden Fällen gleichermaßen nur bei einem Geständnis auf die ordentliche Strafe erkannt werden.

wurde. Dass es lediglich unwillkürliche Verfälschungen – *Unrichtigkeiten* und nicht *Unwahrheiten* – gibt, ist die Voraussetzung der Experimente, die mit größeren Gruppen von Probanden angestellt werden und natürlich die Fehleranfälligkeit der Zeugenaussagen im Vergleich zur vollständig richtigen Musterantwort zum Ergebnis haben. Im Mittelpunkt müssen dabei auch aus methodologischen Gründen zunächst einmal die einzelnen Aussagen stehen, nicht deren Zusammenhang und Konsistenz. Den Probanden wird zum Beispiel das Bild einer *Bauernstube* gezeigt, und sie müssen dann eine gewisse Zeit später möglichst viele Elemente dieses Bildes richtig reproduzieren, wobei die Umstände des Aussageaktes lediglich in der Unterscheidung zwischen *Bericht* und *Verhör* berücksichtigt werden (Stern 1904).

Vor dem ersten Weltkrieg werden Unmengen von Experimenten durchgeführt, die die Erinnerungsfälschungen und Wahrnehmungslücken verschiedener Probandengruppen freilegen und deutlich machen, wie unvermögend der Zeuge an und für sich ist. Paradigma des Aussagesubjekts ist folgerichtig das Kind, das seine Aussage am wenigsten kontrollieren kann. Die Kinder sind die idealen *testes inhabiles*, die idealen Probanden. Die von William Stern ab 1903 für einige Zeit herausgegebene Zeitschrift *Beiträge zur Psychologie der Aussage*, die sich entsprechend ihrem Untertitel insbesondere den Problemen der „Rechtspflege, Pädagogik, Psychiatrie und Geschichtsforschung" zuwendet, enthält zu einem großen Teil Beiträge von Experimenten mit Kindern verschiedener Altersstufen und betont dabei, dass das Erlernen eines vorbildlichen Aussageverhaltens ein Gegenstand der *Erziehung* zu sein habe (vgl. etwa Oppenheim 1905/06, Stern / Stern 1907, zusammenfassend Schrenk 1921: 5f.). Freilich sind wir in den Augen der Aussagepsychologie alle Kinder, und zur Erziehung ist es nie zu spät.

Während sich die Ergebnisse der Aussage-Experimente ohne weiteres auf die Glaubhaftigkeitsbeurteilung von Zeugenaussagen übertragen lassen (weshalb der bedeutendste Kriminalist der Zeit, Hans Groß, von Anfang an großes Interesse für die Psychologie der Aussage zeigte; vgl. Groß 1905/06), können die Aussagen von Beschuldigten – ihre Geständnisse und ihre Lügen – nicht unmittelbar zum Gegenstand der Aussagepsychologie werden. Insofern die Psychologie der Aussage methodologisch ein betrugsloses, wahrhaftiges Aussagesubjekt voraussetzt, kann sie strenggenommen über die *Lüge* kaum Aussagen machen.

Demonstrieren lässt sich das an der Logik ihrer Thematisierung. William Stern war eigentlich Kinderpsychologe und hat sich – zusammen mit seiner Frau Clara Stern – auch mit der frühkindlichen Lüge beschäftigt (Stern / Stern 1905/06, Stern / Stern 1907). Sie erscheint dort als eine spezifische Fortsetzung kindlichen Verhaltens, das mit den Begriffen „phantastische Aussagefälschung" (Stern / Stern 1907: 103) und „Scheinlüge" (ebd.: 108) bezeichnet wird. Eine Scheinlüge oder Pseudolüge wird zum Beispiel mit der Frage an ein Mädchen provoziert, ob es dem kleineren Bruder weh getan habe. Das „nein, nein" solle „nicht etwa bedeuten, sie habe dem Brüderchen *nicht* weh getan, sondern nur den abwehrenden Wunsch ausdrücken ‚Nein, ich will nichts davon hören' [...] " (Stern / Stern 1905/06: 190). Die „echte Lüge" hingegen – „*bewusst falsche Aussagen mit dem Zweck, andere zu täuschen*" (ebd.: 188) – erweist sich als eine späte Erscheinung, die vor allem durch „pedantische Eltern und Erzieher" hervorgerufen wird, wenn diese mit ihrem „dem Kinde bei jeder Gelegenheit entgegengeschleuderten ‚du lügst ja' förmlich den Hebel ansetzen, um die Lüge erst in den Gesichtskreis des Kindes hineinzuheben" (ebd.: 195). Bestätigung finde der Satz aus Rousseaus *Emile*: „Die Lügen der Kinder sind das Werk der Erzieher." (Stern / Stern 1907: 141) Entsprechend richtet sich die erzieherische Bemühung um die Lüge natürlich nicht (wie in einem gerichtlichen Verfahren oder in einer polizeilichen Untersuchung) auf die Bekämpfung der einzelnen Lüge, sondern auf die Lügen*haftigkeit* als wiederkehrende Verhaltensauffälligkeit.

Entscheidend ist in diesem Zusammenhang, dass sich die Resultate der Kinderpsychologen hinsichtlich der Lüge nicht etwa experimentellen Versuchsanordnungen verdanken können wie bei der Zeugenaussage. Anlässlich ihrer Überlegungen zur erzieherischen Behandlung lügenhaften Verhaltens erklären Clara und William Stern: Dass der „Wahrheitswert" von Antworten „um so problematischer" ist, „je eindringlicher und massenhafter gefragt wird", habe schon „die Aussagepsychologie gelehrt; aber während sie nur betonte, daß das Hineinfragen *unbewußte* Fälschungen hervorruft, muß nun auch hervorgehoben werden, daß es zugleich der Hebel zu *bewußten Unwahrheiten* ist". (Stern / Stern 1907: 142) Wenn gezeigt werden soll, „aus welchen psychischen Anlässen heraus das Kind eine Lüge spricht" (ebd.: 136), so kann dies nur unter Rückgriff auf lebensweltliche Beobachtungen geschehen. Während das Ehepaar Stern für die Scheinlüge und die harmlose (falsche) Beschuldigung auf Belegmaterial aus dem eigenen Familienleben verweisen konnte, musste es bei der „eigentliche[n] Lüge" – als einer im Grunde pathologischen Erscheinung – gar auf die Überlieferung zurückgreifen: „Aus unserem eigenen Beobachtungsmaterial vermögen wir bis heute diese echte Lüge nicht zu belegen; wir sind auf die Literatur und einige privatim erhaltene Mitteilungen angewiesen." (Stern / Stern 1907: 117)

Denn für die Lüge kann man nicht in demselben Sinne eine experimentelle Situation herstellen, die die Probanden zu Lügnern macht (man müsste die

Probanden überdies täuschen, um zu erfahren, ob sie täuschen). Lügner sind als Probanden nicht zu gebrauchen. Geständnis und Lüge sind nicht Sache von Tests, sondern von Fallgeschichten. Eine Aussagepsychologie des Geständnisses im strengen Sinne ist nicht möglich. Von daher ist die Bemerkung des einflussreichen Kriminalisten Hans Schneickert zu verstehen, der Ernst Lohsings Monographie *Das Geständnis in Strafsachen* für die *Beiträge zur Psychologie der Aussage* rezensiert: Die „anregend geschriebene und in jedem Teil gediegene Schrift Lohsings" bringe „uns zum Bewusstsein, dass es neben der oft zu sehr in Anspruch genommenen ‚Zeugenaussage' auch eine *Beschuldigtenaussage* gibt [...]." (Schneickert 1905/06: 590) Aber bei Lohsing kommen eben auch nur Beispiele mit ‚wirklichen' Beschuldigtenaussagen vor: Fälle.

## 3.

In der Kriminalpsychologie um 1900 tritt der *Aktcharakter* des Geständnisses in den Hintergrund. Das Standardwerk der Zeit, die *Criminalpsychologie* von Hans Groß, versammelt seine spärlichen Überlegungen zum Geständnis unter der Überschrift „Geheimnisse" (Groß 1898: 34–44). Dieser Abschnitt beginnt mit den Worten: „Die Feststellung des Wahren gelänge viel seltener als es thatsächlich der Fall ist, wenn es dem Menschen nicht schwer fiele, etwas geheim zu Haltendes zu verschweigen", was ein „merkwürdige[r] und nicht recht zu erklärende[r] Umstand" sei (ebd.: 34). Das Schweigenkönnen muss man erlernen. Das gilt auch für den Kriminalisten, der sich – wie auf den darauf folgenden Seiten zunächst ausgeführt – Verschwiegenheit anerziehen muss. Unter diesem Vorzeichen erscheint auch das Geständnis als ein Phänomen, bei dem trotz unterstellter Freiwilligkeit nicht der Charakter der Willensentschließung im Vordergrund steht.

Groß nennt das Geständnis zunächst ein „eigentlich sehr merkwürdiges psychologisches Problem" (ebd.: 38). Im folgenden zählt er allerdings die übliche Vielzahl durchaus befriedigender Geständnismotive auf: Hoffnung auf Strafmilderung, Prahlsucht, Aussicht auf ein Winterquartier, Entlastung einer nahestehenden Person, religiöse Gründe usw. Und dann gibt es auch die Geständnisse von „hysterisch oder nervös veranlagten Naturen", die sich auf diese Weise von „beunruhigenden Vorstellungen" zu befreien suchen (ebd.: 39). Merkwürdig und erklärungsbedürftig sind aber nicht diese pathologischen Erscheinungsformen des Geständnisses, sondern das Geständnis aus „Gewissen" – ein Wort, das Groß in Anführungszeichen setzt, weil uns dafür

„Erklärung und Begriff vollständig fehlt": „Ich wüßte eigentlich kein Analogon im psychischen Wesen des Menschen, wo jemand mit sehenden Augen Etwas ausschließend zu seinem Schaden und ohne wahrnehmbaren Nutzen thut, wie es bei dieser Gattung von Geständnissen der Fall ist" (ebd.: 40). Es ist nicht eigentlich die Kategorie des Gewissens, die den Kriminalpsychologen ratlos macht, als vielmehr der Aktcharakter eines solchen Geständnisses, der sich seiner Beobachtung entzieht: „Jeder von uns kennt die Fälle in Menge, wo für das Geständnis trotz aller Mühe durchaus kein Motiv zu finden war – er hat gestanden, weil er gestehen wollte, darüber hinaus kommen wir nicht." (ebd.)

Darüber hinaus muss man freilich auch nicht kommen, wenn das Geständnis den Tatsachen entspricht. Fasst man das Geständnis als Preisgabe eines Geheimnisses auf, so ist die Unterscheidung zwischen dem willkürlichen und dem unwillkürlichen Geständnis zweitrangig. In seiner Monographie *Verheimlichte Tatbestände und ihre Erforschung* vergleicht Hans Schneickert „das Geheimnis mit einem versperrten Türschloß. Der Wille und die Kraft, das Geheimnis festzuhalten, entspricht den ‚Zuhaltungen' des Schlosses". Es gibt Schlösser mit „nur *einer* Zuhaltung", die einfach mit einem Dietrich geöffnet werden können, bei anderen bedarf es gründlicher „Abtastung und Sondierung", und dann gibt es „Sicherheitsschlösser[ ]", bei denen nur „brutale Gewalt etwas erreichen" könnte, „die sich der Einbrecher zwar erlauben darf [!], nicht aber der Untersuchungsführer, da die Tortur jetzt verboten ist." (Schneickert 1924: 29) Diese verräumlichende Bildlichkeit wirft nicht nur ein Licht auf die Legitimität des untersuchungsrichterlichen Tuns. Sie macht auch nochmals deutlich, dass in dieser Hinsicht nicht das Geständnis das aktive Tun ist, sondern die „Zuhaltung", die dem beamteten Wahrheitssucher Widerstand entgegensetzt. Darüber hinaus rückt sie das Geständnis als eine Form des Erbeutens von Geheimnissen aller Art in jene Reihe der Verfahren zur Aufdeckung verheimlichter Tatbestände, die das Buch durchgeht und kritisch prüft: Zu ihnen gehören neben dem Geständnis auch die „psychotechnischen Methoden" (ebd.: 43ff.), die „Photographie der Augennetzhaut Ermordeter" (ebd.: 65f.) und die „Gedankenphotographie" (ebd.: 66f.). Diese Beschränkung auf die rein technische Frage, auf welchen Wegen man sich Zugang zu einem Geheimnis verschafft (unter Hintanstellung des institutionellen Ortes an dem das geschieht), blendet die kommunikative Seite des Geständnisses gänzlich aus. Ein Geheimnis, in dessen Besitz man sich durch Beseitigen einer Zuhaltung setzt, hat *per se* keinen Adressaten.

Die Schwierigkeit, das Geständnis unter diesen Bedingungen als solches zu erfassen, bringt Scheinaussagen hervor wie etwa: *„Eine Geständnis entspricht nur dann der Wahrheit, wenn es sich als die Preisgabe eines Geheimnisses*

*darstellt.*" (Groß / Höpler 1922: 150) Der Widerspruch tritt zutage, wenn es in
der gleich darauf abgegebenen Erklärung heißt, „Quelle wahrer Geständnisse"
seien „derartige Feststellungen, Aufklärungen und Erhebungen, die den
Beschuldigten zur Überzeugung bringen, daß seine Tat kein Geheimnis mehr
ist" (ebd.). Wenn der Untersuchungsrichter dem Beschuldigten vor Augen
stellen kann, dass er kein Geheimnis mehr preiszugeben hat, dann soll das
Geständnis die Preisgabe eines Geheimnisses sein. Dann ist das Geständnis, das
keine *Institution* mehr ist, auch ‚kein Akt' mehr (oder ist es dann ein ‚reiner
Akt'?): „Unter diesen Voraussetzungen wird das Geständnis wie eine reife
Frucht in den Schoß fallen." (Ebd.)

Am klarsten kommt das in den Überlegungen Ernst Lohsings zum
Ausdruck, der als „Geständnis in Strafsachen [...] jede Aussage" definiert, „die,
an sich betrachtet, einen strafrechtlich relevanten Nachteil des Aussagenden
herbeizuführen geeignet ist" (Lohsing 1905: 10). Entscheidend ist hier der
Einschub „an sich betrachtet", der besagt, dass es auf die Intention des
Aussagenden nicht ankommt: „Ein besonderer animus confitendi ist nicht
erforderlich. Ein Geständnis liegt nicht erst dann vor, wenn aus den Worten des
Angeklagten sich ergibt, dass er sich mit seiner Aussage belasten will; es
genügt, dass der seinen Worten entnehmbare Sinn gemeint ist; ob er sich mit
seinen Worten einen rechtlichen Nachteil zufügen wollte oder nicht, kommt
nicht weiter in Betracht." (Ebd.: 62) Für wesentlich hält Lohsing hingegen das
Kriterium der Ausdrücklichkeit (in Absetzung zum vermuteten und zum
stillschweigenden Geständnis): „Wenn man durchaus von einem animus
confitendi, so verworren dieser Begriff auch ist, reden will, so kann er sich nur
auf das Moment der Ausdrücklichkeit, also darauf beziehen, dass das, was durch
Worte vom Verdächtigen zu seinem Nachteil geäussert wurde, tatsächlich
geäussert werden wollte" (ebd.: 80).

Man muss sich also nicht schaden wollen mit seiner Aussage, man muss
offenbar auch nicht wissen, dass man sich schadet; aber man muss wissen, dass
man die Aussage getätigt hat, die einem geschadet haben wird. In dieser
Auffassung, deren genauere Explizierung auch eine sprechakttheoretische
Beschreibung ins Gedränge bringen würde, bleibt auf wiederum widersprüch-
liche Weise ein Rest der Subjektposition gewahrt, die dem Geständnis als einem
Rechtsakt zukäme. Das betreffende Subjekt muss *zugestehen*, dass das, was *es
selbst* gesagt oder genauer *hervorgebracht* hat, zu seinem Nachteil spricht. Das
Subjekt ist gewissermaßen ‚dabei', wenn ihm die gestehenden Worte über die
Lippen kommen. Das beste Beispiel hierfür ist die *Anekdote*, mit der Lohsing
die seltenen „*Geständnisse aus Verblüffung*" illustriert: Einem Gutsbesitzer sind
silberne Löffel geklaut worden; Einzelverhöre mit seinen Dienstleuten bleiben

erfolglos. „Da liess er alle seine Leute an einem Feierabend um einen großen Tisch treten, steckte seinen Kopf unter den Tisch und hiess sie, dasselbe zu tun. Dann fragte er: ‚Haben alle das getan?' Ein einstimmiges ‚Ja' war die Antwort. ‚Der Dieb auch?' ‚Ja' lautete die vereinzelte Stimme des Stallknechts, bei dem das gestohlene Gut auch wirklich gefunden wurde." (Ebd.: 122f.)

Eine „im Zustand der „Zurechnungsunfähigkeit zum Nachteile des Aussagenden gemachte Äusserung" hingegen könne „nicht als Geständnis gelten", worunter etwa die „im Rausche gemachte Bemerkung" zu verstehen ist oder die „Anschuldigungen, die jemand im Schlafe oder im Fieberdelirium gegen sich erhebt" (ebd.). Dabei bleibt unentschieden, ob das an der *faktischen* Unzuverlässigkeit solcher Äußerungen liegt oder daran, dass sie *rechtlich* ohne Willen zustande gekommen sind. Zugerechnet werden können jedoch die Äußerungen, die sich das Subjekt selbst zurechnen muss, weshalb „diejenigen Selbstbelastungen Geständnisse sind, die der Volksmund als ‚herausgerutscht' bezeichnet" (ebd.). Ganz gleich, wo das geschieht.

**4.**

Das ‚Herausrutschen' von Selbstbelastungen (das von Haus aus zur „Psychopathologie des Alltagslebens" gehört) lässt sich provozieren. Dies kann in Verhören geschehen. Es kann aber auch außerhalb von Verhören geschehen in einer experimentellen Situation, die nicht unmittelbar auf die Preisgabe des Geheimnisses losgeht. Von diesen „psychotechnischen Methoden" ist es vor allem die so genannte *Tatbestandsdiagnostik*, die als funktionales Äquivalent des Geständnisses aufgefasst werden kann. In Assoziationsexperimenten, in denen der mutmaßliche Täter auf zugerufene Reizworte antworten soll, will man Hinweise auf seine Kenntnis vom Tathergang und seine emotionale Verstrickung in denselben gewinnen. Es ist charakteristisch für die diskursive Formation der Kriminalpsychologie um 1900, dass über dieses Mittel zur ‚Erforschung verheimlichter Tatbestände' in den ersten zwanzig Jahren des 20. Jahrhunderts weitaus mehr geschrieben wurde als über das ‚eigentliche' Geständnis, obwohl ihm fast durchgängig kaum praktische Relevanz zugetraut wurde.

Max Wertheimer und Julius Klein schlagen 1904 in einer ideenreichen und teils noch im Telegrammstil gehaltenen Veröffentlichung in Groß' *Archiv für Kriminal-Anthropologie und Kriminalistik* eine Anwendung „psychologisch-experimentelle[r] Methoden zum Zwecke der Feststellung der Anteilnahme eines Menschen an einem Tatbestande" (Wertheimer / Klein 1904: 72) vor, woraufhin bis 1914 eine „psychologische Tatbestandsdiagnostik" rege vorangetrieben und diskutiert wird. Neben einer Prager Schule von Hans Groß-Schülern, namentlich Wertheimer, Klein und Alfred Groß, bemüht sich in Zürich Carl Gustav Jung um Assoziationsversuche zur Täterüberführung; ein drittes Labor mit eigenen Versuchsreihen wird in Breslau vom anfangs skeptischen, später aber durch Jungs Schriften überzeugten William Stern betrieben.

Wertheimer und Klein entwickeln die Tatbestandsdiagnostik in Differenz zu „gebräuchlichen gerichtlichen Untersuchungsmethoden" (ebd.: 74), und genau hier zeigt sich die veränderte Stellung des Selbstverrats, der jeden Aktcharakter verloren hat. Die gebräuchliche Untersuchung, deren Ziel die „Beurteilung von Aussagen" ist, vergleicht den „Inhalt eines Teiles der Aussagen [...] mit anderen Teilen", um so auf den „Wahrheitswillen des Aussagenden" und den „Wahrheitswert seiner Aussagen" zu schließen. Dieser „Methode logisch-inhaltlicher Wertung" stellen die Diagnostiker die „empirisch-psychologische" „gegenüber" bzw. „an ihre Seite" (ebd.: 75). Hier verschiebt sich die Stoßrichtung der Untersuchung ganz von der Achse Aussageinhalt–Aktform hin zu einer Semiologie ganz anderer Art: „Charakteristische Merkmale des psychischen (resp. auch des physiologischen) Verhaltens eines Menschen, in welchem ein Tatbestand in charakteristischer Art lebendig ist, sollen experimentell festgestellt, und so bei dem Einzelfalle auf Grund psychologischer, gesetzmäßiger Erscheinungen diagnostiziert werden, ob der Tatbestand in ihm in solcher Weise vorhanden ist." (Ebd.) Damit wäre der „gefährlichste Faktor bei den gebräuchlichen Aussagen", nämlich der „*Wille* des Aussagenden" (ebd.: 75f.), weitgehend minimiert. Bei manchen der verschiedenen Methoden, die die Autoren vorschlagen, werde es „wahrscheinlich gelingen, störende Einflüsse des Willens gänzlich auszuschalten". Mehr noch: Wo der Wille mit der Zuhaltung des Schlosses befasst ist, da „sind von einer Täuschungstendenz geradezu besondere, für die Diagnostik günstige, charakteristische Resultate zu erwarten" (ebd.). Solche charakteristischen Merkmale, d.h. Zeichen sind nicht mehr auf Akte beziehbar, und folgerichtig sprechen die Autoren auch von „psychische[m] (resp. auch [...] physiologische[m]) Verhalten", das unter experimenteller Beobachtung steht. Dem veränderten semiologischen Status der im Experiment produzierten Zeichen entspricht eine grundlegend geänderte Subjektposition des Verhörten: er ist – Wertheimer und Klein setzen es beim ersten Mal in Anführungszeichen – „Versuchsperson" (ebd.: 77).

Dem veränderten semiologischen Status der im Experiment gewonnenen Zeichen und der Ausschaltung des Willens als ‚gefährlichsten Faktor' entspricht eine zweifache Verschiebung: Zum einen wird die kriminalistische Erhebung von Spuren auf den Körper und die Psyche des Verdächtigen ausgeweitet; und die Ausschaltung des Willens bedeutet die Ausschaltung des Widerstands, also eine grundlegende Verschiebung im Kräfteverhältnis. – Das ist das Versprechen der psychologischen Tatbestandsdiagnostik aus kriminalistischer Perspektive und daher wird sie für eine kurze Zeit als „Strafuntersuchung der Zukunft" (vgl. rückblickend Rittershaus 1912) gehandelt.

Wertheimer und Klein können sich in ihrem Aufsatz von 1904 verschiedene alternative Versuchsaufbauten zur Hervorbringung „charakteristischer Merkmale" denken, die theoretische Grundlage ist indessen dieselbe. Wenn ein eigenartiger Vorgang das Interesse stark in Anspruch genommen hat und von lebhaften Gefühlen begleitet war – etwa das Begehen eines Verbrechens – so ist dieser Vorgang mit Gegenständen oder Personen, die psychisch mit diesem Vorgang im Zusammenhang stehen, eng verknüpft. Und dieser assoziative Zusammenhang ist gegenüber anderen, gleichgültigeren stark bevorzugt. Wenn man nun entsprechende Reize zuführt, dann wird ein solcher bevorzugter ‚Komplex' leicht so erregt, dass es zu beobachtbaren Wirkungen kommt.[2] Das Vorhandensein eines solchen Komplexes muss – damit steht und fällt die Tatbestandsdiagnostik als empirisch-experimentelles Verfahren – so diagnostizierbar sein, „daß die psychischen Folgen in dem Untersuchten A vorhanden sind, in B nicht" (Wertheimer / Klein 1904: 72).

Im tatbestandsdiagnostischen Assoziationsexperiment wird der auf einen Komplex zu testenden Person eine Reihe Reizwörter zugerufen, auf die sie möglichst schnell antworten soll. In die Reizwort-Reihe sind neben irrelevanten Reizwörtern solche eingeflochten, die den Komplex betreffen. Sofern er in der „Versuchsperson" vorhanden ist, sollen die Reaktion auf ein zum Tatbestandszusammenhang gehöriges Reizwort – im Modus der Abweichung von den Reaktionen auf die irrelevanten – eben „charakteristische Merkmale" tragen. Die Ebenen, auf denen versucht wird, solche Merkmale zu beobachten und Komplex-Zeichen zu konstituieren, sind vielfältig. Sie reichen von qualitativen Merkmalen wie der Wiederholung des Reizwortes, dem Ausbleiben einer Antwort oder dem direkt verräterischen Assoziationsinhalt zu quantitativen Merkmalen wie vor allem der Reaktionszeit verglichen mit der durchschnittlichen Reaktionszeit über die gesamte Reizwortreihe. Darüber hinaus wollen die beiden Diagnostiker der Psyche der „Versuchsperson" verräterische Schriften

---

2 So lautet die Theorie in ihren Grundzügen. Verscheidene Schulen setzen sich in einigen Details voneinander ab. So kommen die assoziativen Verknüpfungen für Wertheimer und Klein durch gesteigerte „Anteilnahme", für C. G. Jung hingegen durch „Unlust" zustande (vgl. Wertheimer / Klein 1904: 72f. und Jung 1905c: 373f.).

entlocken: Zitterbewegungen der Hand sollen von Marey'schen Trommeln aufgezeichnet werden (ebd.: 98); die Reaktionszeit-Messung könne erfolgen, indem
Versuchsleiter und -person jeweils in Membrane sprechen, deren Schwingungen
auf einer Kymographentrommel aufgezeichnet werden (alternativ mit dem
Hippschen Chronoskop, einer Stromschluss-Uhr) (ebd.: 81); die für das
Zurückhalten verräterischer Assoziationen aufgewendete Aufmerksamkeit
könne mit dem Binet'schen Einstellungsapparat gemessen und aufgezeichnet
werden (ebd.: 102). Man sieht hier das Kontinuum zwischen psychologischer
Tatbestandsdiagnostik und Polygraphentests.[3]

Erste experimentelle Studien werden an akademischen Versuchspersonen
vorgenommen (vgl. Wertheimer 1905, A. Groß 1905/06, H. Groß 1905).
Studenten und das akademische Kollegium lassen sich freilich nicht auf einen
„Tatbestand" hin durchforschen. Im Versuchsaufbau soll als Äquivalent zum
interessebetonten Verbrechen eine künstlich hergestellte psychische Bahnung,
ein künstlicher Komplex, dienen. Aus einer Gruppe von Versuchspersonen wird
zunächst durch Zufall der „Täter" bestimmt. Er allein wird dann in ein Zimmer
mit Requisiten geführt, die auf ein Verbrechen deuten. Die relevanten Reizworte
spielen anschließend auf diese Lokalität an und sollen beim „Täter" eben
„charakteristische" Reaktionen zeitigen, während bei den anderen Versuchspersonen (Kontrollpersonen) nichts auf eine Kenntnis der Lokalität deuten solle.

Das Verfahren, seine Voraussetzungen und die Anwendbarkeit im
Strafprozess stoßen auf Skepsis. Max Lederer erachtet die akademischen
Versuchsreihen für wertlos, weil alle Beteiligten vom Verfahren überzeugt seien
und so einer Autosuggestion aufsitzen würden (Lederer 1905/06). William Stern
bezweifelt die Anwendbarkeit im Strafprozess, weil es „die strenge Scheidung
zwischen solchen Personen, in deren psychischem Inhalt der Tatbestand
vorhanden ist, und solchen, in deren Psyche er völlig fehlt, [...] vor Gericht
eigentlich gar nicht" (Stern 1905/06a: 146f.) gebe. Jeder Angeklagte, der „mit
dem Gericht in Berührung kommt", „weiß, wessen er beschuldigt [...] wird".
Die Schuldzeichen, die das Verfahren produziere, seien deshalb als genauso
ungewiss einzuschätzen wie „das Erröten", das physiognomische Zeichen, das
zum traditionellen Code der Glaubwürdigkeit gehört und „das so oft bei
ungerechtfertigten Anschuldigungen eintritt". Weil auch „die Psyche des
unschuldig Angeklagten [...] vom ersten Verhör beim Untersuchungsrichter an
fortwährend mit den auf das Ereignis bezüglichen Vorstellungen belastet" wird,

---

3    Max Wertheimer hält in seinen weiteren Publikationen (Wertheimer 1905 und 1906) am Wahr-
     heitsgerätepark fest. Hugo Münsterberg, deutscher Auswanderer, importiert die
     Tatbestandsdiagnostik in die vereinigten Staaten (vgl. Münsterberg 1913), wodurch Larson 1921
     angeregt wird, einen Lügendetektor zu bauen.

sieht Stern „noch keine Möglichkeit der Diagnose, auf welche *Quelle* jene Bereitschaft und Gefühlsbetontheit zurückzuführen sei; ob auf einen Akt eigenen Erlebthabens, oder auf das Wissen um die Beschuldigung bzw. auf Hörensagen".

Sterns Skepsis weicht, als sich C. G. Jung der Diagnostik des Tatbestands annimmt. Jung war durch Assoziationsstudien, die er in Bleulers Züricher Klinik an Hysterikerinnen und *praecox*-Dementen vornahm, zu akademischem Ruhm gelangt und hatte sich mit einer Studie *Über das Verhalten bei der Reaktionszeit beim Assoziations-Experiment* (Jung 1905a) habilitiert. In seiner Antrittsvorlesung als Privatdozent, die in Hans Groß' *Archiv für Kriminal-Anthropologie* abgedruckt wird, stellt er den „Verbrecher" systematisch zwischen den „Normalen" und den „Geistesgestörten" (Jung 1905d: 160). Am Normalen lässt sich die Assoziationsmethode erklären; dem Verbrecher kommt man durch die Komplexreaktionen auf die Spur; beim Verrückten entfalten sie sich bis zur – überdeutlich lesbaren – „Karrikatur" (ebd.).[4]

Jung nimmt bei einem Assoziationsexperiment – am Verbrecher – vier Arten von Daten auf: Assoziationsinhalt, Reaktionszeit, Reproduktion (in einem zweiten Durchgang soll identisch auf die Reizwörter reagiert werden) und Perseverationen, d.h. Nachwirkungen der Komplexreaktion über die unmittelbar folgenden irrelevanten Reizwörter (Jung 1905c: 12f.). Die qualitative Auswertung des Assoziationsinhalts, wie vor allem Alfred Groß sie betrieb, tritt zurück zugunsten einer statistischen: Der Schuldige, so Jung, sei „einzig durch das Quantitative seiner Komplexmerkmale gekennzeichnet" (ebd.: 408). Jung geht auch ausführlich auf die Kritiker der Methode ein (Jung 1905c: 382-386 und 394-396). Zusätzliche Versuche mit Kontrollpersonen sollen die Methode gegen den Einwand von Stern abhärten. Wegen ihrer empirisch-statistischen Methode finden Jungs Ausarbeitungen in der kriminalpsychologischen Zunft Anerkennung, und kurze Zeit später führt Stern in Breslau eigene Versuchsreihen durch (vgl. Stern 1905/06b, Kramer / Stern 1905/06).

Wenngleich es den Kritiker selbst überzeugt, bleiben Jungs Kontrollversuche an Dritten ein Scheinargument. Wie kann anhand von Versuchsreihen

---

4    Erst Freud macht in seinem Artikel über Tatbestandsdiagnostik in Groß' Archiv wieder den Unterschied zwischen psychisch Leidendem und Verbrecher deutlich. Bei dem einen handelt es sich um echtes Unwissen, um ein Geheimnis vor sich selbst, bei dem andern um simuliertes Unwissen, um ein Geheimnis vor dem Richter. Nur beim Leidenden ist das System Unbewußt–Bewußt betroffen (vgl. Freud 1906, 5). – Freud scheint der psychologischen Tatbestands-diagnostik in seinem Beitrag eher distanziert zu begegnen. Gleichzeitig aber stellt es eine erhebliche Ehrerbietung dar, wenn Freud seinen jungen Züricher Kollegen, der mit ihm kurze Zeit später rege Briefe wechselt, darin erstmals öffentlich erwähnt (vgl. Freud / Jung 1974, XVI).

mit Kontrollpersonen das qualitative Problem entschieden werden, aus welcher „Quelle" die Komplexreaktionen herrühren? Erst 1909 wird durch Philipp Stein, einen Schüler Jungs, wieder betont, wie grundsätzlich Sterns Kritik das Verfahren in Frage stellt. Stein führt unter Anleitung von Jung und mit Erlaubnis der Staatsanwaltschaft Zürich Versuche bei Untersuchungsgefangenen durch. So groß die Erfolge auch sind: Für „den Wert der Methode" bleibe entscheidend, ob „das Experiment eben zu Beginn" des „ersten Verhöres vorgenommen würde, wo der Angeschuldigte die Natur des Deliktes, aber vielleicht noch nicht die Einzelheiten des Tatbestandes kennt" (Stein 1909: 236). – Der Jung-Schüler formuliert in der Kritik gleich die Lösung des Problems als institutionelle Forderung mit: Die tatbestandsdiagnostische Untersuchung hätte ein Teil der Voruntersuchung zu sein, und zwar derjenige, der gleich beim ersten Kontakt zwischen Behörde und Verdächtigem über den weiteren Fortgang entscheidet. Diese technische Erwägung, entsprechend der sich die Untersuchung des Verfahrens bemächtigen soll[5], ist die eine Seite, die prozessrechtliche Zulässigkeit ist eine andere.

## 5.

Dem zweideutigen semiologischen Status der im Assoziationsexperiment produzierten Zeichen als nicht-aktförmigem Selbstverrat und der veränderten Subjektposition des Beschuldigten als „Versuchsperson" korrespondiert eine problematische Stellung des Experiments im Strafprozess. Tendenziell gerät durch die Tatbestandsdiagnostik stets die institutionelle Ordnung des Anklageverfahrens durcheinander. Ein Geständnis, das kein Akt ist, hat auch keinen bestimmbaren Ort.

Nach der Ansicht von Alfred Groß, ihrem führenden Apologeten, soll die neue Methode *nicht* im Rahmen psychologischer Sachverständigengutachten ins Strafverfahren Einzug halten. Sehr richtig erkennt er nämlich, „daß die Tätigkeit eines [...] Experimentators *nicht eine rein technische* – wie dies die Prozeßordnungen von allen Sachverständigen verlangen – sondern zum Teile auch *juristische* wäre, eine Aufgabe, die zu lösen lediglich der Richter als berufen erscheint" (A. Groß 1905/06b: 36). Seine Lösung des Dilemmas ist indessen – unverhohlen – die Anwendung in der Voruntersuchung: „Derartige

---

5    Offenbar geht es bei der Tatbestandsdiagnostik auch immer um die für die Psychoanalyse
     damals drängende und existentielle Frage ihrer Institutionalisierung. Wenn sich die tatbestandsdiagnostische Untersuchung der ersten Stelle des Strafverfahrens bemächtigen will, zeigt sich
     darin das Begehren. „Psychologische Tatbestandsdiagnostik" ist also durchaus ein noch zu
     schreibendes dunkles Kapitel der jung(sch)en Psychoanalyse.

Assoziationsexperimente könnten nach unserer Ansicht zunächst ohne irgend welche Schwierigkeiten bei den *Polizeibehörden* und des weiteren vom *Untersuchungs-* resp. *Amtsrichter* vorgenommen werden." (Ebd.: 36f.) Die Befunde sollten dann als Beweismittel in der Hauptverhandlung dem Richter zur Würdigung vorgelegt werden. Max Lederer kritisiert in Anspielung auf den alten Inquisitionsprozess sehr treffend, „ein solches neues Untersuchungsverfahren wäre in Wahrheit ein neues – Verfahren der Untersuchung" (Lederer 1905/06: 505f.).

Eine erste Anwendung der psychologischen Tatbestandsdiagnostik scheitert 1905 am Widerstand eines Staatsanwalts (vgl. Lederer 1906/07: 163). Es ging um einen Mord. Verdächtigt wurde ein angesehener Bürger der Stadt, in der sich das Verbrechen ereignet hatte. Einer „geschwätzigen Fama" zum Trotz und des „Vertrauen[s] in die Infallibilität des Gerichts" halber hielt sich der Untersuchungsrichter zurück, gegen ihn vorzugehen (ebd.). Der Richter erinnerte sich aber an die neue Tatbestandsdiagnostik und an Alfred Groß' Erklärung, dass „ein Sich-Verstellen bei allen Reaktionsworten [...] ausgeschlossen" sei (ebd.). Und so wurde Groß ersucht, den infamierten Bürger mit seiner Methode zu untersuchen. Nur bei entsprechendem Befund wollte der Richter anschließend mit aller gebotenen Strenge gegen den Beschuldigten vorgehen und Haft verhängen. Der Staatsanwalt jedoch bestand auf einem *geregelten Verfahren*, in dem Groß nur *als ad hoc bestellter gerichtlicher Sachverständiger* hätte auftreten können. Aber selbst in einem solchen Fall wollte er nicht das Staatssäckel durch das neuartige Experiment belastet wissen.

Der zweifelhafte Ruhm, das Verfahren erstmals „in praxi an einem Delinquenten" zu erproben, bleibt C. G. Jung vergönnt (Jung 1905b: 814). Die Überführung eines Diebes, für die er sich in kriminalpsychologischen Kreisen feiern lässt, gehört wohl zu seinen schwärzesten Stunden.[6] Wegen „leichter nervöser Beschwerden" (Jung 1905b: 814) war Jung 1905 von einem „jungen Mann" konsultiert worden. Am 14. September erscheint „in sichtlicher Erregung" dessen Vormund in der Praxis: Dieser klagt dem Nervenarzt eine Reihe von Diebstählen, die sich auf über 100 Franken summierten. „Er habe die Sache [...] der Polizei angezeigt, sei aber nicht imstande, Beweise gegen irgend eine Person vorzubringen." (ebd.) Sein Verdacht richte sich gegen sein Mündel. Im Fall der Täterschaft des „jungen Mannes" aus „höchst ehrenwerte[r] Familie" (ebd.) wolle er die Sache nicht zur Anzeige bringen, sondern im Stillen regeln,

---

6 Ein kurzer Bericht wird noch am Tag des „Versuchs" mit heißer Feder verfasst und später im *Centralblatt für Nervenheilkunde und Psychiatrie* veröffentlicht (Jung 1905b); ausführlich berichtet wird das „Experiment" in einer größeren Studie *Zur psychologischen Tatbestandsdiagnostik*, die in der *Schweizerischen Zeitschrift für Strafrecht* erscheint (Jung 1905c).

wozu er aber erst Gewissheit brauche. Deshalb bitte er Jung, den Verdächtigen unter Hypnose zu befragen. Jung lehnt ab, „da ein solches Unternehmen nicht nur technisch auf grosse Schwierigkeiten stösst, sondern auch an sich schon ziemlich aussichtslos ist" (Jung 1905c: 386f.). Stattdessen einigt man sich auf einen anderen „Plan" (Jung 1905b: 814). Ein Assoziationsexperiment, „das man in der Form einer gelegentlichen Konsultation leicht plausibel machen könne" (ebd.), solle den Verdacht bewahrheiten. Am nächsten Morgen geht das Experiment „glatt von statten" (ebd.: 815) und hat „einen durchschlagenden Erfolg" (Jung 1905c: 394): „Das Gesamtresultat dieses Versuches erschien mir so überzeugend, dass ich der Versuchsperson ohne weiteres erklärte, sie habe gestohlen. Der junge Mann, der bis dahin ein verlegen lächelndes Gesicht machte, erbleichte plötzlich und beteuerte mit grosser Aufregung seine Unschuld. Ich zeigte ihm nun einige Punkte im Versuch, die mir besonders überzeugend erschienen. Daraufhin brach er plötzlich in Tränen aus und gestand." (ebd.). Man sieht hier, wie die Geständnismotivierung unter den Bedingungen der Tatbestandsdiagnostik einen paradoxen Zug annimmt: Der – weiterhin unumgängliche – *Akt* des Gestehens vollzieht sich unter der Prämisse, dass das Geständnis im Selbstverrat ‚eigentlich' schon stattgefunden hat und nur mehr der Bestätigung bedarf.

In Jungs listigem Versuch am „jungen Mann" gerät eine institutionelle Ordnung aus den Fugen: Der Arzt wird Untersuchungsrichter, der Patient zum Inquisiten.[7] Das Verrücken institutioneller Positionen ist aber nicht nur unter der Bedingung der List und des Missbrauchs des Therapeuten-Amtes gegeben. Auch in der geschilderten Morduntersuchung, in der die Anwendung der Assoziationsmethode am Widerstand des Staatsanwalts gescheitert ist, wird der Beschuldigte zum Inquisiten, während der Untersuchungsrichter, der seine Inhaftierung von Alfred Groß' Diagnose abhängig machen will, in die Position des Inquirenten rückt.

Die Bedenken, die aus juristischer Perspektive geäußert werden, wiegen schwer. Der Wiener Oberstaatsanwalt Hoegel wendet ein, dass die „gewisse Loyalität", die die Strafprozessordnung dem Beschuldigten entgegenbringe,

---

7   Grundlage für diese Konfusion ist eine Verkennung der institutionellen Dimension der analytischen Situation. Es wird nicht gesehen, dass die Stellung des Analytikers in ihr nur so lange legitim sein kann, wie er sie im Hinblick auf das forum internum interpretiert. Die Position des Experten ist damit nicht kompatibel. Auch Freud hat sich mit seinem Beitrag zur Tatbestandsdiagnostik an dieser Konfusion beteiligt. Dazu Pierre Legendre: „Even the venerable Freud fell into the trap of a psychoanalysis which emanated from the legitimacy of his place, as can be seen in the lecture of future examining magistrates (1906): briefly, Freud showed how, by use of the method of free association, the charge can manipulate a suspect into confessing their crime." (Legendre 1997, 178)

durch das Verfahren grundsätzlich in Frage gestellt werde (Hoegel 1907/08: 31). Noch vehementer fällt die Ablehnung beim Tübinger Strafrechtsprofessor Beling aus, der in der Methode „das alte, glücklich beseitigte ‚Verhör'" wieder aufleben sieht. „[A]lle solche Kunststücke [würden] dem Inquisitionsprozeß wohl anstehen, nicht aber dem modernen Akkusationsprozeß." (Beling 1907: 798) Assoziationsexperimente seien ein „Frage- und Antwortspiel mit dem Angeklagten" (ebd.). Zu einem solchen aber könne der Angeklagte nicht angehalten werden, denn nach § 136 StPO ist er nicht zur aktiven Mitwirkung an seiner Überführung verpflichtet.[8]

Verdächtige im Vorverfahren zu diagnostizieren, ist mit der Dogmatik des modernen Strafprozesses nicht zu vereinen. Im Anklageverfahren kann die Tatbestandsdiagnostik institutionell nur den Stellenwert eines Gutachtens haben, dessen Würdigung dem Richter frei steht. Dass ein solches Gutachten allerdings die an Gutachten gestellten Bedingungen erfüllt, wird auch unter damaligen Kriminalpsychologen bezweifelt (vgl. Wittermann 1913). Gerade wenn, wie selbst Alfred Groß bemerkt hatte, das Experiment nicht eine rein technische, sondern immer zugleich eine juristische Tätigkeit ist, welche dem Richter vorbehalten bleiben müßte, dann drohen die institutionellen Grenzen zwischen Richter und Sachverständigem zu interferieren.

Dies tritt besonders scharf in einer weiteren schwarzen Stunde C. G. Jungs hervor, nämlich 1934 im berühmten Schweizer Mordprozess gegen Hans Näf (vgl. Spiegel 1937, Jung 1937). Die Indizien, die darauf hinweisen, dass der Zahntechniker Näf seine Frau Luise ermordet hat, sind erdrückend; allein, der Beschuldigte streitet die Tat ab. Verschiedene psychiatrische Gutachten werden eingeholt, Jung wird mit einem tatbestandsdiagnostischen Gutachten beauftragt. Der berühmte Psychiater kommt zu dem Ergebnis, „daß die durch das Experiment umschriebene psychologische Situation des Exploranden in keinerlei Weise derjenigen entspricht, die man bei einem sich als unschuldig bewußten Menschen erfahrungsgemäß erwarten könnte" (ebd.: 130). Die Ratifizierung dieses Gutachtens durch ein Geständnis des Exploranden blieb dann allerdings aus.

Wenngleich die Scheidung von Richteramt und Gutachter formal aufrecht erhalten bleibt, stellt sich hier wieder die entscheidende Frage: Kann es ein Gutachten über „Anzeichen eines schuldhaften Bewußtseins" (ebd.) geben? Ist nicht die Frage der Schuld bzw. des Schuldbewusstseins dem Richter vorbehalten? Das Schwurgerichtsurteil erkannte Näf für schuldig. Glücklicher-

---

8    1936 argumentiert Karl Balla, dass selbst eine Anwendung gegen den Willen des Verdächtigen rechtens sei, denn der Gesetzgeber habe mit § 81a StPO, der Duldungspflicht ärztlicher Untersuchungen, eine entsprechende Grundlage geschaffen (Balla 1936, 59).

weise wurde der Prozess, weil einige für den Beschuldigten sprechende Tatsachen nicht zur Kenntnis des Gerichts gelangt waren, wieder aufgerollt. Im Revisionsverfahren konnte erwiesen werden, dass Luise Näf Selbstmord verübt hatte, welchen Hans nachträglich, Luises Lebensversicherung halber, als Unfall tarnte. – Mit dem Fall Näf ist ein ganzes Dispositiv der Beschuldigten-Beobachtung an sein Ende gekommen (Schneider 1994: 399f.). Zum Zeitpunkt des Prozesses war die Tatbestandsdiagnostik freilich schon in die vereinigten Staaten exportiert und in den Lügendetektor implementiert worden.

Hugo Münsterberg, deutsch-jüdischer Einwanderer, widmet sich in seiner aussagepsychologischen Essaysammlung *On the witness stand* unter der Überschrift *The detection of crime* auch der Tatbestandsdiagnostik. Neben Jungs Diebstahlaufklärung kann er bereits von eigenen Erfolgen berichten. Zum einen konnte er mit einem tatbestandsdiagnostischen Experiment im Aufsehen erregenden Haywood-Prozess gegen anarchistische Attentäter die Glaubwürdigkeit eines Geständnisses bestätigen: Der geständige Bombenwerfer Harry Orchard hatte eine weitere Person der Mittäterschaft bezichtigt (Münsterberg 1913: 92-102; vgl. auch Lukas 1998: 684-601).

Den anderen Erfolg kann er aus seiner psychiatrischen Praxis vermelden (vgl. ebd.: 102-105): Ein junges Mädchen, offenbar nervenschwach und blutarm, konsultiert den Therapeuten wegen Konzentrationsschwierigkeiten, sie steht vor ihrem College-Examen. Nach ihrem Lebenswandel gefragt, gibt sie unter anderem die Auskunft, regelmäßig und üppig zu speisen. Außerdem sei ihr das Kaufen von Süßigkeiten verboten. Münsterberg führt ein Assoziations experiment durch und bemerkt bald eine „candy-emotion" (ebd.: 103). Als er sie mit dem Verdacht konfrontiert, keine regelmäßigen Mahlzeiten, statt dessen aber pfundweise Süßes zu sich zu nehmen, geht die experimentelle Diagnose – ähnlich wie bei Jungs Überführung des jungen Mannes – in ein Geständnis über: „With tears she made finally a full ‚confession'. She had kept her injudicious diet a secret, as she had promised her parents not to spend any money for chocolate." (ebd.: 105). Das Beispiel führt Münsterberg zufolge vor, wie nützlich die psychologische Tatbestandsdiagnostik auch „outside the sphere of law" sein könnte, nämlich in Therapie und Erziehung. Der psychologische Arzt könne seinen „consulting-room" durch ein Experimentallabor ersetzen; und wenn der Erzieher mit ihr ausgestattet werde, könne in schulischen Ermittlungen „the ‚third degree' of the school" abgeschafft werden (ebd.).

Münsterbergs junges Mädchen, C. G. Jungs als Dieb entlarvter junger Mann auf der einen Seite, das Beispiel Hans Näf auf der anderen Seite sind paradigmatisch für die Stellung der Tatbestandsdiagnostik zum Geständnis. Ob die Zeichen, die während des Versuchs produziert werden, ein Selbstverrat *gewesen sein werden*, entscheidet sich erst bei Vorliegen eines Geständnisses. Das Verfahren bleibt auf einen Geständnisakt angewiesen, den es auf eigenartige Weise als Ähnliches antizipiert. So verhält es sich auch in den Versuchen bei Untersuchungsgefangenen, die Philipp Stein mit Genehmigung der Züricher Staatsanwaltschaft und in Anwesenheit eines Untersuchungsrichters vornimmt: Entweder liegt ein Geständnis schon vor dem Experiment vor, oder der Versuch geht am Ende in ein Geständnis über (vgl. Stein 1909). Fehlt jedoch – wie im Fall Näf – der Geständnisakt, bleibt der *Sinn* der verzeichneten „charakteristischen Merkmale" ungewiss. So kommt auch Ernst Rittershaus 1912 zu dem Ergebnis, dass die psychologische Tatbestandsdiagnostik höchstens „einmal hier und da ein weiteres Glied zu einem Indizienbeweise liefern oder den Verbrecher durch den moralischen Eindruck des Experiments zum Geständnis veranlassen könnte" (Rittershaus 1912: 103). – Hier zeigt sich noch in der Ablehnung die doppelte Verschiebung, die für das Verfahren so charakteristisch ist: die Ausweitung der Spurenerhebung auf den Körper und die Psyche des Verdächtigen und die Verschiebung im Kräfteverhältnis, die die Experimente zu einer Form der Geständnismotivierung macht. Der von seiner Kunst überzeugte C. G. Jung meint freilich aller Kontingenz überhoben zu sein. Dies ist wohl nicht nur eine persönliche Fehleinschätzung, sondern beispielhaft für eine Epoche und ihren Glauben an technische Aufzeichnungsmedien und statistische Auswertungen. Die psychologische Tatbestandsdiagnostik ist in dieser Perspektive der Eintritt von Vernehmung und Geständnis in ein *Aufschreibesystem 1900*: ein „Aufschreibesystem exhaustiver Unsinnserfassung" (Kittler 1994: 355).


6.


Die Vorstellung, eine reine *Technik* wie die Tatbestandsdiagnostik könne an die Stelle des Geständnisses oder an die Stelle der Geständnismotivierung treten, hat mit der Wirklichkeit der Strafverfolgung zwar wenig zu tun, nimmt aber in der diskursiven Formation um 1900 mehr Raum ein als die Erörterung der praktische Frage, wie man im Untersuchungsverfahren ein Geständnis herbeiführen kann. Überhaupt gilt über die Vernehmung des Beschuldigten: „Viele Regeln lassen sich leider nicht aufstellen, und wer die Geschicklichkeit, mit einem Beschuldigten zu verkehren, nicht von Hause aus hat, der wird sie zumeist auch nicht erwerben." (Groß / Höpler 1921: 16) Das Wissen, wie man zum Akt des Gestehens motiviert, erscheint um 1900 auf der einen Seite als ein

je besonderes, nicht theoretisierbares praktisches Wissen[9]; und auf der anderen
Seite steht jede anhaltende Bemühung um das Geständnis tendenziell unter dem
Verdacht, einen Zwang auszuüben, der nicht nur unzulässig sein mag, sondern
auch zu *falschen* Geständnissen führt.

Tatsächlich wird das Wissenswerte über das Geständnis und seine
Motivierung vorzugsweise über *anekdotische Fallgeschichten* zur Darstellung
gebracht, in denen die Nachrichten über falsche Geständnisse eher überwiegen
und zur stets erneuerten Warnung dienen, sich auf das bloße Geständnis
keinesfalls zu verlassen. Die Bezeichnung ‚anekdotisch' verdienen solche oft
belanglosen Geschichten, weil sie sich darauf beschränken, in kurzen Mitteilungen jenes besondere *Motiv* – jenen einzelnen Zug – zu isolieren, das zum
falschen Geständnis und seiner verfehlten Würdigung geführt hat, ohne die
Situation des Gestehens in ihrer Komplexität zu entfalten. Unter dem Titel *Ein
unwahres Geständnis* etwa wird vom Rechtsanwalt der Beschuldigten mitgeteilt,
wie diese auf Drängen ihres Dienstherrn mit den Worten „nun ist mir ein Stein
vom Herzen" (Kroch 1907: 177) einen an ihm vermeintlich begangenen
Diebstahl zugibt und später vor der Polizei wiederholt, damit – so die einfache
Deutung – „die ewige Quälerei zur Erlangung eines Geständnisses und ihre
Aufregung aufhöre" (ebd.: 181). Ein anderer Beitrag berichtet unter der Über-
schrift *Erpressung von wahren und falschen Geständnissen* unter anderem von
einem Richter, der eine „der Fruchtabtreibung beschuldigte Person" mit der
Drohung zum Geständnis bringt, er werde sie andernfalls „sofort verhaften und
quoad genitalia untersuchen lassen" (Näcke 1906: 377) – die bedenkliche
Pointe, dass die Unschuld der Geständigen dann aber tatsächlich durch eine
„Untersuchung" erwiesen werden muss, die „den jungfräulichen Zustand ihrer
Geschlechtsteile" (ebd.) an den Tag bringt, wird vom Verfasser dann allerdings
nicht mehr gewürdigt.

Auch Ernst Lohsing verweist in seiner Monographie über das Geständnis
im Abschnitt „Geständnisse aus Zwang" auf verschiedene Beispiele aus der
jüngeren Vergangenheit, „in welchen in geradezu barbarischer Weise Geständnisse erpresst wurden" (Lohsing 1905: 124), die sich dann natürlich als falsch
erweisen (wären sie es nicht, büßten sie das Anekdotische ein und würden statt
dessen zu *exempla*). Unter diese Rubrik fasst er aber auch Geständnisse, die sich
keinem äußerlichen, sondern einem innerlichen, „psychologischen" Zwang

---

9   Dass dieses Wissen sich kaum von demjenigen unterscheidet, das in der Spätzeit des In-
    quisitionsverfahrens formuliert wurde, zeigt der Verweis auf Jagemanns Handbuch der
    Gerichtlichen Untersuchungkunde (Jagemann 1838) im Handbuch für Untersuchungsrichter
    (Groß / Höpler 1922, 144) – und zwar in der Anmerkung zu der Feststellung: „Anlangend die
    Vernehmung des Beschuldigten, dem Schwierigsten im Amte des Untersuchungsrichters und
    seinen Prüfstein, läßt sich nur auf einige wenige Punkte verweisen" (ebd.).

verdanken. Auch das um 1900 immer wieder auftauchende Thema des „sich dem Zwange der Suggestion" (ebd.: 126) oder verschiedenen „psychopathischen Gründen" (ebd.: 127) verdankenden Geständnisses ist geeignet, das Geständnis insgesamt in die Nähe pathologischer Erscheinungen zu rücken. Am anderen Ende des Geständniszwanges, der durch die barbarischen oder ausgefeilten Methoden von Untersuchungsbeamten ausgeübt wird, stehen die krankhaften Selbstbezichtigungen, bei denen sich die Betreffenden spontan an die Institution wenden, um ein Geständnis abzulegen, um das sie nicht gebeten worden sind. Lohsing (ebd.: 129) gibt unter anderem das Beispiel einer Frau, die sich mehrfach fälschlich der Brandstiftung sowie anderer Verbrechen angeklagt hat, und deren trauriges Schicksal der Jurist und Schriftsteller Ernst Wichert auch zu einer *Sie verlangt ihre Strafe* betitelten Novelle verarbeitet wurde (Wichert 1900).

Ähnlich breitet der Landrichter Arthur Henschel in dem Aufsatz *Der Geständniszwang und das falsche Geständnis* aus dem Jahre 1914 eine Fülle von Material, um das Geständnis als eine fehleranfällige Sache erscheinen zu lassen und zu dem Ergebnis zu kommen: „Was nun die Ursachen des falschen Schuldbekenntnisses anbetrifft, so treten aus der Fülle der Erscheinungen zwei Typen in den Vordergrund: *das pathologische Moment und der Geständniszwang.*" (Henschel 1914: 29) Unter letzteren fallen ihm zufolge aber nicht nur die barbarischen Methoden, sondern jegliche Art „*psychologischen Zwanges*", deren Anwendung gewissermaßen das ‚pathologische Moment' der Untersuchungsmethoden bezeichnet. Dazu zählt Henschel die „sog. *Tatbestandsdiagnostik*" (ebd.: 13) ebenso wie jene „Art der Suggestion […], welche durch die *inquisitorische Vernehmungsmethode* ausgeübt wird" (ebd.: 21), die „Zusicherung von irgendwelchen Vorteilen für den Fall eines Geständnisses" ebenso wie jedwede „auf die Erlangung eines Geständnisses gerichteten Überredungsversuche" (ebd.: 31) – also letztlich alles, womit man zum Geständnis motivieren kann. Die „elementarste Voraussetzung eines glaubwürdigen Geständnisses" sei nämlich „*vollständige Freiwilligkeit*" (ebd.: 30). Nur das unmotivierte, als reiner Rechtsakt in Erscheinung tretende Geständnis soll es geben, weshalb die *Situation*, in der das Geständnis im Rahmen einer kommunikativen Verflechtung abgelegt wird, vollkommen ausgeblendet bleiben muss. Unter rühmender Bezugnahme auf die angelsächsische Tradition behauptet Henschel entsprechend, „daß die meisten Schuldbekenntnisse abgelegt werden, *ohne daß es überhaupt eines äußeren Anstoßes bedarf.*" (ebd.: 37).

Mit der Propagierung des isolierten Geständnisaktes befindet sich Henschel nicht etwa in einer Gegenposition zu der Auffassung des Geständnisses als einer tendenziell pathologischen Erscheinung. Vielmehr ist er um 1900 der erste, der die äußerste Konsequenz daraus zieht.[10] Weil alle gleichsam empirischen Geständnisse unter Verdacht stehen, durch einen durchschaubaren Geständniswunsch von Seiten der Beamten verunreinigt zu sein (statt allein von einem undurchschauten Geständniswunsch des betreffenden Subjekts), möchte er am liebsten folgende Bestimmung in die Strafprozessordnung eingerückt wissen: „Unzulässig sind alle Einwirkungen auf die Entschließung des Beschuldigten, welche auf die Erlangung eines Geständnisses gerichtet sind." (Ebd.: 40)

In jeder behördlichen Bemühung um das Geständnis stecken schon jene Methoden der Pathologisierung, die „des modernen Kriminalisten nicht würdig sind" und von Henschel unter anderem durch die folgende Anekdote in ihrer Schauerlichkeit veranschaulicht werden: „In der Untersuchung gegen einen Raubmörder wurde ermittelt, daß dieser eine Mutter hatte, an der er trotz aller Verdorbenheit mit großer Liebe hing. Diesen Umstand nützte der Untersuchungsrichter aus, um ein Geständnis herbeizuführen. Kurz vor 12 Uhr nachts begab er sich in das Gefängnis, sprach mit dem Angeklagten von seiner Jugend, und in demselben Augenblicke, als die Gefängnisglocke die Mitternachtsstunde zu schlagen begann, rief er eindringlich: ‚O arme Mutter!' Dem war der Verbrecher nicht gewachsen und gestand." (ebd.: 35).

## 7.

Einem ‚modernen Kriminalisten' würdig ist unter diesen Voraussetzungen allein der Gebrauch der Kriminal*technik*. Zum Geständnis darf nur motiviert werden, indem dem Beschuldigten in möglichst sachlicher und unbeteiligter Form das Material vorgelegt wird, das gegen ihn spricht.

Der vorzügliche Stellenwert kriminaltechnischen, besser: kriminalistischen[11] Wissens zeigt sich besonders deutlich im Vergleich von Hans Groß' *Handbuch für Untersuchungsrichter* mit Jagemanns fünfzig Jahre früher erschienenem *Handbuch der gerichtlichen Untersuchungskunde*. Jagemann baut sein Handbuch noch entsprechend dem Gang des Untersuchungsverfahrens auf und handelt der Reihe nach die „Grundsätze der Voruntersuchung", die „Behandlung der Untersuchungs-Gefangenen", die „Grundsätze des Criminalverhörs" ab, um schließlich mit „Form, Ergänzung und Schluß der Acten" zu

---

10    In jüngster Zeit hat vor allem Andreas Ransiek eine ähnliche Position vertreten (vgl. Ransiek 1994).

11    Zu Begriff und Umfang der Kriminalistik als Disziplin Groß / Höpler 1922, X-XIII. – Unter den neueren Forschungsarbeiten zur Kriminalistik Anfang des 20. Jahrhunderts sei hier verwiesen auf Milos Vecs *Spur des Täters* (Vec 2002).

enden (vgl. Jagemann 1838: Bd. 1, IX-XXXII). Der Teil über das Verhör ist der umfangreichste überhaupt, umfangreicher als der über die Voruntersuchung, der seinerseits schon umfänglich das Verhör von Personen behandelt, die bei Inaugenscheinnahme des Tatorts angetroffen werden.

In Groß' Handbuch haben sich sowohl die Textanteile als auch der Aufbau drastisch geändert. Gang und Institutionen des Untersuchungsverfahrens halten – unter den Titeln „Untersuchungsrichter", „Vernehmung" und „Aufnahme des Augenscheines" – allenfalls noch für die Gliederung eines *allgemeinen Teiles* her, der weit weniger als ein Fünftel des Handbuchs wiegt (vgl. Groß / Höpler 1922: Bd. 1, XVIII-XXIV). Im *besonderen Teil* wird Wissen der Kriminalistik selbst und anderer Disziplinen vermittelt, sofern es kriminalistisch von Interesse ist. Unter weitläufigen Überschriften werden heterogene Felder zusammengestellt, zum Beispiel: unter „Der Sachverständige und seine Verwendung" die kriminellen Potentiale verschiedener Geisteskrankheiten, die Mikroskopie und die Photographie; unter „Kenntnisse des Untersuchungsrichters" die Identitätslehre (Bertillonage und Daktyloskopie), Gaunerkniffe, Zigeunereigenschaften und Waffen; unter „Einzelne Fertigkeiten" Fuß- und andere Spuren, Blutspuren, Dechiffrierkunde; unter „Besondere Delikte" charakteristische Körperverletzungen, Diebstahl, Betrügereien, Brandlegung.[12] Die einzelnen Kapitel bieten jeweils einen Apparat mit Verweisen auf kriminalistische Literatur, oftmals Aufsätze in Groß' *Archiv*; und so, wie das Handbuch von Ausgabe zu Ausgabe aktualisiert wird, wird auch auf die neuesten Errungenschaften verwiesen. Mit diesem Aufbau macht sich die „Kriminalistik" vom „Strafrecht" los. Sie muss, wie es im Vorwort zur dritten Auflage heißt, „ihre eigenen Wege gehen und der nach ihrer Eigenart vorgeschriebene Weg ist der naturwissenschaftliche" (ebd.: Bd. 1, V).

Der moderne, naturwissenschaftlich vorgehende Kriminalist bringt die so genannten „Realien" eines Verbrechens ans Licht. Diese haben gegenüber Zeugen- und Beschuldigtenvernehmungen unschätzbare Vorteile: „Eine aufgefundene und verwertete Spur, eine korrekte und wenn noch so einfache Skizze, ein mikroskopisches Präparat, eine dechiffrierte Korrespondenz, eine Photographie von Personen oder Sachen, eine Tätowierung, ein restauriertes, verkohltes Papier, eine sorgfältige Vermessung und tausend andere Realien sind ebenso viele, unbestechliche, einwandfreie, jederzeit neu revidierbare und ausdauernde Zeugnisse, bei welchen Irrtum und einseitige Auffassung geradeso

---

12 Dies bezieht sich auf die siebte Auflage von 1922. Das Handbuch wurde seit seiner Erstauflage von 1893 mehrfach neu strukturiert und sogar neu betitelt. Der wachsende Stellenwert kriminalistischer Methoden im 20. Jahrhundert wird nicht nur im Vergleich mit Jagemanns Handbuch deutlich, sondern ließe sich auch an der Entwicklung der Auflagen des von Groß begründeten Handbuchs selbst nachweisen.

ausgeschlossen sind, wie böser Wille, Verleumdung und unerlaubte Hilfe. Mit
jedem Fortschritt der Kriminalistik fällt der Wert der Zeugenaussagen, und es
steigt die Bedeutung der realen Beweise [...]." (ebd.: Bd. 1, VII) Und ebenso –
möchte man hinzufügen – fällt der Wert der Beschuldigtenaussage. Gleichwohl
behält das Geständnis seinen „suppletorischen" (Lohsing 1905: 68) Charakter.

Die Fälle von kriminalistischer Täterüberführung sind unzählig – der, den
Heinrich Švorčik, Gerichtsadjunkt in Reichenberg, nach eigener Untersuchung
in Groß' *Archiv* darstellt, ist wegen des sich anschließenden Geständnisses
besonders beispielhaft (Švorčik 1906). Am Morgen des 31. Juli 1905 wird in
Oberrosenthal bei Reichenberg eine männliche Leiche gefunden. Wegen ihrer
eigentümlichen Lage sieht sich der Untersuchungsrichter veranlasst, Fotografien
anfertigen zu lassen und den Gerichtsarzt zum Lokalaugenschein hinzuzuziehen.
Man kommt zu dem Schluss, dass das Opfer „infolge des Blutverlustes auf der
Stelle wo er gefunden wurde, zusammenbrach [...], auf diese Weise erfolgte die
Umkippung des Oberkörpers oberhalb der Knie" (ebd.: 270). Nach dem
Obduktionsprotokoll ist die wichtigste und tödliche Verletzung eine tiefe
Wunde in der rechten Ellenbogenbeuge, die die Armschlagader durchtrennt hat.
Man ermittelt, dass das Opfer nach einer Tanzveranstaltung in eine Rauferei
geriet. Daraufhin werden nach der anfänglichen Festnahme von insgesamt acht
Personen drei junge Männer, D. und die Brüder K., verhaftet. Die Brüder
belasten D., dieser wiederum legt die Tat Josef K. zur Last. Zeugen, zwei
Mädchen, können nur Nebensächliches angeben. In dieser Beweislage hätte, so
Švorčik, „selbst der eifrigste Schwärmer für die Anhäufung der Zeugenbeweise
mit Sammeln von Zeugenprotokollen nicht viel ausgerichtet", und    „das
Beharren der drei Beschuldigten bei ihren Aussagen [ließ] die Entdeckung des
eigentlichen Täters sehr fragwürdig erscheinen" (ebd.: 271).

Aber der Fortgang des Falles zeigt, dass ein „Untersuchungsrichter,
welcher heute noch [...] den Wert der Realien übersieht, [...] unter den Untersuchungsrichtern vollkommen veraltet" ist (ebd.: 269). Am dritten Tag der
Untersuchung wird nämlich die Tatwaffe gefunden: ein Taschenmesser, dessen
große Klinge genau zum Kanal der tödlichen Wunde passt. Das Messer hat die
Besonderheit, dass eine zweite, kleinere Federklinge nicht mehr in die Falz
zurückklappbar ist, sondern heraussteht. Nun bemerkt man bei D. eine Hand-
verletzung. Weil man befürchtet, D. werde „nach Besichtigung der Hände durch
den Untersuchungsrichter die etwa vorhandene Wunde einfach samt den sie
umgebenden Fleischteilen durch einen kräftigen Biß entfernen" (ebd.: 272),
zieht man gleich einen Gerichtsarzt hinzu. Das Gutachten stellt fest, dass die
kleinere Klinge des Messers genau in die Wunde fällt, wenn dieser das Messer
zum Stoß führt, und dass die Ränder der Wunde auf ein entsprechendes Alter

deuten. Auf dieses Gutachten hin „gestand D., den Verletzten allein gestochen zu haben, und erklärte über Befragen, warum er beharrlich alles leugnete und zwar bis zu dem Zeitpunkte der Untersuchung der Hand freimütig: ‚Jeder leugnet, so lange er kann, und erst wenn die Beweise da sind, so gesteht er ein.'" (ebd.: 272f.) – Eine bessere Expertise über das geeignetste Mittel zur Erlangung von Geständnissen kann man sich nicht wünschen. Und eine bessere Art Geständnis kann man sich ebenfalls nicht wünschen, handelt es sich doch um eines, was nach Vorlage aller ermittelten Tatsachen zur einzig verbliebenen Frage, der Tatfrage nämlich, „Ja" sagt. In beweistheoretischer Hinsicht erweist sich das kriminalistisch motivierte Geständnis tatsächlich als suppletorisch: Es markiert den Übergang zum unendlich Wahrscheinlichen, insofern mit ihm aller Einspruch verstummt.

## 8.

Diese Privilegierung der – um es mit Wilhelm Snell zu sagen – ‚künstlichen Behandlungsmethode' in den kriminalistischen Diskursen um 1900 impliziert eine weitgehende Ausblendung der intersubjektiven Dimension und eine Verkürzung der institutionellen Dimension des Verhörs. Wilhelm Snell verband mit der Frage nach der Behandlungsmethode im Verhör eine *anthropologische* Perspektive, nach der der Untersuchungsrichter *zugleich* als Mensch involviert war. Von einer derartigen Emphase ist man um 1900 weit entfernt – umso mehr, als man auch ohne Geständnis auskommen kann. Anders als im Diskurs Wilhelm Snells erscheint die Behandlungsmethode als bloße – innerhalb der Textsorte ‚Anleitungsliteratur' vermittelbare – Technik. Die Forderung, den Beschuldigten „als Menschen" (Kley / Schneickert 1927: 148) zu behandeln, gibt nunmehr eher die äußere Rahmenbedingung ab. Innerhalb des dadurch eröffneten Spielraumes wird die Art und Weise, in der der Vernehmungsbeamte dem Beschuldigten entgegentritt, unter dem Aspekt eines bestimmten – frei wählbaren – Rollenverhaltens vorgestellt, das sich nach der jeweiligen Eigenart des Beschuldigten richtet und keinerlei Involvierung in die kommunikative Situation der Vernehmung impliziert.

So unterscheiden etwa Albert Weingart und Arnold Lichem in ihren Handbüchern ähnlich wie Snell zwischen der Gewinnung eines Geständnisses durch „Einwirkungen auf den Verstand" und durch „Einwirkungen auf das Gemüt" (Weingart 1904: 10 und 12; Lichem 1935: 397f.), ohne aber letztere als ‚natürliche' Methode auszuzeichnen oder die daraus entstehende Situation als solche und im Hinblick auf ihre ‚Echtheit' zu analysieren. Es wird gewissermaßen vorausgesetzt, dass es *keine Gemeinschaft* zwischen dem Beamten und dem Beschuldigten gibt. Auf das Gemüt kann man dann einwirken durch äußerliches „Bezeigen von Anteilnahme", „Erregen des Ehrgefühls", „Energisches Auftreten" und „Gemütserschütterung" (Weingart 1904: 12ff.; fast gleichlautend Lichem 1935: 398). Lichem gibt einen bezeichnenden Hinweis auf besonders erfolgversprechende Gemütserschütterungen. Da diese nicht aus der Beziehung zwischen dem Beamten und dem Beschuldigten erwachsen können, lassen sie sich am ehesten durch Hinzuziehung einer weiteren Person herstellen: „So namentlich vermochte der Anblick der eigenen Mutter die schwersten Verbrecher zum Geständnisse zu bringen." (Lichem 1935: 398; ähnlich Weingart 1904: 14f.)

In eigener Person kann und darf der Vernehmungsbeamte im Grunde nicht erschüttern. Denn er muss sich, wie es bei Groß heißt, durch *„leidenschaftslose Ruhe", „peinlichste und ängstliche Wahrheit", „unbedingte Furchtlosigkeit"* sowie durch *„Menschenfreundlichkeit"* auszeichnen (Groß / Höpler 1921: 16f.). Diese Menschenfreundlichkeit beinhaltet aber kein Sich-Einlassen auf die Situation des Verhörs, in dem die Unterscheidung zwischen Rollenverhalten und institutioneller Position problematisch würde. Vielmehr heißt es nur lapidar, die „menschenfreundliche Behandlung" mache auch den „Verworfenste[n] [...] leichter zugänglich"; sie sei besonders geeignet, ein „erleichterndes Geständnis" (ebd.) hervorzurufen. Worin sie aber bestehen soll und wie weit sie aber gehen darf, dafür sind offenbar eher moralische als rechtliche Erwägungen zuständig. Die „so oft geübte Vertraulichkeit, der so genannte ‚gemütliche Verkehr'" ist nämlich „von wahrer Menschenfreundlichkeit" streng zu unterscheiden: „So aufzutreten ist widerlich und falsch" (Groß / Höpler 1921: 17). In verräterischer (moralisierender und ästhetisierender) Wortwahl wird auf die Distanz hingewiesen, die im ‚gemütlichen Verkehr' *scheinbar* eingeebnet wird, in Wahrheit aber stets aufrecht erhalten werden muss. Wer sich mit dem Beschuldigten ‚gemein macht', betrügt ihn, indem er ihm vorgaukelt, das Verhör sei etwas anderes als ein Verhör. Im Grunde ist jedes *Band* zwischen dem Vernehmungsbeamten und dem Beschuldigten schon deshalb unangemessen, weil es nur ein scheinbares Band sein kann. Nur als Mittel zum Zweck nimmt der Beamte eine vertrauliche Haltung an, weshalb solche „Hilfsmittel" *„mit den Anforderungen von Moral und Anstand, mit der sittlichen Würde des Staates und der Autorität des Beamten schlechterdings nicht in Einklang zu bringen sind"* (Henschel 1914: 36).

Wenn das Verhalten des Beamten im Verhör bzw. der Vernehmung immer schon unter dem Aspekt des Rollenverhaltens beschrieben wird, so muss dieses Verhalten auf der einen Seite zu der Stellung des Beamten passen, es wird aber auf der anderen Seite vorausgesetzt, dass es durch diese Stellung nicht zureichend bestimmt sein kann. Die Kluft zwischen beiden ist der Spielraum *taktischer* Erwägungen. Arthur Henschel stellt fest, dass „die Ansichten darüber, was von diesem Standpunkt aus zulässig und unzulässig ist, sehr weit auseinander" (ebd.) gehen. Was den ‚gemütlichen Verkehr' angeht, zitiert er die *Kriminaltaktik* von Albert Weingart aus dem Jahre 1904 (das erste Buch, das diesen Term im Titel führt); bei ‚erfahrenen Verbrechern' erziele „der geübte Polizeibeamte [...] manchmal dadurch ein Geständnis, dass er sie mit einer gewissen Gemütlichkeit behandelt, ja, wie der ehemalige Kriminalkommissar Weien empfiehlt, sie auch mit einem Butterbrot und einem Glas Bier traktiert." (Weingart 1904: 12f.)

Wer wie Henschel radikal auf der Fiktion des reinen Aktcharakters des Geständnisses beharrt, dem muss eine solche Vorstellung freilich ‚widerlich' sein. Die polemischen Worte, in denen er seine Aversion zum Ausdruck bringt, zeigen aber nur einmal mehr, dass die kommunikativen Vorgänge im Verhör unter dieser Voraussetzung jeder näheren Analyse entzogen bleiben: „Es fehlte tatsächlich nur noch, daß sich der gastfreie Polizeibeamte nicht auf *ein* Glas Bier beschränkt, sondern die Quantitäten beliebig steigert.[13] Dann wären wir glücklich so weit wie die Bantu-Neger in Ost-Afrika, welche dem leugnenden Angeklagten ein berauschendes Getränk verabreichen, um auf diese Weise ein Geständnis zu erzielen." (Henschel 1914: 36).

Eine eigentliche *Anleitung* zum ‚gemütlichen Verkehr' kann es allerdings nicht geben, und Weingarts Darstellung gibt sie auch eigentlich nicht, da er eine diesbezügliche Empfehlung lediglich *zitiert*. Spätere Äußerungen zum ‚gemütlichen Verkehr' verfahren ähnlich; sie weisen darauf hin, dass es so etwas gibt und dass es unter bestimmten Voraussetzungen zum Geständnis motiviert. Im *Handwörterbuch der Kriminologie* liest man etwa im Artikel über das Geständnis: „Ältere Polizeibeamte erreichen ein Geständnis öfter durch eine gewisse Kordialität und Bonhommie, mit der sie die Beschuldigten zu behandeln wissen, vor allem ‚alten Bekannten' gegenüber." (Hartung 1933: 604) Und bei Arnold Lichem heißt es, „der geübte Kriminalpolizist" vermöge nicht selten „dadurch ein Geständnis zu erreichen, daß er den Täter mit einer Art Gemütlichkeit behandelt, daß er sich mit ihm in ein Gespräch einläßt, welches Menschen gleicher gesellschaftlicher Schichtung unter gewöhnlichen Verhältnissen abzuwickeln pflegen." (Lichem 1935: 398) Nähere Erklärungen dazu oder gar

---

13  Das ‚Traktieren' mit alkoholischen Getränken erscheint als doppelt fragwürdig, weil es auf der einen Seite die Freiheit der Willensentscheidung zu beeinträchtigen in der Lage ist, und auf der anderen Seite als Trinken in Gesellschaft eine falsche Situationsdefinition nahe legt; Henschel vermischt diese beiden Fragwürdigkeiten. Für die Fragwürdigkeit einer solchen Behandlung um 1800 vgl. – anhand einer Kriminalgeschichte – Niehaus 2004.

konkrete Beispiele für diese kommunikative Gestaltung des Verhörs werden allerdings nicht gegeben. Sie haben in der diskursiven Formation der Kriminalistik keinen Platz.

Auf einer programmatischen Ebene ändert sich das bis zu einem gewissen Grade in den dreißiger Jahren. Dies verbindet sich mit einer ‚neuen' Disziplin, die einen belasteten Namen trägt – der *Kriminalbiologie* (vgl. Schwartz 1997). Der ausführliche Artikel zur *Vernehmungstechnik* im Handwörterbuch der Kriminologie ist von Adolf Lenz verfasst, dem Nachfolger von Hans Groß auf dem Kriminologischen Lehrstuhl in Graz, der schon mit seinem *Grundriss der Kriminalbiologie* hervorgetreten war (Lenz 1927). Was dabei im Vordergrund steht, ist aber nicht die psychophysische Einheit des Verbrechers, sondern das Ganze der Vernehmungssituation. „*Biologische Vernehmungstechnik*" bezeichne die „aus den Ergebnissen der Kriminologie sowie der *Erfahrung* des Vernehmenden geschöpfte *Kunst der bestmöglichen Gestaltung der Vernehmung* unter Verwertung der Persönlichkeit des Vernehmenden wie des Vernommenen. Diese Technik hat infolge der Wechselseitigkeit des Erlebnisses sowohl die Einzeleinstellung des Vernehmenden wie die des Vernommenen als auch die wechselseitige Einwirkung beider zum Gegenstande." (Lenz 1936: 934f.) Unter dieser Voraussetzung tritt eine neue Emphase auf den Plan. „*Seelischer Kontakt mit dem Vernommenen*" steht auf dem Programm, „*Einfühlung* in das Verstandes-, Gemüts- und Willensleben des Vernommenen" (ebd.: 936). Distanz soll sich in „*Resonanz* des wechselseitigen Verständnisses verwandeln", was etwa „durch das wechselseitige ‚Ins-Auge-Blicken'" geschehen könne (ebd.) Daraus ergibt sich insbesondere „für die Beschuldigtenvernehmung als erste Aufgabe, die Vernehmung zu einem *emotionalen* Erlebnis des Beschuldigten mit Symptomen der Echt- oder Unechtheit zu gestalten" (ebd.: 948).

# Leerstelle ‚Geständnismotivierung'
## Zu einem blinden Fleck im kriminalistischen Diskurs ab den 1960er Jahren

*Norbert Schröer / Ute Donk*

Mit der 1953 eingeleiteten und sich dann zwanzig Jahre hinziehenden Strafrechtsreform erfuhr in der Bundesrepublik die Position des Beschuldigten im Strafverfahren eine weitergehende Stärkung. Angestoßen wurde die Reform durch die in der Nachkriegszeit einsetzende Diskussion um die Menschenrechte. Die Ergebnisse dieser Diskussion sind in völkerrechtlichen Bestimmungen, vor allem in den Vorschriften der Europäischen Menschenrechtskommission sowie in dem Internationalen Pakt über bürgerliche und politische Rechte vom 19. 12. 1966, der 1973 von der Bundesrepublik ratifiziert und der 1976 in ihrem Geltungsbereich verbindlich wurde, festgehalten. Sie geben den übergeordneten Rahmen ab, in dem die Handlungsmöglichkeiten eines Beschuldigten erweitert und rechtlich abgesichert sind. Der Beschuldigte avancierte infolge der Liberalisierung des Strafverfahrensrechts, das seitdem stärker als zuvor dem Grundsatz des Fair Trial verbunden ist, zum vollgültigen Prozesssubjekt.[1]

Ausdruck findet die gestärkte Stellung des Beschuldigten zuerst in einer generellen Unschuldsvermutung.[2] Die Positionierung als Prozesssubjekt gebietet es überdies, den Beschuldigten in den Stand zu versetzen, auf gleicher Augenhöhe mit dem Vernehmer den Sachverhalt aushandeln zu können. Von daher gesteht die StPO ihm das Recht auf eine explizite und für ihn nachvollziehbare Einweisung in sein Verfahren und in seine Verfahrensrechte zu. Insbesondere muss er vorab darauf hingewiesen werden, dass es ihm frei steht, sich in der Vernehmung zur Sache zu äußern.[3] Ihm ist zu eröffnen, dass er einen Rechtsanwalt zu Rate ziehen und selbst Beweisanträge stellen kann. Kurz: Der Beschuldigte ist nicht nur nicht gezwungen, sich an seiner Überführung zu beteiligen. Er soll auch in die Lage versetzt werden, in seiner Sache kompetent Verfahrensentscheidungen treffen zu können.

---

1   Bei Wulf sind die wesentlichen liberalen Rechtsstaatselemente zusammengefasst (1984: 5–28). Zur historischen Entwicklung des rechtsstaatlich-liberalen Verfahrensrechts siehe Schmidt 1965: 282–353.

2   Ausführlich wird das ‚nemo-tenetur-Prinzip' erläutert in Bosch in 1998.

3   Der Beschuldigte hat nicht nur das Recht, jede Mitarbeit abzulehnen. Er verfügt sogar über die Möglichkeit, vorsätzlich falsche Angaben zu machen, ohne dafür Sanktionen befürchten zu müssen (Walder 1965: 71–81, Döhring 1964: 185). Darauf muss er aber nicht eigens hingewiesen werden.

Vor diesen Hintergrund stellt sich noch radikaler als für die Zeit nach 1877 die Frage, mit welchen kommunikativen Mitteln ein polizeilicher Vernehmer die Kooperativität und insbesondere die Geständigkeit eines Beschuldigten erwirken kann. In diesem Beitrag werden wir zeigen, wie dieses Handlungsproblem im kriminalistischen Diskurs aufgegriffen und verhandelt wurde. Wir wenden uns dabei sowohl der kriminalistischen Anleitungsliteratur als auch den Beiträgen der wissenschaftlichen Kriminalistik zu.[4] Beginnen werden wir mit der Darstellung der kriminalistischen Anleitungsliteratur in den 60er und 70er Jahren.

## 1.

Anders als nach der Einführung des Modernen Anklageprozesses mit Ermittlungsgrundsatz um 1877 beschäftigte sich der die letzte große Strafprozessrechtsreform begleitende kriminalistische Diskurs recht eingehend mit der Aushandlungsposition des Vernehmers in den Beschuldigtenvernehmungen. Im Vordergrund standen situationsnahe und konkrete Empfehlungen darüber, wie ein Vernehmer einen Beschuldigten zur Kooperativität, zur Geständigkeit und einhergehend damit zu einer wahrheitsgemäßen Aussage bewegen könne, ohne die geltenden Verfahrensrichtlinien und die Prinzipien des Fair Trial zu verletzen.

In der Anleitungsliteratur stehen den Ausführungen zur Vernehmungstechnik und -taktik in der Regel Hinweise zur Persönlichkeit des Vernehmers voran. Der erfolgreiche Verlauf einer Vernehmung sei immer auch an die Persönlichkeit des Vernehmungsbeamten gebunden. Aufgelistet werden die wünschenswerten Tugenden eines Vernehmers. Der sollte kontaktfähig, geduldig und taktvoll, sachlich und objektiv sein (Fischer 1975: 19–42), darüber hinaus Menschenkenntnis (Geerds 1976: 53f) und besonders die Fähigkeit zur Selbsterkenntnis, über die allein er seine kriminalistischen Fähigkeiten vervollkommnen könne, besitzen (Döhring 1964: 24f). Zur Vorbereitung auf bedeutsame und scheinbar besonders problematische Fälle hält man es dann für angemessen, dass der Vernehmer über die Auswertung polizeieigener Akten zusätzliche Informationen über die Persönlichkeit des Beschuldigten, ggf. seiner Vorstrafen und Reaktionsgepflogenheiten einholt (siehe zusammenfassend Brusten / Malinowski 1975: 66).

---

4   In den Folgebeitragen von Norbert Schröer wird dieser Befund dann kontrastiert mit den Antworten, die die Vernehmer in Ausübung der Vernehmungen in ihrem Berufsalltag praktisch umsetzen.

Geerds hebt hervor, „daß über Erfolg oder Mißerfolg einer Vernehmung oft die ersten drei Minuten nach Eintritt der Aussageperson in das Vernehmungszimmer entscheiden" (1976: 99). Der Vernehmungsbeamte sollte sich in dieser Phase gezielt um einen tragfähigen Kontakt zum Beschuldigten bemühen (Döhring 1964: 28f) und d.h. in erster Linie, das Vertrauen des Beschuldigten gewinnen (Fischer 1975: 25f, Rottenecker 1976: 26f). Er müsse sich an den Ausführungen des Beschuldigten von vornherein interessiert zeigen und zumindest den Eindruck erwecken, als berichte der Beschuldigte ihm Neues. So gelinge es in der Regel, den Beschuldigten „zum Reden zu bringen" (Grassberger 1968: 127).

Allerdings brauche ein Gespräch zu Beginn der Vernehmung sich nicht unbedingt schon auf den zu besprechenden Sachverhalt zu beziehen. „Gute Anknüpfungspunkte für einen ‚lockeren Einstieg' bietet die stets vorgeschaltete ‚Vernehmung zur Person'. Hierzu gehören vor allem Fragen über die persönliche Entwicklung, über die Familie, über Beruf, Freizeitinteressen und Zukunftspläne." (Brusten / Malinowski 1975: 75) Ein solcher Einstieg könne den Effekt haben – darauf weist Geerds hin –, den Beschuldigten daran zu hindern, seinen ‚vorbereiteten, präparierten Bericht' vorzutragen. Eingebunden in den persönlichen Kontakt zum Vernehmungsbeamten kämen die Beschuldigten häufig aus dem Konzept und seien dann offen für eine aufschlussreiche Aussage (Geerds 1976: 99–103). Gleichgültig aber wie der Vernehmungsbeamte die Einstiegsphase gestaltet: Er sollte sich in jedem Fall ein Bild von der Persönlichkeit des Beschuldigten machen. Im Vordergrund habe dabei die Beurteilung (a) der Widerstandsenergie, der Energie also, die ein Beschuldigter aufzubringen vermag, wissentlich eine Falschaussage durchzuhalten oder die Kooperation zu verweigern, und (b) der Widerstandsintelligenz, „die bestimmend (ist; die Autoren) für die Fähigkeit einer Aussageperson, die Wirkung z.B. eines unwahren Verteidigungsvorbringens einzuschätzen" (Geerds 1976: 92), zu stehen (Hellwig 1951: 224f; Bauer 1970: 331 u.a.). Habe der Vernehmungsbeamte sich zudem noch einen Eindruck von der Gefühlslage des Beschuldigten, dessen charakterlichen Besonderheiten und dessen Persönlichkeitstyp (Bauer 1970: 287–318, 330–335; Geerds 1976: 52–78; Rottenecker 1976: 31–79) gemacht, so könne er sich vergleichsweise fundiert für eine Vernehmungsstrategie entscheiden. In der Literatur werden allgemein drei vernehmungsstrategische Grundtypen unterschieden:

‚Überrumpelungsstrategie': „Dem Beschuldigten wird die Tat auf den Kopf zugesagt. Es wird dabei das Überraschungsmoment ausgenutzt. Er soll veranlasst werden, im großen und ganzen seine Schuld zuzugeben. Geschieht dies, dann wird anschließend die Tat mit ihren einzelnen Umständen ausführlich erörtert." (Bauer 1970: 330)

‚Sondierungsstrategie': „Es werden zunächst die Personalien aufgenommen und der Werdegang des Beschuldigten festgestellt. Dann wird der Sachverhalt erörtert. Der Vernehmende führt die Beweismittel an und nimmt die Äußerungen des Beschuldigten dazu auf." (Bauer 1970: 330)

‚Zermürbungsstrategie': „Die gesamte Vernehmung wird äußerst gründlich vorgenommen. Jeder Vorgang wird bis in die kleinste Einzelheit hinein zerlegt und zerpflückt. Dabei können auch ausgeklügelte Lügengebäude zum Einsturz gebracht werden, Widersprüche werden herausgeholt und deutlich gemacht, Unregelmäßigkeiten werden offenbar. Auch die sorgsamsten Alibis und Absprachen werden dadurch zerstört. Dies Verfahren ist zwar sehr zeitraubend, wird aber dem lügenden Beschuldigten äußerst gefährlich. Dabei muss alles sofort schriftlich niedergelegt werden, weil sonst später der Vernehmungsinhalt als Missverständnis dargestellt wird." (Bauer 1970: 330)

Im Zusammenhang mit der Wahl und Umsetzung einer spezifischen Vernehmungsstrategie werden in der kriminalistischen Literatur sehr verschiedene vernehmungstaktische und -technische Einzelfragen aufgeworfen und erörtert.

Der Vernehmungsbeamte ist aus Gründen einer umfassenden Sachverhaltsklärung an der Aussage des Beschuldigten interessiert. Von daher stellt für ihn, den Vernehmungsbeamten, die Aussageverweigerung des Beschuldigten ein Problem dar. Da der Vernehmungsbeamte die Entscheidung des Beschuldigten zwar respektieren, aber nicht auf Anhieb hinnehmen muss, sollte er – so Fischer (1975: 134) – im Normalfall den Versuch unternehmen, den Beschuldigten umzustimmen. Dazu biete sich ein Gespräch über die Gründe der Aussageverweigerung an. Möglich sei auch die Hinzuziehung einer Vertrauensperson des Beschuldigten, deren Einfluss oft stärker sei als der des Vernehmungsbeamten (Walder 1965: 134ff). In jedem Fall sei aber die Ausübung von Druck, die Andeutung von Versprechen etc. zu unterlassen.

„Vielfach ist es zweifelhaft, inwieweit der Vernehmende (...) dem Beschuldigten gegenüber erkennen lassen sollte, (a) welche Umstände bereits sicher festgestellt worden sind, (b) auf welche Punkte es vorzugsweise ankommt und (c) wie bestimmte Angaben auf den Ausgang des Verfahrens wirken werden. Es ist Aufgabe des Vernehmungsbeamten, hier das jeweils richtige Maß zu finden." (Döhring 1964: 43) Döhring hält es in Übereinstimmung mit Geerds (1976), Fischer (1975), Walder (1965) u.a. im Grundsatz für angebracht, mit der Offenlegung des Ermittlungsstandes eher defensiv umzugehen. Dem lügenden Beschuldigten – so Döhring – würde so die Möglichkeit erschwert, den ihn ggf. belastenden Sachverhalt zu verdunkeln. Für den zu Unrecht Beschuldigten werde so die Chance eröffnet, sich überzeugend zu entlasten. So könne eine defensive Veröffentlichungsstrategie nicht nur der Überführung des Schuldigen, sondern auch der Entlastung des Beschuldigten dienen. Es versteht sich von selbst, dass dieser Aspekt gerade bei der pflichtgemäßen Belehrung des Beschuldigten über die ihm zur Last gelegte Tat vom Vernehmungsbeamten beachtet werden sollte (Walder 1965: 119; Fischer 1975: 132).

Der Tendenz nach stimmen alle Autoren darin überein, dass der Vernehmungsbeamte die Vernehmung des Beschuldigten zur Sache zunächst mit der Aufforderung an den Beschuldigten, sein Wissen zum ihm zur Last gelegten Sachverhalt zu berichten, einleiten sollte. Erst nachdem der Beschuldigte den Bericht abgegeben habe, empfehle es sich, zum Verhör überzugehen (Fischer 1975: 111ff; Geerds 1976: 27; Undeutsch 1983: 39ff; abwägend Walder 1965: 124f; Arntzen 1978: 22f). Zwar seien die Berichte der Beschuldigten oftmals äußerst lückenhaft, weitschweifig und unsystematisch, dafür bestehe aber die Möglichkeit, dass der Beschuldigte verfahrensrelevante Ereignisdetails, die er sonst womöglich nicht angeben würde, aussagt. Zudem biete – so Eisenberg – „die freie Aussage oftmals bessere Möglichkeiten zur Glaubwürdigkeitsüberprüfung als die Befragung, soweit es für einen Großteil der Aussagepersonen schwerer ist, einen nicht wirklichkeitsgemäßen Sachverhalt frei und zusammenhängend darzustellen, als abschnittweise auf direkte Fragen hin die Unwahrheit zu sagen" (1984: 914).

Macht ein Beschuldigter Angaben, mit denen er sich selbst in Widersprüche verwickelt, mit denen er in Gegensatz zu allgemein akzeptierten „Erfahrungssätzen" oder als sicher festgestellten Ermittlungsergebnissen gerät, so sei es an dem Vernehmungsbeamten zu entscheiden, ob er den Beschuldigten umgehend auf die Widersprüche aufmerksam macht oder ob er die Einwände zunächst einmal zurückhält. Eine angemessene Entscheidung könne letztlich nur in Anbetracht des Einzelfalles getroffen werden. Die erste Strategievariante – die direkte Konfrontation – liefe auf eine unmittelbare Klärung hinaus. Aufschlussreich könne in diesem Zusammenhang die Reaktionsweise des Beschuldigten sein. Döhring zieht aber für den Regelfall die zweite Variante – aus einem oben schon ausgeführten Grund – vor: Dem schuldigen Beschuldigten soll auf diese Weise jede Möglichkeit zur Verdunkelung seiner Tat genommen werden. Verstrickt er sich in Unkenntnis der Ermittlungslage in Widersprüche, so sei bei einer späteren Konfrontation der Zusammenbruch und ein Geständnis zu erwarten (Döhring 1964: 46–48; Walder 1965: 135–141). Selbstverständlich sei der Einsatz einer Mischform beider Strategien möglich und oftmals empfehlenswert.

Gleichgültig, ob der Beschuldigte in irgendwelche Widersprüche gerät oder nicht – der Vernehmungsbeamte wird seine Aussage immer auch auf ihre Glaubhaftigkeit[5] hin überprüfen. Grob betrachtet muss er sich dabei auf zwei Aspekte konzentrieren: auf die Aussagefähigkeit und auf die Aussageehrlichkeit des Beschuldigten (Eisenberg 1984: 962–966).

Mehr oder weniger von seinem „Fingerspitzengefühl" (Gössweiner-Saiko 1979: 26) und von der eigenen Vernehmungserfahrung geprägt, wird der Vernehmungsbeamte v. a. auf aussage- und persönlichkeitsspezifische Besonderheiten achten (Spontaneität und Differenziertheit der Aussage; Glaubwürdigkeit des Beschuldigten; Verhältnis der zur Last gelegten Tat zum Eindruck von der Persönlichkeit des Beschuldigten etc.) und seine Vernehmung auch unter diesen Gesichtspunkten ausrichten. Arntzen weist darauf hin, dass für den Regelfall auf eine – auch subtile – vorwurfsvolle und aggressive Befragung zu verzichten sei (1978: 10–13). Seine aussagepsychologischen Untersuchungen haben ergeben, dass andernfalls „Feinheiten der Aussage, subtile Details nicht mehr vorgebracht" (1978: 11) werden. Dadurch könne eine Beurteilung der Glaubwürdigkeit und Glaubhaftigkeit des zu Vernehmenden erheblich erschwert werden.

Graßberger empfiehlt ein Frageverhalten, das sich an „den durch das ursprüngliche Erlebnis geschaffenen Assoziationen (orientiert; die Autoren) (...) Hat sich so einmal der fragliche Tag in seiner Individualität aus dem zeitlichen Einerlei hervorgehoben, dann geht man von dem Erlebnis aus, das ihn für den Befragten charakterisiert. Von ihm kann man sich dann nach dem strittigen Geschehnis vor- und, wenn es sein muss, zurückfragen." (1968: 141f) Das kritische Erfassen des Aussageverhaltens und der Persönlichkeit des Aussagenden eröffne dem Vernehmungsbeamten Chancen zu einer differenzierten Einschätzung der Glaubhaftigkeit der Aussage. Döhring schlägt ein verwandtes Verfahren für den Fall vor, dass Angaben des Beschuldigten nicht seinem wirklichen Erleben zu entsprechen scheinen. „Man verlangt (...) von ihm Auskunft über solche Umstände, die für die Beurteilung des Falles nicht oder nur nebenbei von Bedeutung sind, die aber als Anhalt für die Glaubwürdigkeit des Vernommenen dienen können." (1964: 52) Diese so genannten Situationsfragen sollen den Beschuldigten unvorbereitet treffen, sodass der Vernehmungsbeamte über die Reaktionsweise des Beschuldigten Aufschluss erhalten kann. In Bezug auf die Fragetaktik gilt allgemein der Grundsatz, dass das Ermittlungsziel über das Ausfrageschema nur sehr begrenzt deutlich werden soll. Andernfalls – so

---

5    Zur Abgrenzung der Kategorien ‚Glaubhaftigkeit' und ‚Glaubwürdigkeit' siehe auch Undeutsch 1983.

Döhring (1964: 48–52) – dürften jeweils bestehende Ermittlungschancen verwirkt werden.

Hält es der Vernehmungsbeamte für angezeigt, die Geständnisbereitschaft des Beschuldigten zu fördern, so gälte es im Hintergrund stets zwei Gesichtspunkte zu beachten:

a. Der Vernehmungsbeamte sollte sich nicht auf das Erlangen eines Geständnisses versteifen und sich damit von der Bereitschaft des Beschuldigten abhängig machen. Der Schuldbeweis könne oft mit anderen Beweismitteln erbracht werden.

b. Bei seinen Bemühungen um ein Geständnis des Beschuldigten dürfe die Entscheidungsfreiheit des Beschuldigten unter keinen Umständen beeinträchtigt werden

Allerdings seien Bestrebungen des Vernehmungsbeamten, ein Geständnis des Beschuldigten zu erwirken, trotz der Möglichkeit, andere zwingende Beweise ins Feld zu führen, durchaus verständlich: Neben dem Gewinn für die Sachverhaltserforschung könne das Geständnis „auch dort, wo bereits hinreichende objektive Beweise für die Schuld des Verdächtigen vorliegen, (...) dadurch von Wert sein, dass es dem Beurteiler eine letzte Sicherheit gibt und die auf ihm lastende Verantwortung weiter mindert" (Döhring 1964: 194). Grundsätzlich ließen sich zwei Förderungsverfahren unterscheiden:

a. Der Vernehmungsbeamte könne dem Beschuldigten die belastenden Momente immer wieder von neuem vorhalten und/oder auf die Brüchigkeit der Entlastungsmomente hinweisen. Diesem eher direktiven stünden

b. eher nondirektive Verfahren gegenüber: Der Vernehmungsbeamte habe die Möglichkeit, das Mitteilungsbedürfnis des Beschuldigten oder sein Anerkennungsstreben auszunutzen, auf die affektive Lage des Beschuldigten abzuheben oder die Ehrauffassung des Beschuldigten ins Spiel zu bringen.

Kündige sich dann – zunächst noch verdeckt – die Geständnisbereitschaft des Beschuldigten an, so solle der Vernehmungsbeamte auf affektive, insbesondere triumphierende Regungen verzichten. Der Beschuldigte könne so veranlasst werden, seine Bereitschaft zurückzunehmen.

Gesteht der Beschuldigte die Tat, so gälte es zunächst einmal, den Geständnisinhalt genau festzuhalten. Vor allem die konkreten Tatumstände, die nur der Beschuldigte wissen kann – Graßberger spricht von der für das echte Geständnis typischen „Preisgabe eines Geheimnisses" (1968: 167f) –, sollten umgehend sichergestellt werden. Dabei sei besonders darauf zu achten, dass die überprüfbaren Angaben festgehalten werden (Geerds 1976: 39). Auch das Wissen von ‚Hilfsbeweisen' könne zur Beurteilung der Aussage wichtig werden. Eine entsprechende Erhebung schade somit nicht. Die Erhebung und Sicherstellung des

Geständnisses unter den genannten Aspekten diene nicht nur der Sachaufklärung. Schon in dieser Phase müsse der Vernehmungsbeamte darauf achten, dass das Geständnis des Beschuldigten zum einen auf seine Richtigkeit hin überprüft werden kann und zum anderen vor Widerruf geschützt ist. Je detaillierter und spezifischer das Geständnis des Beschuldigten ausfalle, um so genauer könne die Überprüfung gestaltet und der Schutz gewährleistet werden.

Ähnliche Gesichtspunkte wie für die Geständniserhebung seien auch für die Sicherstellung von Aussagen des nicht geständigen Beschuldigten maßgebend. Auch ihn gälte es peinlich genau auf spezifische Aussagedetails hin zu befragen, um das von ihm veröffentlichte Wissen dann eingehend überprüfen zu können. Zur Vermeidung von Ausreden empfehle sich eine straffe Vernehmungsführung. D.h.: Die Vernehmung sollte ohne Pause erfolgen, und der Vernehmungsbeamte sollte auf einer genauen Beantwortung seiner Frage bestehen.

Im einzelnen könne die Gesprächsführung verschieden akzentuiert werden:
- Der Vernehmungsbeamte habe die Möglichkeit, dem Beschuldigten seinen Unglauben anzuzeigen.
- Der Vernehmungsbeamte könne den Beschuldigten aber auch, ohne einen Einwand zu erheben, in der Hoffnung reden lassen, dass er sich als Schuldiger in Lügen verstrickt, seine Aussagen somit unglaubwürdig werden.
- Denkbar bliebe auch ein Ansprechen auf affektive Regungen wie Erröten, Verlegenheit etc.
- Nur mit äußerster Vorsicht sollten Suggestivfragen eingesetzt werden.

Um die Überprüfbarkeit der Aussagen nicht geständiger Beschuldigter zu gewährleisten, sei eine äußerst exakte Protokollierung erforderlich. Die Protokollierung sollte möglichst schon während der Vernehmung durchgeführt werden (Walder 1965: 135–141).

Ohne dass die verfahrensrechtlich starke Position des Beschuldigten ausdrücklich als strukturelles Handlungsproblem eines Vernehmers thematisiert ist, scheint dieses Problem bei der Lektüre der vernehmungsstrategischen und -taktischen Empfehlungen in der kriminalistischen Anleitungsliteratur doch überall durch. Es ist eingewickelt in den vorgeschlagenen praxisnahen Lösungen. Da das Problem von seiner Lösbarkeit her präsentiert wird, ist es allerdings nicht mehr konturenscharf zu erkennen. Und dadurch, dass der für jeden Vernehmer kaum hintergehbare Konflikt, verantwortlich zu sein für die Gestaltung einer fairen Vernehmung und zugleich interessiert zu sein am Einsatz damit oft nicht ganz in Einklang stehender Strategien zur Überführung des Täters, in der Präsentation in sich gebrochener, vermeintlich beiden Zielen gerecht werdender Praktiken nivelliert wird, verstärkt sich dieser Effekt.

Die Lösungsstrategien werden durchweg partikularistisch dargeboten: Dem Vernehmungsbeamten stellen sich typische, aber spezifische Probleme, die er in der Situation erkennen und in Bezug auf die er dann geeignete spezifische Lösungsstrategien einsetzen muss, um dann das nächste Problem angehen zu können. Trotz der zersplitterten Darbietung des Lösungskanons wird für den Vernehmer im Hintergrund eine Zentralperspektive ausgearbeitet – und zwar die Haltung der paternalistischen Überlegenheit. Dem Vernehmer wird unter der Hand die Einnahme eines Habitus nahe gelegt, der es ihm gestattet, in jeder Situation kommunikativ die Initiative zu behalten. Ihm wird über die kriminalistische Anleitungsliteratur suggeriert, dass es ihm im Grunde in jeder Vernehmungssituation möglich ist, den Beschuldigten auszurechnen und sich ihm dann gegenüber als kommunikativ überlegen zu erweisen. Es wird zwar eingeräumt, dass in Anbetracht der Komplexität der Aufgabenstellung kein Vernehmungsbeamter vor Kunstfehlern gefeit sei; sie gelten aber für den Regelfall als vermeidbar. Man geht davon aus, dass der erfolgreiche Verlauf einer Vernehmung im wesentlichen vom Können und vom Geschick der Ermittlungsbeamten abhängt. Beherzigt er, der Vernehmungsbeamte, die Prinzipien des „kriminalistischen Denkens" (Anuschat 1921; Walder 1955) und die Grundsätze zur Durchführung von Beschuldigtenvernehmungen, ist er dann noch mit „reicher Erfahrung" (Seelig 1963: 74) und dem erforderlichen Schuss „Fingerspitzengefühl" (Gössweiner–Saiko 1979: 26) ausgestattet, dann dürfte ihm bei der Erforschung der Wahrheit keine unüberwindbare Hürde mehr im Wege stehen. Oder wie Fischer sich ausdrückt: „Wer den ihm im Rahmen der Vernehmungstätigkeit erteilten Auftrag ernst nimmt und an ihn mit Klugheit und Geschick herangeht, wer durch die Art seiner Vernehmungsführung beweist, daß er seiner Aufgabe gewachsen ist, der wird auch in schwierigen Fällen eine optimale Lösung erzielen. Er erkennt nicht nur, wenn der Vernommene nicht bereit oder fähig ist, die Wahrheit zu sagen, sondern er wird durch seinen persönlichen Einfluß auch zu verhüten wissen, daß fehlerhafte Aussagen zustande kommen und zu einer falschen Beurteilung der Situation führen. Die Beachtung der vernehmungtaktischen und -technischen Regeln wird dem Beamten manchen wertvollen Hinweis geben, wie er ein der Wahrheit ziemlich nahe kommendes Bild erreichen kann." (1975: 106)

So entsteht der Eindruck, als sei gar nicht der Beschuldigte, sondern der Vernehmungsbeamte in der starken Aushandlungsposition. Der Vernehmungsbeamte könne – so wird suggeriert –, wenn er nur verfahrensklug genug handele, den Beschuldigten entsprechend den eigenen Zielen orientieren, d.h. ihn zur

Kooperation und ggf. zur Geständigkeit bewegen. Das ausgehende Handlungsproblem, die starke Aushandlungsposition des Beschuldigten – tritt so in den Hintergrund.


**2.**

Diese Sicht auf das Dominanzgefälle in Beschuldigtenvernehmungen machte sich dann in der zweiten Hälfte der siebziger Jahre auch die kommunikationswissenschaftliche Kriminalisitik in normen- und in praxiskritischer Absicht zu eigen und baut sie weiter aus. Die Grundlagen für die Analysen schuf der Kommunikationssoziologe Fritz Schütze mit seiner Beschreibung zwangskommunikativer Kommunikationsprozesse.

In seiner 1975 erschienenen Schrift ,Sprache soziologisch gesehen' unternimmt Fritz Schütze eine die soziologische Forschung nachhaltig beeinflussende Bestimmung des Kommunikationstyps ,Zwangskommunikation' (813–851). Seine Überlegungen beispielhaft illustrierend entwirft er eine Theorieskizze zum gesellschaftlichen Bedingungsrahmen und zur internen Wirkungsweise von polizeilichen Vernehmungen Beschuldigter. In diesem Zusammenhang stellt er ein verblüffendes Gedankenexperiment vor:

Unter der Voraussetzung, dass im Strafprozess allgemein und in polizeilichen Vernehmungen im besonderen von vornherein auf den Einsatz von Strategien und Maßnahmen verzichtet würde, „die auf die ,Überführung' des Täters mit entsprechender Degradierung, auf seine Verurteilung und Einweisung in ein Strafverfahren abzielen" (Schütze 1975: 820), wäre es „prinzipiell (...) denkbar, daß ein Tatverdächtiger freiwillig eine dem Informationsbedürfnis der Polizeibehörde oder des Gerichts voll gerecht werdende freiwillige und subjektiv aufrichtige Darstellung seiner Tat und ihrer Umstände geben könnte, sofern er sie begangen hat." (ders: 820) Dem Rechtsbrecher wäre damit die Möglichkeit eröffnet, in „freier Kommunikation" (Schütze) die Ursachen seiner Rechtsnormverletzung – gemeinsam mit dem Vernehmungsbeamten – zu ergründen, und so die Voraussetzungen dafür zu schaffen, dass über die Einsicht in die und über die Beseitigung der persönlichen Voraussetzungen entsprechende Handlungen für die Zukunft ausgeschlossen und durch eine ,sinnvolle' rechtskonforme Gestaltung des Lebens ersetzt werden.

Zur Stabilisierung und Aufrechterhaltung von Herrschaftsverhältnissen sei es allerdings – so Schütze – unbedingt erforderlich, weitgehend an einer Ideologie der herrschaftsfreien Moral und an den entsprechenden Rechtsnormen und für den Fall des Rechtsnormenverstoßes an dem Prinzip der individuellen

Verantwortlichkeit des Täters und der damit einhergehenden Degradierung und Bestrafung festzuhalten, womit ‚freie Kommunikationsprozesse' und die Thematisierung bestehender herrschaftsbedingter Unterprivilegierung im Rahmen des Strafverfahrens für den Regelfall ausgeschlossen sind. Für eine Rechtsprechung, die die herrschaftsstabilisierenden Rechtsnormen im Zusammenhang mit der Erforschung des einzelfallspezifischen tatsächlichen Geschehens zur Grundlage der Urteilsfindung macht, entstehen charakteristische strukturelle Konsequenzen:

1.    „Der Tatverdächtige wird sich mithin in der Regel dem Verdacht zu entziehen suchen, indem er entweder generell die Aussage verweigert (...) oder indem er doch zumindest bestimmte Umstände des Tatzusammenhangs lediglich indirekt andeutet, falsch wiedergibt, verschleiert oder verschweigt." (Schütze 1975: 82)

2.    Die Strafverfolgungsbehörden können nun durch Dokumentenanalyse, Befragungen (...) einen Ersatz für die Informationslücke zu schaffen versuchen. Da das in der Regel nicht ausreicht, wird das Instrument der Verhör-Zwangskommunikation eingesetzt." (Schütze 1975: 820f)

Wodurch aber kann ein Beschuldigter zur (‚konstruktiven') Teilnahme an einer solchen Befragung bewegt werden? Immerhin hat er ja nach deutschem Strafrecht die Chance, die Aussage zu verweigern!

Die Möglichkeit resultiert – so Schütze – aus einer für den Beschuldigten nur schwer hintergehbaren kommunikationsinternen Zwangslage:

Alltäglich geht man nämlich davon aus, dass eine Person, die sich nach geltendem Recht zu Unrecht beschuldigt sieht, ein Interesse an der Erforschung des ‚wahren Sachverhalts' hat und es von daher darauf anlegt, sich in Bezug auf die ihr vorgeworfene Tat zu entlasten. Ihr wird ein Interesse daran unterstellt, dem Ermittlungsbeamten ihre Unschuld nachzuweisen. Den Vernehmungsbeamten und den Beschuldigten verbände für diesen Fall das gemeinsame Anliegen, das tatsächliche Geschehen erforschen zu wollen.

Hat nun aber ein Beschuldigter die ihm zur Last gelegte Tat begangen, und ist er, um der drohenden Degradierung und Sanktionierung zu entgehen, darum bemüht, den Verdacht auszuräumen oder zumindest zu entkräften, dann sieht er sich als erstes dem Zwang ausgesetzt, sich aussagebereit zu zeigen, um so sein Interesse an der Aufdeckung des ihn entlastenden ‚tatsächlichen Geschehens' vorzutäuschen. Ansonsten – und das heißt bei einer Verweigerung der Aussage – verstärkt sich der gegen ihn gerichtete Verdacht. Das bedeutet: Gerade für den um seine Entlastung bemühten Täter besteht tentativ kommunikationsintern der Zwang, sich gewissermaßen freiwillig auf eine Vernehmung einzulassen. Mit dieser Bereitschaft, zur Sache auszusagen, setzt sich der Beschuldigte dann allerdings weiteren (sprech)kommunikativen Zwängen aus (Detaillierungs-, Kondensierungs- und Gestaltschließungszwang), über die ihm Verstrickungen drohen, die mitunter nur noch über ein Geständnis zu entwirren sind. Die für den Beschuldigten per se bestehende kommunikationsinterne Zwangslage macht sich der Vernehmungsbeamte bei der Umsetzung in vernehmungstaktische Konzepte ‚lediglich' – allerdings methodisch verfeinert und kontrolliert – zunutze. Schütze skizziert die Möglichkeit der Ausbeutung sprechkommunikativer Zwänge für Vernehmungen des Beschuldigten am Beispiel der Vervollständigungs-, der Diskrepanzaufweisungs-, der Verstrickungs- und der Reaktionsstrategie – Strategien, über deren Einsatz der Beschuldigte veranlasst werden soll und kann, freiwillig ggf. ihn selbst belastende Aussagen zu machen und so gegen seinen Willen an der eigenen Überführung mitzuwirken.

Im Rahmen der Kritischen Kriminologie wurde die herrschaftskritische Dimension dieser Vernehmungsanalyse von Manfred Brusten und Peter Malinowski aufgegriffen und weitergeführt. Sie kommen zu dem Schluss, dass Beschuldigte in polizeilichen Vernehmungen als Folge des Einsatzes zwangskommunikativer Verfahren nahezu unweigerlich als kriminell stigmatisiert werden. „Die polizeiliche Vernehmung kann als zwangskommunikativer Interaktionsprozess begriffen werden, der nicht nur einer strafrechtlichen Rekonstruktion der Tatwirklichkeit im Sinne einer ‚polizeilichen Wahrheitserforschung' dient, sondern der zugleich immer auch entscheidende Elemente der Neudefinition und Konstruktion von Wirklichkeit beinhaltet." (1975: 58)

Brusten / Malinowski kommen in der Auswertung ihres quasi-empirischen Materials zu dem Ergebnis, dass Beschuldigte in polizeilichen Vernehmungen als Folge des gezielten Einsatzes zwangskommunikativer Strategien tentativ zu „Objekt(en) innerhalb des weiteren Strafprozesses" (Malinowski / Brusten 1977: 110) degradiert werden. Sie werden außerstande gesetzt bzw. nicht in die Lage gebracht, alternative, entlastende Situationsdefinitionen zu entwickeln. Unterstützung findet diese Einschätzung im großen und ganzen in der auf der Basis von Beobachtungsprotokollen von polizeilichen Beschuldigtenvernehmungen vorgenommenen Untersuchung, die Peter Wulf 1984 vorlegte (152–159; 217–390; 492–510).

Am stärksten betroffen von der Degradierung sind – so Brusten / Malinowski – die sozial randständigen Bevölkerungsgruppen. Ihre Alltagsroutinen und kommunikative Kompetenz (Bohnsack 1973; Schütze / Bohnsack 1973: 171ff; Brusten / Malinowski 1975: 97-101) seien am wenigsten geeignet, im Rahmen der nicht hintergehbar zwangskommunikativ ausgerichteten polizeilichen Vernehmung eine ‚kommunikative Gegenmacht' aufzubauen. Degradierung und

Stigmatisierung würden für sie nicht zuletzt auch über die Erfahrung des Mangels an Kompetenz in Bezug auf die Durchsetzung von Interessen erfahrbar und könnten so in das Selbstkonzept des Beschuldigten eingehen. So „verstärkt (die Polizei; die Autoren) – über die selektiven Auswirkungen ihrer Strategien und Taktiken der Vernehmung – die Bedingungen struktureller Gewalt innerhalb einer Gesellschaft, in der soziale Chancen und Machtmittel ungleich verteilt sind" (Malinowski / Brusten 1977: 115; i.d.Z. auch Schütze / Bohnsack 1973: 171).

Während Brusten und Malinowski in ihrer Rezeption des Schützeschen Ansatzes die herrschaftssoziologische Dimension in den Vordergrund rücken, konzentrieren sich die Kommunikationstheoretiker Jürgen Banscherus und H. Walter Schmitz praxiskritisch auf die Bedeutung der kommunikativen Zwänge für die Möglichkeiten der Wahrheitserforschung in polizeilichen Vernehmungen.

Durch die Zusammenarbeit des Instituts für Kommunikationsforschung und Phonetik an der Universität Bonn mit dem Bundeskriminalamt ergab sich Mitte der 70er Jahre die Möglichkeit, empirisch fundierte Untersuchungen von polizeilichen Vernehmungen Beschuldigter und Zeugen durchzuführen. Für die empirischen Untersuchungen von Banscherus (1977) und Schmitz (1978) wurden keine sensiblen Daten (also Mitschnitte ‚echter' Vernehmungen), sondern simulierte Vernehmungen (allerdings mit ‚wirklichen' Beamten) als Grundlage verwendet. Erstmals konnte in der Bundesrepublik Deutschland – wenn auch noch unter Laborbedingungen – eine wissenschaftlich empirische Rekonstruktion alltäglicher Ermittlungs- und Protokollierungsfehler eingeleitet werden, auf deren Basis dann Grundsätze zur Überwindung der festgestellten ‚Fehler' formuliert wurden. Dem von Schmitz und Banscherus konstatierten Mangel an „spezifisch professionellen Verfahren der Tathergangsrekonstruktion aus Aussagen" (Schmitz 1983: 357) als Folge eines – nach Schmitz auch in der kriminalistischen Literatur zur Vernehmungsführung nachweisbaren – unklaren Wissens um das „Verhältnis zwischen Aussage der Vernommenen, Protokollformulierungen und rekonstruierter Wirklichkeit" (1983: 357) sollte so entgegengewirkt werden.

Schmitz führt die von Banscherus begonnene kommunikationswissenschaftliche Analyse von polizeilichen Vernehmungen mit einer Untersuchung von Zeugenvernehmungen fort (1978; zusammenfassende Darstellungen: Schmitz / Plate 1978, Schmitz 1979). In einem 1983 veröffentlichten Aufsatz fasst er den Ertrag beider Analysen zusammen.

Schmitz operiert in seinen Untersuchungen und Ergebnisdarstellungen mit einem dynamischen Analysewerkzeug: dem Aushandlungsansatz. Mit ihm scheint der Untersuchungsgegenstand – die polizeiliche Vernehmung – in besonderer Weise getroffen. Denn: Die Wahrheitserforschung im Straf- und Ermittlungsverfahren bezieht sich material auf zwei Quellen: (a) auf das Ereigniswissen der Aussageperson um den zur Debatte stehenden Sachverhalt und (b) auf die juridischen Normen des materiellen Strafrechts. Vereinfacht betrachtet verläuft der Forschungsprozess in der polizeilichen Vernehmung so, dass der Vernehmungsbeamte sich von der Aussageperson über deren Wissen von den Ereignissen informieren lässt und es unter dem Aspekt der Relevanz für weitere Ermittlungen und für die gerichtliche Wertung nach Maßgabe krimina-listischer und juridischer Normen – unter mehr oder weniger großer Beteiligung der Aussageperson – ‚filtert'.

Für die Gestaltung dieses Aushandlungsprozesses in der polizeilichen Ver-nehmung sind die Möglichkeiten der Beteiligten, Einfluss auf den Aushand-lungsprozess zu nehmen, vorentscheidend. „Vor allem die Macht des Polizei-beamten oder des Richters als Vertreter der jeweiligen Institution (ermöglicht ihnen; die Autoren) die Durchsetzung der Verfahrensregeln. Über einen Ver-weis auf ihre institutionelle Dominanz vermögen sie den Verfahrensverlauf zu bestimmen und dadurch wiederum selbst gegenüber interaktionsgewandten Aus-sagepersonen eine interaktive Dominanz zu gewinnen und zu erhalten. So wird den Aussagepersonen nicht nur die räumliche und soziale Situation vorgegeben, sondern der Vernehmende bestimmt weitgehend, wer wann sprechen darf; welcher Redegegenstand wem offen steht; an welcher Stelle ein bestimmtes Thema eingeführt und beendet wird; welche Sprachebene und welches Aussage-verhalten akzeptabel sind; was als ‚natürlich', ‚normal', ‚ordentlich', ‚wahr-scheinlich' usw. anzusehen ist; was relevant oder irrelevant ist, was wesentlich oder subsidiär ist; wer wann Schlüsse ziehen darf; wer wann Ergebnisse formu-lieren darf; wie wann welche Ergebnisse protokolliert werden und damit auch die Dauer der Vernehmung oder die Notwendigkeit einer erneuten Verneh-mung." (Schmitz 1983: 363) Demzufolge ist der Vernehmungsbeamte mit einer Aushandlungsmacht ausgestattet, die ihm jederzeit die Gestaltung des Ver-nehmungsgeschehens nach eigenen Vorstellungen gestattet.

Der Untersuchung von Schmitz zufolge ist für das Zustandekommen von Fehlern bei der Ergebnisgewinnung und -sicherung ausschlaggebend, in wel-chem Ausmaß der Vernehmungsbeamte seine „Aushandlungsmacht zum Tragen" (Schmitz 1983: 373) bringt: der institutionell abgesicherte Kontroll-vorsprung ermögliche es dem Vernehmungsbeamten, bei Bedarf „Einfluss auf das Aushandlungsergebnis" (Schmitz 1983: 373) zu nehmen, was dann häufig zu erheblichen Verzerrungen und Verfälschungen führe (siehe Schmitz 1983: 373–377).

Von diesen Ergebnissen ausgehend fordert Schmitz dann zur Vermeidung der von ihm (und Banscherus) aufgezeigten Ermittlungs- und Protokollierungsfehler in polizeilichen Vernehmungen eine Reduktion sowohl der Aushandlungsanteile als auch der Aushandlungsmacht von Vernehmungsbeamten (1983: 387). In bezug auf die zwei Großphasen von polizeilichen Vernehmungen – Vorgespräch und Protokollierungsphase – führt Schmitz bedeutsame und immer wiederkehrende Vernehmungsfehler auf und stellt ihnen begründet Grundsätze und Vorschläge einer angemessenen Vernehmungsführung entgegen:

Angemessen erscheint ihm für das Vorgespräch, den zu Vernehmenden erst, ohne störende Zwischenfragen zu stellen, berichten zu lassen. Vorbildhaft wird von Schmitz hier die ‚Technik des narrativen Interviews', wie sie von Fritz Schütze im Rahmen einer gemeindesoziologischen Untersuchung entwickelt wurde, erwähnt. (Schmitz 1978: 223ff; Schütze 1976: 159–260; 1977) Über bestimmte Verhaltensstrategien soll der zu Vernehmende zu ‚Darstellungen eigenerlebter Erfahrungen' veranlasst werden. Über kommunikationsinterne Erzählzwänge (Detaillierungs-, Kondensierungs-, Gestaltschließungszwang) wird der Beschuldigte so veranlasst, relevante Ereignisdetails, zu deren Angabe bei einer Befragung möglicherweise für ihn ‚kein Anlass' bestanden hätte, zu nennen. Er kann über eben diese Erzählzwänge sogar dazu verführt werden, Details, die er nicht oder in dieser Form nicht preisgegeben hätte, anzugeben. Es wird dem Vernehmungsbeamten über die Kenntnisnahme des Darstellungsgehaltes und der Darstellungsform auch möglich sein, „eine fiktionale Erzählung von einer echten zu unterscheiden, und zudem Versuche, aus dem Erzählschema auszusteigen – etwa um anstehende Informationen zurückzuhalten –, zu erkennen und zu verhindern." (Schmitz 1983: 379) Hier bieten sich dem Vernehmungsbeamten Anhaltspunkte für gezielte Nachfragen in der interrogativen Phase.

Die Protokollierungsphase bildet den zweiten Aushandlungsabschnitt. Die Parallelisierung von Ergebnisgewinnung und -sicherung stellt hier – so Schmitz – ein nur schwer lösbares Problem der Protokollierungsphase dar (1978: 351–373). Er wies empirisch nach, dass die Vernehmungsbeamten über ihre Aushandlungsmacht zur Bewältigung dieses Problems allerdings Verfahren initiierten und durchsetzten, die nahezu zwangsläufig Fehler der Rekonstruktion und Ergebnissicherung zur Folge hatten. Um die angezeigten Fehlleistungen von vornherein weitgehend auszuschließen, schlägt Schmitz den Vernehmern vor, während der Ergebnisgewinnungsphase ausreichend Raum zu lassen für Vorschläge und Gegenvorschläge und dann den Protokolltext mit dem Vernommenen ausführlich und offen auszuhandeln. Dabei sollte besonderen Wert darauf gelegt werden, dass dem Beschuldigten die Bedeutung der Aussage im rechtlichen Relevanzrahmen deutlich wird.

Noch deutlicher als in der kriminalistischen Anleitungsliteratur wird in der skizzierten kommunikationsanalytischen Kriminalistik den polizeilichen Vernehmern die aushandlungsdominante Position zugesprochen. Schütze verweist auf zwangskommunikative Mechanismen, die Beschuldigte in die Kooperativität und in eine selbst belastende Aussagewilligkeit treiben, so dass des Beschuldigten Recht auf Aussageverweigerung lediglich Makulatur zu sein scheint. Brusten und Malinowski arbeiten die herrschaftskritische Dimension der Schützschen Analyse aus. Sie führen an, dass ein Beschuldigter in Vernehmungen zum Objekt verdinglicht und so in mehrfacher Hinsicht degradiert wird. Der polizeiliche Vernehmer entpuppt sich dabei als Büttel des Kapitals, dessen eigentliche Aufgabe in der Absicherung von Herrschaftsverhältnissen bestehe. Banscherus und Schmitz beuten Schützes Analyse zur Zwangskommunikation in die entgegen gesetzte Richtung aus. Sie zeigen in ihren empirischen Studien, dass die Vernehmer alltäglich die ihnen aus ihrer starken Stellung heraus gegebenen Möglichkeiten nur unzureichend nutzen. Sie schlagen mit Rekurs auf die zwangskommunikative Vernehmungssituation Strategien vor, mit denen Vernehmer ihre Aushandlungsmacht effektiver und raffiniert einsetzen können. Sie empfehlen den Einsatz pseudo-symmetrischer, dialogischer Verfahren, die sich weitgehend an den Prinzipien des – ebenfalls von Fritz Schütze entwickelten – ‚Narrativen Interviews‘ orientieren.

Während die im Kontext der Kritischen Kriminologie angestellten normenkritischen Analysen die am Gelingen der Vernehmungspraxis Interessierten irritierten und zur Blockade einer polizeiunabhängigen empirischen Vernehmungsforschung bis in die zweite Hälfte der 80er Jahre führten, fanden die praxiskritischen Studien von Banscherus und Schmitz in der Anleitungsliteratur durchaus Anklang. So schreibt Stüllenberg in einem Lehr- und Studienbrief über die Vorbereitung einer Vernehmung: „Auch wenn polizeiliche Vernehmungen stets unter besonderen formalen und strukturellen Rahmenbedingungen ablaufen werden, lassen sich moderne wissenschaftliche Erkenntnisse auch bei polizeilichen Kommunikationsprozessen gut anwenden. (...) Eine Vernehmung als Kommunikationsgemeinschaft auf Zeit ist ganz wesentlich von der Kooperativität der Vernehmungsperson abhängig. Diese gilt es vorderhand zu gewinnen und wo möglich zu fördern. Grundbedingung für Kooperation ist in der Vernehmungssituation gegenseitige Respektierung und ein Vertrauensverhältnis, in dem jeder der Beteiligten spürt, daß der andere ihn prinzipiell in seiner Persönlichkeit annimmt. Das setzt von seiten des Vernehmungsbeamten ein Verhalten voraus, daß die Vernehmungsperson erkennen läßt, daß sie als Mensch und

Informant wichtig genommen wird und vor allem, daß sie auf die Bereitschaft für ein unvoreingenommenes Zuhören rechnen darf. Kontakt im psychologischen und sozialen Sinne ist das gegenseitige In-Beziehung-Treten zweier oder mehrerer Individuen. Für die Vorbereitung einer Vernehmung bedeutet dies wechselseitige Aufgeschlossenheit für die Persönlichkeit und Erlebniswelt des anderen, die mit der (teilweisen) Öffnung und Mitteilung der eigenen Erlebniswelt verbunden sein kann." (Stüllenberg 1992: 9f). Mit einem stärkeren Schwerpunkt auf die praktische Umsetzung des von Banscherus und Schmitz angestoßenen dialogischen Vernehmungskonzepts plädieren zahlreiche Kriminalisten und Juristen dafür, die Vernehmungsbeamten in Bezug auf die eigenen Interaktionsgepflogenheiten im Umgang mit Aussagepersonen zu sensibilisieren. Denn: „Vernehmungserfolge sind in erster Linie interaktionsorientierte Arbeitsergebnisse." (Hermanutz 1994: 221; siehe auch: Kraheck-Brägelmann 1990; Nack 1995; Bender 1995) So löst die Forderung, dass Polizeibeamte sich im Verlaufe einer Vernehmung sprachlich der Aussageperson anpassen und sich explizit auf die präsentierte Ereignisperspektive einlassen sollen, in den 90er Jahren die vordem vertretene Einstellung ab, ein Vernehmungsbeamter habe – bei allem strategisch eingesetzten Interesse – das Vernehmungsgeschehen und damit den Beschuldigten vollständig und von vornherein zu kontrollieren. Stattdessen wird in der Anleitungsliteratur nun einmütig hervorgehoben, dass zur Erwirkung der Kooperativität eines Beschuldigten – nach wie vor das Hauptziel jeder Beschuldigtenvernehmung – von der kommunikationsanalytischen Grundeinsicht auszugehen ist: „Die Vernehmung ist ein gemeinsamer Rekonstruktionsprozeß, bei dem Vernehmender und Beschuldigter den Tathergang gemeinsam aushandeln." (Bender / Nack 1995: 122)

## 3.

Eine kommunikationsanalytische Sicht auf die polizeiliche Vernehmung gewann im kriminalistischen Diskurs in den 90er Jahren durch die verstärkte Hineinnahme gedächtnis- und kommunikationspsychologischer Erkenntnisse weiter an Boden. Mehr und mehr setzte sich die Ansicht durch, dass eine gelungene Vernehmungsführung nicht nur mit der kriminalistischen Erfahrung und dem persönlichen Talent eines Vernehmers zu tun hat, sondern das Ergebnis einer systematischen (überwiegend psychologischen) Schulung des Vernehmungsbeamten ist. Ausgangspunkt dieser Entwicklung waren England und Wales, wo die Qualität der polizeilichen Vernehmungen in den 80er Jahren nach einigen Skandalen in die öffentliche Kritik geraten war. Es wurde ein für die Beamten verpflichtendes Trainingsprogramm entwickelt, das von gedächtnispsychologischen Überlegungen geleitet war und ist. Zentral war hier die Einsicht, dass die in eine Aussage einfließende Erinnerung stets von einem selektiv und konstruktiv arbeitenden Gedächtnis und von der Spezifik der Gesprächsinteraktion und -situation geprägt sei. Jede Aussage sei stets reproduktiv und überforme so das tatsächliche Geschehen vor dem Hintergrund subjektiver und wechselseitig aufeinander Bezug nehmender Relevanzsysteme. Die Aufgabe des Vernehmens bestehe demnach darin, den Zeugen oder Beschuldigten so zu vernehmen, dass er zumindest eine wahrheitsähnliche Aussage zu Protokoll gebe. Das die Bewältigung dieser Aufgabe unterstützende Programm trägt den Namen PEACE. PEACE steht für Planning und Preparation, Engage und Explain, Account, Closure, Evaluate und umreißt so ein fünfstufiges Vernehmungskonzept: Der ausführlichen organisatorischen und thematischen Vorbereitung des Vernehmungsgesprächs folgt – Phase zwei – der Vernehmungseinstieg, in dessen Zentrum die Einweisung der Aussageperson in die Vernehmung und die Kontaktaufnahme zur Aussageperson steht. Ziel ist die Einbindung des Aussagenden in die Verhörsituation und die Herstellung eines kooperativen Kontaktes. „Die Fähigkeit, Kontakt zu einem Zeugen und Beschuldigten herzustellen, ist eine Schlüsselkompetenz. Die Bedeutung der Darstellung und Erklärung des Zwecks der Vernehmung, ihrer Abläufe, Regeln und Konsequenzen liegt in der Orientierung von Zeugen und Beschuldigten und damit in der Reduktion von Angst und Reaktanz. Reaktanz ist der Widerstand eines Menschen gegen subjektiv empfundene Manipulationsversuche von anderen oder gegen Einschränkung von Handlungsmöglichkeiten." (Weber / Berresheim 2001: 791) In der dritten Phase schließlich soll die Aussageperson möglichst im freien Bericht Angaben zu der in Frage stehenden Tat machen. Daran anschließend ist der Vernehmungsbeamte gehalten, ein klärendes Abschlussgespräch zu initiieren, dessen Ziel es auch ist, die Kooperationsbereitschaft des Aussagenden für die weiteren Ermittlungen zu erhalten. Die letzte Phase schließlich liegt bereits außerhalb der Befragung. Sie dient der Überprüfung der erhobenen Informationen.

Damit die Beamten eine Vernehmung entlang der vorgegebenen Phasen kompetent durchführen kann, sind eigens zwei Kompetenzkonzepte entwickelt worden: das Gesprächsmanagement und das Kognitive Interview.

Das Gesprächsmanagement (Milne / Bull 1983: 65–81) „zielt darauf ab, dem vernehmenden Beamten Kenntnisse und Fertigkeiten zur Verfügung zu stellen, mit denen er das komplexe Geschehen in einer Vernehmung steuern kann" (Weber / Berresheim 2001: 792). Es geht dabei um die Bereitstellung von Kenntnissen zu psychischen und sozialen Prozessen, die auch für die Herstellung von Kooperativität relevant sein sollen. Die Ausführungen beziehen sich etwa für die Begrüßungsform auf psychologisches Wissen um eine „angemessene körperliche Distanz", um „Körperhaltung und Körperausrichtung", auf „nonverbale Signale" und auf „allgemeines sprachliches Verhalten" (Milne / Bull 1983: 75–78).

Für die Befragungsphase wird dann der Einsatz des Kognitiven Interviews empfohlen (Milne / Bull 1983: 43–63). „Das kognitive Interview ist eine Interviewmethode, die memotechnische Hilfen bietet, mit denen die Erinnerungsleistung eines kooperativen Zeugen im Rahmen einer ausführlichen Vernehmung verbessert werden kann." (Weber / Berresheim 2001: 792) In seiner Gestaltung erinnert das ‚Kognitive Interview' an das oben schon angesprochene und in den Sozialwissenschaften etablierte ‚Narrative Interview': Der Begrüßung und der Einleitung, während der die Ziele des Gesprächs offengelegt und ein erster Kontakt hergestellt werden, folgt der freie Bericht der Aussageperson, in der sie gehalten ist, in freier Assoziation und nicht unterbrochen durch Zwischenfragen des Vernehmers von den eigen erlebten Erfahrungen zu berichten und so das gesamte Tatwissen ungefiltert preiszugeben. Erst nach Abschluss dieses Berichts sollte der Vernehmer klärende Nachfragen stellen. Eine Spezialität des Kognitiven Interviews ist dann die „Variation des Abrufprozesses" (Milne / Bull 1983: 55). Hier soll die Aussageperson den Bericht noch einmal, jetzt aber in veränderter Reihenfolge oder aus einer anderen Perspektive abgeben. Diese Phase dient der Sicherung und der Überprüfung der vorangegangenen Aussage.

Mit diesem Konzept des Gesprächsmanagements und vor allem mit dem Kognitiven Interview wird eine Sicht auf die polizeiliche Vernehmung aufgegriffen, die schon in dem kommunikationswissenschaftlich fundierten Konzept von Banscherus und Schmitz deutlich zu erkennen ist: In der Vernehmung von Zeugen und Beschuldigten besteht demnach infolge der Selektivität der dialogisch erwirkten Erinnerungsleistungen das zentrale Problem darin, möglichst wahrheitsnahe Aussagen zu erhalten, und in Bezug auf die Bewältigung dieses Problems müssen entsprechende Verfahren entwickelt und zum Einsatz gebracht werden. Bei aller Nähe der vorgeschlagenen Lösungsansätze lässt sich aber mit dem PEACE-Konzept eine nicht unerhebliche Akzentverschiebung erkennen. Während Banscherus und Schmitz noch pseudo-symmetrische Verfahren für eine dialogische Aushandlung der wahrheitsnahen Aussage vorschlagen, verliert sich dieses konstruktivistische Moment bei den psychologisch fundierten Vernehmungskonzepten weitgehend. Im Zentrum steht dann auch nicht mehr so sehr der Dialog zwischen Vernehmer und Aussageperson, sondern eher ein an psychologisch fundierten Prinzipien ausgerichtetes Gesprächsmanagement des Vernehmers, über das der Dialog dann gerahmt und die Aussageperson hin zu einer wahrheitsnahen Aussage gesteuert wird. Pointiert: Der offene Aushandlungsdialog wird durch ein Management, das dialogische Setting durch eine gesprächstechnisch gestützte Subjekt-Objekt-Kommunikation ersetzt. Wie im Diskurs der 60er Jahre hat der Vernehmer, beherzigt er nur die relevanten kommunikationspsychologischen Prinzipien und die geeigneten Gesprächstechniken, wieder die Fäden in der Hand – jetzt allerdings nicht paternalistisch überlegen, sondern in seiner Eigenschaft als Gesprächsmanager.[6]

Auch das PEACE-Konzept ist im Grunde ausgerichtet an der Idealform eines Interviews. Die Kooperation der Aussageperson ist dann in diesem Verstande spätestens nach der Einstiegs- und Kontaktaufnahmephase entweder gegeben oder nicht. Die Bedeutung eines kooperativen Kontaktes wird zwar hervorgehoben, er soll aber lediglich stereotyp über den Einsatz eines „partnerschaftlichen Interaktions- und Kommunikationsstils", der dann auch noch als „authentisch erlebt werden" (Klein / Berresheim / Weber 2005: 13) muss, erwirkt werden. Dabei ist es im Rahmen dieses Konzepts weitgehend uninteressant, ob es sich bei der Aussageperson um einen Zeugen oder um einen Beschuldigten handelt. Die Bedeutung von spezifischen Motivationen für verschiedene Vernehmungstypen wird ausgeblendet und damit auch die Bedeutung unterschiedlicher strafprozessualer Handlungsrahmen für die Aussagemotivierung. Überhaupt spielen die Aussagemotivierung und die Frage, wie ein Vernehmer beispielsweise bei einem Beschuldigten eine entsprechende Motivation erzeugen kann, eine eher untergeordnete Rolle. Geschuldet ist diese Reduktion einer strikt gedächtnis- und kommunikationspsychologischen Grundorientierung und der mit ihr einhergehenden Fragerichtung, wie trotz der Selektivität und Konstruktivität unseres Gedächtnisses eine wahrheitsähnliche Aussage möglich ist. Mit einer solchen Fokussierung ist der Blick für kriminalistische Kernfragen – zum Beispiel für die sicherlich nicht triviale Frage nach der strukturellen Bedingung der Möglichkeit zur Geständnismotivierung – systematisch eingeengt.

Es lassen sich allerdings auch heute noch im Anleitungsdiskurs Konzepte finden, die sich schwerpunktmäßig auch mit der Geständnismotivierung beschäftigen. Genannt werden muss hier einmal das prominente Reid-Verfahren, zu erwähnen ist aber auch der Nutzenmaximierungsansatz (Irving 1980; Brockmann / Chedor 1999).

---

6   In eine ähnliche Richtung weist die von Sticher-Gil (2003) referierte RPM-Methode. Hier ist der Vernehmende gehalten, mit den Mitteln der ‚Rationalisierung', der ‚Projektion' und der ‚Minimierung' auf die üblichen Abwehrmechanismen eines Beschuldigten zu reagieren.

Das so genannte Reid-Verfahren findet seit Mitte der 80er Jahre große Beachtung (Inbau / Reid 1962; Inbau / Reid / Buckley 1986). Mittlerweile ist von dem Unternehmen John E. Reid and Associates Schulungsmaterial erstellt worden, nach dem auch in Deutschland Vernehmungsbeamte trainiert werden (Reid 1999). Besonders attraktiv ist diese Methode für Vernehmungspraktiker vor allem in Bezug auf den Anspruch des Konzepts, eindeutig feststellen zu können, ob ein Vernommener lügt oder die Wahrheit sagt, und durch die Versicherung, Techniken zu besitzen, mit denen der Widerstand aussage-unwilliger Personen gebrochen und ein Geständnis erzielt werden kann.

Nach der ‚Reid-Technik' beginnt die Vernehmung eines Verdächtigen mit einem Vorabinterview, in dem es um die Biografie der Aussageperson inklusive ihrer persönlichen Einstellungen, Probleme u. ä., um die Beziehung zum Opfer oder zur geschädigten Institution und um die Tat selbst geht. Im Rahmen dieser Befragung sollen die Vernehmungsbeamten anhand der verbalen, nonverbalen und paralinguistischen Signale des Aussagenden entscheiden, ob dieser die Wahrheit sagt oder nicht.[7] Dazu gibt Reid den Polizeibeamten einen Katalog an die Hand, nach dem eine eindeutige Klassifizierung wahrheitsgemäßen und täuschenden Verhaltens möglich sein soll. So sollen beispielsweise wahrheits-gemäß antwortende Personen in der Haltung entspannt und aufrecht sein, Augenkontakt halten können, direkt und spontan antworten. Täuschende Aus-sagende dagegen sollen zum Beispiel an ihren ‚verbarrikardierten' Haltungen, speziellen Gesten, ausweichendem Antwortverhalten u.ä. erkennbar sein. Erst wenn der vernehmende Polizeibeamte anhand des Klassifikationsschemas zu der Überzeugung gelangt ist, den (noch leugnenden) Täter vor sich zu haben, kommt es zur eigentlichen Vernehmung, die nach Reid neunstufig aufgebaut ist und von der direkten Konfrontation über die ‚Themenbildung' und Hand-habung von Einwänden bis hin zum Geständnis verläuft (pointiert zusammen-gefasst in Sticher-Gil 2003: 183ff). Im Kern geht es mit diesem Verfahren darum, dem Beschuldigten den Blick für die Folgen eines Geständnisses zu nehmen, ihm aber zugleich in Anbetracht seines Leugnens in Angst zu ver-setzen.

Charakteristisch für das Konzept ist die Annahme, dass sich ein Geständnis nahezu zwangsläufig über die Inszenierung spezifischer, abgestuft aufeinander abgestimmter kommunikativer und interaktiver Vernehmungsarrangements, die den Beschuldigten in berechenbare psychische Zwangslagen bringen, erwirken lässt.[8] Geständigkeit ist in diesem Verstande dann weniger eine Frage der Moti-

---

7  Kritisch dazu Füllgrabe (1996)
8  Weber und Berresheim fassen die kritischen Einwände gegen das Reid-Verfahren aus ver-nehmungspsychologischer Sicht pointiert zusammen (2001: 789ff).

vierung als vielmehr eine zwangsläufige Angstreaktion auf den stereotypen Einsatz kommunikativer Verhaltensstrategien, in Bezug auf die es für den Beschuldigten kein Entrinnen geben soll. Der personale Typ des Gesprächsmanagers wird mit diesem Konzept radikalisiert. Der Gesprächsmanager mutiert – etwas spitz formuliert – zum Gesprächsmechaniker, der die Geständnismechanik in Gang zu bringen und zu überwachen hat.

Für den oben erwähnte Nutzenmaximierungsansatz besteht hingegen das Problem, entweder zu allgemein oder zu spezifiziert zu sein. Erklärt man jedes Vernehmungsverhalten von Beschuldigten unter dem Kosten-Nutzen-Aspekt, dann ist das eher nichts sagend, weil sich dann im Einzelfall immer noch die Frage stellt, wie der Beschuldigte seine Kosten-Nutzen-Rechnung inhaltlich füllt. Unterstellt man aber einen rationalen Akteur, der ganz bewusst Kosten-Nutzen-Gesichtspunkte in Anschlag bringt, so dürfte damit lediglich eine spezielle Beschuldigtenvariante erfasst sein, für die sich überdies bei einer uneindeutigen Ermittlungslage die Frage stellt, wie eine Motivation im Kosten-Nutzen-Rahmen erfolgen kann.[9]


## 4.

Ausgegangen ist unsere Beschreibung des kriminalistischen Diskurses zur polizeilichen Beschuldigtenvernehmung von der Frage, wie in eben diesem Diskurs die Möglichkeiten eines Vernehmers, den nach der letzten großen Strafrechtsreform in seiner Aushandlungsposition weiter gestärkten Beschuldigten zur Kooperativität bewegen und ihn insbesondere zu einem Geständnis motivieren zu können, erörtert werden. Im Hintergrund stand die Frage, ob sich Hinweise auf die Gestaltung einer edukativen Beziehungsarbeit finden lassen. Mit einer gewissen Verblüffung lässt sich nun feststellen, dass insbesondere die Geständnismotivierung als ein kommunikatives Geschehen zwischen Vernehmer und Beschuldigtem im kriminalistischen Diskurs weitgehend unbeachtet bleibt.

Im Diskurs der 60er und 70er Jahre scheint das Problem der Geständnismotivierung zwar immer wieder deutlich durch. Es wird aber kein systematischer kommunikativer Bewältigungsansatz für die Vernehmer herausgeschält. Verwiesen wird auf die Erforderlichkeit eines tragfähigen Kontaktes. Die Qualität eines solchen Kontaktes bleibt aber unbestimmt. Die Behandlung dieses für die Beschuldigtenvernehmung zentralen Problems beschränkt sich auf die Auflistung von einzelnen Verhaltensempfehlungen, auf die der Vernehmer dann je

---

9    Zur Geständnismotivation bei Beschuldigten, die sich am Kosten-Nutzen-Kalkül orientieren, siehe Schröer: Der Vernehmer als Ratgeber, in diesem Band.

nach Situation zurückgreifen kann. Unterschwellig trägt man dem Vernehmer die Haltung der paternalistischen Überlegenheit an, in deren Einnahme sich die Probleme der Wahrheitserforschung und der Geständnismotivierung für den Normalfall als lösbar erweisen sollen.

Tritt das Problem der Geständnismotivierung im kriminalistischen Anleitungsdiskurs der 60er und 70er Jahre noch mit Verweis auf eine recht unspezifische Lösungskompetenz der Vernehmer in den Hintergrund, so hebt sich dieses Problem in den Analysen der kommunikationswissenschaftlichen Kriminalistik in Anbetracht vermeintlicher struktureller Zwänge der Kommunikationssituation quasi von selbst auf. Schütze verweist mit seiner Darstellung zwangskommunikativer Mechanismen darauf, dass der zu recht Beschuldigte in einem Dilemma stecke, aus dem es für ihn kaum ein Entrinnen gebe. Um sich nicht verdächtig zu machen, müsse er sich auf eine Vernehmung einlassen. Lässt er sich dann gezwungenermaßen ein, drohten ihm infolge kommunikativer Zugzwänge Verstrickungen, die nur noch über ein Geständnis zu beheben seien. Geständnismotivierung ergibt sich demzufolge nicht aus einer personalen Einwirkung, sondern aus den kommunikativen Zwängen der Vernehmungssituation selbst. Von daher stand in der Folge für Banscherus und Schmitz auch weniger die Frage der Geständnismotivierung im Vordergrund, als vielmehr die nach den Bedingungen der Möglichkeit, eine wahrheitsgemäße Aussage zu erwirken.

In eine ähnliche Richtung bewegt sich auch das PEACE-Konzept, das seit den 90er Jahren die kriminalistische Anleitungsliteratur dominiert. Auch hier stehen Verfahren der Gewinnung von dem tatsächlichen Geschehen nahe kommenden Aussagen im Vordergrund. Konsequenterweise wird dann auch – wie schon bei Schmitz – nicht mehr großartig zwischen Beschuldigten- und Zeugenvernehmungen unterschieden. Im Hintergrund werden hier aber keine kommunikationswissenschaftlichen Grundlagenanalysen geltend gemacht, sondern fundierend sind gedächtnis- und kommunikationspsychologische Überlegungen. Mit dieser Zentrierung ist dann die Sicht auf das Problem der Geständnismotivierung genommen.

Mit dem Reid-Verfahren, dem zweiten momentan prominenten Anleitungsverfahren, scheint das Problem der Geständnismotivierung allerdings wieder in den Diskurs aufgenommen zu sein. Aber der Schein trügt. Zwar zielt das neunstufige Vernehmungsmodell auf die Erwirkung der Geständigkeit des Beschuldigten. Aber dabei geht es nicht um eine Motivierung. Über ein abgestuftes, mechanistisches Arrangement der Vernehmungssituation soll beim Beschuldigten ein psychischer Druck aufgebaut werden, der ihn quasi automatisch in die Geständigkeit treibt. Insofern wird die Frage der Geständnismotivierung im eigentlichen Sinne nicht berührt.

Die Tatsache, dass die kommunikativ erwirkte Geständnismotivierung im kriminalistischen Diskurs zur polizeilichen Beschuldigtenvernehmung ein Schattendasein führt, hat also unterschiedliche Gründe. In der frühen Anleitungsliteratur der 60er und 70er Jahre scheitert eine systematische Erörterung der Motivationsarbeit an der praxeologischen Grundhaltung der Autoren. Bei der Ausarbeitung der PEACE-Konzeption verstellt die gedächtnis- und kommunikationspsychologische Verankerung den Blick. Und im Reid-Verfahren fällt eine Thematisierung der Geständnismotivierung infolge eines verhaltenstheoretisch-mechanistischen Grundverständnisses heraus. Dass die Geständnismotivierung und damit einhergehend die edukative Beziehungsarbeit der Vernehmer trotzdem ein zentrales Thema für die polizeiliche Beschuldigtenvernehmung ist, wird mit einer kritischen Würdigung der von Schütze ausgehenden kommunikationswissenschaftlichen Kriminalistik deutlich: Der von Schütze unterstellte Zwang des Beschuldigten, sich in jedem Fall zur Sache äußern zu müssen, um sich nicht verdächtig zu machen, ist ihm in einem strafprozessualen Rahmen so nicht auferlegt. Der Beschuldigte kann, ohne eine Sanktionierung befürchten zu müssen, seine Kooperation und ein Geständnis verweigern, dafür gibt es ja auch genügend Beispiele. Schütze überträgt hier im Alltag wirkende informelle kommunikative Zwangslagen in den formellen strafprozessualen Handlungsrahmen – und das ist so nicht möglich. Erst wenn ein Vernehmer eine tragfähige Beziehung zu einem Beschuldigten aufgebaut hat, die formelle Vernehmungskommunikation somit informell überformt ist, kann der von Schütze beschriebene Zwang greifen. Und dieses Wissen haben sich die Vernehmungspraktiker im Laufe der Zeit jenseits der sie begleitenden theoretischen Diskurse angeeignet, und sie setzen es in ihrem Vernehmungsalltag bereits handlungspraktisch um.[10]

---

10   Vgl. hierzu die Beiträge von Norbert Schröer: ‚Geständnis gegen Beziehung' und ‚Der Vernehmer als Ratgeber' (in diesem Band)

# Geständnis gegen Beziehung
## Zur Geständnismotivierung in Beschuldigtenvernehmungen seit 1980

*Norbert Schröer*

In den begleitenden theoretischen Diskursen zur Geständnismotivierung eines Beschuldigten haben die dem Vernehmer auferlegten Konsequenzen der Strafrechtsreformen nach 1780 für die Motivierungsarbeit bislang kaum die gebührende Beachtung gefunden. Der Zwang, den Beschuldigten nun mit kommunikativen Mitteln in situativen Aushandlungsprozessen motivieren zu müssen, die Erfordernis, diesen Aushandlungsprozess in einem strukturellen Sinne als Erziehungsprozess, als Führung des Beschuldigten zu seinem vermeintlich besten, dem Geständnis, zu gestalten, wurde nur in Ansätzen und insgesamt recht vorsichtig aufgegriffen. Die Gestaltung einer edukativen Vernehmungssituation galt lange Zeit gar als gefährlich und verpönt. Erst in den 30er Jahren des 20. Jahrhunderts[1] und verstärkt nach 1945 und dann um 1964 in Zusammenhang mit der letzten einschneidenden Strafrechtsreform gewann die kommunikative Dimension des Vernehmungsgeschehens im kriminalistischen Diskurs an Bedeutung. Ihre Thematisierung blieb aber halbherzig: Die Anleitungsliteratur sparte zwar nicht mit Empfehlungen zu vertrauensbildenden Maßnahmen, mit denen man die Kooperativität des Beschuldigten gewinnen könne. Und seit den 70er Jahren gewinnt auch die dialogische Gestaltung von Vernehmungen in den Besprechungen zunehmend an Bedeutung. Die kommunikativ edukative Beziehungsarbeit blieb aber in ihrem Kern, dem wechselseitigen personalen sich Einlassen von Vernehmer und Beschuldigtem, unbesprochen.[2]

Im Folgenden soll am Beispiel einiger Vernehmungen aus der Zeit nach 1980 belegt werden, dass die polizeilichen Vernehmungspraktiker mittlerweile jenseits der begleitenden theoretischen Diskurse das Wissen um die ihnen auferlegte Aufgabe erworben haben. Wie selbstverständlich fundieren sie ihre Vernehmungspraxis in Form edukativer Aushandlungen und in der Beobachtung des Vernehmungsalltags zeigt sich dann, dass die Motivierung eines Beschuldigten zu einem Geständnis im Kern Beziehungsarbeit ist.

---

1   Vgl. dazu die Ausführungen zur „Kriminalbiologie" im Beitrag Pathologie des Geständnisses von Christian Lück und Michael Niehaus (Abschnitt 8).

2   Vgl. dazu ausführlich den Beitrag Norbert Schröer und Ute Donk: Leerstelle ‚Geständnismotivierung'. Zu einem blinden Fleck im kriminalistischen Diskurs ab den 1960er Jahren.

Befasst man sich mit der Geständnismotivierung in Strafverfahren, dann besteht eine gewisse Neigung, sich zuerst auf die situative Aushandlung von Geständigkeit bei Mordermittlungen zu orientieren. Dies mag mit der außerordentlichen Schwere und der herausgehobenen moralischen Verwerflichkeit des Tattyps zusammenhängen; sicherlich spielt auch eine Rolle, dass dem Beschuldigten hier in besonderer Weise ein innerer Zwiespalt zwischen der Geständnisverweigerung aus Selbstschutz auf der einen und dem Geständniszwang zur Selbstreinigung auf der anderen Seite unterstellt wird.

Auch wir haben in den Mittelpunkt unserer Motivationsanalysen zuerst Vernehmungen gestellt, die im Rahmen von Mordermittlungen mit den Tatverdächtigen durchgeführt wurden. Im Anschluß an einige methodologische Bemerkungen (1) wird als erstes das für einen bestimmten Fall spezifische Geständnismotivationsmuster rekonstruiert (2.), um dann in der minimalen Kontrastierung von zwei weiteren Vernehmungen im Rahmen von Mordermittlungen zu zeigen, dass sich für das rekonstruierte Muster eine gewisse Typik reklamieren lässt (3.). In maximaler Kontrastierung – hier präsentieren wir Beschuldigtenvernehmungen mit Ermittlungen wegen schweren Betrugs und Korruption – wird daran anschließend die Reichweite des rekonstruierten Motivationstypen ausgelotet (4. und 5.).

## 1.

Die Vernehmungsbeamten, die die Vernehmungsgespräche jeweils durchgeführt hatten, haben uns die Einzelheiten dieser Vernehmungen in ausführlichen Experteninterviews offen gelegt.

Bislang haben wir uns bei unseren Analysen von polizeilichen Vernehmungen stets um eine Fundierung in ‚registrierende' Daten (Bergmann 1985) bemüht (Reichertz / Schröer 1992, 2003, Schröer 1992, 2002). Registrierende Daten – wie z.B. Tonbandprotokolle – haben den Vorteil, dass sie das Vernehmungsgeschehen quasi-authentisch wiedergeben und so dem Interpreten größeren Widerstand entgegensetzen (Reichertz 1989; Reichertz / Schröer 1994). Da allerdings in Bezug auf besonders sensible Ermittlungs- und Vernehmungszusammenhänge die Erhebung registrierender Daten und auch die Durchführung teilnehmender Beobachtungen nicht möglich ist, sind wir in einer Untersuchung, in der es um die Beschreibung situativer Aushandlungsprozeduren zur Geständnismotivierung auf allen Deliktebenen geht, auch auf die Erhebung von Interviews verwiesen (Meuser / Nagel 1991).

Wir haben die für uns relevanten Daten für die hier im Blickpunkt stehenden Fälle über Qualitative Experteninterviews erhoben. Bei der Auswahl geeigneter Interviewees haben wir uns aber nicht um Experten, die über ein klar umrissenes, wissenschaftlich systematisiertes und abstrahiertes Sonderwissen verfügen, bemüht – diesen geht ein „praktisches Handlungs- und Erfahrungswissen vielfach ab" (Froschauer / Lueger 2002: 228). Es ging uns vielmehr um den Personenkreis, der in Zusammenhang mit der Erwirkung von Geständnissen in Strafverfahren über ein in praktischen Erfahrungen abgelagertes Sonderwissen verfügt und von daher in der Lage ist, situative Aushandlungsprozesse hin zur Geständigkeit konkret, wenn auch in der Regel diffus (Schröer 1994) zu beschreiben. So haben wir Experteninterviews mit Vernehmungsbeamten durchgeführt.

Experteninterviews sind allerdings ‚rekonstruktive Daten' (Bergmann 1985), d.h., die Beschreibung des Vernehmungsgeschehens erfolgt aus dem Relevanzrahmen des jeweiligen Interviewees und aus einem spezifischen Interviewdialog heraus, und sie ist stets in pointierende kommunikative Gattungen gefasst. Die dialogische und kommunikative Überformung zieht sich, wie Bergmann hervorhebt, nicht hintergehbar wie eine „Wischblende" über das tatsächliche Geschehen. Wenn aber, wie in unserem Forschungszusammenhang, auf eine Bedeutungsrekonstruktion über Interviews nicht verzichtet werden kann, bleibt die Frage, wie trotz dieser Widrigkeiten brauchbare Ergebnisse gewonnen werden können.

Bei der Durchführung eines Qualitativen Interviews sind zunächst einmal die Voraussetzungen dafür zu schaffen, dass der Interviewee die Neigung zu abstrakten, systematisierenden und idealisierenden Darstellungen aufgibt und statt dessen bereit ist, sich ‚in seine Erinnerungen fallen zu lassen' (zur Interviewtechnik siehe Froschauer / Lueger 2003: 51–79). Es geht um die Präsentation eigenerlebter Erfahrungen, die am ehesten in Stegreiferzählungen abgerufen werden. Im Rahmen solcher Stegreiferzählungen aktiviert der Sprecher kommunikationsinterne Sprechzwänge (Detaillierungs-, Gestaltschließungs- und Kondensierungszwang), die bei ihm aus der Situation heraus weitergehende Erinnerungen provozieren und ihn so zu einer genaueren und einer strengen Darstellungskontrolle entzogenen Präsentation seiner eigenerlebten Erfahren führen. (Schütze 1977 und 1987, Witzel 1985, Froschauer / Lueger 2003) Bei der Auswertung solch qualitativer Interviews geht es dann nicht darum, inhaltsanalytisch die vom Interviewee gegebenen Informationen abzuschöpfen, sondern das in der Erzählung der eigenerlebten Erfahrungen verborgene, unterhalb der Bewusstseinsschwelle des Interviewees liegende implizite Handlungswissen zu rekonstruieren. Hier bietet sich eine sequenz-analytische Sinnrekonstruktion an (Reichertz / Schröer 1994), die Besonder-heiten des narrativen Ausdrucks, thematische Darstellungsbrüche und den Aufbau der Erzählung bei der Interpretation einbezieht.

Das qualitative Interview ist also der Versuch, sich dem alltagspraktischen Handlungswissen des Interviewees über die Hervorlockung eigenerlebter Erfah-rungen und deren akribischer Ausdeutung zu nähern. Damit ist der für Inter-views nicht hintergehbare rekonstruktive Grundzug zwar nicht aufgehoben. Man kann aber unterstellen, dass verzerrende Überformungen sich zumindest in Grenzen halten. Das qualitative Experteninterview in der hier angedeuteten Form dient also dazu, in der Einschränkung der Rekonstruktivität über spezielle Verfahren der Gesprächsführung und der Gesprächsauswertung den tatsäch-lichen situativen Aushandlungssituationen in Vernehmungen ‚trotzdem' mög-lichst nahe zu kommen.

Eine besondere Herausforderung ergibt sich noch für die Darstellung der Fallanalysen. Sequenzanalytische Sinnrekonstruktionen sind schon allein auf-grund ihrer Komplexität nicht darstellbar (Reichertz / Soeffner 1994; Reichertz 1991). Dies gilt insbesondere für Veröffentlichungen im Aufsatzformat. Von daher ist der Autor in jedem Fall zu Kompromissbildungen gezwungen, die stets in irgendeiner Form darauf hinauslaufen, seine Analyse ‚vom Ergebnis her' zu präsentieren. Im vorliegenden Beitrag ist das Darstellungsproblem wie folgt gelöst: Die Analyse des ersten Falles wird vergleichsweise ausführlich präsen-tiert, um zumindest andeuten zu können, wie in der Interpretation einzelner Erzählsequenzen der verborgene Sinngehalt gehoben werden kann. Zugleich geht es hier aber auch um eine konturenscharfe Beschreibung der fallspezi-fischen Motivierungsform, um dann in der Beschreibung der weiteren Fallanaly-sen die Überprüfung dieser Form auf ihre Allgemeingültigkeit hin gut darstellen zu können. Diese weiteren Fallanalysen müssen allerdings in einer Form präsentiert werden, bei der die Darbietung der interpretatorischen Arbeit weit-gehend ausgeblendet bleibt, so dass die Darstellungen jeweils recht gedrängt ausfallen.

**2.**

*Fall 1: Versuchte Vergewaltigung in Tateinheit mit einem Mordversuch:* An dem Interview, das unserer ersten Fallanalyse zugrunde liegt, nahmen Herr Werner – so soll der von uns interviewte Vernehmungsbeamte genannt werden – und zwei

Interviewer teil. Einer der beiden Interviewer eröffnet das Gespräch: Wir seien auf ihn, Herrn Werner, durch einen Beamten des BKA aufmerksam gemacht worden. Herrn Werner sei es in der Vergangenheit gelungen, verstockteste Täter zu einem Geständnis zu bewegen.

Herr Werner bestätigt, dass er „im Laufe der Jahre" in einigen schwierigen und spektakulären Fällen erfolgreich gewesen sei. Er schränkt aber sofort ein, dass man keine generellen Gründe für den Vernehmungserfolg angeben könne. Er setzt seinen Anteil am Erfolg deutlich niedrig an, scheint allerdings gleichzeitig dezent auf ihn verweisen zu wollen. Lassen wir Herrn Werner selbst zu Wort kommen:

> „Aber des ist schon richtig, dass ich eine Reihe von Vernehmungserfolgen hatte. Man kann jetzt nicht hier generell so sagen, an was liegt des oder liegt des jetzt, weil ich a begnadeter Vernehmer bin. Das hängt immer vom zu Vernehmenden ab und natürlich auch vom Vernehmer und dann hängt's vom Fall ab und von der Persönlichkeit. Also hier a grobes Muster zu sagen, das ist deshalb und aus diesen und jenen Gründen, das ist einfach nicht machbar. Ich bin ein Mann der Praxis, ich geh intuitiv vor. Ich geh nicht nach festen Regeln vor, wie beispielsweise Reid-Methode oder sonstigen Dingen, sondern äh des hab ich nie gelesen und ich hab mich nie damit beschäftigt. Ich hab die Vernehmungen hier gelernt in der Praxis und da lernt man dazu im Laufe der Zeit und äh ich bemüh mich halt oder bilde mir ein, dass ich gut auf Menschen eingehen kann, dass ich a gute Menschenkenntnis hab, a normale Menschenkenntnis und mich auch gut auf mein Gegenüber einstellen kann, das ist sehr wichtig. Und mich entweder äh zurücknehme oder a bisserl aus mir rausgehe. Die Reaktion des anderen erkennen und sich drauf einstellen, das ist unheimlich wichtig in dem Bereich, wenn man merkt, jetzt wird er aggressiv, dass man sich dann zurücknimmt und irgendwo dagegensteuert. Dieses Gespür, des ist vielleicht mit das, glaube ich das Wichtigste."

Die letzte Selbststilisierung stellt nicht unbedingt einen Widerspruch dar zur vorher gemachten Feststellung, es gebe kein zwingendes Erfolgsmuster. Vielmehr löst sich der vermeintliche Widerspruch zwischen der Verneinung eines Erfolgsmusters und dem versteckten Verweis auf den eigenen Erfolgsanteil hier auf: Auch wenn es keine zwingende Erfolgsmethode gibt, so sind die Erfolge von Herrn Werner – darauf will er wohl verweisen – doch nicht zufällig. Sie sind begründet in seinen persönlichen, nicht methodisierbaren Qualitäten. Herr Werner stilisiert seine Vernehmungsqualitäten als eine Kunst, mit den Unwägbarkeiten und Besonderheiten des Einzelfalles zurande zu kommen. Im Mittelpunkt steht das Gespür für die Situation, für sein Gegenüber etc., das dann handlungsleitend ist, das ggf. zum Erfolg führt, das sich aber keinesfalls fallneutral als Methodenmuster beschreiben lässt.

Herr Werner zeigt dann an, seine Kunst an Beispielen veranschaulichen zu wollen. Er kommt umgehend in einer zusammenhängenden Erzählung auf den Fall zu sprechen, der im Zentrum dieser Analyse stehen wird. Er berichtet, dass es hier um einen Germanistikstudenten ging, also um einen – wie er bemerkt – eher zur Intelligenz zählenden Menschen, den dann aber ein psychischer Schaden ereilt habe, paranoide Wahnvorstellungen. Der Täter sei also von einem gesundheitlichen Schicksalsschlag getroffen gewesen, der sofort seine Schuldfähigkeit in Frage stellt, mit dem aber zugleich seine besondere Gefährlichkeit hervorgehoben ist. Es folgt dann auch gleich die Ausbuchstabierung: Aus seinem Wahn heraus habe er die Stadt mit ‚schlimmsten Straftaten überzogen‘. Dies alles ‚gipfelte‘ dann in dem Versuch einer Vergewaltigung und in dem anschließenden Versuch einer Tötung des Opfers. Herr Werner hebt dann auch abschließend noch einmal hervor, dass es sich um einen „hochintelligenten" Täter gehandelt habe, bei dem es ein Jahr für ein Geständnis, ohne das eine Überführung nicht möglich gewesen wäre, gebraucht habe.

Der Beschuldigte habe nach einer 17stündigen Vernehmung nur gestanden, weil es ihm, Werner, gelungen sei, ihn davon zu überzeugen, dass er nur im Falle eines Geständnisses und wenn er in Haft gehe die Aussicht habe, von den besten Psychiatern behandelt und möglicherweise geheilt zu werden. Der Beschuldigte habe dann tatsächlich überlegt und den Vorschlag durchdacht und dann ein komplettes Geständnis abgelegt. Die Geständigkeit wäre dieser Darstellung zufolge Ausdruck des rationalen Kalküls. Die Leistung des Vernehmungsbeamten bestünde dann darin, dieses Kalkül angestiftet zu haben. Herr Werner beschreibt in dieser Phase nicht weiter, wie es ihm gelungen ist, den Beschuldigten zu bewegen, diese Überlegungen anzustellen. Geschildert wird auch nicht, wie sich dieses Überlegen des Beschuldigten dargestellt hat.

Nach einer kurzen Unterbrechung – Telefongespräch – kommt einer der beiden Interviewer dann auf den langen Ermittlungszeitraum – ein Jahr – zu sprechen. Herr Werner greift dies auf und fährt mit seiner Schilderung fort: Sie seien schon früh auf den Beschuldigten gekommen, weil der ein Phantombild, das ihn nur sehr schlecht getroffen habe und das nie zu seiner Ergreifung hätte führen können, abgerissen habe, dabei beobachtet worden sei, so dass sie schnell infolge einer Meldung einen Verdacht hatten. Da zeitgleich in der Presse von dem Fall berichtet worden sei, habe der Beschuldigte ein von ihm verfasstes komplettes schriftliches Geständnis vernichtet, kurz bevor sie ihn aufgrund der

Meldung vom Abriss des Bildes besucht hätten.[3] Er sei dann auch nicht geständig gewesen, habe geschickt – für Werner ein Indiz für seine Hochintelligenz – die Blutgruppengleichheit eines Blutfleckens auf seiner Jacke mit dem des Opfers ‚erklärt', nicht wissend, dass er über dieselbe Blutgruppe verfügte, sei dann aber später wieder aufgegriffen worden, nachdem ein weiteres Phantombild nahezu zweifelsfrei ergeben hatte, dass er der Brandstifter eines Brandes im Sozialamt gewesen sei. In der sich anschließenden 17stündigen Vernehmung sei er dann endgültig zusammengebrochen und habe auch den Mordversuch und den Vergewaltigungsversuch gestanden.

Wie dieses Geständnis im Einzelnen zustande gekommen ist und wie es dem Vernehmungsbeamten gelungen ist, den Beschuldigten zu einer rationalen Abwägung ‚Geständnis gegen heilende Ärzte' zu bewegen, ist in der Eingangsdarstellung des Vernehmungsbeamten noch recht vage geblieben. In dieses Darstellungsloch stößt dann auch einer der Interviewer mit der Frage: *„Und woher wussten Sie, dass er auf das Angebot nach guten Ärzten anspringt? Haben Sie schon vorher was getestet? Wie der funktioniert?"* Herr Werner erwidert, dass er sich in den Vernehmungen etliche Male mit dem Beschuldigten wie mit einem Kranken unterhalten habe. Er reklamiert so, um die Krankheit des Beschuldigten gewusst und sich im Kontakt entsprechend auf ihn eingestellt zu haben. Auf Nachfrage, ob der Beschuldigte sich in Freiheit befunden habe, bestätigt Herr Werner: Sie hätten ihn im Laufe eines Jahres vier bis fünf Mal zur Vernehmung geholt. Dann hebt Herr Werner unvermittelt hervor: *„Der hat Höllenrespekt vor mir gehabt. Er hat auch Vertrauen zu mir gehabt. Des war so a eigenartiges Verhältnis zwischen ihm und mir. Er hat mich respektiert, er hat gemerkt, dass ich vor ihm keine Angst habe, ich äh war immer der Dominierende, wenn wir zusammen trafen."* In dieser Passage äußert sich Herr Werner erstmals zu der Beziehung zwischen dem Beschuldigten und ihm und die Darstellung der Geständnismotivierung nimmt hier eine Wende. Mit der Betonung seiner Dominanz in der Beziehung zum Beschuldigten deutet Herr Werner an, dass die Geständnismotivierung wohl nicht einfach rational abwägend abgelaufen ist, sondern beziehungsfundiert erfolgte. Herr Werner führt dann auch umgehend ein Beispiel an, mit dem er die Art seiner Dominanz und damit die Beziehung zum Beschuldigten zu illustrieren sucht.

Er bezieht sich auf eine Protokollierungssituation, in der der Beschuldigte Schachtelsätze diktierte: „Zum Beispiel hat er da mal geschrieben, hat alles so

---

3   Dieses vernichtete schriftliche Geständnis, das auf die Dimension des forum internum verweist, deutet bereits eine prinzipielle Geständnisbereitschaft unabhängig jeglichen Kalküls an. Wer von sich aus schriftliche Geständnisse verfasst, ist auch zum Geständnis motivierbar.

Schachtelsätze diktiert. Naja, Germanistikstudent, ne. ‚A Riesenschachtelsatz‘ hab ich gesagt, ‚war früher a Note sechs, so en Satz, Deutsch Note sechs.‘ Da hat der so 'n &[4] gemacht. ‚Was bilden Sie sich ein, Sie haben doch gar nicht den Intellekt, dass sie sowas beurteilen können. Sie sind doch nur ein scheißblöder Bulle.‘ Hat er mir gesagt. ‚Und Note sechs und ich bleib dabei.‘ Und so ist des, hat sich das aufgebaut.“

Bereits die Analyse dieser ersten kurzen Schilderung einer Vernehmungssequenz ist recht aufschlussreich. Werner kommentiert gegenüber den Interviewern die Attitüde des Beschuldigten mit „naja Germanistikstudent“. Betrachtet man diesen Kommentar zum einen vor dem Hintergrund von zuvor vorgenommenen Einschätzungen des Beschuldigten als hochintelligent und zum anderen vor dem Hintergrund der in der Einstiegsphase des Interviews vorgenommenen Selbsttypisierung als theoriedistanzierter Praktiker, so deutet sich hier in der Sichtweise Werners eine Spannung aus Achtung und Verachtung an. Dem Beschuldigten gegenüber habe er dann auch gesagt, dass ein solcher Riesenschachtelsatz früher zu einer Note sechs in Deutsch geführt hätte. Werner begegnet der auf Intellektualität ausgelegten Selbstdarstellung des Germanistikstudenten so mit einer deutlichen Geringschätzung. Und diese Geringschätzung wird in Anbetracht der Schulerfahrungen des Kriminalbeamten, wenn man so will aus der Perspektive eines Praktikers vorgenommen. Entsprechend reagiert dann auch der Beschuldigte. Herablassend fährt er den Vernehmungsbeamten an: „ Was bilden Sie sich ein, Sie haben doch gar nicht den Intellekt, dass sie so was beurteilen können. Sie sind doch nur ein scheißblöder Bulle.“ Der Beschuldigte weist den Vernehmungsbeamten persönlich beleidigend aus der Haltung eines arroganten Akademikers als inkompetent zurück. Er geht so auf die Provokation ein, gibt seinerseits seiner Geringschätzung Ausdruck und reproduziert damit das von Werner subtil eingebrachte Spannungsverhältnis zwischen einem Akademiker und einem Praktiker. Interessant ist nun die geschilderte Reaktion Werners. Er weist den Beschuldigten keineswegs entschieden und energisch in seine Schranken, sondern er entgegnet ihm: „Und Note 6 und ich bleib dabei.“ Schon auf der inhaltlichen Ebene ist die Antwort defensiv. Er bleibt zwar bei seinem Urteil, macht aber keine klare Ist-Aussage. Er bindet sein Urteil an seine Person und relativiert es so. Interessanter aber noch ist die Betrachtung der Beziehungsebene: Der Vernehmungsbeamte thematisiert mit keinem Wort die Herablassung und Beleidigung des Beschuldigten, und er weist sie schon gar nicht zurück. Sein „und ich bleib dabei“ wirkt eher trotzig, er behauptet sich

---

4    „&“: unverständlicher Text

gegenüber dem Urteil des Beschuldigten, stellt aber die Form der Einlassung des Beschuldigten – Herablassung und Beleidigung – an keiner Stelle in Frage. Er lässt sich ein solches Verhalten von dem Beschuldigten bieten. Das abschließende „Und so ist des, hat sich das aufgebaut." weist darauf hin, dass diese Szene symptomatisch für die Beziehung zwischen dem Vernehmer und dem Beschuldigten gelten soll, dass seine Dominanz sich über eine solche Interaktion entwickelt habe

Diese kurze, von Werner dargebotene Szene ist allerdings keinesfalls geeignet zu plausibilisieren, dass der Beschuldigte vor Werner einen „Höllenrespekt" gehabt habe und dass Werner stets der Dominierende gewesen sei. Vielmehr deutet sich an, dass Werner und der Beschuldigte ihre Beziehung in wechselseitiger Anerkennung eines Praktiker-Akademiker-Verhältnisses definiert und spannungsreich in Szene gesetzt haben. In dieser Beziehung provoziert Werner den Beschuldigten zwar in Bezug auf seine Selbstinszenierung als überlegener Akademiker, zugleich lässt er ihm aber auch den Raum, seine Größenphantasien in der Beziehung zu Werner aggressiv und auf Kosten von Werner auszuleben. Die Szene verweist so keineswegs auf ein manifestes Über-/Unterordnungsverhältnis – wie von Werner reklamiert.

In der Fragefeststellung des zweiten Interviewers „Haben Sie ihn in die Schranken gewiesen." kommt die Irritation über den Widerspruch zwischen abstrakter Beziehungsbeschreibung und Szeneschilderung zum Ausdruck. Werner konstatiert, er habe den Beschuldigten in die Schranken gewiesen, der Beschuldigte habe ihm gegenüber aber stets einen gewissen Respekt und eine gewisse Sympathie gehabt. Er hebt den zuvor produzierten Widerspruch so zwar nicht auf, reagiert dann aber auf ihn mit einem gebrochenen Abschlusskommentar: *„Also, es war so a gegenseitiges Sich-, also er hat mich geachtet, ich hab ihn voll beherrscht."* Er hebt zunächst auf eine eher symmetrische Wechselseitigkeit ab, korrigiert sich dann aber doch in Richtung auf ein Über-/Unterordnungsverhältnis.

Direkt im Anschluss schildert Werner eine weitere Szene, die sich bereits nach dem Geständnis des Beschuldigten ereignet habe:

„Werner:... bloß um ein Beispiel zu sagen, hat er demonstriert, wie er auf diese Studentin einsticht. Er hat nachdem er dann gestanden hat, hab ich gesagt, er soll mir zeigen, wie er auf die eingestochen hat. Ich stell mich jetzt da hin an die Tür und er soll a Messer, a Lineal nehmen, und soll mir das zeigen. Und da sagt er: ‚Ich nehm kein Lineal, wenn dann will ich ein Messer.' Dazu, ‚sonst mach ich das nicht.' Und dann hab ich mich hingestellt, hab ihm so a Küchenmesser gegeben, so ein Speisemesser, mit a runden &

Erster Interview: Ja.

Werner: Kollege war hinten mit a Pistole und da hat er demonstriert, wie er auf mich einsticht und des ist wirklich bis daher so unter der Klinge und wollte sehen, ob ich ihm vertraue. Und, äh, des war auch sehr wichtig und dieses äh Abhängigkeitsverhältnis zwischen ihm und zwischen mir, dass ich ihn so im Griff hatte, das hat dann dazu geführt, dass er wirklich schonungslos jeden Raubüberfall, des Versteck von dem Messer, wo er das Messer gekauft hat, all diese Dinge hat er lückenlos preisgegeben."

Sollte nach dem Geständnis ein solches Abhängigkeitsverhältnis bestanden haben, dann bestand es sicherlich nicht einfach darin, dass der Beschuldigte als Befehlsempfänger auftrat. Vielmehr ist es gerade der Beschuldigte, der für den Vernehmungsbeamten eigentlich unannehmbare Bedingungen und so radikal die Vertrauensfrage stellt. Der Vernehmungsbeamte lässt sich auf diese Bedingungen ein, weil er davon ausgeht, dass der Beschuldigte das ihm entgegengebrachte Vertrauen nicht zu seinem Nachteil ausnutzt. Er hält das Risiko wohl für vertretbar. Dass dem Geschehen tatsächlich ein Abhängigkeits- im Sinne eines Dominanzverhältnisses zugrunde liegt, wird man in Anbetracht dieser Schilderung kaum sagen können. Naheliegender scheint, dass der Beschuldigte, nachdem er mit seinem Geständnis dem Vernehmungsbeamten Vertrauen entgegengebracht hat, nun in Erfahrung bringen will, wie weitgehend ihm der Vernehmungsbeamte Vertrauen entgegenbringt. Dann wäre die Demonstration des Beschuldigten eine Demonstration seiner Vertrauenswürdigkeit einer von ihm geschätzten Person gegenüber.

Auf Nachfrage führt Herr Werner dann auch weiter aus, dass der Beschuldigte zunächst als Zeuge vernommen worden sei, dass er zu ihm in einer lockeren, informellen und humorvollen Art Kontakt aufgenommen habe, dabei aber doch den Eindruck vermittelt habe, zu wissen, was er wolle, und kompetent zu sein. Gerade die Ausstrahlung von Kompetenz sei enorm wichtig für das Erzielen eines guten Ermittlungsergebnisses. Herr Werner reklamiert, den Beschuldigten fair behandelt und ihn nicht ausgelacht oder sonst wie verachtet zu haben. Er habe dem Beschuldigten die Gelegenheit gegeben, offen über seine Krankheit zu reden. „*Der konnte mir offen sagen, dass er psychisch krank war, das hat er auch getan. Hat über seine Krankheit referiert, ich hab ihm zugehört und äh, so hab ich auch zu dem einen Zugang gefunden, er hat aber nicht den Mut gehabt es zuzugeben.*" Entscheidend für den allmählichen Aufbau eines Vertrauensverhältnisses ist demnach gewesen, dass Herr Werner sich auf die

Schilderungen des Beschuldigten zu dessen psychischen Nöten eingelassen, sich als aufmerksamer und interessierter Zuhörer zur Verfügung gestellt hat. Herr Werner hat den Beschuldigten in seiner Krankheit ernst genommen.

Aufschlussreich ist in diesem Zusammenhang die Schilderung der Geständnissituation. Der Beschuldigte hat sich in Zusammenhang mit der Darlegung seiner Krankheit nicht zu einem Geständnis hinreißen lassen. In der letzten Sitzung hatte Werner dann wohl seine Geduld verloren. Nachdem sich das Gespräch mit dem Beschuldigten stundenlang hingezogen hatte, sagte ihm Werner: *„,He, weißt was? Mach was de willst.' Also schon so a bisserl resignierend und äh ,ich glaub des hat keinen Sinn mehr.' Und hab ihm a Block gegeben: ,Wenn's de jetzt was aufschreiben willst, dann gehste in Haft wegen dem Sprengstoffanschlag gehste sowieso in Haft. Und ich glaub, dir kann man wirklich nimmer helfen. Wenn du das Angebot nicht annimmst, dass du eben hier mal endlich sagst, was mit dir los ist und dass du mal äh deine, deine Krankheit beschreibst und wenn du dir nicht helfen lassen willst, dann lass es halt bleiben. Wenn du nicht.' Und dann so, des hat ihm a bisserl zum Nachdenken und: ,Die Psychiater und die guten Psychiater usw. die kriegste sowieso nur, wenn du anständig untersucht wirst, dass man mal weiß, was mit dir los ist, überhaupt.' Und so, des war dann für ihn einleuchtend. ... Daraufhin – so Herr Werner – hat er unvermittelt begonnen: ,Es war das letzte Zimmer hinten rechts. Das Zimmer der Petra Volmer. Dort bin ich hingegangen, hab geläutet.' Und dann hat er angefangen, wie wenn Sie einen Roman schreiben und hat das diktiert wortwörtlich, die ganze Nacht."*

Werner kommt in dieser Passage auf das eingangs schon von ihm angegebene Geständnismotiv des Beschuldigten zu sprechen: die bei einem Geständnis in Aussicht gestellten guten Psychiater. Die dialogische Rahmung lässt aber darauf schließen, dass nicht einfach eine rationale Abwägung in Bezug auf die Psychiater zum Geständnis geführt haben dürfte. Das ,Angebot' hat schon vorher auf dem Tisch gelegen. Entscheidend ist daher die Frage, warum es gerade in dieser Situation in Zusammenhang mit dem Psychiaterangebot zum Geständnis kam.

Sofort ins Auge sticht, dass Werner aus einer gewissen Resignation heraus an ein Eingeständnis des Mordversuchs durch den Beschuldigten nicht mehr glaubt und dem Beschuldigten zu verstehen gibt, dass ihm seines Erachtens nicht mehr zu helfen sei. Dem Beschuldigten droht in dieser Situation der im Laufe des vergangenen Jahres in den Gesprächen zum Vernehmungsbeamten aufgebaute vertrauensvolle Kontakt aufgekündigt zu werden. Der Vernehmungsbeamte ist geneigt, ihn seiner Krankheit zu überlassen und ihn aufzugeben. Und in dieser Situation entscheidet sich der Beschuldigte zu einem Geständnis. Die vielleicht einzige Person, der er sich mit seiner Krankheit anvertrauen konnte, die ihm gestattet hat, seinen Narzissmus auszuleben, ohne ihn demütigend in die Schranken zu weisen (siehe ‚Note 6'-Szene), diese Person entzieht ihm den Kontakt, so dass er danach mit seinen psychischen Nöten wieder allein wäre. Der Kontaktverlust zu dieser Person kann nur über ein Geständnis verhindert werden. Hierin, das legt die Ausdeutung der Schilderung Werners nahe, dürfte im Kern das Motiv für die Geständigkeit des Beschuldigten liegen.

Von Seiten der Interviewer wird die Ambivalenz in der Schilderung Werners umgehend aufgegriffen. Sie verweisen auf zwei Möglichkeiten: Der Beschuldigte habe mit Blick auf die in Aussicht gestellten Psychiater einen Gewinn gesehen und gestanden oder er habe aus der Beziehung zu Werner heraus in Anbetracht eines drohenden Anerkennungsverlustes gestanden. Werner geht sofort auf die zweite Lesart ein und bestätigt sie: Das sei mit Sicherheit der Fall. Der Beschuldigte habe auch vor Gericht betont, dass er ihn verstanden habe. Das Vernehmungsgespräch vor dem Geständnis sei auch sehr intensiv gewesen, und als er dann resigniert habe und den Beschuldigten aufgegeben habe, habe dieser postwendend das Geständnis diktiert. Werner sieht hier ein Zusammenwirken von Beziehungssituation und Psychiaterangebot.

Auf abschließende Nachfragen hebt Werner noch einmal hervor, dass die Geständigkeit des Beschuldigten einerseits seiner steten Suche nach Heilung versprechenden Psychiatern und andererseits dem Vertrauensverhältnis zu ihm geschuldet sei. Werner betont, dass der Beschuldigte mit keinem anderen Vernehmungsbeamten gesprochen habe. *„Also, der hätt bei keim anderen Kollegen wahrscheinlich kein Geständnis abgelegt."* Als Grund hierfür gibt er zusammenfassend an: *„Weil er nicht einfach, äh, das Vertrauen zu andern hat oder des, diesen äh, diesen Draht. Ich hab ihm natürlich auch oft zugehört. Und ich hab ihm auch äh, äh, schon zu verstehen gegeben, dass ich ihn verfolge und dass ich ihn ähm unbedingt überführen will und dass ich's ihm noch beweisen werde und nicht locker lasse. Das hat er gewusst. Der hat das gaanz genau gewusst, dass ich nicht eher Ruhe gebe bis wir des geklärt haben. Des hat er schon gewusst. Aber er hat auch gewusst, dass das fair passiert. Und dann hat er halt des irgendwie anerkannt, dass ich mich so bemüht hab."* Zum einen bestätigt Werner mit diesem Statement noch einmal, dass seine Bemühungen um den Beschuldigten zu einer geständnisfördernden Beziehung geführt habe; zum anderen bleibt er aber dabei, dass er dem Beschuldigten deutlich seine Dominanz und die Unentrinnbarkeit der Situation deutlich gemacht habe und dass dies mitausschlaggebend für die Geständigkeit gewesen sei – eine Einschätzung, die mit der beschriebenen Resignation in der Geständnissituation nicht zur Deckung kommt. In diesem Widerspruch bleibt die Fallbeschreibung Werners befangen.

Fassen wir zusammen: Nachdem Herr Werner eingangs reklamiert, dass er Geständnismotivierung nicht methodisiert, sondern aus seinem Gespür als erfahrener Praktiker, quasi als Kunst betreibe, setzt er illustrierend in einem Monolog zu der Fallschilderung an, der dann allerdings die Pointe, die Darstellung seiner Vernehmungskunst in einem Einzelfall, fehlt. Die Darstellung ist so nicht hinreichend detailliert und in ihrer Gestalt nicht geschlossen, ihr ist der thematische Relevanzrahmen abhanden gekommen. Kompensiert wird dieses Manko dann im Nachfragedialog mit den Interviewern. Hier nun gibt Werner über die entscheidenden Motivierungsaspekte Auskunft. Allerdings bleibt seine Darstellung nicht frei von inhaltlichen Uneindeutigkeiten und Widersprüchen. An ihnen entlang soll die Motivierungspraktik nun genauer erfasst werden:

- Bereits zu Beginn seiner Fallschilderung hebt Werner auf das Geständnismotiv des Beschuldigten ab: Ihm, Werner, sei es gelungen, dem Beschuldigten plausibel zu machen, dass er nur bei einem Geständnis und in Haft Aussicht auf die Behandlung durch beste Psychiater und so auf Heilung habe. Gerade aber die drei vorgestellten szenischen Schilderungen des Vernehmungsgeschehens und hier v.a. die Schilderung der Geständnisszene werfen ein etwas anderes Licht auf die tatsächliche Geständnismotivierung und auf das tatsächliche Geständnismotiv. Die In-Aussicht-Stellung geeigneter Psychiater mag ihre Bedeutung gehabt haben, entscheidend aber wird die vertrauensvolle Beziehung des Beschuldigten zum Vernehmungsbeamten, die von beiden in intensiven und sehr persönlichen Gesprächen um die Krankheit des Beschuldigten aufgebaut wurde, gewesen sein. Diese Beziehung ist für den Beschuldigten dann so wichtig geworden, dass ihre Aufrechterhaltung ihm ein Geständnis wert war. Diese Motivierungslinie offenbart sich in der Nachfragephase des Interviews, und sie wird aus dem Dialog mit den Interviewern heraus in etwa so von Werner entwickelt. Werner modifiziert seine Darlegung des Geständnismotivs des Beschuldigten im Verlaufe des Interviews in diesem wesentlichen Punkt.
- Die ausschlaggebende Beziehung des Vernehmungsbeamten und des Beschuldigten wird von Werner bis zum Schluss als Dominanzverhältnis begriffen. Direkt zu Beginn der Nachfragephase gibt er an, dass der Beschuldigte einen „Höllenrespekt" vor ihm gehabt habe und dass er „immer der Dominierende" gewesen sei. Gegen Schluss der Fallschilderung ver-

weist er noch darauf, dass er dem Beschuldigten zu verstehen gegeben habe, „*dass ich ihn verfolge und dass ich ihn ähm unbedingt überführen will und dass ich's ihm noch beweisen werde und nicht locker lasse. Das hat er gewusst. Der hat das gaanz genau gewusst, dass ich nicht eher Ruhe gebe bis wir des geklärt haben.*" Werner beschreibt sich in der Beziehung als dominant und übermächtig. Der Beschuldigte – so suggeriert er – sei sich seiner Chancenlosigkeit bewusst gewesen, und dies habe im Verbund mit der aufgebauten Vertrauensbeziehung den Ausschlag gegeben. Betrachtet man aber die geschehensnahe Schilderung in den drei Vernehmungsszenen, so entsteht ein etwas anderes Bild. In der ‚Note 6'-Szene kann von einer Dominanz des Vernehmungsbeamten kaum die Rede sein. Hier zeigt sich der Beschuldigte äußerst respektlos, ohne dass Werner Anstalten macht, ihn in die Schranken zu weisen. Die Szene deutet vielmehr darauf hin, dass Werner dem Beschuldigten Raum lässt, seinen Narzissmus auszuleben, um ihm Demütigungen zu ersparen. Und auch aus der ‚Messer'-Szene lässt sich nicht unbedingt eine Dominanz des Beamten herauslesen. Die Schilderung bleibt ambivalent. Aber schon gar nicht drückt sich in der Schilderung der Geständnissituation eine Dominanz des Vernehmungsbeamten in der von ihm beschriebenen Form – ‚Höllenrespekt' und ‚Übermächtigkeit' – aus. Dem Geständnis des Beschuldigten ging ja die Resignation des Beamten voraus, wie der im Interview mehrfach herausstellt. Werner sah sich bereits am Ende seiner Kunst, von dem hochintelligenten Beschuldigten ‚eigentlich' bereits geschlagen. Diese Korrektur ist hier deshalb von so großer Bedeutung, weil die erlebnisnahe Szeneschilderung gerade darauf verweist, dass der Beschuldigte nicht auf einen ihn souverän beherrschenden Vernehmungsbeamten, sondern auf den drohenden Beziehungsverlust reagiert. Die Möglichkeit der Geständigkeit des Beschuldigten ergibt sich – anders als Werner dies bis zum Schluss reklamiert – aus der existentiellen Bedeutung der Beziehung für den Beschuldigten, die der Beamte und der Beschuldigte v.a. in den intensiven Gesprächen um die Krankheit des Beschuldigten miteinander aufgebaut haben. Sie lässt das Geständnis als eine Gabe erscheinen.[5] Eine Kennzeichnung als Dominanzbeziehung trifft hier nicht richtig; den Kern der Beziehung dürften die therapeutischen Qualitäten ausgemacht haben.

- Ohne dass Werner sein Verfahren ausdrücklich so kennzeichnet, beschreibt er es als eine Art nicht methodisierbarer Kunst eines erfahrenen Praktikers.

---

5   Vgl. dazu den Beitrag Wirkung einer Naturkraft von Michael Niehaus (Abschnitt 4).

Er spricht von dem Gespür für andere Menschen, Situationen und angemessene Reaktionen, über das er verfüge. Die Fallschilderung dient ihm zur Illustration dieser seiner Vernehmungsqualitäten. V.a. in seinen erlebnisnahen Szeneschilderungen deutet er an, wie in dem vorgestellten Fall sein „Gespür" zum Ausdruck gekommen ist: Im Kontakt mit dem Beschuldigten hat er wohl erkannt, dass mit Hilfe von Gesprächen mit dem Beschuldigten über dessen Krankheit ein kooperationsförderlicher Kontakt aufgebaut werden könnte. Die Rechnung geht zunächst auf, es kommt aber letztlich doch nicht zur Geständigkeit des Beschuldigten. Erst der resignative, vernehmungsstrategisch nicht ausgeklügelte Beziehungsabbruch führt dann – wie beschrieben – zum Erfolg. Die Fallschilderung unterstreicht zuerst die Auffassung Werners, dass erfolgreiches Vernehmen – v.a. in schwierigen Ermittlungslagen – ein sich Einlassen auf den Fall, ein situatives und erfahrungsfundiertes Vernehmungsmanagement erfordert: So konnte Werner nur in der Ermittlungssituation und aus dem Erleben des Beschuldigten heraus erkennen, dass aus einem Krankheitsdiskurs heraus eine kooperationsförderliche Beziehung zum Beschuldigten möglich wurde. Darüber hinaus zeigt der Fall aber auch, dass der Vernehmungserfolg hier nur zum einen Teil auf eine situativ ausgeklügelte Vernehmungsstrategie des Beamten zurückzuführen ist. Das Anzeigen von Resignation und die Aufgabe der Beziehung zum Beschuldigten dürften eher ein authentisches Eingeständnis des Scheiterns gewesen sein. Die damit erzielte Wirkung: die Geständigkeit des Beschuldigten, zeigt dann, dass der Vernehmungserfolg von nicht intendierten Wirkungen abhängt. Werner reagiert hier aus der Situation heraus, aber nicht mehr vernehmungsstrategisch, sondern – wenn man so will – ‚existentiell' – und gerade das macht ihn für den Beschuldigten so glaubwürdig und seine Aktion für ihn so bedrohlich. Die Vernehmung verliert in ihrer entscheidenden Phase alle Methodizität, sie wird für die beiden Beteiligten voll und ganz authentisch (vgl. dazu auch Niehaus 2004b: 12).

Unter der Hand gelingt Werner so eine Revision der eingangs für sich reklamierten Vernehmenstypik: Die Kunst seines Vernehmens besteht demnach nicht einfach darin, frei von methodischen Vorgaben aus der Situation heraus zu erkennen, was zu tun ist. Seine Vernehmungskunst besteht – zumindest in dem vorgestellten Fall – im Kern vielmehr darin, in der entscheidenden und v.a. ausweglos erscheinenden Situation sich existentiell unterhalb der Reflexionsschwelle und unverstellt auf sein inkorporiertes Wissen eingelassen zu haben.

Unter dem Strich ergibt sich aus der Fallschilderung für die Geständnis-
motivation des Beschuldigten folgendes Bild: Dem Beamten ist es in den
Vernehmungsgesprächen gelungen, zu dem Beschuldigten einen personalen
Kontakt herzustellen. Der Beschuldigte konnte ihm gegenüber offen und ohne
Kränkungen befürchten zu müssen, über seine enormen psychischen Probleme
sprechen und so in einen Dialog mit ihm treten. Für den ansonsten mit seinen
Problemen auf sich allein gestellten Beschuldigten ergab sich so aus den Vernehmungsgesprächen eine Beziehung zu einer Person, der er mehr und mehr
vertrauen, der er sich in intensiven Zweiergesprächen zunehmend öffnen
konnte. Die Angst vor dem Verlust der Beziehung zu Werner dürfte der Motiva-
tionshebel für die Geständigkeit des Beschuldigten in diesem Fall gewesen sein.
Aktiviert wurde diese Angst in einer Situation, in der Werner eigentlich schon
aufgegeben hatte, sich resigniert vom Beschuldigten abwendet und ihn als
Mensch und Geständigen aufgibt. Das postwendende, unvermittelte und umfassende Geständnis des Beschuldigten muss dann als Versuch gewertet werden,
die Beziehung zu dem Vernehmungsbeamten wiederherzustellen.

Unsere Interpretation der Fallschilderung des Vernehmungsbeamten
fördert also ein spezifisches Motivationsmuster zutage: Der Einsatz des
Geständnisses zur Sicherung der Beziehung zu einem Vernehmungsbeamten.
Inwieweit dieses Muster für Vernehmungen im Rahmen von Fallaufklärungen,
bei denen das Geständnis des Beschuldigten von erheblichem Gewicht ist, als
typisch gelten kann, soll nun zunächst in minimaler Kontrastierung in der
Analyse weiterer Vernehmungen, die in Zusammenhang mit Mordermittlungen
stehen, überprüft werden.

## 3.

*Fall 2: Sechsfacher Mord (Serienmorde):* Der Beschuldigte dieses Falles hat im
Laufe der über drei Monate andauernden Vernehmungen sechs unabhängig
voneinander begangene Morde und einen Mordversuch gestanden. Es handelt
sich, gerade was die Umstände der Tataufklärung angeht, um einen der spekta-
kuläreren Serienmorde in der Bundesrepublik. Die Überführung des Beschuldigten war nur über sein Geständnis möglich.

Nachdem ein Jäger eine skelettierte Leiche in einem Waldstück gefunden
hatte und nachdem dann zweifelsfrei festgestellt werden konnte, dass der Tote
erschlagen worden war, und dann über die Untersuchung seines Gebisses seine
Identität als Patient einer naheliegenden Alkoholikerheilanstalt festgestellt
wurde, nahm die Kriminalpolizei ihre Ermittlungen in dem Heim auf. Dabei

machte eine der Schwestern die Aussage, dass ein anderer Patient bereits zu einem früheren Zeitpunkt geäußert habe, dass der jetzt Aufgefundene tot sei. Durch diese Aussage alarmiert haben die Beamten diesen Patienten aufgesucht und ihn unter einem Vorwand in ihr Heimatpräsidium zu einer Befragung mitgenommen. Die Befragung, in der aus Vorsicht nur marginal die Aussage des Patienten angesprochen wurde, war wenig ergiebig, so dass zu erwarten war, dass der Mann am Folgetag wieder auf freien Fuß gesetzt werden mußte.

Zum Geständnis kam es dann am Abend im Polizeigewahrsam. Der Mann reagierte auf seine Einweisung in den Gewahrsam mit Unverständnis und recht aufgebracht. Die beiden ermittelnden Beamten, die zu einer Besprechung mussten, versprachen dem Mann zu dessen Beruhigung, am Abend noch einmal vorbeizuschauen. Als sie dann später abends kamen, saß der Mann unter einer Decke hockend weinend in seiner Zelle. Er hatte Angst, dass in dem Heim, in dem er jetzt wohnte, seine Habe gestohlen werde. Die Beamten beruhigten ihn von neuem und fragten ihn dabei, ob er etwas mit dem Mord zu tun habe. In dieser Situation nickte der Beschuldigte und verwies etwas später völlig überraschend auf einen weiteren, weit zurückliegenden Mordfall, zu dem er etwas sagen würde, sobald seine Sachen abholt seien. Am folgenden Morgen wurde die Habe des Mannes gemeinsam mit ihm abgeholt und der Mann gestand in den sich anschließenden Vernehmungen sukzessive sechs Morde, für die er zu 10 Jahren Jugendstrafe und anschließender Sicherheitsverwahrung verurteilt wurde.

Auch hier ist für die Rekonstruktion der Geständnismotivierung eine genauere Betrachtung der Geständnissituation aufschlussreich: Der Grundstein für das spätere Geständnis wurde in der Befragung nach der Überführung ins Präsidium gelegt. Hierbei ging es vordergründig um homosexuelle Aktivitäten in dem Heim, über die der Verdächtige als Informant Auskunft geben sollte. Die Beamten gingen dabei nur am Rande auf die verdächtig machende Aussage des Mannes ein. In dem Gespräch, das sich über den ganzen Tag hinzog, kam in der Sache wenig heraus, der Befragte erzählte aber in langen Gesprächspassagen über sein bisheriges Leben in verschiedenen Heimen und über die Knechtungen durch einen gewalttätigen Vater. In diesem Gespräch kam auf beiden Seiten eine gewisse Betroffenheit auf, die ihren deutlichstes Ausdruck in oft minutenlangen gemeinsamen *Schweigen* fand. Mit diesem Gespräch wurde der Beziehungsgrund für den abendlichen Geständniseinstieg gelegt.

Am Abend selbst erwiesen sich die Beamten für den Verdächtigen zunächst einmal als verlässlich, weil sie ihn tatsächlich noch einmal im Polizeigewahrsam aufsuchten und sich ernsthaft seiner Sorge um seine im Heim verbliebene Habe annahmen. Entscheidend wird hier aber gewesen sein, dass v.a. der ermittlungsführende Beamte sich personal sehr weit auf den Beschuldigten eingelassen hat: Er setzte sich einfach neben den weinenden Mann, legte den Arm um ihn, redete beruhigend auf ihn ein und zog ihm dabei vorsichtig die Decke vom Kopf. Dies habe er spontan aus der Situation heraus gemacht. Und in diese nahezu intime Situation hinein stellt er dann – auch hier wieder als eine ‚menschliche Regung' (Niehaus 2004) – die entscheidende Frage. „Dat is keine, keine Taktik oder wat gewesen von mir, dat is einfach so gekommen: ‚Mensch hast du was damit zu tun?' Stille. **[6] Und dann kommt dieses Nicken." Dem Beamten ist es also, vorbereitet durch die Gespräche am Tage, gelungen, eine existentiell dichte Situation zu erzeugen, in der sich der verdächtige Mann – so lässt sich etwas gewagt spekulieren – in bisher nicht gekannter Weise ‚angenommen' gefühlt haben dürfte. Und dieser Situation trägt er dann Rechnung, indem er ‚seinerseits' mit einem Geständnis einer kommunikativen Verpflichtung nachkommt, sich auf diese Weise für die Beziehung öffnet und aus freien Stücken weitere Geständnisse in Aussicht stellt: „Und wenn ich die Sachen krieg, dann erzähl ich euch noch Dinge, da wirste berühmt mit." Auch in diesem Fall führt die im Moment als existentiell bedeutsam erfahrene Beziehung dazu, dass der Beschuldigte dem Vernehmer ein Geständnis schuldig zu sein meint.[7]

Nachdem die Habe des Beschuldigten am kommenden Morgen sichergestellt worden war, hat er dann ein umfassendes Geständnis abgelegt und über drei Monate in minutiösen Schilderungen seine sechs Morde und den Mordversuch überprüfbar gemacht. Während dieser Zeit hat sich zwischen dem Hauptvernehmer und dem Beschuldigten ein recht enger Kontakt hergestellt: Der Beschuldigte wurde von dem Beamten auch in seiner Freizeit umfassend betreut, er gewährte dem interessierten Beschuldigten in den Gesprächen am Rande gar einen begrenzten Einblick in sein Familienleben, der Beschuldigte machte dem Beamten im Gegenzug selbstgebastelte Geschenke auch für dessen Kinder, etc.

Die im Interview reklamierte ‚Tragweite' der Beziehung konnten wir in einem Gespräch mit dem Beschuldigten, zu dem uns der Vernehmer begleitete, beobachten. In diesem Gespräch, das uns tonbandprotokolliert vorliegt, hat uns der nunmehr Verurteilte so gut wie keine Angaben zu seiner Geständnismotivierung machen können. Er wirkte in Bezug auf unsere Fragen hilflos. Aufschlussreich war aber die vertraute und herzliche Umgangsweise zwischen dem

---

6    Redezugvakanz
7    Allerdings ist die dem Vernehmer in Aussicht gestellte Gratifikation „da wirste berühmt mit" bereits ein Grenzfall, da das Geständnis dabei nicht mehr eigentlich als ein „Gut" erscheint.

Beamten und dem Verurteilten, die darin gipfelte, dass dieser dem Beamten versprach, ihm im Sommer selbst gemachte Marmelade zu schicken, und der Beamte ihm zusicherte, sich um Probleme zu kümmern, die der Verurteilte in der Klinik hatte. Über diese Gesprächshandlungen wurden die von dem Beamten im Interview vorgetragene Erzählung des Geständnishergangs und gerade auch die ausschlaggebende existentielle Dichte der Geständnissituation eindrucksvoll plausibilisiert.

*Fall 3: Kindesmord und versuchter Kindesmord jeweils in Tateinheit mit Vergewaltigung:* Die Schilderung eines der Tötung durch ihren Vergewaltiger knapp entgangenen Mädchens über den Tathergang ähnelten sehr dem rekonstruierten Hergang einer Monate zuvor vollendeten Tötung an einem Mädchen, das auch vergewaltigt worden war. Die festgestellten Indizien und die Aussage des überlebenden Mädchens ließen aber keinen gezielten Tatverdacht oder auch nur eine gezielte Suche nach dem Täter zu. Erst die aufgeklärten Morde zweier französischer Mädchen in Frankreich durch einen Deutschen ebenfalls mit vorhergehender Vergewaltigung ergaben wieder Monate später über sichergestellte Sachbeweise und über Ähnlichkeiten des modus operandi eine brauchbare Spur. Daran anschließende weitergehende Recherchen führten zu einer erheblichen Verdichtung des Verdachts. Für eine Überführung des Verdächtigen reichte die Beweislage aber nicht aus. Der Beschuldigte wurde auf Ersuchen den deutschen Behörden überstellt und den Beamten in Straßburg an Händen und Füßen gefesselt übergeben.

Die deutschen Beamten waren von vornherein darum bemüht, den Kontakt zu dem Beschuldigten so weit wie möglich zu entdramatisieren und zu normalisieren. Sie nahmen ihm als erstes die Fußfesseln ab und bemühten sich bereits im Wagen während der Überführung um unangestrengte Alltagskommunikation. So wurde beispielsweise das Gespräch auf den gemeinsamen Lieblingsfußballverein gebracht. Über die Anschuldigungen wurde kein Wort verloren. Es ging darum ein Klima der Akzeptanz zu erzeugen und so die Voraussetzungen für einen kooperationsförderlichen personalen Kontakt zum Beschuldigten zu schaffen.

Im Vernehmungszimmer dann wurden dem Beschuldigten die ihn belastenden Beweise vorgetragen. Er reagierte nicht geständig. Die Beamten hakten nicht nach, sondern brachten das Gespräch in der Folge auf den Lebenshintergrund des Beschuldigten. Dabei kam man auch auf den älteren Bruder zu sprechen, der wegen sexueller Delikte in einer Psychiatrie saß. Den Beamten fiel auf, „dass irgendwas mit diesem Bruder ist". Der mittlerweile recht vertrauenswürdig gewordene Kontakt ließ es dann zu, dass der Beschuldigte nach einigem Zögern einen ihm peinlichen Sachverhalt offenbarte: Er sei, so erzählte er den Beamten, früher von seinem älteren Bruder mehrfach vergewaltigt worden. Die Beamten reagierten betroffen, zeigten Mitgefühl und griffen dieses Schicksal auf. Sie machten dem Beschuldigten plausibel, dass er die (ihm unterstellten) Taten wohl kaum begangen hätte, wenn er nicht zuvor selbst Opfer sexueller Übergriffe geworden wäre. Sie verschoben so die Verantwortung für die Taten auf den Bruder, zeigten dabei Verständnis für und Mitgefühl mit dem Beschuldigten, so dass der sich aufgehoben fühlte und dann endlich die Taten eingestehen konnte: „Ja, ich bin das gewesen. Mein Bruder hat mich damals, als kleiner Junge hat der mich auch sexuell missbraucht und das wollte ich den Kindern heimzahlen. Die sollten das also jetzt auch spüren, was ich damals als Druck bekommen habe."

Den Beamten ist es so gelungen, dem Beschuldigten eine soziale Akzeptanz zu suggerieren, die es dem ermöglichte, sein Leid zu offenbaren und sich aus diesem Leid heraus selbst als Opfer zu stilisieren. Der Beschuldigte konnte die Tat eingestehen, weil Mord, Mordversuch und die Vergewaltigungen von den Beamten ihm gegenüber als Ausdruck seines Leids ‚akzeptiert' wurden und er sich über diese Akzeptanz von ihnen als Person angenommen sah. Die Beamten stellten kommunikativ eine soziale Situation her, in der der Täter sich in seinen grausamen Taten nicht nur scheinbar mit Erfolg als Opfer reinwaschen konnte, sondern in der er sich auch in Anbetracht dieser Taten über ein Geständnis ‚sozial eingebunden', als Person akzeptiert wähnen konnte.

Das vertrauensvolle Verhältnis des Beschuldigten zu den Beamten wurde in den folgenden zwei Vernehmungswochen ausgebaut: Man lud die 80jährige Mutter des Beschuldigten ein, die dann selbstgebackenen Kuchen mitbrachte, den man bei einem gemeinsamen Kaffeetrinken verspeiste. Der Hauptvernehmer nahm die verdreckten Kleider des Beschuldigten an sich und ließ sie reinigen etc. Der Beschuldigte legte ein umfassendes Geständnis ab. Er ist in Frankreich zu 20 Jahren Haft und in Deutschland zu lebenslänglicher Haft mit anschließender Sicherungsverfahrung verurteilt worden. Noch heute ruft er – so der Vernehmungsbeamte – den Beamten einmal die Woche aus dem Gefängnis in Frankreich an.

*Resümee:* So unterschiedlich sich die fallspezifische Aushandlung der Geständigkeit in diesen drei Vernehmungskontexten zu Mordermittlungen auch darstellt, die minimale Kontrastierung ergab, dass das Geständnis des Beschuldigten sich jeweils aus dessen Beziehung zu den vernehmenden Beamten heraus ergab. Den Beamten ist es in allen drei Fällen gelungen, kommunikativ eine Situation zu etablieren, in der die Beziehung des Beschuldigten zu den ihn vernehmenden Beamten in einem existentiellen Sinne tragend wurde. Und im Rahmen einer solchen Beziehung war es den Beschuldigten dann nicht mehr möglich, die begangenen Taten zu leugnen. Die von den Beschuldigten gewünschte Aufrechterhaltung der Beziehung zu dem jeweiligen Vernehmungsbeamten war nur gegen ein Geständnis zu haben.

Anknüpfend an persönliche Dispositionen der Beschuldigten, die für sich aber keine Geständnismotivationen darstellten, wurde so von den Beamten in der gemeinsamen Interaktion mit den Beschuldigten eine ‚soziale Motivation' beim Beschuldigten erzeugt, die den dann jeweils ‚beziehungsfundiert' in die Geständigkeit trieb. So wird eine gewisse Typik der Geständnismotivierung erkennbar: Das in den Fallanalysen entdeckte gemeinsame Motivationsmuster ‚Geständigkeit gegen Beziehung' lässt die Vermutung zu, dass die Geständnismotivationen von Beschuldigten in den Vernehmungen erst kommunikativ und interaktiv hergestellt werden und der jeweiligen situativen Beziehungsarbeit von Vernehmer und Beschuldigtem entspringen. In Frage steht aber, wie weit dieses Muster reicht. Ist diese Form der Geständnismotivierung eher für des Mordes Beschuldigte reserviert, weil mit dem Delikt Mord bzw. Mordversuch für den Täter eine besondere psychische Last verbunden ist, die ihn sozusagen beziehungsanfällig macht? Oder verweist das aufgezeigte Motivationsmuster gar exemplarisch auf die Geständnismotivierung bei Beschuldigten für all die Fälle, in denen die Aussage des Beschuldigten für die Überführung des Beschuldigten von Gewicht ist? Eine Klärung soll über eine maximale Kontrastierung erfolgen.

## 4.

Für die Überprüfung der Reichweite des rekonstruierten Geständnismotivationsmusters wurden zwei Fälle ausgewählt, die sich von ihrer Deliktform her deutlich abgrenzen. Dem moralisch zutiefst verwerflichen Kapitalverbrechen ‚Mord' stellen wir Formen schwerer Wirtschaftskriminalität gegenüber, mit denen einzelnen Menschen oder der Gesellschaft zwar erheblicher Schaden zugefügt wird, mit denen menschliches Leben aber zumindest in einem direkten Sinne nicht beeinträchtigt ist. Im Fall 4 geht es um die Vernehmung eines Beschuldigten, der des schweren Betrugs bezichtigt wurde, während es im Fall 5 um einen Beschuldigten geht, dem Korruption im Amt vorgeworfen wurde. Ausschlaggebend für die Auswahl dieser Fälle war der angenommene Beschuldigtentyp.

In Verfahren wegen Wirtschaftskriminalität unterstellt man eher einen rational kalkulierenden Akteur, der gewillt ist, das Beste für sich herauszuholen und der nicht geneigt ist, sich in eine Beziehung zu dem Vernehmer zu verstricken.

*Fall 4: Schwerer Betrug:* In dem nachstehenden Fall geht es um Vernehmungen mit einem Beschuldigten, dem schwerer Betrug vorgeworfen wurde. Der Beschuldigte hatte in der Bundesrepublik vier Agenturen mit dem Ziel aufgebaut, Kunden für eine Anlagefirma auf den Caymans anzuwerben, die bereit waren, Geldeinlagen für die Spekulation dieser Firma an einer Börse bereit zu stellen. Den Kunden wurden kurzfristig sichere und horrende Gewinne in Aussicht gestellt, die möglich seien, weil die Firma, mit der sie auf den Caymans zusammenarbeiteten, über entsprechende Insiderinformationen verfügten. Die potentiellen Kunden wurden von den etwa 70 Mitarbeitern der Agenturen in der Regel über längere Zeiträume telephonisch kontaktiert und mit Informationsmaterialien versorgt. Einige hundert Kunden überwiesen dann auch Geldeinlagen in Höhe von 5000 bis zu mehreren hunderttausend Euro jeweils an einen Treuhänder, der das Geld an eine Bank weiterleitete. Die Bank gab dann das Geld an Börsenmakler weiter, die hierfür auf Anweisung der Firma auf den Caymans Aktien kauften und verkauften. Ihren Gewinn erwirtschaftete diese Firma aus den Gebühren, die sie für die An- und Verkäufe der Aktien abhielt. Um diesen Gewinn möglichst in die Höhe zu treiben, wurden die Beträge zum einen gestückelt und zum anderen die einzelnen Beträge in kurzen Zeiträumen solange hin und herverkauft, bis die Einlagen der Kunden infolge der jeweils anfallenden, überdies völlig überzogenen Gebühren aufgebraucht waren. Diese Vorgehensweise war über die Informationsbroschüren, die den Kunden zur Verfügung gestellt wurden, verklausuliert abgedeckt. Der Tatbestand des Betrugs konnte also nur dann strafrechtsrelevant erhoben werden, wenn man den Akteuren der Agenturen in Deutschland und den deutschen Akteuren der Firma auf den Caymans eine abgestimmte Strategie nachweisen konnte, die mit einer bewussten Täuschung der Kunden in den telefonischen Anwerbegesprächen einherging. Das heißt: Die Beamten mussten nachweisen, dass den Kunden telefonisch versichert worden war, dass (a) bei der Anlage der Gelder die Gewinnmaximierung für die Kunden das Ziel sei und dass (b) die Firma ihren Gewinn aus der prozentualen Beteiligung an diesem Gewinn ziehen würde, obwohl faktisch von vornherein abgestimmt von allen Beteiligten angestrebt war, über die Gebühren für den An- und Verkauf der Aktien die Einlagen der Kunden zum eigenen Vorteil aufzubrauchen.

Um diesen Nachweis führen zu können, war es erforderlich, einen der maßgeblichen Insider zu einer entsprechenden Aussage zu bewegen. Die Beamten konzentrierten sich auf den Beschuldigten dieses Falles, weil er – wenn auch mit Mühen – greifbar war und an einer Schaltstelle des Netzes saß: Er hatte die Agenturen aufgebaut, leitete die Agenturen in Deutschland und er bezog von der Firma auf den Caymans die Provisionen.

Die Ermittlungen gegen den Beschuldigten waren soweit gediehen, dass der Staatsanwalt zur Ausstellung eines Haftbefehls veranlasst werden konnte. Allerdings – so der Vernehmungsbeamte – habe der Beschuldigte durchaus noch die Möglichkeit gehabt, sich herauszureden. Er hätte schlicht dabei bleiben können, von der betrügerischen Gesamtstrategie nicht gewusst zu haben. „Und dann wäre es sehr schwer geworden."

Der Haftbefehl gegen den Beschuldigten, der im Ausland lebte, wurde während eines Deutschlandaufenthalts vollstreckt. Der Beschuldigte wurde nach einem Gerichtstermin, bei dem es um das Sorgerecht seiner Kinder ging, noch im Gerichtsgebäude für ihn völlig überraschend von dem späteren Vernehmer festgenommen. Im Präsidium verweigerte er dann die Aussage, so dass er umgehend in die Untersuchungshaft überführt wurde. Die telefonische Anfrage des Vernehmers, ob er nun zu einer Aussage bereit sei, kommentierte er mit der Bemerkung, er unterhalte sich mit dem Arschloch nicht. Nachdem eine Haftprüfung zu seinen Ungunsten entschieden wurde, nahm der Beschuldigte über seinen Anwalt zu den Beamten Kontakt auf und ließ seine Aussagebereitschaft erkennen. Er wurde ins Polizeipräsidium für fünf Tage ausgeantwortet und legte in dieser Zeit ein weit reichendes Geständnis ab, das erheblich zu seiner Verurteilung zu sechseinhalb Jahren Haft und später auch zur Verurteilung des Geschäftsführers der auf den Caymans angesiedelten Firma beitrug.

Ausschlaggebend für die Geständigkeit des Beschuldigten, darin stimmen die unabhängig voneinander vorgetragenen Darstellungen des Vernehmungsbeamten und des Beschuldigten überein, waren drei Aspekte: a) die für den Beschuldigen bedrohliche Belastung durch den Ermittlungsstand, b) der Eindruck, den die Untersuchungshaft auf den Beschuldigten gemacht hat und darauf aufbauend c) die Beziehungsarbeit des Vernehmungsbeamten in den fünf Vernehmungstagen.

Über den Ermittlungsstand ist der Beschuldigte während seiner Untersuchungshaft über seinen Anwalt unterrichtet worden. Die Untersuchungshaft selbst hat dem Beschuldigten dann schwer zugesetzt. Nicht nur dass sein normales Leben völlig außer Kraft gesetzt war und er sich nicht darüber im klaren war, wie sich sein Verfahren weiter entwickelte; die Untersuchungshaft selbst war für ihn ungemein entwürdigend und deprimierend: Das Gebäude war in einem maroden Zustand, es roch in den Gängen deutlich nach Urin, der Beschuldigte war in einer Zelle mit Gewaltverbrechern untergebracht, die Atmosphäre war insgesamt von Verzweifelung geprägt: mehrere seiner Mithäftlinge sollen – so der Beschuldigte – während seines Aufenthaltes Selbstmord begangen haben. Briefe seien mit erheblicher Verspätung eingetroffen, das Leben sei völlig kontrolliert gewesen. Und als dann bei einer Haftprüfung seine Entlassung abgelehnt worden sei, habe er, so der Beschuldigte, sein Verfahren mit einer Aussage vorantreiben wollen, zum einen um die Untersuchungshaft abzukürzen und zum anderen um Einfluss auf sein Verfahren zu erhalten. So habe er dann über seinen Rechtsanwalt der Polizei gegenüber seine Gesprächsbereitschaft bekundet. Er ist dann ausgeantwortet und dem Polizeipräsidium überstellt worden.

Dieser Effekt der Untersuchungshaft ist von dem Vernehmungsbeamten vorab einkalkuliert worden. Dessen Strategie zielte insgesamt darauf ab, dem Beschuldigten keinesfalls seine ermittlungsstrategisch zentrale Position offen zu legen. Suggeriert wurde ihm vielmehr, dass seine Aussage für den Fortgang der Ermittlungen relativ uninteressant sei. Deshalb hatte er auch auf die Aussageverweigerung hin nach der Verhaftung nicht weiter insistiert, darauf spekulierend, dass der Beschuldigte im Verlaufe der Haft aus eigenem Antrieb gesprächsbereit würde. Die Rechnung ging auf und der Vernehmungsbeamte bemühte sich darum, diese Strategie auch während der nun anstehenden Vernehmungen durchzuhalten.

Noch am ersten Nachmittag wurde dem Beschuldigten der Tatvorwurf erläutert und der Ermittlungsstand recht ausführlich dargelegt. Dabei sollte der Eindruck erweckt werden, als sei der Sachverhalt weitgehend geklärt und die Klärung noch offener Aspekte kein so großes Problem. Dem Beschuldigten wurde so vorgespielt, dass ihm mit der Vernehmung lediglich sein Anspruch auf ein rechtliches Gehör gewährt würde.

Die Vernehmung gestaltete sich dann recht schwierig. In einem Vermerk hielt der Vernehmungsbeamte das Aussageverhalten des Beschuldigten fest: Der Beschuldigte sei gezielten Fragen ausgewichen, habe versucht, Fragen neu zu formulieren und sei immer wieder sehr ausladend auf fallirrelevante Aspekte der Szene zu sprechen gekommen. Wurden die Fragen gezielt wiederholt, dann betonte der Beschuldigte sein Unbehagen. Er argwöhnte, verfolgt zu werden und brach die Vernehmung dann ab. Der Beschuldigte sei lange Zeit zu keiner nachvollziehbaren Antwort bereit gewesen. Vielmehr habe er seine Aussage zunächst von einer Haftverschonung abhängig gemacht. So hat der Beschuldigte zwei Tage lang die Unterschrift unter die Protokollmitschriften verweigert. In dieser Phase kam es zu zum Teil recht heftigen Auseinandersetzungen, in denen sich Vernehmungsbeamter und Beschuldigter mitunter Auge in Auge zueinander stehend wechselseitig anschrieen. Der Vernehmungsbeamte machte dem Beschuldigten hierbei klar, dass er nicht bereit sei, sich in der Sache von dem Beschuldigten vorführen zu lassen. So herrschte er ihn einmal an: „Du kannst mir jetzt sagen, ich bin der unschuldigste Mensch auf der Welt. Dat schreib ich rein. Du kannst dann rausgehen, was Dir niemand anlasten darf. Nur ich bitte darum: Ich werd mir keine zwei Stunden Scheiße anhören. Da bin ich zu alt zu. Das mach ich nicht." In einer anderen Situation verweigerte er die Protokollierung einer Aussage des Beschuldigten mit der Begründung, so einen Scheiß schreibe er nicht auf. Dann wieder hat er den Beschuldigten recht drastisch auf vermeintliche Gefahren vor Gericht aufmerksam gemacht: Er habe sich eine Liste genommen, sein Bilanzkreuz gemacht und dem Beschuldigten gesagt: „Pass auf, dat und dat und dat hast du mir erzählt, dat is einfach Kappes, dat is Blödsinn. Dat is überhaupt nicht möglich, dat is absolute Scheiße, wat du da erzählst. Und stell Dir mal vor, diese Scheiße erzählst du jetzt dem Richter. Der muss doch so'n Hals kriegen, wenn der sich so'n Blödsinn anhört."

Einhergehend mit diesen zum Teil recht heftig geführten Auseinandersetzungen gelang es dem Vernehmungsbeamten dennoch, zu dem Beschuldigten einen persönlichen Kontakt und allmählich sogar eine Beziehung aufzubauen. Zunächst sind beide auf Initiative des Vernehmungsbeamten sehr schnell zum Duzen übergegangen. Zigaretten habe man während der Vernehmung aus gemeinsamen Schachteln geraucht. Und in der Sache hat der Vernehmungsbeamte dem Beschuldigten demonstriert, dass er mit offenen Karten spiele. So habe er ihm Einblick in die Ermittlungsakten gewährt. Den Hinweis des Beschuldigten, dass dies nicht gestattet sei, habe er einfach – so der Beschuldigte – weggewischt. Das Mittagessen ist gemeinsam in der Kantine eingenommen worden. So habe sich eine gewisse personale Nähe und trotz der heftigen Kontroversen doch eine von beiden getragene Arbeitsatmosphäre hergestellt. Dem Beschuldigten sei deutlich geworden, dass bei allen Differenzen in der Sache und bei aller Heftigkeit der Auseinandersetzung eine personale Akzeptanz gegeben ist. Eine die Geständigkeit nach sich ziehende Beziehung zu dem Beschuldigten habe sich aber erst aus der Betreuung jenseits der Vernehmung ergeben. Der Beschuldigte war für die fünf Tage seiner Vernehmung im unwirtlichen Polizeigewahrsam untergebracht und musste da von dem Vernehmungsbeamten betreut werden. Der versorgte ihn für den Abend und für die Nacht mit Zeitschriften und Süßigkeiten, die der Beschuldigte in großen Mengen konsumierte. Er besorgte dem Beschuldigten aus freien Stücken Ersatzkleidung, damit er nicht über all die Tage dieselbe Kleidung tragen musste, und – er unternahm mit ihm Spaziergänge, in denen kaum über den Fall geredet wurde, sondern über Autos, Wohnen und über recht private Dinge. Hier konnte der Beschuldigte sich dem Beamten als ,toller Kerl' präsentieren. Er prahlte mit seinen Frauengeschichten und deutete an, ein exklusives Leben gewohnt zu sein, von dem der Beamte nur träumen könne. Der Vernehmungsbeamte ließ diese Demonstration zu, zeigte sich beeindruckt und in regen Gesprächen an der Person und den Geschichten des Beschuldigten interessiert.

Aus dem Zusammenspiel von heftiger, aber offener Auseinandersetzung in der Sache, Anzeigen von Akzeptanz der Person des Beschuldigten und fürsorglicher Betreuung entwickelte sich in den beiden ersten Tagen so etwas wie eine vertrauliche Beziehung, hinter die der Beschultigte dann nicht mehr zurück konnte. Vor Gericht bestätigte der Beschuldigte dann später auch, dass der Vernehmer der einzige sei, der ihn verstanden habe. Und diese Beziehung zum Vernehmer war dann auch ausschlaggebend dafür, dass der Beschuldigte letztlich ein Geständnis ablegte. In Anbetracht des entstandenen Vertrauens in den Vernehmungsgesprächen konnte er den Vorhaltungen des Vernehmers nicht mehr Stand halten und bei Vorhalt der ihn stark belastenden Indizien dem Vernehmer gegenüber seine Tatbeteiligung nicht mehr abstreiten. Es war ihm nicht mehr möglich, seinem Gegenüber ins Gesicht zu lügen. Er legte dann am dritten Tag ein weit reichendes Geständnis ab, das dann in den nächsten Tagen ausdifferenziert und zu Protokoll gegeben wurde und das dann maßgeblich zu seiner Verurteilung beitrug.

*Fall 5: Korruption im Amt:* In diesem Fall geht es um Vernehmungen mit einem Beschuldigten, dem als Angestellter eines städtischen Bauamts Korruption vorgeworfen wurde. Der Beschuldigte war als Dipl.-Ing. an der Vorbereitung der Vergabe städtischer Bauvorhaben und der Kontrolle ihrer Durchführung maßgeblich beteiligt. Im Einzelnen wurde dem Beschuldigten nach Abschluss der Ermittlungen folgendes vorgeworfen:

a.  Der Beschuldigte war im Amt für die Erstellung von Leistungsverzeichnissen, die die Basis jeder Ausschreibung bilden, zuständig. Die Erstellung solcher Verzeichnisse hat er mit Genehmigung der Stadt wegen angeblicher Arbeitsüberlastung an ein externes Ingenieurbüro weitergegeben. Für dieses Ingenieurbüro erstellte er dann ohne Wissen der Stadtverwaltung diese Verzeichnisse, die dann von dem Büro bei der Stadt eingereicht und von ihm genehmigt wurden. Das Honorar teilte er sich mit dem Büro.

b. Zugleich erstellte der Beschuldigte für eine Baufirma in der Umgebung die Abrechnungen in Bezug auf Bauvorhaben, die er dann als städtischer Bediensteter abnahm. Dieser Firma schanzte er zugleich Aufträge zu, indem er in die von ihm erstellten Leistungsverzeichnisse Positionen einbaute, die dann später bei dem Auftrag nicht zum Tragen kamen. Das signalisierte er ,seinem' Unternehmen, so dass dies der Stadt jeweils Angebote unterbreiten konnte, die unter denen der Konkurrenz lagen. Der so entstandene Kalkulationsspielraum konnte von dem Unternehmen dann auch in Bezug auf gewinnbringende Manipulationen bei anderen Positionen genutzt werden. Da die Abschlussrechnungen ja von dem Beschuldigten erstellt und von ihm dann im Amt abgenommen wurden, konnte kein Dritter Argwohn hegen.

c. Der dritte Fallkomplex stand nicht in Zusammenhang mit den vorhergehenden. Typisch für einen Bauunternehmer ist es, dass er die Kosten für laufende Bauvorhaben über Kredite vorfinanziert, weil die Gelder für abgeschlossene Projekte in der Regel mit großer Verspätung eintreffen. Damit werden die Kosten im Normalfall in die Höhe getrieben. Der Beschuldigte nun hat einem ihm bekannten Bauunternehmer auf noch laufende Bauprojekte der Stadt Abschlagszahlungen für noch nicht erbrachte Leistungen gewährt, mit denen der dann Materialien bar und damit zu erheblich günstigeren Konditionen für ausgeschriebene Bauprojekte einkaufen konnte, so dass er in der Lage war konkurrenzlos günstige Angebote zu unterbreiten. Anderen Bauunternehmern wurden entsprechende Abschlusszahlungen nicht zugestanden.

Die beiden ersten Fallkomplexe waren Anlass für den Einstieg in die Ermittlungen. Von dem dritten Komplex bekamen der Ermittlungsbeamte erst während seiner weiterführenden Recherchen Kenntnis. Bei der Offenlegung wurde er maßgeblich von dem Beschuldigten unterstützt.

Ins Rollen gekommen ist der Fall durch eine umfassende Selbstanzeige der Frau des Kalkulators der Baufirma, mit der sie ihren Mann, den Firmeninhaber und den im Bauamt tätigen Dipl.-Ing., den Beschuldigten dieses Falles, so stark belastete, dass gegen die drei Ermittlungsverfahren eingeleitet wurden. Auf richterliche Anweisung hin wurde dann eine gleichzeitige Durchsuchung der Firmenbüros und der Wohnungen der Beschuldigten vorgenommen und entsprechendes Beweismaterial sichergestellt. Die Beschuldigten, darunter auch der Dipl.-Ing. wurden festgenommen und zunächst dem Polizeigewahrsam zugeführt.

Der beschuldigte Dipl.-Ing. wurde noch am Nachmittag ein erstes Mal vernommen. Der Vernehmer gibt in dem Interview an, es habe sich um einen älteren Herrn – wie er – kurz vor der Pensionierung gehandelt, den er auf Anhieb gemocht habe. Er sei sehr bescheiden und zurückhaltend aufgetreten und habe sich in der Sache gesprächsbereit gezeigt. Einleitend habe er dem Beschuldigten recht ausführlich die ihm zur Last gelegte Tat und die Beweislage dargelegt. Der Beschuldigte habe die Taten zunächst bestritten, er, der Vernehmer, habe ihm dann aber mehrfach nachweisen können, dass seine Entlastungsversuche nicht der Wahrheit entsprechen können, was dem Beschuldigten sichtlich unangenehm gewesen sei. Ihm war es peinlich, bei einer Lüge ertappt worden zu sein. In dieser Situation hat der Vernehmer deutlich gemacht, dass er mit dem zur Debatte stehenden Sachverhalt vertraut und kompetent ist. Gegen Ende der mehrstündigen Vernehmung habe der Beschuldigte dann die Richtigkeit der Vorwürfe im wesentlichen eingeräumt und ein erstes Geständnis abgelegt. Beigetragen habe sicherlich die vom Staatsanwalt in Aussicht gestellte Untersuchungshaft. Mit ausschlaggebend sei aber sicherlich der in den ersten Stunden bereits entstandene Kontakt, den der Vernehmer zum Beschuldigten aufbauen konnte, gewesen.

Der Beschuldigte wurde in der Folge neun mal vernommen. Der Vernehmungsrhythmus ergab sich aus den fortschreitenden Ermittlungen. Der Vernehmer wertete die Gespräche mit dem Beschuldigten jeweils aus und ermittelte auf dieser Basis weiter. Immer dann, wenn sich vernehmungsrelevante Gesichtpunkte ergaben, lud er den Beschuldigten zu einem Gespräch ein, zu denen dieser dann auch regelmäßig erschien. In den ersten vier Vernehmungen nahm der Beschuldigte eine eher reaktive Position ein: Der Vernehmer legte neues belastendes Material vor und der Beschuldigte räumte die Sachverhalte dann meist nach anfänglichem Widerstand ein. Der Kontakt wurde in dieser Phase so vertraulich, dass es zum Schluss reichte, dass der Vernehmer dem Beschuldigten vorhielt, ihm anzusehen, dass er die Unwahrheit sage. Vor der fünften Sitzung entdeckte der Vernehmer bei seinen Recherchen in den Akten einen irritierenden Hinweis, der dann zur Aufdeckung des dritten Fallkomplexes führte. Dieser dritte Komplex hätte ohne die aktive Mithilfe des Beschuldigten – so der Vernehmer – kaum geklärt werden können. Von da an habe sich der Beschuldigte im vollen Umfang kooperativ gezeigt. Zum Schluss habe er aus freien Stücken eine Aufstellung aller Korruptionsvorgänge, an denen er beteiligt war, angefertigt und dem Vernehmer zur Verfügung gestellt.

Der Vernehmer hob in dem Interviewgespräch hervor, dass die Fallaufklärung nicht so weit hätte gehen können, wenn der Beschuldigte nicht mitgezogen hätte. Der dritte Fallkomplex wäre wahrscheinlich gar nicht in den Blick geraten. Die Kooperations- und Geständnisbereitschaft führte der Vernehmer im Kern auf den vertraulichen Kontakt zu dem Beschuldigten zurück, dessen Entstehen sich schon in der ersten Sitzung abgezeichnet habe. Darauf angesprochen, wie es ihm gelungen sei, eine solche Beziehung zum Beschuldigten aufzubauen, wurde der Vernehmer defensiv. Er könne es nicht gut beschreiben, weil sich diese Beziehung aus dem Kontakt heraus ergeben habe. Er habe keine bewusste Strategie verfolgt, sondern er habe sich jeweils von der Situation leiten lassen. Er könne sich auch nicht an Schlüsselsituationen erinnern. Mitentscheidend sei mit Sicherheit gewesen, dass das Verhältnis von gegenseitigem Respekt und von gegenseitiger Sympathie getragen gewesen sei, ohne dass es je zu Kumpaneien gekommen sei. Sie seien auch nie zum Duzen übergegangen.

Auffällig war, dass der Vernehmer bei diesen Nachfragen immer wieder ausführlich und recht einfühlsam auf die Lebens- und Vernehmungssituation des Beschuldigten auswich.

Dabei stellte er zuerst die berufliche Situation heraus, aus der es bei dem Beschuldigten zu dem ‚Fehlverhalten' gekommen sei. Der beschuldigte Bauingenieur habe zu den Mitarbeitern gehört, die Tag ein Tag aus die von den Behörden zu erledigende Arbeit leisten und hierfür auch über die entsprechende Kompetenz verfügen. Der Vernehmer spricht hier von den „Arbeitstieren", an denen die Karriereleiter vorbeigehe. Im Amt für ihre Leistungsfähigkeit geachtet seien sie immer wieder mit der Situation konfrontiert, dass andere und mit den Jahren auch zunehmend jüngere in die leitenden Positionen kommen und ihnen gegenüber dann sogar weisungsbefugt sind. Sie selbst hätten, in ihre Arbeit verstrickt, keine Zeit für eine Karriereplanung, und sie würden in der Regel auch nicht über das entsprechende Naturell verfügen. Irgendwann einmal würden diese „Arbeitstiere" dann merken, dass sie in eine Sackgasse geraten seien: Für einen Aufstieg gelten sie als zu alt. Diese Einsicht, so der Vernehmer, sei das Fundament für ihre Korruptionsanfälligkeit. In dem sich Einlassen auf korruptes Handeln sähen sie dann ihre letzte Chance, „doch noch etwas vom Kuchen abzubekommen" und so eine Kompensation für entgangene Vergünstigungen zu erwirken. Wichtig sei ihnen aber auch die Erfahrung, Einfluss zu besitzen. Sie werden zwangsläufig von den begünstigten Bauunternehmern und den anderen hofiert, was ihnen – und das sei oft wichtiger als die Geldzuwendungen – ein Gefühl der Macht verleihe. Aus dieser unbefriedigenden Berufssituation heraus, so betonte der Vernehmer mehrmals, seien die Taten zwar nicht zu billigen, aber ihr Begehen sei aus der Situation dieses Beschuldigtentyps heraus nachvollziehbar und menschlich durchaus verständlich.

Die Aufdeckung der Korruption und deren strafrechtliche Verfolgung werde von diesem personalen Typ dann als persönliche Katastrophe erlebt. Dieser Personenkreis, so auch der Beschuldigte dieses Falles, führe ein gutbürgerliches Leben, sei im Amt wie auch im persönlichen Umfeld in der Regel hoch angesehen und gelte als moralisch integer. Korruption gelte, anders als beispielsweise der Einbruch in den entsprechenden Milieus, als verwerflich und werde bis zur Aufdeckung nicht mit der Person des Beschuldigten in Verbindung gebracht. Der Beschuldigte gerate also durch ein gegen ihn eingeleitetes Ermittlungsverfahren nicht nur gegenüber den Ermittlungsbehörden unter einen kaum zu bewältigen Druck. Er müsse sich auch gegenüber seinem Arbeitgeber und Kollegen wie auch gegenüber seiner Familie (soweit sie nicht eingeweiht ist), gegenüber den Freundes- und Bekanntenkreis und der Nachbarschaft erklären. Im Grunde sei er mit der Entdeckung seiner Korruptivität und deren Öffentlichwerden sozial erledigt, in seinen Kreisen nicht mehr gesellschaftsfähig. Und gerade um diese Gesellschaftsfähigkeit sei es ihm immer gegangen. Von daher sei die Entdeckung und Beschuldigung der Korruption für den Beschuldigten dieses Falles ein psychosoziales Desaster erster Ordnung gewesen, in Bezug auf das er, der Beschuldigte, zunächst einmal kein Entrinnen gesehen haben dürfte. Von daher habe er als Ermittler und Vernehmer davon ausgehen können, dass der Beschuldigte in einer tiefen Verzweifelung stecke, als er sich auf seine Vernehmung einließ.

Diese Verzweifelung sei in der Festnahmephase am größten, weil die Aufdeckung in der Regel nicht erwartet werde, weil schlagartig die Folgen der Aufdeckung klar würden und der Beschuldigte durch seine Festnahme und seine Unterbringung im Polizeigewahrsam seiner Reaktionsmöglichkeiten beraubt sei. Er sei zur Handlungsunfähigkeit verurteilt, überdies befinde er sich im Polizeigewahrsam in einer für sein Selbstbild völlig inakzeptablen Situation und er sei ganz auf sich selbst verwiesen. Er grübele, wie er in diese Situation habe geraten können, was alles entdeckt werden könnte, wie er den Vorwürfen begegnen könne, welche Folgen für ihn entstehen werden usw. Dabei dürfte er – so der Vernehmer – Schwierigkeiten haben, nach innen und nach außen seine Haltung zu bewahren.

Auffällig war an den Ausführungen des Vernehmers während des Interviewgesprächs nicht nur die analytische Schärfe, mit der er die psychosoziale Situation des Beschuldigten schilderte, sondern auch die Empathie und Eindringlichkeit, die seine Ausführungen begleitete. Seine Darstellung war stark redundant und trotz aller analytischen Schärfe von einer starken Anteilnahme geprägt. Sein Perspektivwechsel sei von Verständnis für den Beschuldigten und durchaus – so räumte er ein – von Mitleid getragen gewesen, ohne dass er allerdings seine professionelle Distanz verloren habe.

Auf Nachfrage gab der Vernehmer an, mit dem Beschuldigten diese Aspekte dessen Situation nie erörtert zu haben. Sie seien während der Vernehmungsgespräche immer im Bereich der Sachaufklärung geblieben. Der Beamte war sich aber sicher, dass der Beschuldigte unterschwellig aus seinem Verhalten herausgelesen habe, dass er Verständnis für dessen ‚Verfehlung' habe. Er habe dem Beschuldigten in jeder Phase aufrichtig Achtung entgegengebracht und die Taten oder die Person des Beschuldigten auch nie moralisch abgewertet.[8] Er habe vielmehr darauf geachtet, dass im Gespräch eine gewisse Symmetrie hergestellt ist. So habe er sich mehrmals Mechanismen in Zusammensetzung mit der Durchführung der Korruption, die er auf Anhieb nicht verstanden habe, von dem Beschuldigten erklären lassen.

Was der Vernehmer so in dem Interviewgespräch nur implizit zum Ausdruck bringen konnte war, dass er über sein Verständnis und über seine Akzeptanz dem von sozialer Ausgrenzung bedrohten Beschuldigten einen Halt geben konnte, der ihm zumindest für diese Situation sein psychosoziales Überleben sicherte. Die Nichtthematisierung dieses Sachverhalts dürfte für die Wirkung auf den Beschuldigten mit ausschlaggebend gewesen sein. So konnte sich die Kraft des Selbstverständlichen entfalten und eine Beziehung zwischen Vernehmer und Beschuldigtem entstehen, die dann eine weitergehende Sachaufklärung über die umfassende Geständigkeit des Beschuldigten ermöglichte. In dieser Selbstverständlichkeit der Beziehungsaufnahme durch den Vernehmer und einhergehend damit in der Nichtthematisierung dürfte aber auch das Problem für den Vernehmer liegen, den Aufbau der Beziehung im Detail zu beschreiben: zum einen wird die Beziehungsaufnahme recht subtil vonstatten gegangen und zum anderen dürfte sie auch vom Vernehmer kaum reflexiv registriert worden sein.

## 5.

Mit der Abschaffung der Folter im Jahre 1780 haben sich die Bedingungen, unter denen ein Vernehmer im Strafprozess das Geständnis eines Beschuldigten erwirken kann, einschneidend verändert. Die Position des Beschuldigten im

---

8 Auch dies entspricht sehr genau den Anweisungen von Wilhelm Snell, der von einer „schonenden Beurtheilung menschlicher Gebrechen" durch den Untersuchungsrichter spricht (Snell 1819: 60).

Strafverfahren ist so gestärkt, dass er nun bei nicht eindeutiger Ermittlungslage nur mit kommunikativen Mitteln vom Vernehmer davon überzeugt werden kann, eine begangene Tat einzugestehen. Der Vernehmer muss den Beschuldigten zum Geständnis führen, er muss eine Lage schaffen, in Anbetracht der der Beschuldigte einsieht, dass ein Geständnis zu seinem besten ist. Der Geständnisdiskurs schließt so an den erzieherischen Diskurs an.

Die Voraussetzungen, die die ‚edukative' Dimension der Geständnismotivierung wirksam werden lassen, haben sich seit 1780 weiter zugespitzt: Seit 1877 verfügt der Beschuldigte über das Recht, seine Aussage zu verweigern, und seit 1964 muss er vom Vernehmer in den polizeilichen Vernehmungen vorab ausdrücklich über seine Rechte informiert werden. So begründet sich eine strukturelle Dominanz des Beschuldigten, der die Vernehmer mit einer Verfeinerung ihrer kommunikativen Mittel begegnen.

Die hier vorgestellten Fallanalysen untermauern unsere These, dass deliktübergreifend die Beziehungsarbeit mit dem Beschuldigten mittlerweile im Zentrum der Vernehmungstätigkeit steht. Die in minimaler und maximaler Kontrastierung zusammengeführten Darstellungen des Vernehmungsgeschehens verweisen darauf, dass die Beschuldigten ihre Straftat eingestehen, weil für sie die Beziehung zum Vernehmer von Bedeutung geworden ist und weil der Bestand dieser Beziehung durch beharrliches Leugnen auf's Spiel gesetzt würde. Und diese Motivierung gilt auch für Geständnisse bei Deliktformen, für die man vorab eine eher rational kalkulatorische Haltung des Beschuldigten annehmen konnte – wie die beiden letzten Fälle von Wirtschaftskriminalität zeigen. Natürlich fällt die Intensität der Beziehung bei den Vernehmungen zu den verschiedenen Deliktsparten unterschiedlich aus: So sind sie – wie sich in den Fallbeispielen andeutet – in Vernehmungen wegen Wirtschaftskriminalität im Normalfall nicht so persönlich tiefgreifend wie in Vernehmungen wegen Mordes. Entscheidend ist aber, dass die Beziehung zwischen Vernehmer und Beschuldigtem so weit gediehen sein muss, dass sie dem Beschuldigten das Geständnis als ein Gut erscheinen lässt. Denn trägt eine Beziehung nicht, dann kommt es nur dann zu einem Geständnis, wenn die Beweislage erdrückend und die Situation für den Beschuldigten ersichtlich aussichtslos ist.

Unsere weiter reichenden Analysen der polizeilichen Beschuldigtenvernehmungen haben gezeigt, dass die Vernehmungstätigkeit von den Vernehmern heute über alle Deliktsparten hinweg als Beziehungsarbeit betrieben wird – ohne dass dies in dem begleitenden kriminalistischen Diskurs bislang eine entsprechende Berücksichtigung gefunden hätte. Anders als noch die Vernehmer im neunzehnten Jahrhundert nach Abschaffung der Folter lassen sich die

Vernehmer heute ganz selbstverständlich auf eine personale und im Grenzfall völlig authentische (hier im Sinne von ‚nicht strategisch ausgeklügelte') Beziehung zum Beschuldigten ein, um ihn aus dieser die förmliche Vernehmung überformenden Beziehung heraus zu einem Geständnis zu führen. Zu beobachten sind diese Beziehungsbemühungen nicht nur in Zusammenhang mit der Aufklärung schwererer Delikte, wie sie oben aufgeführt sind. Auch bei Vernehmungen wegen mittlerer und kleinerer Kriminalität nehmen die Vernehmer durchweg kooperationsförderliche Haltungen und Rollen ein (Schröer 1996), selbst dann, wenn die Geständigkeit des Beschuldigten nicht in Frage zu stehen scheint (Schröer 1992, 2002: 19–23). Funktional betrachtet zeigt das, dass die Geständigkeit der Beschuldigten selbst hier durch edukative Beziehungsarbeit abgesichert werden soll. Darüber hinaus deutet sich aber auch an, dass die Einnahme einer edukativen Haltung in Beschuldigtenvernehmungen bei den Vernehmern mittlerweile habitualisiert ist.

# Der Vernehmer als Ratgeber
## Oder: die distanzierte Führung des Beschuldigten zur eigenverantwortlichen Selbstführung

*Norbert Schröer*

## 1.

Die Auswertung der Falldarstellungen der von uns befragten Vernehmungspraktiker und unsere eigenen Beobachtungen der alltäglichen Vernehmungspraxis verweisen darauf, dass die Motivierung des Beschuldigten zu einem Geständnis mittlerweile ganz selbstverständlich über die Beziehungsarbeit der Vernehmer geleistet wird. Die polizeilichen Vernehmer setzen damit die bereits um 1800 von dem Strafrechtstheoretiker Snell formulierte, dann in den begleitenden theoretischen Diskursen aber in den Hintergrund getretene Erkenntnis um, nach der in unserem Strafverfahren nach Abschaffung der Folter bei nicht geklärter Ermittlungslage die menschliche Hinwendung zum Beschuldigten und das daraus resultierende personale Wechselspiel, die Beziehung zwischen Vernehmer und Beschuldigten, die Quelle aller Geständigkeit im Einzelfall ist.[1] Sie anerkennen so den vom strafprozessualen Rahmen immer wieder neu ausgehenden Zwang zur Etablierung einer kommunikativ eduktiven Vernehmungssituation, in der der Beschuldigte zu seinem vermeintlich Besten, zum Geständnis, geführt werden soll.

Die Etablierung entsprechender Beziehungen ist den polizeilichen Vernehmern aber erst vor dem Hintergrund der herausgehobenen Stellung der Polizei im bestehenden soziokulturellen Gefüge unserer – mit Foucault gesprochen – „Disziplinargesellschaft" (1977 i. Z. m. 1983, 1989a, 1989b) möglich. Der polizeiliche Ermittler ist selbstverständlich als Hüter der rechtlich normierten Moral und damit der von ‚uns' geteilten öffentlichen Ordnung akzeptiert, und es wird erwartet, dass er über eine gewisse Durchsetzungsfähigkeit verfügt. Dabei geht es ihm stets auch – das ist den einsozialisierten Mitglieder der Gesellschaft klar – in einem weiteren Sinne um Erziehung, nämlich um die Erziehung des ihm anvertrauten Milieus und dessen Bewohnern. Er orientiert sich dabei an partikularistisch durchtränkte universalistische Normen, so dass die moralische Autorität, über die der polizeiliche Ermittler ähnlich dem Lehrer oder dem Pastor ohne

---

1    Vgl. zu den Überlegungen Snells den Beitrag Wirkung einer Naturkraft Niehaus (Abschnitt 5).

Zweifel verfügt, am ehesten der eines ‚öffentlichen Erziehers', eines Erziehers der Öffentlichkeit in der Öffentlichkeit entspricht (Schröer 1992: 178–183). Die Haltung eines polizeilichen Ermittlers ist dann problemlos an diverse Alltagsdiskurse anschließbar: Sie kann beispielsweise – wie sich in den vorgestellten Fällen andeutet – mit der Einnahme einer väterlich erzieherischen oder partnerschaftlichen Attitüde überformt und ausdifferenziert werden.

So ist im kulturellen Haushalt unserer Gesellschaft bereits eine Situationsdefinition vorgezeichnet, in Anbetracht der ein Beschuldigter sich im Normalfall unterschwellig von der Überzeugungsbildung dieser öffentlich moralischen Autorität in gewisser Weise abhängig und entsprechend unter Rechtfertigungsdruck gestellt sieht. Sich dieser moralischen Autorität zu widersetzen erscheint dann mitunter nicht nur unklug und möglicherweise gefährlich – nein: eigentlich gehört es sich nicht, einem Hüter der von ‚uns' geteilten öffentlichen Ordnung ‚ungerechtfertigt' Widerstand zu leisten: die Aussage zu verweigern, ihn zu täuschen und eine begangene Straftat abzustreiten. Zwar sind die Loyalitäts- und Vertrauensbindungen längst nicht so eng wie in familialen Kontexten, aber noch immer eng genug, um die Beziehungsarbeit in Beschuldigtenvernehmungen wirkungsvoll zu fundieren.

Dieses Fundament dürfte nun im Zuge einer neoliberalen Umgestaltung unserer Gesellschaft zur Disposition stehen. Kennzeichnend für den Neoliberalismus ist die Ökonomisierung aller Bereiche des sozialen Lebens, mit dem das bislang prägende wohlfahrtsstaatliche Verständnis radikal in Frage gestellt ist. Das wohlfahrtsstaatliche Modell unterstellt einen gesellschaftlichen Normenkonsens, dem das gesellschaftliche Leben aufruht und den es zu erhalten und zu verteidigen gilt. Von daher ist die Gesellschaft bemüht, bereits vorab den Konsens gefährdende Abweichungen zu identifizieren und über präventive Maßnahmen zu vermeiden. Und im Falle von Verfehlungen wie strafrechtlich relevanten Abweichungen und Kriminalität geht es dann darum, die Täter wieder an die Gesellschaft heranzuführen, sie zu resozialisieren, damit von ihnen in Zukunft keine Gefahr für die Allgemeinheit mehr ausgeht (Krasmann 2003: 86–155). Entsprechende Resozialisierungsbemühungen benötigen ein entsprechendes Netz an Erziehungsagenturen zur Umsetzung dieses Programms. Und diesem Netz gehören – wie angedeutet – auch die Polizei und die polizeilichen Ermittler und Vernehmer im Besonderen an.[2] Diese wohlfahrtsstaatliche

---

2    Überdeutlich wird dies in der so genannten ‚Polizeidiversion', bei der zur Vermeidung sekundärer Stigmatisierung durch ein formelles Strafverfahren das Ermittlungsverfahren erzieherisch genutzt werden soll: die Beamten bewerten in einem Vermerk gegenüber der Staatsanwaltschaft, ob der (in der Regel jugendliche) Beschuldigte durch das gegen ihn eingeleitete Verfahren, zu

Grundhaltung der Disziplinargesellschaft, die sich im Verlaufe des 20. Jhds. mehr und mehr herausbildete, wird bei einer Umsetzung neoliberaler Grundsätze aufgegeben.

Die Programmrationalität des Neoliberalismus ist geprägt von der „Strategie der Responsibilisierung" (Krasmann 2003: 183).[3] Das Individuum soll demnach nicht länger Empfänger staatlicher Fürsorge sein, sondern es soll – nur noch aus der Distanz heraus geführt – zum eigenverantwortlichen Akteur werden, zu einem Akteur, der sich eigenständig führt und ggf. die Kosten seiner Selbstführung auf sich nimmt. Das Individuum ist in seinen Entscheidungen zwar (gezwungenermaßen) frei, es muss aber dann die nicht unbedingt absehbaren Kosten dieser Entscheidungen, im Versagensfall den gesellschaftlichen Ausschluss tragen. Von daher ist es in eine an dem Kosten-Nutzen-Prinzip orientierte Selbstdisziplinierung gezwungen, die immer zukunftsorientiert ist – ein Sachverhalt der sich in den Denkstilen und den Haltungen der Subjekte niederschlägt. Ein die Gesellschaft tragender Normenkonsens, dem der Status einer gesellschaftlichen Moral zukommt, verblasst hierbei. Aufgabe der Gesellschaft ist es nun vielmehr, Regeln zu entwerfen, die das an dem Kosten-Nutzen-Prinzip ausgerichtete Zusammenspiel der Akteure regulieren, und für die Einhaltung dieser Regeln zu sorgen, d.h., Bestrafungssicherheit zu garantieren. Im Zuge einer neoliberalen Umgestaltung unserer Gesellschaft dürfte die Polizei also zunehmend ihrer Aufgabe eines öffentlichen Erziehers, dem ersten Glied in der Resozialisierungskette straffällig Gewordener, entledigt werden. Setzt sich die neoliberale Rationalität als Denkstil fest, dann könnte der polizeiliche Vernehmer von den Beschuldigten nur noch als eine Instanz begriffen werden, durch die er von gesellschaftlichem Ausschluss bedroht ist und auf die er sich auf keinen Fall einlassen sollte. Der Beziehungsarbeit des Vernehmers könnte so in nicht allzu ferner Zukunft der Boden entzogen sein.

Wie ein erster Reflex auf die sich abzeichnende Umstellung hin zu einer neoliberalen Gesellschaft kann dann auch die von Claudia Brockmann und Reinhard Chedor verfasste Anleitung zum polizeilichen Vernehmen Beschuldigter (1999: 74–110) gelesen werden. Die Kunst des Vernehmens liegt demnach

---

dem nicht zuletzt auch die Vernehmung selbst gehört, bereits so weit beeindruckt ist, dass von einer Verurteilung in einem formellen Verfahren abgesehen werden kann. Das von den Polizeibeamten durchgeführte Ermittlungsprogramm ist hier bereits das Verfahren zur Resozialisierung des Straftäters (Schröer 1992a; Kurt 1996).

3  Diese Überlegungen schließen an dem auf Foucault zurückgehenden Konzept der Gouvernementalität und dem der neoliberalen Gouvernementalität im besonderen an (Foucault 2004). Einen zusammenfassenden Überblick liefern Lemke, Krasmann, Bröckling (2000).

darin, eine Situation zu schaffen, in der dem Beschuldigten klar wird, dass die Kosten der Nichtgeständigkeit für ihn höher sind als die der Geständigkeit. Dem Vernehmungshandeln des Beschuldigten wird so das Prinzip der „persönlichen Nutzenmaximierung" (Brockmann / Chedor 1999: 75) unterstellt, an denen sich die Motivierungspraktiken ausrichten sollten. Gefragt ist aus diesem Verstande dann eher die Fähigkeit des Vernehmers, dem Beschuldigten geschickt eine Geständnis fördernde Kosten-Nutzen-Kalkulation nahe zu bringen, als die Kompetenz, eine Beziehung zu etablieren, aus der sich dann die Geständigkeit des Beschuldigten ergibt. Diese Sicht auf polizeiliche Vernehmungen schließt in etwa an die obige Vermutung an, nach der in einer neoliberalen Gesellschaft die Geständnismotivierung in Beschuldigtenvernehmungen unter weitgehendem Verzicht auf die Beziehungsarbeit, dafür aber mit Blick auf eine von den Akteuren verinnerlichte Kosten-Nutzen-Rationalität geleistet werden wird.[4] Der kommunikativ edukative Vernehmungsansatz würde so der Tendenz nach obsolet!

## 2.

Dieser Vermutung soll nun exemplarisch in der Analyse einer polizeilichen Beschuldigtenvernehmung, in der das Handeln der Akteure deutlich von einer Kosten-Nutzen-Rationalität geprägt ist, nachgegangen werden. Die Vernehmung, um die es im Folgenden geht, bezieht sich auf einen Fall von Drogenkriminalität. Wir hatten die Gelegenheit zur direkten Beobachtung und konnten den Fall mit Einwilligung der Beteiligten tonbandprotokollieren und dann transkribieren, so dass exemplarisch eine subtile Antwort auf die Frage möglich ist, ob in Vernehmungen, die von dem Vernehmer und dem Beschuldigten deutlich im Sinne einer Kosten-Nutzen-Rationalität durchgeführt werden, die Beziehungsarbeit des Vernehmers ohne oder von untergeordneter Bedeutung ist.

Zum Kontext dieses Falles: Der Beschuldigte, der der Polizei bereits aus früheren Ermittlungszusammenhängen bekannt ist und der noch eine Bewährungsstrafe offen hat, wurde im Zusammenhang mit einer gewaltsam eingeleite-

---

4    Brockmann und Chedor setzen ihren ‚Nutzenmaximierungsansatz' nicht in Bezug zur neoliberalen Umgestaltung der Gesellschaft. Sie sehen mit ihm ein allgemeines menschliches Verhaltensprinzip beschrieben, das vom Vernehmer in Beschuldigtenvernehmungen überhaupt in Rechnung gestellt werden sollte. Interessant ist für uns aber, dass dieses Prinzip gerade in einer Umbruchsituation hin zum Neoliberalismus erstmals so deutlich in den Vordergrund einer vernehmungstaktischen Anleitung gestellt wird.

ten Wohnungsdurchsuchung (Eintreten der Wohnungstür) bei einem Haschischdealer während eines ‚Verkaufsgesprächs' aufgegriffen und zum Präsidium überführt. Die Vernehmung fand im Anschluss an die Vernehmung des Dealers statt.

Wie in jeder polizeilichen Vernehmung, so stellt sich auch hier für den Vernehmer die Frage, ob der strukturell aushandlungsdominante Beschuldigte überhaupt kooperationsbereit ist (Schröer 1992). Die Aufgabe des Vernehmungsbeamten besteht zunächst darin, dies in Erfahrung zu bringen und zugleich einen Rahmen zu schaffen, in dem die Kooperativität des Beschuldigten gestützt werden bzw. sich entwickeln kann. Der Vernehmungsbeamte dieses Falles hat zur Bewältigung dieser Aufgabe eine offene Vernehmungssituation gestaltet, in der er sich dem Beschuldigten in einem verständnisvollen, szenevertrauten, nondirektiven und quasi-symmetrischen Stil in der Haltung eines eher zurückhaltenden, vertrauenswürdigen und beratenden Ermittlers präsentiert.

Schon direkt zum Vernehmungseinstieg bemüht er sich darum, eine Gesprächsatmosphäre zu erzeugen, in der die kommunikative Kooperativität des Beschuldigten ‚anspringen' kann[5]:

| | |
|---|---|
| *Vb* | *So Walter, jetzt aber mal Spaß beiseite.* \*\*\* *Mich überrascht es tatsächlich, dat wir disch da bei Haschisch erwischt haben.* |
| *B* | *Bei was?* |
| *Vb* | *Bei Haschisch.* |
| *B* | *Wo steht dat?* |
| *Vb* | *Ja, das letzte Mal, wo du aufgefallen bist, war Heroin.* |
| *B* | *Ja.* |

Die Tonlage ist von Beginn an freundlich informell („So Walter, jetzt mal Spaß beiseite."). Es fällt auf, dass der Vernehmungsbeamte dem Beschuldigten ‚im Vorbeigehen', implizit unterstellt, „erwischt" worden zu sein. Zwar wird der Sachverhalt nicht näher spezifiziert, aber dass ein Straftatbestand gemeint sein dürfte, liegt auf der Hand. Der Vernehmungsbeamte unterstellt gleichzeitig auch

---

5 Beteiligt an der Vernehmung sind der Vernehmungsbeamte (Vb) und der Beschuldigte (B).
Die Transkriptionszeichen:
\*\*\* = Sprechpausen (ein Stern = eine Sekunde)
& = unverständliche Passagen
{xxx} = schwer verständliche Passage: möglicher Text
paralleles Unterstreichen = gleichzeitiges Sprechen.

ein Einverständnis des Beschuldigten, und der Beschuldigte droht so in die Geständigkeit hineingezogen zu werden, ohne dazu ausdrücklich Stellung bezogen zu haben.

Der Versuch, den Beschuldigten in die Geständigkeit hineinzuziehen, ist eingekleidet in das Bemühen des Vernehmungsbeamten um einen persönlichen, eher informellen Kontakt zum Beschuldigten: Der Vernehmungsbeamte zeigt sich überrascht von dem Beschuldigten – überrascht davon, dass sie den Beschuldigten als Heroinkonsumenten ,bei Haschisch erwischt haben'. Damit gibt er sich persönlich interessiert. Die strafrechtlichen Relevanzen rücken erst einmal in den Hintergrund. Im Vordergrund steht stattdessen der direkte personale Kontakt. Und dieses Kontaktangebot kommt keineswegs als irgendwie kritischer, besorgter Vorhalt daher. Nein, der Vernehmungsbeamte zeigt sich von dem Beschuldigten irritiert und darüber an ihm in einem eher ,kognitiven' Sinne interessiert. Der Beschuldigte gibt ihm ein Rätsel auf und der Beschuldigte, scheint aufgefordert, ihm dieses Rätsel zu lösen.

Der Beschuldigte reagiert aber reserviert. Er antwortet in knappen Nachfragen, die ihm der Vernehmungsbeamte beantwortet. In diesem Zusammenhang gibt der Beschuldigte dann mit einem „Ja" zu ,das letzte Mal mit Heroin aufgefallen zu sein'. Das Rätsel löst er dem Vernehmungsbeamten allerdings nicht, und so gesteht er hier auch noch nicht ausdrücklich ein, ,erwischt' worden zu sein.

Der Vernehmungsbeamte besteht seinerseits nicht auf eine Beantwortung der offenen Frage durch den Beschuldigten. Damit erspart er es dem Beschuldigten, sich (schon jetzt) zu seiner ihm möglicherweise unangenehmen Rauschmittelsucht zu erklären. Er lässt das Thema aber auch nicht fallen. Im weiteren Bemühen um einen persönlichen Kontakt zum Beschuldigten und um eine entspannte Atmosphäre kommt er – im unverbindlichen Plauderton – auf einen Ausdruck zu sprechen, der ihm gut gefallen habe: „Multitoximan-Typ".

| | |
|---|---|
| *Vb* | *Ich sachte, dat hat mir gut jefallen. \*\*\* Der Ausdruck ist zwar 'n bisschen schwachsinnig, aber der hat mir trotzdem gut gefallen. Ich bin ein Multi\*toximan-Typ.* |
| *B* | *Dieser Schwachsinn ey, & & &* |
| *Vb* | *Was?* |
| *B* | *& & & dieser Polytoximan-Typ, Schwachsinn.* |
| *Vb* | *Den kennst de also, ja?* |
| *B* | *Ja, totaler Schwachsinn so wat.* |

| | |
|---|---|
| Vb | *Pass auf, spielt jetzt keine Rolle. Ich würd den Namen auch nicht aufschreiben. Ich bin nur irgendwie gespannt, ob wir vom gleichen redn. Jetzt sach mir mal den Namen.* |
| B | *Ach der kommt vom B. vom, vom, vom, also.* |
| Vb | *Ne, ich hab jetzt gedacht du hättest. Also ich hab einen konkreten da.* |
| B | *Ja, das ist ja der & kann man sagen, ne.* |

Wer diesen Ausdruck verwendet, hat bleibt unklar. Zweifellos typisiert der Vernehmungsbeamte mit ihm aber den Beschuldigten und deutet so dessen Konsum sowohl von Heroin als auch von Haschisch an. So stimuliert, soll der Beschuldigte wohl zu einer Einlassung provoziert werden. Dabei dürfte es in erster Linie darum gehen, den Beschuldigten ins Gespräch hineinzuziehen – in ein eher persönliches Gespräch über seinen Rauschmittelkonsum.

Der Beschuldigte geht auf den Begriff ein, indem er ihn diffus abwehrt: „dieser Schwachsinn". Wieder zwingt der Vernehmungsbeamte den Beschuldigten nicht zu einer Stellungnahme, mit der sich eine ‚Negativhaltung' verfestigen könnte, sondern er hakt fragend feststellend nach, ob er den Begriff kenne. Der Beschuldigte wehrt wieder bestätigend ab. Es ist zu diesem Zeitpunkt völlig unklar, ob er sich in der Vernehmung kooperativ zeigen wird: er reagiert zwar, zeigt sich aber in seiner Haltung wehrig.

In dieser Situation initiiert der Vernehmungsbeamte ein ‚Ratespielchen'. Er, der Vernehmungsbeamte, werde den Urheber der Namensschöpfung raten, und der Beschuldigte solle den Urheber dann nennen. Der Vernehmungsbeamte sichert zu, dass er sich nichts notieren werde, dass der Namen ‚unter ihnen' bleiben werde. Die Entdramatisierung der Vernehmungssituation in der Einstiegsphase scheint hier auf die Spitze getrieben. Da, wo Raum für solche Spielchen ist, stehen normalerweise existentielle Belange nicht zur Debatte. Mit diesem Spielchen zeigt der Vernehmungsbeamte überdies an, dass er sich in der Szene auskennt, selbst in gewisser Weise Mitglied der Szene ist. Dieser Effekt wird gerade dadurch bewirkt, dass er sich zum Stillschweigen bei der Namensnennung verpflichtet. Er suspendiert so den Vernehmungsrahmen, er steigt in die Szene zum Beschuldigten hinab. Der Beschuldigte – so die Botschaft – könne ihm vertrauen. Lässt sich der Beschuldigte auf dieses Spielchen ein, dann erhöht sich die Chance, dass er seine wehrige Haltung aufgibt.

Der Beschuldigte lässt sich tatsächlich ein. Der Vernehmungsbeamte hat sich getäuscht. Der Beschuldigte besitzt bessere Szenekenntnisse. Ein erster ungebrochener Kontakt ist hergestellt!

Nachdem das Ratespiel abgeschlossen und der personale Kontakt im Ansatz hergestellt ist, moderiert der Vernehmungsbeamte nun wohl endgültig zur Vernehmung über.

Vb      *Also pass auf Walter wie gesacht, eben in der Bude, ** du hast dat Pech gehabt, dass du da jewesen bist. * Ansonsten ** wärste wahrscheinlich unter * die übliche Generalamnestie gefallen, sprich, * ich beliefere mehrere Konsumenten, deren Namen ich nicht nennen möchte, wobei eventuell der Fall gewesen wär, dat dein Name trotzdem rausgekommen wäre.* Aber das wirst du wahrscheinlich selber wissen. *** Dat Spielchen bei der Polizei kennste, brauchst nix zu sagen, kannst 'n Anwalt nehmen und und und.*

B      *mmh, ***(4 sec.) Jo, ich möcht 'ne Aussage machen*

Vb      *Das ist schön.*

B      *und dann ist Ende.*

Der Vernehmungsbeamte kommt zuerst auf die Wohnungsdurchsuchung zu sprechen, während der der Beschuldigte aufgegriffen wurde. Er bagatellisiert den Sachverhalt und attestiert dem Beschuldigten Pech gehabt zu haben. Man gewinnt fast den Eindruck, als tue der Beschuldigte ihm leid. Die Besonderheit dieses Zugriffs wird bei einer Kontrastierung deutlich. Dem Vernehmungsbeamten hat es in diesem Fall, ähnlich wie er es Tage zuvor in einem anderen Fall mit Erfolg praktiziert hatte, freigestanden, den Beschuldigten mit dem Verweis auf Bewährungsversagen und Dealerei und einer damit im Raume stehenden Inhaftierung unter Druck zu setzen. Gerade aber auf einen solchen Druck verzichtet er zugunsten einer bemühten, freundlich entspannenden und verständnisvollen Kontaktaufnahme. Dazu passt dann auch die kumpelige Belehrung über die Verfahrensrechte eines Beschuldigten. Der Beschuldigte wird wie ein Eingeweihter und Bekannter behandelt, den man im Grunde gar nicht aufklären muss. Das Verfahren selbst wird mit dem Begriff „Spielchen" verniedlicht. Die entgegenkommende Art des Vernehmungsbeamten v.a. auch bei der Belehrung über seine Rechte soll den Beschuldigten weiter in einen quasi informellen Kontakt treiben und ihn so von den für ihn bestehenden Möglichkeiten eines förmlichen Verfahrens ablenken.

Der Beschuldigte bekundet dann auch noch, bevor er direkt befragt wird, seine Aussagebereitschaft. Der Vernehmungsbeamte findet das „schön". Die problemlose Zustimmung entspricht der Form seiner Kontaktaufnahme.

Nachdem es dem Vernehmungsbeamten in der Einstiegssequenz mit seinem ‚symmetrisch-informellen Vorgeplänkel' gelungen ist, den Beschuldigten erst einmal kommunikativ kooperativ zu stimmen und ihn zu einer Kooperationserklärung zu bewegen, geht es ihm in der zweiten Gesprächssequenz darum, den Vernehmungsgegenstand näher heranzuholen und das Gespräch weiter kommunikativ zu rahmen. Der Vernehmungsbeamte versucht den Beschuldigten für die „Kleine Kronzeugenregelung" zu gewinnen:

Vb      *Gut. \*\*\* Wat hat sich abgespielt, wie oft warste da, wat hast du bei dem gekauft?*

B      *& & {Nicht sehr}*

Vb      *Das ist zuerst mal dat was mich zum Sachverhalt weiter interessiert \* zuerst mal interessiert. Dann mach isch disch nochmal drauf aufmerksam. & behandelt der Kollege dat immmmmm wann war's, is er vernommen worden irgendwann jetzt, Anfang des Jahres nehme ich an.\* Bist du auch vernommen worden? Bist mal mit Heroin, ach ja stimmt. \*\* Als du da bei dem Bernd B. da dat Heroin gekauft hast. Ich weiß nicht ob der Kollege dir dat damals gesacht hat, et gibt Paragraph 31 im BTMG, kennste, kleine Kronzeugenregelung \*\**

B      *Wat is dat. \*\**

Vb      *Is für dich vielleicht auch nit janz uninteressant. \* Ich sach et dir einfach mal. Wenn 'n Rischter bei der späteren Verhandlung, und dat is wichtig, kann ganz oder teilweise von 'ner Bestrafung absehen, \* wenn du durch deine Aussage hier 'n Tatbestand mitteilst, der uns nicht bekannt ist und der über deinen eigenen Tatbeitrag auch hinausgeht. Dat reicht also, dat heißt jetzt nit, dat du mir jetzt die Konsumenten zählen, von A-Stadt aufzählen sollst, selbst auf die Gefahr hin, dat da zwei, drei Mann bei sind, die wir nischt kennen, damit können wir leben, damit wolln wa auch gerne leben. Aber, wenn du zum Beispiel jetzt jemanden wüsstest, der in großem Stil vertickt. \* Gibt auch immer wieder Leute von euch, die meinen, dat der von der Straße gehört, dat wär zum Beispiel so 'n Fall. \*\* Kennste keinen. Kaufst nix, brauchst nix.*

B      *Keine Ahnung &&*

Vb      *Isch mein, dat du natürlich weißt, wer irgendwas vertickt is klar.*

B      *& {toll}*

Vb      *Du bist vielleicht nur der Meinung, dat sin keine großen Fische*

B      *Jo, und wenn ich & Ärger & <u>& &</u>*

| | |
|---|---|
| Vb | *Ich mein ich hab,*  ** |
| | *akzeptier ich.* |
| B | *Wenn ich mir rein drück, zieh ich mir selber rein, also.* |
| Vb | *Walter, dat akzeptier ich.* |
| B | *&* |
| Vb | *Is dein Problem, ich wollt et dir nur sagen, damit de nicht nachher auf, irgendwann mal sagst, hätte der mir dat jesacht, denn ich muss leider feststellen, jetzt für dich, dat der größte Teil äh unserer Kundschaft da sehr gerne Gebrauch von macht.* |
| B | *Mhm, * ja ja, aber ich & & {wend das nicht an}.* |
| Vb | *Weißt aber auch.* |
| B | *Keine Ahnung.* |
| Vb | *Weißt aber auch, wir haben ja oft genug darüber gesprochen. * Und ich mein *** im Park waren wir ja oft genug und et fehlen auch einige Leute aus 'm Park jetzt in den letzten Wochen wiedermal.* |
| B | *Ja, hab ich auch schon von gehört.* |
| Vb | *Da haste was von gehört.* |
| B | *Jo, ne* |

Der Vernehmungsbeamte richtet das Augenmerk zunächst auf die Vernehmung zur Sache. An der Klärung der Fragen zeigt er ein an seine Person gebundenes Interesse („mich ... interessiert").

Der Vernehmungsbeamte geht aber dann doch nicht sofort zur Sachverhaltsklärung über, sondern er macht den Beschuldigten vorher noch auf die so genannte „Kleine Kronzeugenregelung" (§ 31 BTMG) und die Vorteile, die sich für den Beschuldigten aus ihrer Wahrnehmung ergeben könnten, aufmerksam. Der Form nach hebt der Vernehmungsbeamte auf die Interessenlage des Beschuldigten ab, macht aber dabei unverhohlen deutlich, dass auch Interesse von seiten der Verfolgungsbehörden an einer sehr weitreichenden, über den Fall hinausgehenden Aussage des Beschuldigten besteht. Er bietet dem Beschuldigten also einen Deal an. Der Zeitpunkt scheint günstig, weil der Beschuldigte zuvor aus freien Stücken seine Aussagebereitschaft erklärt hat, und über ein entsprechendes Agreement auch die Kooperativität des Beschuldigten weiter gesichert werden könnte. Der Vernehmungsbeamte bedeutet dem Beschuldigten mit seinem Vorschlag aber auch implizit, dass er ihn für tief in die Drogenszene verstrickt hält. Ansonsten könnte er keine entsprechenden Aussagen machen. Und auch das Begehen einer Straftat wird eigentlich wieder wie selbstverständlich im vermeintlichen Einvernehmen mit dem Beschuldigten unterstellt.

Der Beschuldigte gibt postwendend zu verstehen, dass er nichts zum Umfeld aussagen könne, was vom Vernehmungsbeamten direkt in Zweifel gezogen wird. Damit verweist er jetzt unverholen auf eine Szeneverstrickung des Beschuldigten. Er hält das Angebot aufrecht, indem er dem Beschuldigten ein Missverständnis unterstellt: Es gehe nicht nur um die großen Fälle.

Der Beschuldigte lehnt nochmal entsprechende Aussagen, jetzt aber mit direktem Verweis auf seine Szeneverstrickungen, ab: Er habe Angst vor Ärger, der ihm aus einer entsprechenden Aussage entstehen könnte. Mit diesem Eingeständnis zeigt der Beschuldigte zum einen an, dass er bereit ist, dem Vernehmungsbeamten seine ‚Rahmenperspektive' offenzulegen, dass er aber zum anderen nicht bereit ist, sich mit seiner Aussage in Schwierigkeiten zu bringen. Der Beschuldigte ‚mauert' zwar nicht, gibt aber auch nicht unbedingt alles preis. Er ist ‚gesprächs-', aber nicht uneingeschränkt ‚sachkooperativ' – das dürfte dem Vernehmungsbeamten in dieser Situation klar werden. Die zuvor erklärte Aussagebereitschaft wird somit wohl kaum vorbehaltlos sein.

Auch in dieser Situation verzichtet der Vernehmungsbeamte wieder darauf, auf den Beschuldigten direkten personalen Druck auszuüben. Er akzepiert überdeutlich (dreifach) dessen Aussagehaltung. Er zeigt ihm an, dass er ihm bloß eine Chance aufzeigen wollte und dass seine Weigerung für ihn kein Problem darstelle. Der Beschuldigte, so deutet er an, sei für seine Aussage selbst verantwortlich und müsse, sehen, wie er seine Interessen am besten wahrnehme. Die Gewährung einer symmetrischen Beziehungsebene wird so aufrechterhalten, und der Beschuldigte lässt sich auf sie ein.

Der Vernehmungsbeamte führt das Gespräch informell fort:

Vb  *Ich mein, hast du eigen, hast du eigentlich schon mal im Knast jesessen?*
B  *Nee, um Gottes Willen. Da geh isch nicht rein.*
Vb  *Nee, ich sach dir jetzt mal eins, ich hab dir dat also gesacht und ich steh zu meinem Wort und egal wat andere sagen, du wirst hier, et sei denn, du würdest jetzt hier, wie wahnsinnig beschuldigt werden, dat der zum Beispiel hinten sacht, jawoll, der Walter ist derjenige, der mir dat Haschisch bringt, ich habe bei ihm schon mehrere Kilogramm abgenommen, würdste hier nicht rausgehen. Klar.*
B  *Na, da würd ich ja & &*
Vb  *Gut, die Gefahr besteht nicht.*
B  *Hehe (lachen)*

*Vb*    *Ich hab dir also zugesacht, dat du hier heute Abend noch rausgehst.* **
        *Dazu steh ich auch.* ** *Das heißt natürlich nischt, dat die Sach damit*
        *verjessen ist. Da wird die Gerichtsverhandlung kommen und soweit sich*
        *dat da aus deiner Akte entnimmt, biste bisher mit Bewährung noch mal*
        *davon gekommen. Et ist ja klar, dat da irgendwann Feierabend ist, dat*
        *irgendwann mal der Rischter meint, so der Herr A. gehört mal innen*
        *Knast.*

*B*     *Jo, & & {is mir klar} (gähnend).*

Die Frage des Vernehmungsbeamten geht mit keinem Wort direkt auf die vorangegangene Thematisierung der „Kleinen Kronzeugenregelung" und die Ablehnung des Beschuldigten ein. Unterschwellig entwirft er allerdings ein für den
Beschuldigten bedrohliches Szenario, die durchaus in Reichweite liegende
‚Knastperspektive', in Anbetracht der es für den Beschuldigten durchaus über-
legenswert sein könnte, auf die Kronzeugenregelung einzugehen – zumal der
Beschuldigte zurzeit nur auf Bewährung frei ist. Die bedrohliche Lage wird aber
vom Vernehmungsbeamten nicht in einer bedrängend konfrontativen, vielmehr
in einer sachlichen, auf die Nichthintergehbarkeit verweisenden Tonlage in den
Raum gestellt – und der Vernehmungsbeamte ist bereit zu lindern: Er reklamiert, der Beschuldigte könne ihm voll und ganz trauen, und er gibt ihm die
Zusage, nach der Vernehmung nach Hause gehen zu können (und nicht ins
Gefängnis eingewiesen zu werden), so, als sei dies von seinem Wohlwollen
abhängig und seine persönliche Entscheidung. Mit dieser Zusage hebt er verdeckt die bedrohliche Lage hervor.
    Die hier zur Geltung gebrachte kommunikative Strategie ist raffiniert. Der
Vernehmungsbeamte baut im Vorbeigehen scheinbar ‚personal unbeteiligt' die
den Beschuldigten bedrohende Kulisse auf, die den Beschuldigten in Bezug auf
dessen Verteidigungsstrategie vor in ihren Konsequenzen nur schwer abschätz-
bare Entscheidungen stellt. Der Beamte wird gesehen haben, dass der Beschuldigte seine Aussagebereitschaft überlegt an den erwartbaren Folgen ausrichtet
und er hebt von daher indirekt und unaufdringlich die Kosten hervor, die ein un-
kooperatives Aussageverhalten – wie z.B. das Nichteingehen auf die ‚Kleine
Kronzeugenregelung' – für den Beschuldigten nach sich ziehen kann. Zugleich
bietet er sich vor dieser Kulisse als fairer, vertrauenswürdiger und kulanter Ge-
sprächspartner an. Er zeigt nur implizit an, dass es in seiner Macht stünde, die
Bedrohung noch weiter zuzuspitzen, eine Möglichkeit, auf die er allerdings verzichten will. Nun ist es an dem Beschuldigten – so wohl die unterschwellige
Botschaft –, sich noch einmal Gedanken über die Kosten seines jeweiligen Aus-

sageverhaltens zu machen. Unterschwellig ist eine Kalkulation angeregt: Will der Beschuldigte überhaupt eine Chance haben, dann könnte die darin bestehen, sich dem kulanten und fairen Beamten anzuvertrauen, und d.h. immer auch, sich ihm gegenüber in der Sache kooperativ zu zeigen.

Auch in dieser Situation verzichtet der Vernehmungsbeamte darauf, offen und personal eine Drohkulisse aufzubauen. Im Gegenteil: Die Bedrohung wird als sachlich gegeben nebenher thematisiert, die Möglichkeiten des Vernehmungsbeamten, Schwierigkeiten zu bereiten, werden nur verdeckt angesprochen, und an der Gesprächsoberfläche hebt sich ein Vernehmungsbeamter ab, der mit einer fairen, sachlichen, entgegenkommenden und vertrauenswürdigen Haltung in Vorleistung tritt und den Beschuldigten so nondirektiv zur Kooperation zu bewegen versucht.

Als Testfall für das Gelingen dieser Strategie erweist sich dann die Aufnahme der Personalien. Hier sieht der Beschuldigte Probleme darin, seinen tatsächlichen Aufenthaltsort anzugeben. Der Vernehmungsbeamte übt keinerlei unverhohlenen Druck auf den Beschuldigten aus, bleibt aber hartnäckig, indem er sich zum einen persönlich interessiert zeigt und zum anderen (fadenscheinig) auf Probleme verweist, die die Staatsanwaltschaft machen könnte. Der Beschuldigte gibt letztlich den Wohnort bei seiner Schwägerin preis und vertraut dem Vernehmungsbeamten dabei die Probleme an, die die Offenlegung ihm bereitet. Er gibt also nicht nur die geforderte Information, sondern er vertraut sich dem Vernehmungsbeamten gar an.

Der Ernstfall tritt dann während der Sachverhaltsrekonstruktion bei der Festlegung der Kaufmenge und der Kauffrequenz ein. Der Beschuldigte macht Angaben, die deutlich von denen des Dealers abweichen, und der Vernehmungsbeamte stellt pointiert klar, dass er die Angaben des Beschuldigten für deutlich untertrieben hält:

Vb    *Also bisher stimmt et, ja. Aber die Mengen stimmt nicht.*

B     *Ja, aber ich mein, das sind.*

Vb    *Also Walter, um dat janz klar zu sagen.* ** *Dein, äh, naja, der Klaus sagt also ganz klipp und klar du wärst einer der besten Kunden gewesen.*

B     *Äh jo?*

Vb    *Äh jo.* ** *So sacht der. Et sei denn du weißt besseres. Und der spricht also nicht von 20 und 30 Mark, sondern der sacht, dass du durchaus jemand warst, der schon mehrmals, der schon mehrere Sachen gekauft hat, also mehr gekauft hat, so für 200 Mark schon mal und für 100 Mark, mindestens aber für nur für 50 Mark.*

B        *Mhm.*
Vb       *Also und dat mal, und das ist keine Verarscherei, das ist keine Linkerei,*
         *das hat der angegeben.*
B        *Mhm. ** Ja, wat machen mer denn da?*
Vb       *Ja, ich hab dir eben schon mal jesacht, dat ich immer an der Wahrheit*
         *interessiert bin, ne.*
B        *Jaja. ****
Vb       *Pass auf, und wenn du jetzt hier natürlich den großen Tiefstapler machst*
         *und mir nur Scheiße erzählst,* komm ich natürlich dann nicht mehr*
         *dran vorbei, mich auch mal bei dir zu Hause umzusehen und zu*
         *nachzusehen, ob da nicht vielleicht doch noch en Rest ist, denn der*
         *sacht, pass auf, ich muss dir dat erklären. Wenn der sacht, der hat so*
         *und soviel bei mir gekauft, dann bist du nämlich aus diesem, ich sach*
         *mal vorsichtig, zu erstem Anfangsverdacht des Konsumenten schon mal*
         *raus. ** Ich mein, verstehste, was ich meine, ja?*
B        *Ja aber was is 'n Fuffziger so 'n Shit,*
Vb       *Tja*
B        *fünfhundert Mark &.*
Vb       *Ja, der sachte mir, jeden zweiten Tag wärst du da jewesen und das*
         *wenigste wär für fuffzich Mark was gekauft, meistens mehr.*
B        *Also meistens mehr, kann man auch nicht sagen. Den letzten Hasch vor*
         *drei Tagen waren fünfzig, Freitag hatt ich noch mal, Freitag haben ich*
         *'n Fünfziger geholt. Houte ist Dienstag.*
Vb       *Ja.*
B        *Ja, das waren vier Tage für 'n Fuffziger, ok aber doch nicht jeden Tag.*
         *& &.*
Vb       *Ich hab gesagt, mindestens für 50. Und der sachte jeden zweiten Tag. **
         *Hör mal ich*
B        *Nee nee nee nee.*
Vb       *Also Walter, ich mach, <u>pass auf, ich verarsch dich nicht.</u>*
B                                        *& & Ich ich ich*
         *geb jetzt dat also dat mit 20 Mark war jetz 'n bisschen falsch gerechnet,*
         *aber das ich jetzt jeden Tag für mindestens 50 Mark da was geholt hab,*
         *das ist zuviel, ne. Also wenn ich die die wenn ich dat auf die Reihe*
         *kriege, jeden zweiten Tag en Fuffziger zu holen, dat ist schon, dat ist*
         *schon, dat dat Maß aller Dinge für mich finanziell, ne.*
Vb       *Ja, ich muss dir ganz ehrlich sagen, mich wundert dat sowieso.*

B       *Ja, ich ich leb von ich ich ich ich geh nicht klauen, ich mach abends en bisschen Schwarzarbeit ab und zu mal, und ansonsten mach ich nichts, ne.*

Vb      *Nee, du hast mich falsch verstanden. Mich wundert dat sowieso, als der sachte, also ich kann dir ganz ehrlich sagen, welcher Verdacht bei mir aufgekommen ist, wobei ich dann, als ich die Preise gehört hab, det natürlich en bisschen kaputt war. Ich hab natürlich den Verdacht, dass du da en bisschen mehr holst und dann an ein oder zwei Leute wieder weitergibst, weil: \*\* Aus der Erfahrung heraus \* Shore-Leute zwar hin und wieder auch en Joint rauchen, aber zuerst mal ihre Knete zusammenhalten müssen, um Shore zu kaufen.*

B       *Mmh, ja, wenn man ne richtiger Shore-Mann ist, aber ich ich bin ja en richtiger Kiffer, ne, also das ich kiff schon seit seit jetzt seit meinem 16. Lebensjahr, ne.*

Vb      *Ja, nur hin und wieder werden aus Kiffern auch Shore-Leute, ne, richtige Shore-Leute.*

B       *Ja, ich bin auch ich bin auf Shore &, aber das ist nicht so, dass ich also ich zieh ja so. Klar, ich kann dem Zeug nicht widerstehen, ne, aber ich kauf mir lieber nen Fünfziger Dope als so 'n so en Scheiß &, en & oder so. Da haste 3, 4 Blows und dann haste hinterher en Turkey von der &.*

Vb      *Da haste nix von.*

B       *Nö.*

Vb      *Also musste im Rahmen sein.*

B       *& 'n Fünfziger Shit, und hab dann en schönen schönen breiten & {trockenen}.*

Vb      *Ja, dat mach alles sein. \*\* Ja, wat machen mer jetzt? Also, das ist jetzt natürlich, so hat der das ausgesagt.\*\*\**

B       *Ja, ähm, dann würd ich sagen.*

Vb      *Ich würd, pass auf, ich will dir also nichts <u>einreden.</u>*

B                                                                    <u>Ja weißte</u> ich ich *ich geb doch nicht wat zu, wat gar nicht wahr ist.*

Vb      *Nee, Walter, dat will ich auch nicht. <u>Ich will &</u>*

B                                                           <u>Ich will nicht, äh</u> *die ganze Wahrheit zugeben, weil dat wär auch en bisschen viel, ne. Ich mein, ich hab echt jeden zweiten, dritten Tag nen Fünfziger geholt, aber wenn ich dat zugeb vor Gericht, der Richter packt mich direkt weg, ne.*

Vb      *Meinste.*

B        *Ja sicher. Wenn ich jetzt sage, o.k., ich hab jeden zweiten, dritten Tag*
         *nen Fuffziger geholt, der packt mich doch direkt ein, der Mann.*

Der Vernehmungsbeamte konfrontiert den Beschuldigten also mit der Feststellung, die Mengenangaben stimmten nicht. Er hält dem Beschuldigten die
Aussage des Dealers vor, nach der der Beschuldigte einer der besten Kunden
gewesen sei, der Haschisch jeweils im Wert von 50 bis 200 DM eingekauft
habe. Er schließt seinen Einwand mit dem Hinweis: „das ist keine Verarscherei,
das ist keine Linkerei, das hat der angegeben". Bemerkenswert ist hier nicht
einfach die Entschiedenheit der Konfrontation, sondern v.a. die mit ihr einher-
gehende Übernahme der Aussage des Dealers. Der Beschuldigte wird nicht aufgefordert, Stellung zu einer abweichenden, ihn belastenden Aussage zu beziehen, sondern er sieht sich mit der Behauptung konfrontiert, dass seine Aussage nicht stimmt, während die des Dealers nicht angezweifelt wird. Die
Einlassung des Vernehmungsbeamten kann durchaus als Versuch gewertet
werden, den Beschuldigten zu überrumpeln, was im Widerspruch zur oben
suggerierten Fairness steht.
      Es scheint so, als halte der Vernehmungsbeamte die Kooperativität des Be-
schuldigten mittlerweile für so stabil, dass sie eine solche, den Beschuldigten in
der Sache bedrängende, auf Überrumpelung angelegte Konfrontation übersteht.
Mit seiner entschiedenen Einlassung testet er nicht nur die Stichhaltigkeit der
Aussage des Beschuldigten ab, sondern er macht dem Beschuldigten auch deutlich, dass die bislang in Anschlag gebrachte verständnisvolle, Fairness und Vertrauenswürdigkeit suggerierende und Hilfe in Aussicht stellende und im Ton
mitunter kumpelige Vernehmungsführung vom Beschuldigten nicht mit
Kumpanei verwechselt werden darf. Er macht dem Beschuldigten deutlich, dass
es ihm bei allem um die Rekonstruktion des tatsächlichen Sachverhalts geht,
dass er sich nicht vom Beschuldigten hinters Licht führen lassen will, dass er
seine Überzeugungen einbringt und dass er trotz seines moderaten Ver-
nehmungsstils eine Konfrontation durchaus nicht scheut. Dabei bleibt er im Ton
verbindlich und enthält sich jeder unverblümten Degradierung des Beschuldigten, wie sie etwa mit einem unmittelbaren Lügenvorwurf gegeben wäre[6] (der,
wie aus der Pädagogik bekannt, zu einem hartnäckigen Beharren auf der Lüge
führen könnte).

---

6    Vgl. zum Beharren auf der Lüge als pädagogischem Problem sowie zur Lügenstrafe als unzurei-
     chendem Mittel die Beiträge Haltloses Geständnis von Michael Niehaus (Abschnitt 3) und
     Konfrontationen und Lügenstrafen von Michael Niehaus und Christian Lück (Abschnitt 4).

Der Beschuldigte lässt sich von der entschiedenen Entgegnung des Vernehmungsbeamten zwar irritieren, bleibt aber umsichtig: Er verzichtet darauf, seinerseits eine Frontlinie zu errichten, indem er beispielsweise auf seiner Aussage besteht und die des Dealers so zu entwerten versucht. Er zeigt sich auch nicht entrüstet in Anbetracht des Feststellungscharakters der Entgegnung. Er fragt den Vernehmungsbeamten vielmehr „Ja, wat machen mer denn da?" Er korrigiert sich also nicht, sondern er zeigt sich ratlos und fordert den Vernehmungsbeamten auf, in der gemeinsamen Sache („mer") einen Verfahrensvorschlag zu machen. Möglicherweise will der Beschuldigte Zeit gewinnen, um seine Aussagestrategie zu überdenken. Er hätte es so gegebenenfalls vermieden, eine falsche Aussage voreilig zu verfestigen, aber auch seine Aussage voreilig zu seinen Ungunsten zu korrigieren. Zugleich setzt er die Kooperation des Vernehmungsbeamten nicht aufs Spiel, sondern er fordert sie sogar und schafft die Voraussetzungen dafür, den Vernehmungsbeamten zu weiteren vielleicht aufschlussreichen Reaktion zu veranlassen.

Der Vernehmungsbeamte entgegnet, dass er an der Wahrheit interessiert sei. Als der Beschuldigte zögert, setzt er nach und macht klar, dass er für den Fall, dass der Beschuldigte tiefstapelt und ihm „nur Scheiße" erzählt, nicht um eine Hausdurchsuchung umhinkomme. Er mildert die Konfrontation dann im Ton im Zuge einer Erläuterung: Wenn der Dealer eine bestimmte Kaufmenge angibt, dann steht der Beschuldigte nicht nur in Verdacht zu konsumieren. Die Entspannung in der Tonlage geht mit einer Zuspitzung der Beschuldigung einher. Der Vernehmungsbeamte gibt dem Beschuldigten zu verstehen, dass er für den Fall, dass der Beschuldigte bei seiner (Falsch-)Aussage bleibt, dem Verdacht der Dealerei des Beschuldigten nachgehe. Er baut auch hier wieder eine Drohkulisse auf, auf die hin sich der Beschuldigte quasi freiwillig zur Kooperation entschließen soll. Allerdings ist die Bedrohung jetzt enger an seine Person gebunden: Bezugspunkte sind die Überzeugung des Vernehmungsbeamten über die tatsächliche Kaufmenge und die mögliche Erweiterung der Beschuldigung durch den Vernehmungsbeamten einschließlich der dann von ihm vorzunehmenden Hausdurchsuchung.

Es entspinnt sich in der Folge ein kurzer Dialog, in dem der Vernehmungsbeamte noch einmal die Angaben des Dealers wiedergibt und der Beschuldigte dann Kaufmenge und Kauffrequenz rekapituliert und einräumt, dass er alle zwei Tage für 50 DM Haschisch eingekauft habe, mehr sei finanziell auch nicht drin gewesen. Dies nimmt der Vernehmungsbeamte zum Anlass, ihm noch einmal seinen Verdacht zu erläutern, dass der Beschuldigte zur Finanzierung seines Heroinkonsums Haschisch weiterverkauft habe. In Anbetracht des Kaufpreises nimmt er diesen Verdacht zwar wieder ein Stück zurück, aber er lässt ihn im Raum stehen, so dass der Beschuldigte die Kaufmenge Haschisch rechtfertigen muss.

Der Beschuldigte macht geltend, dass er kein typischer „Shore-Mann", sondern in erster Linie „Kiffer" sei. Der Vernehmungsbeamte lässt sich auf die Erklärung ein und fragt nun seinerseits abschließend den Beschuldigten, was denn nun in Anbetracht der Aussage des Dealers zu machen sei. Sobald also der Beschuldigte auf die vom Vernehmungsbeamten aufgebaute Drucksituation argumentativ reagiert, bemüht sich der Vernehmungsbeamte wieder um einen dialogisch quasi-symmetrischen Gesprächsstil. Der Beschuldigte und der Vernehmungsbeamte ringen nun um die Aussage des Beschuldigten. Der Beschuldigte setzt an, der Vernehmungsbeamte fällt ihm ins Wort und will einen Vorschlag machen, der Beschuldigte fällt ihm dabei seinerseits ins Wort und reklamiert, keine belastende, unwahre Aussage machen zu wollen, worin ihn der Vernehmungsbeamte bestärkt, der Beschuldigte übernimmt wieder und outet dann seine zentrale, aussageleitende Befürchtung: Er wolle nicht die ganze Wahrheit zugeben, weil das zuviel sei. Er habe alle zwei bis drei Tage für 50 DM Haschisch gekauft, und wenn der Richter das erfahre, werde er ihn als Bewährungsversager sofort ins Gefängnis stecken.

Der Beschuldigte befindet sich in einer Dilemmasituation. Erst einmal droht ihm die Einweisung in ein Gefängnis als Bewährungsversager. Und dann erhöht der Vernehmungsbeamte den Ermittlungsdruck, indem er ihn mit der Aussage des Dealers konfrontiert, ihm zugleich wie selbstverständlich signalisiert, dass er von der Richtigkeit dieser Aussage überzeugt ist und ihm für den Fall einer Verweigerung mit einer Ausweitung der Ermittlungen in Richtung Dealerei droht. Für den Beschuldigten stellt sich so die Frage, ob er sich vor Strafe und insbesondere vor dem Gefängnis eher retten kann, indem er den Straftatbestand nicht vollständig eingesteht oder indem er sich in vollem Umfang geständig und so kooperativ und einsichtig zeigt. Zu einem Vergleich der Kosten für die beiden Aussagealternativen ist der Beschuldigten nicht mehr ohne weiteres in der Lage.

In dieser Situation macht sich die Vernehmungsstrategie des Beamten bezahlt. Von Beginn an hat er daran gearbeitet, dem Beschuldigten eher unaufdringlich die für ihn bedrohliche Lage zu vergegenwärtigen, um ihm dann auch noch mit einer Erweiterung der Ermittlungen in die Enge zu treiben. Vor dem Hintergrund dieser Drohkulisse setzt er sich dann unablässig als fairer, vertrauenswürdiger, verständnisvoller, durchaus hilfsbereiter und kompetenter Ansprechpartner in Szene. Der stets auf die Kosten seines Aussageverhaltens achtende Beschuldigte kann in so einer schwierigen Entscheidungslage auf die Idee kommen, sich besser dem Vernehmungsbeamten anzuvertrauen und mit ihm zu kooperieren. Und genau darauf läuft die Einlassung des Beschuldigten dann auch hinaus: Er gesteht den Kauf einer höheren Menge Haschisch ein und erklärt zugleich, dass er dies dem Richter gegenüber nicht zugeben könne. Er legt dem Vernehmungsbeamten so sein Dilemma offen und bittet ihn verdeckt um Rat. Der Beschuldigte lässt sich nicht nur auf das Beziehungsangebot des Vernehmungsbeamten ein, sondern er geht mit seinem Versuch, den Vernehmungsbeamten ins Vertrauen zu ziehen, noch einen Schritt weiter: Er bemüht sich um eine Informalisierung des Vernehmungsgesprächs.

Der Vernehmungsbeamte unterläuft diese Bemühungen dann aus der Haltung eines ehrlichen Maklers. Er verweist zunächst darauf, dass eine Einweisung ins Gefängnis als Bewährungsversager nicht ausgeschlossen sei. Auch er könne nicht garantieren, dass dieser Fall nicht eintreffe. Aber da die Aussage des Dealers im Raum stehe, müsse er wohl im eigenen Interesse aussagen. Eigentlich könne ihm nur eine wahrheitsgemäße Aussage und die Inanspruchnahme der Kleinen Kronzeugenregelung helfen. Er macht keine übertriebenen Versprechungen, erteilt dem Beschuldigten aber einen Rat. Er erläutert dabei nicht, warum das Eingeständnis nur einer geringeren Kaufmenge, mit der dann Aussage gegen Aussage stünde, eine weniger günstige Verteidigungsstrategie darstellen würde. Er unterlegt seinen Rat vielmehr mit der Attitüde des wohlmeinenden und wohlwollenden Fachmanns. Der Beschuldigte, der zuvor bereits den entscheidenden Schritt auf den Vernehmungsbeamten zugemacht hat, lenkt dann auch endgültig ein und legt seine Aussage fest. Zur Belohnung attestiert der Vernehmungsbeamte ihm dann Glaubwürdigkeit und nimmt die im Hintergrund lauernde Beschuldigung der Dealerei zurück.

Offensichtlich ist, dass der Beschuldigte hier nicht ‚gemauert' hat, will sagen: Er beharrt nicht auf seiner ursprünglichen Aussage, obwohl eine solche Verteidigungsstrategie – übernimmt man handlungsentlastet die Verteidigungsperspektive des Beschuldigten – durchaus hätte von Vorteil sein können. Immerhin droht dem Beschuldigten nun ein Gefängnisaufenthalt als Bewährungsversager. Bemüht man sich, die Geständnismotivierung in diesem Fall zu spezifizieren, so fällt weiter auf, dass die Geständigkeit des Beschuldigten Ausdruck eines Kosten-Nutzen-Kalküls ist. Dieses Kalkül – und das ist für die Geständnismotivation in diesem Fall charakteristisch – wird vom Vernehmungsbeamten lanciert, und zwar auf zwei Ebenen: Zunächst suggeriert er dem Beschuldigten zwar indirekt, aber nach- und eindrücklich die möglichen Kosten einer Kooperations- und Geständnisverweigerung und treibt ihn so zuletzt in ein

Entscheidungsdilemma. Und vor diesem Hintergrund bietet er sich dann dem Beschuldigten ‚erfolgreich' als Ratgeber an. Die ausschlaggebende Einnahme der Ratgeberhaltung war nur möglich, weil es dem Vernehmungsbeamten in den Vernehmungsphasen zuvor gelungen war, das Vertrauen des Beschuldigten zu erwerben. Der Beschuldigte muss den Eindruck gewonnen haben, dass der Vernehmungsbeamte bereit ist, bei seiner Beratung durchaus auch die Interessen des Beschuldigten einzubeziehen. Insofern ist die Geständigkeit des Beschuldigten nicht zuletzt auch auf eine erfolgreiche Beziehungsarbeit des Vernehmungsbeamten zurückzuführen.

Der Form nach bleibt der Beschuldigte im Rahmen seiner Kosten-Nutzen-Orientierung stets Herr seiner Entscheidungen. Anders als die Beschuldigten in den Fallbeispielen oben besteht für ihn kein Geständniszwang aus der Beziehung zum Vernehmungsbeamten heraus.[7] Er kann und muss eigenständig entscheiden, ob er kooperiert oder nicht, ob er sich auf den Vernehmungsbeamten als Ratgeber einlässt und zu welchen Eingeständnissen er dann bereit ist. Allerdings: Der Vernehmungsbeamte moduliert die Rahmenbedingungen für die Entscheidungsfindung des Beschuldigten. Er baut die Drohkulisse auf und spitzt sie auf eine Dilemmasituation zu. Und er bietet sich begleitend als ‚vertrauenswürdiger' Ratgeber an, dessen Ratschlag dann letztlich auch den Ausschlag gibt. Er übt so indirekten Druck aus und verschafft dem Beschuldigten die Gelegenheit zu einer druckentlastenden Beziehung. Die Motivierungsstrategie des Beamten lässt sich als eine Führung des Beschuldigten zur Selbstführung auf den Punkt zu bringen.

## 3.

In Vernehmungen, die nach dem Kosten-Nutzen-Prinzip aufgebaut sind, geht es den Vernehmern stets darum, dem Beschuldigten eine Kalkulation nahe zu bringen, nach der die Auswirkungen der Nichtkooperativität und insbesondere die der Nichtgeständigkeit unangenehmer sind als die mit einem Geständnis einhergehenden. In dem Maße, in dem sich ein Beschuldigter auf diese ‚Überlegungen' einlässt, werden sie ihn in der Regel auch verwirren. Er befindet sich in einer Situation, in der er unter existentiellem Druck stehend sich veranlasst sieht, seine ursprüngliche Verteidigungskonzeption in Frage zu stellen, ohne

---

7    Mit anderen Worten: Das Geständnis tritt unter diesen Bedingungen nicht mehr als Gut in Erscheinung. Entsprechend kommt in der Vernehmung das Wort „Geständnis" auch gar nicht vor.

aber schon überblicken zu können, ob die Kalkulation des Vernehmers, der ja an seiner Überführung interessiert ist, trotzdem trägt. Die vorgestellte Vernehmung macht exemplarisch deutlich, dass solche Irritationen beim Beschuldigten zustande kommen und dann in Geständigkeit münden, wenn es dem Vernehmungsbeamten begleitend gelingt, einen vertrauensvollen Kontakt zum Beschuldigten aufzubauen. Er muss den Beschuldigten davon überzeugt haben, dass er trotz aller Interessendivergenz bereit und in der Lage ist, die Perspektive des Beschuldigten zu übernehmen und letztlich auch dessen Interessen zu berücksichtigen. Erst dann wird es im Normalfall dazu kommen, dass ein Beschuldiger die ihm unterbreitete irritierende Kalkulation zulässt und insofern akzeptiert, und erst aus einem solchen Kontakt heraus ist es dann auch wahrscheinlich, dass ein Beschuldigter den Dialog mit seinem Vernehmer sucht und sich einen Rat erteilen lässt, der ihn dann dazu motiviert, seine Kosten-Nutzen-Berechung umzustellen und ein Geständnis abzulegen. In Fällen – so lässt sich hypothetisch festhalten –, in denen sich eine gegebene Ermittlungslage als nicht zwingend darstellt (die Geständigkeit des Beschuldigten also für die Aufklärung von Interesse bleibt) und in denen der Beschuldigte nicht von vorn herein und ohne weiteres kooperativ und geständig ist, wird die Etablierung eines vertrauensvollen personalen Kontaktes zum Beschuldigen gerade auch dann von Bedeutung, wenn der Beschuldigte sein Aussageverhalten überlegt an seiner persönlichen Nutzenmaximierung orientiert. Will sagen: Auch in Vernehmungen, die vom Vernehmungsbeamten und vom Beschuldigten einvernehmlich am Kosten-Nutzen-Prinzip ausgerichtet werden, ist die Etablierung einer informellen Beziehung zum Beschuldigten für die Motivierung zu einem Geständnis letztlich unverzichtbar.

Unsere Beobachtungen polizeilicher Beschuldigtenvernehmungen und unsere Gespräche mit den Vernehmern haben ergeben, dass die Ökonomisierung der polizeilichen Beschuldigtenvernehmung erst allmählich zunimmt. Der neoliberale Umbau der Gesellschaft hat die Subjektivierung noch nicht so weit erfasst, dass das Vernehmungsgeschehen sich aktuell im Normalfall am Kosten-Nutzen-Prinzip orientiert. Es ist allerdings zu erwarten, dass im Zuge der sich im vollen Gange befindenden Transformation der wohlfahrtsstaatlichen in eine neoliberale und damit der fürsorglich resozialisatorischen in eine punitiv ausgrenzende Kriminalpolitik (Krasmann 2003: 237–345) die traditionellen Loyalitätsbindungen gegenüber der Polizei weiter schwinden und sich ein Beschuldigtentyp in den Vordergrund drängt, der sein Verteidigungsverhalten in den Vernehmungen an einer persönlichen Nutzenmaximierung ausrichtet. Und dann wäre es so weit, dass der vorgestellte Fall nicht nur exemplarisch ist für eine am Kosten-Nutzen-Prinzip orientierte Vernehmung, sondern gar zum Normalfall einer polizeilichen Vernehmung avanciert.

Mit der zu erwartenden Ökonomisierung des Vernehmungsgeschehens wird sich dann – so unsere Prognose – die ein Geständnis fördernde kommunikativ edukative Motivationsarbeit des Vernehmers signifikant ändern. Es kann dann nicht mehr wie bislang darum gehen, den Beschuldigten aus der Nähe heraus in eine symbiotische Beziehung hineinzuziehen, aus der sich für ihn dann eine Geständnisneigung oder gar -verpflichtung ergibt. Ein an seiner Nutzenmaximierung orientierter Beschuldigten wird sich die eigenverantwortliche Entscheidung über sein Aussage- und Geständnisverhalten nicht nehmen lassen. Er lässt sich am besten aus einer symmetrisch gestalteten Beziehung heraus nondirektiv aus der Distanz führen. Und da bietet sich – wie der Fall nahe legt – wohl die Haltung des vertrauenswürdigen Ratgebers an.

Mit dem Vernehmer als Ratgeber wird die edukative Dimension in Beschuldigtenvernehmungen einschneidend modifiziert. Erziehung kann die Form des Ratgebens annehmen (Henz 1967: 267f.), und ein sogenannter wohlmeinender Rat kann nur auf der Grundlage einer Beziehung gegeben werden, in der der Ratgeber glaubhaft vermittelt, seinen Sachverstand in den Dienst dessen zu stellen, der als beratungsbedürftig definiert wird, um ihn auf diese Weise zu lenken und zu führen. Insofern würde die stets mehr oder weniger implizit bleibende Position des Ratgebers innerhalb der diskursiven Praxis von Verhör bzw. Vernehmung eine Weiterentwicklung des ‚Edukativs‘ darstellen: Mit seinem Rat wendet sich der Vernehmer an ein Subjekt, das einerseits selbstbestimmt ist, da es den Rat beherzigen oder ausschlagen kann, das aber andererseits des Rates bedürftig und insofern unmündig ist. Mit dieser Option kann der polizeiliche Vernehmer der Aushandlungsdominanz des Beschuldigten in Vernehmungen, die am Kosten-Nutzen-Prinzip orientiert sind, begegnen: ihr Rechnung tragen und sie unterlaufen. Die Entwicklung der Ratgeberfunktion innerhalb des Vernehmungsgeschehens ist also, wie man abschließend erkennen kann, die von uns erwartete Antwort auf das Problem der Aushandlungsdominanz des Beschuldigten in Zeiten einer Ökonomisierung der Beschuldigtenvernehmung. Als vertrauenswürdiger Ratgeber hat der Vernehmer die Chance, die auf Eigenverantwortlichkeit angelegte Selbstführung des Beschuldigten zu führen – den Beschuldigten aus einer distanzierten Beziehung zu einem Geständnis zu motivieren.

# Foucault als Hermeneut?

## Lassen sich Diskursanalyse und Hermeneutik gewinnbringend miteinander verbinden?[1]

### Jo Reichertz

> *Wir können nicht alles verstehen, indem wir*
> *uns in einen anderen hinein versetzen.*
> Veyne 2003

## 1. Die Tat

Erst schlug Pierre seiner Mutter mit der scharfen Hippe ins Gesicht. Immer wieder. Mit großer Wucht. Schließlich versuchte er durch mehrere Schläge den Kopf der Mutter vom Rumpf zu trennen. Mit der Mutter starb auch das ungeborene Kind, mit dem sie im siebten Monat schwanger war. Dann erschlug der gerade erst 20 Jahre alte Pierre Rivière seinen 8-jährigen Bruder Jules: Mehrere Hiebe trafen den Knaben im Nacken und an den Schultern, ein Teil der Hirnschale wurde dadurch fast gänzlich abgelöst. Dann griff Pierre sich seine 18-jährige Schwester Victoire, die sich heftig wehrte und laut schrie. Ohne auf die herbeigeeilte Nachbarin zu achten, zerrte Pierre seine Schwester an den Haaren zur Tür und schlug mit der Hippe auf sie ein. „Mehrere Hiebe desselben Instruments waren tief in ihre Kehle gedrungen; das Gesicht war desgleichen

---

1 Die hier vorgelegte Auseinandersetzung mit der Foucaultschen Diskursanalyse greift auf die projektinterne Diskussion über die Angemessenheit des methodischen Vorgehens, nämlich der geplanten Kopplung von Diskursanalyse und hermeneutischer Wissenssoziologie, zurück. In diesen Diskussionen ging es uns nicht darum, Diskursanalyse und Hermeneutische Wissenssoziologie zu einer homogenen Methodologie zu integrieren. Wichtig war uns vielmehr die wechselseitige Verständigung über die Anschlussfähigkeit der beiden Konzepte (siehe hierzu auch Niehaus / Schröer 2004, 2005). Ein Auszug dieses Verständigungsprozesses wird in diesem Beitrag aus der Sicht der Hermeneutischen Wissenssoziologie vorgestellt.
Die dokumentierte Auseinandersetzung mit einer frühen Form der Foucaultschen Diskursanalyse, das sei hier ausdrücklich erwähnt, führte dann zu der Einsicht, dass insbesondere die in den späten Arbeiten Foucaults zur Ausdifferenzierung seines Subjektivierungskonzepts auffindbare Vorgehensweise in Verbindung mit einer hermeneutisch arbeitenden Wissenssoziologie fruchtbarer ist. Insofern markiert dieser Artikel – aus Sicht einer Hermeneutischen Wissenssoziologie – die Kippstelle unserer Debatte.
Die hier vorgetragenen Überlegungen sind zudem Teil einer vor einiger Zeit begonnenen, kritischen, eher unsystematischen Auseinandersetzung mit den Grundlagen der qualitativen Sozialforschung (vgl. Reichertz. 1997, 1999 und 2003). Umfassender sind diese Gedanken in Reichertz 2005 vorgelegt worden.

von tiefen Wunden zerschnitten" (Foucault 1975: 57). Nach den Morden verließ Pierre ohne sichtliche Aufregung den Tatort. All das ereignete sich am 3. Juni 1835 in der Bretagne, in einem kleinen Dorf in der Nähe von Caen.

Pierre Rivière irrte dann etwa einen Monat in den Wäldern der Gegend herum, lebte von Wurzeln und erlegtem Kleinwild, zeigte sich an einigen Orten, ohne jedoch verhaftet zu werden. Als er in der Gemeinde Langannie auftauchte und sich auffällig benahm, wurde er ohne Gegenwehr verhaftet. In einem ersten Verhör räumte er ohne Umschweife die Morde ein, sagte aber aus, er habe auf Befehl Gottes gehandelt. Später nahm er diese Aussage zurück und gestand: „[...] ich habe es getan, um meinen Vater von seiner Pein zu erlösen. Ich wollte ihn von seiner boshaften Frau befreien, die ihm fortwährend zusetzte, seit sie seine Frau war, die ihn zugrunde richtete, die ihn in eine solche Verzweiflung versetzte, daß er manches Mal versucht war, sich das Leben zu nehmen. Meine Schwester Viktoire habe ich getötet, weil sie Partei für meine Mutter ergriff. Meinem Bruder habe ich getötet, weil er meine Mutter und meine Schwester liebte" (ebd.: 36). Sodann schilderte Pierre Rivière dem Vernehmungsbeamten sehr ausführlich den Ablauf der Tat selbst. Auch versprach er, das Ganze schriftlich zu fassen, was er auch bald tat.

Dieses *Memoire* umfasst gut 40 Seiten und es erzählt ausführlich und in flüssigem Stil von den Gemeinheiten der Mutter und dem vielfältigen und langen Leiden des Vaters, dem Entschluss von Pierre, seine Mutter und seine Geschwister zu töten, den langwierigen Vorbereitungen (Hippe schleifen, Sonntagskleidung anlegen, günstige Gelegenheit abwarten, mehrere Anläufe) und der Durchführung der Tat.

Auch erzählt das Memoire ausgiebig von Pierre selbst: von seiner Kindheit und Jugend, in der er wenig Beachtung fand, von seiner Lust, Frösche und Vögel zu kreuzigen, von seiner Arbeit als einfacher Landarbeiter und seiner Neigung, alles zu lesen, was ihm unter die Finger kam.

> Als ich nicht mehr in die Schule ging, arbeitete ich mit meinen Vater auf dem Feld; aber das war nicht meine Neigung, der Sinn stand mir nach Ruhm und ich fand großen Gefallen am Lesen [...] Ich habe etliche Geschichtsbücher gelesen, das von Bonaparte, die römische Geschichte, eine Geschichte der Schiffbrüche, die *Morale en Action* und mehrere andere Sachen, ich brauche nur ein Stück einer Zeitung zu finden, das zum Abwischen des Hinterns dienen mochte, ich las es. (Ebd.: 107)

Das Lesen von Geschichten aller Art (also die intensive Nutzung des Leitmediums seiner Zeit) lieferte seinen Phantasien Sinn, Gestalten und Formen. Er kleidete sich und sein Leben in die medial gelieferten Kostüme. Er hielt sich selbst für hervorgehoben, für außerordentlich, für einen Helden, der dazu berufen ist, Großes zu tun, auf dass sich die Nachwelt seiner gebührend erinnert. „Indes war ich immer noch erfüllt von meiner Vortrefflichkeit, und wenn ich allein für mich ging, stellte ich mir Geschichten vor, in denen ich eine Rolle spielte, ich setzte mir Personen in den Kopf, die ich mir ausdachte" (ebd.: 108).

Der gedankliche Entwurf und der Wunsch, durch sein Tun den von ihm bewunderten Helden zu gleichen, drängten, glaubt man den Ausführungen Rivières, auf Verwirklichung. So entstand der Plan zur Tat:

> „Ich wollte den Gesetzen trotzen, es schien mir, daß das ruhmvoll für mich wäre, daß ich dadurch, daß ich für meinen Vater starb, unsterblich würde, ich stellte mir die Krieger vor, die für ihr Vaterland und für ihren König starben, den Kampfesmut der Schüler der politechnischen Schule bei der Einnahme von Paris 1814 und ich sagte mir: diese Leute starben für die Sache eines Mannes, den sie nicht kannten und der sie nicht kannte, der niemals an sie gedacht hatte; und ich, ich sterbe für einen Mann, der mich liebt und der mir herzlich zugetan ist. [...] Alles das ging mir durch den Sinn und forderte mich zu meiner Tat auf. Das Beispiel von Henri de la Roquejacquelain, das ich jüngst gelesen habe, schien mir eine große Ähnlichkeit mit meiner Sache zu haben. Er war einer der Führer in der Vendée, er starb in seinem 21. Lebensjahr im Dienste der Königspartei. Mir gefiel seine Ansprache an seine Soldaten vor einer Schlacht: ‚wenn ich vorrücke, folgt mir, wenn ich zurückweiche, tötet mich, wenn ich falle, rächt mich.'" (Ebd.: 110f.)

Demnach halfen dem jungen Rivière die Medienhelden seiner Zeit, darin Madame Bovary nicht unähnlich, seinen Phantasien Gestalten und Formen zu geben: „Ich glaubte die Gelegenheit gekommen, um mich zu erheben, daß mein Name in der Welt Aufsehen erregen würde, daß ich mich durch meinen Tod mit Ruhm bedecken würde und daß in zukünftigen Zeiten meine Gedanken Zustimmung finden würden und daß man mich verherrlichen würde." (ebd.: 113). So weit, in aller Kürze, der Fall des Pierre Rivière.

Die Niederschrift des Täters, sein Memoire diente später Anklägern wie Verteidigern als Beleg für ihre jeweilige Lesart, Pierre Rivière sei ein skrupelloser Mörder und deshalb mit dem Tode zu bestrafen oder Pierre Rivière sei des Wahnsinns, ergo nicht wirklich für die Taten verantwortlich. Sechs gelehrte Doktoren begutachteten den Angeklagten, drei attestierten ihm Zurechnungsfähigkeit, drei sprachen sie ihm ab. Das Gericht verurteilte ihn zum Tode. Der Fall selbst ging für kurze Zeit durch die Gazetten und sorgte für maßvolles Aufsehen. Auf die inständigen Bitten seines Vaters hin reichte Pierre Revision ein, die vom Gericht jedoch verworfen wurde. Ein erneutes Gutachten zum Geisteszustand des Verurteilten führte aufgrund des Befundes, dass Pierre nicht für seine Tat verantwortlich zu machen sei, zur Begnadigung durch den König.

Das Todesurteil wurde in lebenslange Haft umgewandelt. Dort, im Gefängnis Beaulieu, erhängte Pierre Rivière sich 4 Jahre später.

All diese Ereignisse fanden (wie oben bereits gesagt) vor etwa einhundertundsiebzig Jahren statt, und wie die kurzen Abstände zwischen Verbrechen, Anklage und Verurteilung zeigen, folgte der Tat zu dieser Zeit die Strafe auf dem Fuß: Der Mord ereignete sich am 3. Juni 1835, der Prozess am 12. November 1835, die Begnadigung im Februar 1836 und der Freitod am 22. Oktober 1840. Schon kurz nach dem Tod des Pierre Rivière rankten sich lokale Legenden um den Mutter- und Geschwistermörder, die in Flugblättern verbreitet wurden. Erhalten wurde uns der Fall, weil im Jahre 1836 die Diskussion über die Anwendung psychiatrischer Gutachten in Gerichtsverfahren im Gange war, was zur Folge hatte, dass der Fall in den *Annales d'hygiène publique et de médicine légale* von 1836 veröffentlicht wurde.

Michel Foucault stieß Anfang der 1970er Jahre auf diese Publikation der Taten des Pierre Rivière, war beeindruckt von der „Schönheit von Rivières Memoire" (Foucault 1975: 9). Zusammen mit Kollegen trug er das gesamte relevante und verfügbare Material zum Fall Rivière (Gutachten, Zeitungsberichte, Vernehmungsprotokolle, Zeugenaussagen, Flugblätter etc.) zusammen. Im Rahmen eines Seminars am Collège de France wurde das Material dann kollektiv untersucht.

## 2. Präzisierung der Fragestellung: Ordnung und Sinnhaftigkeit

Wissenschaftliche Methoden sind bestimmte Praktiken, mit Daten umzugehen – und zwar solche Praktiken, von denen bestimmte Wissenschaftler zu bestimmten Zeiten erhoffen, dass mit ihrer Hilfe das Mit-den-Daten-Vorliegende, also das Offensichtliche überschritten werden kann. Methoden gründen somit, und diese Einsicht ist weder neu noch originell, auf einer meist impliziten und nur selten expliziten Vorstellung davon, was die Daten ‚sind' bzw. repräsentieren und wie sich Daten erheben und auswerten lassen. Mit all diesen Fragen beschäftigt sich traditionsgemäß die Epistemologie und mit einem kleinen Teil dieser Fragen beschäftigt sich auch dieser Artikel. Denn es geht hier um die Praktiken Foucaults, mit Daten umzugehen, genauer: um die impliziten Unterstellungen, die es ihm ermöglichen, Daten so zu deuten, wie er es tut – also erst einmal um die methodische Praxis, die in seinen ‚Anmerkungen' zum Fall Rivière sichtbar wird.

Dieses Vorhaben verfolgt nun zwei Ziele: Zum einen hat es einen Text der für das gesamte, hier vorgestellte Forschungsprojekt relevanten Geständnisliteratur, nämlich das Memoire des Pierre Rivière, zum Gegenstand und leistet damit auch einen Beitrag zum Verständnis von Geständnissen. Zum zweiten möchte ich mich aus Sicht der hermeneutischen Wissenssoziologie mit der Foucaultschen Diskursanalyse auseinandersetzen – und zwar mit der Form der Diskursanalyse, die Foucault in seiner ‚Archäologiephase' öfter zum Einsatz brachte. Diese Rekonstruktion dieser Variante der Foucaultschen Diskursanalyse, die im übrigen nur einen ersten Teil der projektinternen Diskussion über die Angemessenheit des methodischen Vorgehens darstellt, wird dann genutzt, um einige (implizite) Prämissen einer hermeneutischen Wissenssoziologie (Hitzler / Reichertz / Schröer 1999) sichtbar(er) werden zu lassen bzw. deren Plausibilität zu diskutieren. Allerdings soll hier nicht die gesamte Epistemologie von Foucault in den Blick genommen werden, sondern nur ein kleiner, wenn auch zentraler Teil einer jeden Epistemologie: das Problem der Ordnung oder genauer: das Problem der Geordnetheit.

Auch diese Formulierung legt Missverständnisse nahe. Deshalb der Versuch einer weiteren Präzisierung: Keinesfalls soll es hier um die Erörterung sozialtheoretischer oder gesellschaftstheoretischer Fragen gehen (Wie viel Ordnung braucht eine Gesellschaft oder: Welche Ordnung findet sich in einer bestimmten Gesellschaft?), auch nicht um ethische oder normative Fragen (Soll es Ordnung geben, wie sollte sie aussehen und wie kann sie gerechtfertigt werden?), sondern es geht um die Ordnung der in den Daten repräsentierten Handlungen, um die Ordnung der Interaktion und die Ordnung der Kommunikation. Beides unterstellen Sozialwissenschaftler – meist ohne sich darüber Rechenschaft abzulegen.

Alle Sozialwissenschaftler gehen nämlich meines Wissens nach davon aus, dass alles Handeln von Menschen, also das symbolfreie wie das symbolgebundene, also Interaktion und Kommunikation, (für andere Menschen) nicht zufällig generiert wird, sondern in einer solchen Weise, dass es Bedeutung (in der Fläche und in der Zeit) besitzt. Das Bedeutung-Haben ist ja gerade das Spezifische am Handeln, das es vom puren Verhalten unterscheidet. Diese Bedeutung wird (und auch da sind sich wohl die meisten und natürlich alle explizit hermeneutisch verfahrenden Sozialwissenschaftler einig) konstituiert durch spezifische Verfahren, also Praktiken, und Regeln, die Ausdruck der Geordnetheit von Grammatik, Semantik und vor allem der Pragmatik einer Sprach- und Interaktionsgemeinschaft sind. Grammatik meint hier die mehr oder weniger codifizierten Regeln der Verknüpfung von Zeichen, die auf Bedeutungseinheiten verweisen, Semantik die Verweisungen auf den gesellschaftlich geschaffenen Raum von Bedeutungseinheiten und den dadurch eröffneten Raum logischer (Sellars 1999) legaler und legitimer Gründe. Pragmatik meint dagegen (durchaus im Sinne Brandoms) das Geflecht von Unterstellungen, Erwartungen und Verpflichtungen, das sich in einer spezifischen Gesellschaft aus Handlungen mehr oder weniger verbindlich ergibt (Brandom 2001, auch Habermas 1999: 138ff.). Interaktion und Kommunikation sind somit *geordnet*, und zwar durch die Regeln der Sinnzuschreibung und die Regeln der Bedeutungsproduktion. Sinn und Geordnetheit sind deshalb überall dort anzutreffen, wo menschliches Handeln anzutreffen ist – unabhängig davon, wie sinnvoll und wie widerspruchsfrei eine solche Ordnung ist.

### 3. Das methodische Verfahren Foucaults

Die ‚Anmerkungen' Foucaults zu dem Fall Revière und deren Interpretation sollen im Weiteren Gegenstand der Analyse sein, nicht das, was die von 1835 bis 1842 am Fall Beteiligten mit den Daten und mit dem Fall machten, sondern es geht hier allein um das, was Foucault mit den Daten und dem Fall macht. Wie geht Foucault methodisch vor, von welchen theoretischen und/oder methodischen Prämissen lässt er sich leiten und: Was ist der Anspruch seiner Arbeit? Letzteres erläuterte Foucault in einem Round Table Gespräch auf folgende Weise: "What I say ought to be taken as ‚proposition', ‚game openings' where those who may be interested are invited to join in" Foucault 1991: 74). Lassen wir uns also auf die Einladung zum gemeinsamen Spiel ein und folgen wir erst einmal dem Argument Foucaults.

Aufgeteilt hat Foucault seine ‚Anmerkungen', die mit herkömmlichen Begriffen der Sozialwissenschaft eher als *summarische Interpretation*[2] zu bezeichnen sind, in fünf Abschnitte, von denen vier mit Überschriften versehen sind[3]: Nach einer kurzen Einleitung, in welcher die Bedeutung des *Memoire* ange-

---

2  Summarische Interpretation deshalb, weil hier (a.) noch nicht einmal in Ansätzen der Prozess des Interpretierens wiedergegeben wird, sondern allein die Ergebnisse, weil (b.) keine Gründe für die Deutung vorgestellt werden, sondern allein eine generalisierte Deutung der Ereignisse. In der Sekundärliteratur wird das Verfahren Foucaults in der ‚Archäologiephase' so beschrieben: „Der Archäologe des Wissens nennt seine Verfahrensweise ‚konkrete Untersuchungen'. Er analysiert die verbalen Performanzen an Hand bestimmter Angriffslinien, welche, wie im Fall Revière aus medizinischen Gutachten, Gerichtsakten und dem Memoire des Angeklagten bestehen. Fern vom Prestige des Geschriebenen will er einzig und allein die Formation und das Spiel eines Wissens in seinen Beziehungen zu den Institutionen analysieren und die Herrschaftsverhältnis dechiffrieren, welche im Inneren eines Diskurses angelegt sind. Auf diesen Verhältnissen basiert und fungiert der Diskurs, auch seinen gesellschaftlichen Status erhält er von ihnen" (Kremer-Marietti 1976: 5f.).

3  Nach Keller entwarf Foucault die Diskursanalyse in der Zeit der ‚Archäologie' „als fotografischen Schnappschuss zu einer bestimmten historischen Zeit" (Keller 2005: 169).

sprochen wird, bestimmt er das ‚Verhältnis von Text und Mord', erläutert dann das ‚Historische und das Alltägliche', erzählt dann über das ‚gesungene Verbrechen', um abschließend unter der Überschrift ‚Ein anderes Spiel' sein Fazit zu ziehen. Die Argumentation im Einzelnen hat in etwa folgende Bewegung:

Für Foucault steht ein *Text* im Mittelpunkt des Ganzen: das *Memoire* des Pierre Rivière: also weder die Person Rivière noch sein Handeln. Dieses Memoire erscheint Foucault ‚schön' zu sein: Es ist, so Foucault, weder ein Geständnis noch eine Rechtfertigung, sondern es ist vor allem, und dies auch schon für die Zeitgenossen, ein wesentlicher „Teil" des Verbrechens (Foucault 1975: 231). „Der Bericht über das Verbrechen stand für die Zeitgenossen keineswegs außerhalb oder über dem Verbrechen […]; er war ein Element. […] Mit einem Wort: die Tatsache des Tötens und die Tatsache des Schreibens, die vollbrachten Taten und die erzählten Dinge als gleichartige Elemente sind ineinander verschlungen" (ebd.: 232). Der Text gibt nicht allein die Taten wieder, sondern zwischen Text und Tat „besteht ein ganzes Bündel von Beziehungen: sie stützen sich, stimulieren sich gegenseitig, in Verhältnissen, die sich übrigens immer noch verändern" (ebd.).

Dies alles, weil Rivière (so schreibt er zumindest und das glaubt Foucault) eigentlich den Text *vor* der Tat schreiben wollte und in Gedanken lange vorher schon aufgesetzt und selbst die Wahl der Worte schon überlegt hatte. Das Verhältnis von Text und Tat änderte sich allerdings im Laufe der Zeit. Der *ursprüngliche* Plan Rivières sah nämlich folgende Sequenzierung der Ereignisse vor (so seine Schilderung): Zuerst wollte er das Memoire erstellen. Dort sollten die Leiden des Vaters geschildert und die Gründe für die Tat dargelegt werden. Nach Beendigung der Schreibarbeit sollte dann umgehend der Mord erfolgen. Daraufhin wollte er das Memoire zur Post geben und sich selbst das Leben nehmen. Später revidierte Rivières seinen Plan: jetzt sollte der Text mit der Leidensgeschichte seines Vaters zuerst geschrieben und publiziert werden und dann erst sollte zur Tat geschritten werden. All dies scheiterte, weil ihn ein „fataler" Schlaf (ebd.: 233) am Schreiben hinderte und ihn sein Memoire vergessen ließ. Endlich sollte dann der Mord am Anfang der Ereignisse stehen, dann die Verhaftung, dann die Niederschrift, dann der Tod. So kam es dann auch – zumindest mehr oder weniger.

Für Foucault wird in diesem Bericht des Täters sichtbar, wie sich das Verhältnis von Text und Tat sukzessive verschoben hat: Erst sollte der Text die Eröffnung darstellen und die Tat den Endpunkt, später haben sich die Positionen vertauscht. Für Foucault „verschiebt sich das Verhältnis von Text und Mord, genauer: das eine bewegt das andere" (ebd.: 233). Letzteres meint Foucault nun

keineswegs metaphorisch, sondern im wahrsten Sinne des Wortes handgreiflich:
Sollte der Mord anfangs

> *nach* der Niederschrift erfolgen, die den Stein ins Rollen bringen sollte, so befreite er
> sich nun von ihr und erschien schließlich allein und als erstes, vorangetrieben durch
> einen Beschluß, die den Bericht über den Mord bereits Wort für Wort festgelegt
> hatte, bevor er geschrieben wurde. [...] Der Mord erscheint ein wenig wie ein zu-
> nächst im Apparat eines Diskurses verborgenes Projektil, eines Diskurses, der in der
> Bewegung des Abschlusses in den Hintergrund tritt und funktionslos wird. (Ebd.:
> 233f.)

Nimmt man die Formulierungen Foucaults ernst, dann vertritt Foucault die
These, der ‚Apparat des Diskurses' habe die Morde angestoßen. Der Apparat
habe mit den Händen Rivières die Hippe geschwungen, sich aber im Moment
der Tat zurückgezogen und verhüllt. Rivière sei allerdings zurückgeblieben und
habe für sich und andere den sichtbaren Autor der Tat gegeben. So weit das
erste Interpretationsergebnis von Foucault.

Unter der Überschrift ‚Das Historische und das Alltägliche' ordnet Foucault den Bericht Rivières in die literarischen Gattungen seiner Zeit ein. Er sei
„Flugblatt und Moritat in einem [gewesen und – J.R.] steht, zumindest was seine
Form betrifft, einer ganzen Reihe von Schilderungen nahe, die damals eine Art
kollektives Gedächtnis der Verbrechen bildeten" (ebd.: 235). Somit ist für Foucault das Memoire ein (typisches) Exemplar der zu dieser Zeit viel gelesenen
Berichte und Flugblätter, die ausführlich über unglückselige Ereignisse oder
grauenhafte Morde berichteten. Er subsumiert das *Memoire* somit in einen Rivière selbst weit übersteigenden Diskurs über das Historische und Alltägliche.
Die „Funktion dieser Art von Diskurs" (ebd.) bestand laut Foucault darin, das
Merkwürdige, das Außerordentliche durch schriftliche Verlautbarung vertraut
und würdiger zu machen.

Diese Flugblätter über das Bemerkenswerte und das Außerordentliche
rückt Foucault im Weiteren in die Nähe der in den damaligen Gazetten verbrei-
teten Berichte über die Schlachten Napoleons. Beide Textsorten, so Foucault,
thematisieren und behandeln das Renommee des ‚ruchlosen Mörders', denn
beide Textsorten liegen, so sieht es Foucault, so dicht beieinander, „daß sie
jederzeit ineinander übergehen können" (ebd.: 236). Der Mord sei, so Foucault,
der Schnittpunkt der Geschichte und der Mord zeige den Doppelcharakter des
Gesetzlichen und des Ungesetzlichen. Der Mord sei das Ereignis schlechthin:
„Der Mord liegt in den Grenzbereichen des Gesetzes, diesseits oder jenseits,
darüber oder darunter: er kreist um die Macht, bald gegen sie, bald mit ihr"
(ebd.: 237). Die Flugblätter des 19. Jahrhunderts verherrlichen, so Foucault,

trotz ihres stark moralisierenden Tons „die eine wie die andere Seite des Mordes; ihre allgemeine Beliebtheit offenbart den Wunsch, zu wissen und weiterzuerzählen, wie Menschen sich gegen die Macht erheben, das Gesetz überwinden und sich dem Tode durch den Tod aussetzen konnten" (ebd.).

Im Kern sei dieser Diskurs Teil einer „versteckten, lautlosen Schlacht" (ebd.: 238) um „das Recht zu töten oder töten zu lassen; das Recht zu sprechen oder gehört zu werden. Vor dem Hintergrund dieser nur undeutlich sichtbaren Schlacht hat Rivière seinen Mord-Bericht geschrieben; und daher brachte er ihn in Verbindung mit der Geschichte der berühmten Opfermorde bzw. vollbrachte er mit eigener Hand einen historischen Mord" (ebd.).

Im letzten Interpretationsschritt widmet sich Foucault unter der Überschrift ,Das gesungene Verbrechen' dem Autor Rivière. Er habe, als zugleich Sprechender und als Mörder eine Tat eingestanden, ohne sich allerdings dafür zu verteidigen oder zu rechtfertigen. Damit habe er seine Tat und auch seinen Bericht über die Tat an einer ganz bestimmten Stelle, innerhalb eines ganz bestimmten Typs von Diskurs und innerhalb eines ganz bestimmten Wissensfeldes angesiedelt. Die Flugblätter des 19. Jahrhunderts waren, so Foucault, die entscheidende Voraussetzung für das Mord-Memoire.

Abschließend stellt Foucault fest, dass der nach Ruhm strebende Rivière in der Strafjustiz auf ein anderes Spiel, einen anderen Diskurs traf. Dort unterzog man die Tat einer gänzlich anderen Prüfung, dort urteilte man über die ,Fakten' und die Richtigkeit der Ansichten der Wissenschaften über Formen und Folgen von Geisteskrankheit, dort fand Pierre Rivière seine Richter und ein Urteil.

## 4. Geschichte als Rütteln des Kaleidoskops?

Es soll im Weiteren etwas genauer die Geordnetheit sozialer Handlungen oder genauer: die Ordnung der Handlungen bei Foucault untersucht werden. Betrachten möchte ich zu diesem Zweck zwei Handlungsstränge, die bei der Tat und für den ,Sinn' der Tat des Pierre Rivière von zentraler Bedeutung waren: das *Schreiben* und das *Kleiden*.

Pierre Revière erschlug seine Mutter und zwei Geschwister mit einer Hippe und er tat es nicht im Affekt oder aus Zufall. Er wollte sich mit der Tat „unsterblich machen" (Foucault 1975: 112). Die Tat sollte also explizit etwas bedeuten und deshalb bereitete er die Tat sorgfältig vor. Er folgte einem Plan oder genauer: er hatte einen Plan, den er allerdings mehrfach den widerständigen Gegebenheiten anpassen musste. Erst wollte er – so der anfängliche Plan – das Memoire schreiben, die Tat dort anzeigen, später dann Mutter und Geschwister töten und sich dann mit einem Gewehr erschießen. Aber da seine Schwester Aimée ihn beim Schreiben beobachtete und wissen wollte, was er schrieb, und weil er fürchtete, seine Schwester könnte heimlich das bereits Geschriebene lesen, verbrannte er es und fasste nach einigem weiteren Hin und Her, nachdem sein Vorhaben, des nachts zu schreiben wegen seiner Müdigkeit nicht umgesetzt werden konnte, den Entschluss, erst die Tat zu begehen, sich dann zu stellen und dann seine Tat zu rechtfertigen. Schlussendlich kam es anders: nach der Tat floh er, ließ sich Wochen später ergreifen, leugnete erst, gestand dann und schrieb danach auf Weisung das Memoire.

Aber nicht nur das Schreiben verweigerte sich dem Plan des Pierre Rivière. Auch seine Absicht, die Tat in Sonntagskleidung zu begehen, wohl um die Außerordentlichkeit auch an seiner Kleidung sichtbar zu machen, scheiterte an widrigen Umständen. Zwar gab es mehrere Gelegenheiten, bei denen die ausgewählten Opfer alle im Haus waren und er auch seine Sonntagkleidung angelegt hatte, aber einmal verließ ihn der Mut, dann kam der Vater vorzeitig zurück, und wieder ein anders Mal kam Besuch. Schlussendlich ergriff er die nächst beste Gelegenheit, als die Mutter und die Geschwister im Haus waren. Die Kleidung war ihm dann egal, weshalb die Tat in ‚alten Kleidern‘ begangen wurde.

Pierre hatte also Pläne und eine sinnhafte Ordnung des Handelns. Dass nicht alles nach (seinem) Plan verlief, lag an ihm selbst, an den Plänen der anderen und oft hatte der Zufall seine Hände im Spiel. Und immer erschuf sich Pierre eine neue sinnhafte Ordnung, die zu den neuen Ereignissen passte. Es hätte auch alles anders verlaufen können. Dass es so gekommen ist, wie es kam, war nicht notwendig, war nicht so gedacht, entfaltete sich nicht entlang des gewünschten Sinns, hatte nicht die geplante Bedeutung. Die geplante Ordnung des Handelns zerfiel während des Handelns, was blieb, das war der Mord an der Mutter, an der Schwester und an dem Bruder. Aber weshalb kam es zu diesem Plan, zu diesem Entschluss?

Foucault gibt auf diese Frage keine Antwort: Weder sieht er in der zerrütteten Ehe der Eltern eine mögliche Ursache, noch in dem Außenseiterdasein von Pierre. Auch die Medien, die in allen Zeiten in solchen Fällen einen guten Sündenbock abgeben, bleiben bei Foucault ohne Schuld. Aber der Mord war auch nicht die befreiende Tat eines um Anerkennung ringenden Subjekts, kein Akt der Subversion und auch keine Revolte, sondern er hatte, so Foucault, seinen Ursprung im Diskurs: „Der Mord erscheint ein wenig wie ein zunächst im Apparat eines Diskurses verborgenes Projektil, eines Diskurses, der in der Bewegung des Abschlusses in den Hintergrund tritt und funktionslos wird" (Foucault 1975: 233f.). Und später schreibt Foucault:

Aus der Maschinerie des Mordberichts macht er das Geschoß und zugleich die Zielscheibe; durch diesen Mechanismus wurde er in einen realen Mord *hineingetragen* [Kursivierung von mir – J.R.], was ihn in die verhängnisvolle Situation des Verurteilten brachte. [...] Es besteht kaum ein Zweifel, daß Revière sein Verbrechen auf der Ebene einer bestimmten diskursiven Praxis und des Wissens, das daran geknüpft ist, begangen hat. (ebd.: 240)

Für Foucault ist Revière ein Mensch, der durch den zu dieser Zeit aktuellen Diskurs in die Tat ‚hineingetragen' wurde. Er ist als Individuum eingebettet in vorstrukturierte Handlungskontexte, dem die Medien und der Diskurs auch die Sinnoptionen vorgeben. Diese vorstrukturierten Handlungskontexte gingen der Existenz von Rivière voraus, haben ihn, seine Wünsche und sein Wollen gestaltet, ihnen Formen geboten und vielleicht sogar geformt. Weshalb aber gerade der Landarbeiter Pierre Rivière vom Diskurs zum Mord ‚getragen' wurde und weshalb Millionen Andere nicht, bleibt bei Foucault völlig unklar. Das scheint ihn auch nicht zu interessieren. Der Tod von drei Menschen ‚erklärt' sich so als das Ergebnis einmaliger und sehr spezifischer Bedingungen, die nur für eine begrenzte Zeit galten, die nur auf bestimmte Personen einwirkten und die dann anderen Bedingungen Platz machen mussten. Auch hier hätte alles anders kommen können, nichts geschah aus Notwendigkeit, nichts machte Sinn, sondern ‚es' ereignete sich einfach. Das, was geschah, war einmalig, das Ergebnis der einmaligen Verknüpfung der Ereignisse, oder wie Veyne in seinem wohlwollenden Essay über seinen Freund Foucault schreibt. Hinter der Geschichte, so Veyne, stecke kein Plan und sie habe kein Ziel: Sie ist „ein unsicheres Gelände und kein Schießstand" (Veyne 1992: 56).

Geschichte entwickelt sich demnach nicht gradlinig, eine Stufe nach der anderen nehmend, sondern sprunghaft – dabei auch die Richtung wechselnd. „Die Genese läuft nicht von Punkt zu Punkt. Die Ursprünge – so etwas gibt es nicht, und wie es heißt: die Ursprünge sind selten schön. Die Medizin des 19. Jahrhunderts erklärt sich nicht ausgehend von Hippokrates, indem man dem roten Faden der Zeit folgt, denn dieser existiert nicht: kein kontinuierliches Wachstum wurde fortgesetzt, sondern das Kaleidoskop wurde geschüttelt" (Veyne 1992: 57). Geschichtliche Prozesse gleichen in dieser Metaphorik einem *Kaleidoskop*, in dessen Innerem, wird es gerüttelt oder gedreht, sich bunte Glassteinchen zufällig zu neuen Mustern oder Bildern zusammensetzen. Ordnung und gerichtete Entwicklung ist so ohne Halt.

Gewiss gibt es in diesem Kaleidoskop auch Ordnung – so die Botschaft, aber es gibt vor allem Löcher in der Geordnetheit: Ungenauigkeiten, Widersprüche, Rücknahmen, Irrtümer, Selbsttäuschungen und Zufälle. Der Wissenschaftler kann (aus Sicht Foucaults) all dies *nachzeichnen* und *festhalten*, aber er kann hinter all dem keinen Sinn erkennen und (das ist hier der wesentlich Punkt): er kann eine unterstellte Geordnetheit nicht als Ressource der Interpretation nutzen – so wie das viele Hermeneuten tun. Insofern stellt er die Grundlagen der Hermeneutik in Zweifel, doch dazu später mehr.

Diese von (nicht nur, aber auch von) Foucault vorgenommene tief greifende Entzauberung der Welt mag heute vielen nicht mehr so skandalös erscheinen wie noch zu Beginn der 1970er Jahre. Dennoch gilt, dass die europäischen Sozialwissenschaften, inspiriert durch die Aufklärung, Gottes Tod attestierten, dennoch fast durchweg eine explizite oder implizite Teleologie enthielten. Die Geschichte wird nämlich durchweg entworfen als ein mehr oder weniger stetiges zielgerichtetes Fortschreiten von der ‚schlechten' Vergangenheit hin zu einer ‚besseren' Zukunft. Eine solche frohe Botschaft findet sich z. B. in den Ansätzen von so unterschiedlichen Wissenschaftlern wie Marx (Gleichheit), Freud (Ich), Elias (Zivilisation), Weber (Rationalität), Peirce (Wahrheit), Mead (Perspektivenverschränkung) und natürlich bei Habermas, den man mit Recht als legitimen Erben dieser Konzepte und zugleich als deren vehementesten Protagonisten bezeichnen kann.

Sein hoffnungsvoller Entwurf von dem Freiheit und Gleichheit fordernden ersten Wort[4] verkündet zwar eine gottlose Zukunft, aber er enthält zugleich eine zutiefst christliche und humanistische Botschaft – nämlich die von der Erlösung der Welt vom Übel. Zwar war, so die Argumentationsfigur, die Welt lange Zeit in der Finsternis (Diktatur, Gewalt etc.), doch gibt es ein Licht (Demokratie, Freiheit, Gleichheit, Gewaltlosigkeit), auf das sich die Welt unweigerlich zu bewegt. Und es ist die Aufgabe des Einzelnen, natürlich des Guten, der Welt den Weg zu diesem Licht zu zeigen bzw. die Geschichte auf diesem Weg zum Licht, der Überwindung der Gewalt durch das Wort, voranzubringen. Das ist eine frohe und eine gute Botschaft und sie gibt der Geschichte, aber auch der Wissenschaft und so den Wissenschaftlern und Wissenschaftlerinnen einen Sinn.

Foucault ‚beraubte' die Welt und auch die Wissenschaft dieses Sinns und schraubte auf diese Weise das Programm der Aufklärung um eine Windung weiter – so sein Anspruch. Innerhalb seiner Metaphysik (und natürlich ist auch der Entwurf von der fehlenden Teleologie der Geschichte eine Metaphysik, wenn auch eine negative) mäandert die Geschichte ohne rechtes Ziel vor sich hin, fällt mal in Barbarei oder entfaltet mal einen Humanismus, der nicht nur alle Menschen, sondern auch die Fauna und Flora als schützenswert ansieht. Das

---

4    „Das, was uns aus der Natur heraushebt, ist nämlich der einzige Sachverhalt, den wir seiner Natur nach erkennen können: die Sprache. Mit ihrer Struktur ist Mündigkeit für uns gesetzt. Mit dem ersten Satz ist die Intention eines allgemeinen und ungezwungenen Konsensus unmissverständlich ausgesprochen. Mündigkeit ist die einzige Idee, deren wir im Sinne der philosophischen Tradition mächtig sind" (Habermas 1976: 163).

Kaleidoskop wurde mal wieder geschüttelt. Alle Ereignisse sind kontingent, richtungslos, auch wenn sie eine Geschichte haben. In diesem Weltbild gibt es weder Sinn noch etwas zu tun. Das ist kränkend und mindert beachtlich die Motivation, das Hin und Her der Geschichte wissenschaftlich zu erforschen und natürlich noch mehr die Bereitschaft, Geschichte zu machen.

## 5. Order at all points?

Gerade in der qualitativen Sozialforschung, die dem sinnhaft handelnden Subjekt eine prominente Stellung einräumt, dieses Subjekt häufig sogar entweder allein oder in gesellschaftlicher Arbeitsteilung als Konstrukteur der gesamten sozialen Welt ansieht, ist oft der Glaube oder die Hoffnung anzutreffen, dass jedes Handeln nicht nur sinn*haft*, sondern auch sinn*voll* ist. Hier wird das Kaleidoskop gerade nicht von der Geschichte geschüttelt, sondern hier gibt es einen Akteur, ein Subjekt, das erst denkt, dann abwägt und schließlich auch handelt. Handeln, das sich auf andere und anderes richtet, ist nämlich sinnhaft. Sinn ist das, auf was das Handeln zielt, was es zu erreichen trachtet – so die pragmatische Grundeinfärbung dieses Handlungsbegriffs.

Die erste Unterstellung von der Sinnhaftigkeit des Handelns hat Max Weber zum Kronzeugen, weil nach seiner Sicht der Dinge, Handeln nur dann ein soziales Handeln ist, weil und wenn es seinem „den Handelnden gemeinten Sinn nach auf das Verhalten anderer bezogen wird und daran in seinem Ablauf orientiert ist" (Weber 1976: 1). Handeln ist deshalb in irgendeiner Weise für den Handelnden ‚rational', es ist auf ein Ziel gerichtet, es macht für ihn Sinn. Gewiss wusste Weber, dass menschliches Handeln (möglicherweise sogar die Mehrzahl der Handlungen) kreativ und irrational sein kann (vgl. ausführlich Weber 1973[5]; siehe hierzu auch: Colliot-Thélène 2005: 476), aber wie Rehberg gezeigt hat, widersprach Weber ganz entschieden dem Fehlschluss, damit sei Handeln prinzipiell unberechenbar (Rehberg 2005: 455). Im Gegenteil: Weber bestand ausdrücklich auf der prinzipiellen „Beziehbarkeit jeder Handlung auf ein Kalkül – erst das macht ein Verstehen möglich" (Rehberg 2005: 455). Die

---

5   Aus Webers auch heute noch sehr lesenswerten Auseinandersetzung mit Knies und dem Irrationalitätsproblem hier nur ein kurzes Zitat: „Im gleichen Maße aber, wie die Deutbarkeit abnimmt [...], pflegen wir [...] dem Handelnden die ‚Willensfreiheit' (im Sinne der ‚Freiheit des Handelns') abzusprechen: es zeigt sich mit anderen Worten schon hier, daß ‚Freiheit' des Handelns [...] und Irrationalität des historischen Geschehens, wenn überhaupt in irgendeiner allgemeinen Beziehung, dann jedenfalls nicht in einem solchen Verhältnis gegenseitiger Bedingtheit durch einander stehen, daß Vorhandensein oder Steigerung des einen auch Steigerung des andern bedeuten würde, sondern [...] gerade umgekehrt" (Weber 1973: 69).

Deutbarkeit von Handlungen ergibt sich für Weber also erst aus ihrer Sinnhaftigkeit: Ohne Sinn keine Deutungsmöglichkeit.

In der Sinnhaftigkeit des Handelns, so Alfred Schütz später den Gedanken von Weber konsequent weiterführend, kann der Akteur „nicht irren"[6]. Der Sinn des Handelns ergibt sich für ihn aus dem subjektiven Plan, den der Akteur vor dem Handeln entwarf. Mit dem Handeln wollte der Akteur in irgendeiner Weise, die durchaus idiosynkratisch sein kann, ein Problem lösen oder weniger anspruchsvoll: *seine Lage verbessern*. Insofern liegt der Kurzschluss nahe, das tatsächlich durch das Handeln erreichte Handlungsresultat als eben diese erwünschte Verbesserung der Lage anzusehen und von dieser Verbesserung auf den ursprünglichen Plan, also den subjektiv gemeinten Sinn zu schließen. Also: wenn das erreichte Resultat die Antwort war, was war die Frage?

Alfred Schütz hat immer an der Unterstellung der grundsätzlichen Rationalität menschlichen Handelns festgehalten (*Postulat der Rationalität*) – aus methodischen Gründen musste er es auch. „Der Grund dafür ist der, daß nur eine Handlung innerhalb des Rahmens der rationalen Kategorien wissenschaftlich diskutiert werden kann" (Schütz 1972: 48). So kritisiert er in seiner Auseinandersetzung mit Talcott Parsons massiv dessen ‚voluntaristische Handlungstheorie'[7] und die damit verbundene, stark von Pareto (Pareto 1975) inspirierte, Unterstellung nicht-logischer, zufälliger Elemente des Handelns (vgl. Schütz 1977: 42ff.) und versucht nachzuweisen (auch hier Weber folgend), dass menschliche Handlungen, auch wenn der Mensch im Alltag nur teilweise bewusst über den Sinn seines Handelns verfügt („Überall gibt es Löcher, Pausen, Unterbrechungen" – Schütz 1972: 32), deswegen noch nicht „unvernünftig" oder „nicht-logisch" seien (Schütz 1977: 43). Und natürlich ist sich auch Schütz

---

6    Selbst wenn der Handelnde, so Alfred Schütz in seiner Auseinandersetzung mit Talcott Parsons, in seinem Handeln einhält und überlegt, „geht es ihm nicht darum, wissenschaftliche Wahrheit zu finden, sondern lediglich darum, seine privaten Erfolgschancen zu kontrollieren. Im konkreten Vollzug seiner Handlung kann der Handelnde nicht irren. Ist ein Entwurf realisiert, seine Handlung vollzogen, kann er natürlich sehr wohl erkennen, daß er einen Fehler gemacht hat, daß sein Plan falsch war [...]. Aber der so genannte Handelnde ist kein Handelnder mehr, wenn er auf vollzogene (oder als vollzogen imaginierte) Handlungen zurückblickt" (Schütz 1977:45).

7    Schütz bezieht sich in seiner Kritik auf Parsons ‚Structure of Social Action' (1937/1968). Zur Rezeption von Parsons Theorie sozialen Handelns siehe Schütz 1977: 29ff. Beispielhaft für Paretos (soziologische Erkenntnis grundlegende) Annahme nicht-logischer Handlungen ist folgendes Zitat: „Die Illusionen, die sich die Menschen hinsichtlich der Motive machen, die ihre Handlungen bestimmen, haben mannigfaltige Quellen. Eine der wichtigsten ist die Tatsache, daß sehr viele menschliche Handlungen nicht die Konsequenz rationalen Denkens sind. Diese Handlungen sind rein instinktiv, der sie vollziehende Mensch empfindet indes Vergnügen daran, wenn er ihnen – übrigens willkürlich – logische Ursachen zugrunde legt" (Pareto 1975: 121).

darüber im Klaren, dass ohne das Postulat der Rationalität jede wissenschaftliche Deutung ihren Boden verliert[8].

Die *Ethnomethodologie* und hier insbesondere die Konversationsanalyse hat von Schütz nicht nur die Kritik an Parsons, sondern auch das Postulat der Rationalität übernommen. Allerdings hat die Ethnomethodologie dieses Postulat erheblich radikalisiert und es selbst für Bereiche reklamiert, in denen der Mensch nur in Ausnahmefällen sich der Sinnhaftigkeit seines Tuns bewusst ist – so z.b. bei der *Organisation* (also nicht der inhaltlichen Gestaltung) von Gesprächen.

So postuliert Harvey Sacks, einer der führenden Protagonisten der ethnomethodologischen Konversationsanalyse, durchaus programmatisch und polemisch, dass bei der interaktiven Konstitution von Konversationen ‚Ordnung an allen Punkten' sei (siehe auch Eberle 1997).

> If, on the other hand we figure or guess or decide that whatever humans do, they are just another animal after all, maybe more complicated than others but perhaps not noticeable so, then whatever humans do can be examined to discover some way they do it, and that way will be stably describable. That is, we may alternatively take it that there is *order at all points* [Kursivierung von mir – J.R.]. (Sacks 1984: 21f.)

Order at all points. *Ordnung* ist an jeder Stelle des Handelns – so das Postulat der Konversationsanalyse. Weil ‚Order' vor allem ‚Ordnung' und nicht ‚Regelmäßigkeit' oder ‚Regelhaftigkeit' bedeutet (das wäre ‚Orderliness' gewesen), verschiebt sich in der Ethnomethodologie die Ordnung vom sinn*haften* Tun der Subjekte auf die sinn*volle* Ordnung der Konversation. Das bewusstlose Tun der Akteure erzeugt eine für alle Beteiligte und für die Gesellschaft sinnvolle Ordnung und deshalb war das Handeln der Akteure auch sinnvoll. Hier zeigt sich eine kleine, aber weit reichende Verschiebung des Begriffs ‚Sinn' an.

---

8  Ronald Hitzler macht darauf aufmerksam, wie man in Kenntnis des Vorkommens nichtlogischer Handlungen dennoch sinnvoll Sozialwissenschaft betreiben kann: „Auf nicht-logisches Handeln uns zu besinnen, heißt demnach nicht, darauf zu verzichten, den Gegen-Stand rational zu diskutieren, wohl aber heißt es, zum einen, logische Konstruktionen (zweiten Grades) nicht mit der Sache selbst zu verwechseln, sondern uns ihrer – analytisch nützlichen – ‚Künstlichkeit' gewärtig zu bleiben, um zum anderen, ihre Adäquanz und subjektive Interpretierbarkeit zu sichern, sie als – zwangsläufig simplifizierende und entsinnlichende Re – Konstruktion des gelebten Lebens als einem stets komplexeren Erleben anzulegen und anzusehen" (Hitzler 1988: 5). Ronald Hitzler thematisiert hier jedoch nicht das Problem der Sinnhaftigkeit von Handeln, sondern vor allem das Problem der Deutung von Handlungen als Konstruktion typischer Handlungen. Der Zusammenhang von Handeln und Deutung wird erst dann für den Hermenuten schwierig, wenn man wie Thomas Eberle zu recht darauf besteht, dass die Deutungen ‚sinnadäquat' zu sein haben. Je nach hermeneutischen Selbstverständnis werden dann die Deutungen ‚Konstruktionen', ‚(Re-)Konstruktionen' oder gar ‚Rekonstruktionen' genannt.

Weiter oben war gesagt worden, dass insbesondere in der (sich auf Weber und/oder Schütz berufenden) qualitativen Sozialforschung oft eine Position anzutreffen ist, die daran glaubt, dass jedes Handeln nicht nur sinn*haft* ist, sondern dass dieses Handeln auch sinn*voll* ist. Die ‚Sinnhaftigkeit' ist dabei, wie ebenfalls oben gezeigt, weitgehend unstrittig. Die oft stillschweigende Gleichsetzung von sinnhaft und sinnvoll, an der die Konversationsanalyse nicht ganz unschuldig ist, ist das Problem und sorgt für Verwirrung. Gemeint ist mit diesem ‚sinnvoll' nämlich, dass das Handeln in irgendeiner Weise die Situation des Handelnden *verbessert.*

Allerdings fällt es (der Sozialforschung) oft schwer zu entscheiden, ob der Akteur seine Lage kurz-, mittel- oder langfristig und in welcher Hinsicht verbessern wollte und ob er alle Bedingungen richtig einschätzen konnte. Diese Unsicherheit führt leicht dazu, dem Akteur mal das Eine und mal etwas Anderes zu unterstellen, seinem Handeln also jeweils einen anderen Sinn beizumessen, ihn also jeweils unterschiedlich zu verstehen. Noch sehr viel verworrener und schwieriger wird die Lage, wenn man das ‚Sinnvolle' des Handelns nicht auf den Akteur bezieht, sondern (und hier kommt eine bedeutsame Ausweitung ins Spiel, die letztendlich eine neue Qualität ausmacht) auf die gesamte Situation oder die Situation der *Gruppe*, deren Teil der Handelnde ist, und postuliert, das Handeln sei sinnvoll gewesen, weil es in irgendeiner Weise das ‚Ganze' positiv verändert hat[9]. Hier verschiebt sich der Bezugspunkt des Verstehens (oft ungewusst) massiv: vom Akteur zum Ganzen, dessen Teil der Akteur ist.

Methodisch besteht innerhalb der qualitativen Sozialforschung der nächste Schritt nun oft darin, dass die gewünschte positive Wirkung des Handelns (für den Akteur oder das Ganze) das Handeln selbst und auch den Ablauf der Handlung bestimmt hat, somit als Quelle für das Verständnis des Handelns genutzt wird (auch hier dem Vorbild der Konversationsanalyse folgend). Jon Elster, seines Zeichens Vertreter einer raffinierten Theorie rationalen Handelns, drückt das auf folgende Weise aus: „Wenn eine Handlung oder ein Handlungsmuster positive Auswirkungen hat, ist die Vorstellung verlockend, dass diese Sinn und damit auch eine Erklärung für das Verhalten vermitteln" (Elster 1987: 202). Doch wann, so Elster, ist es legitim, wann angemessen, wenn man sagt, ein Handeln bzw. ein Verhalten sei aufgrund und mithilfe seiner späteren Wirkung zu erklären?

---

9    Es ist nicht ohne Witz, dass insbesondere die Ethnomethodologie in ihrer Auseinandersetzung mit Parsons und dessen Funktionalismus unter der Hand funktionalistische Gedanken einführte, indem sie das Handeln der Einzelnen als sinnvoll für das Entstehen und Gelingen des Ganzen, der Turn-Taking Machinery betrachtete.

Soziales Handeln hat oft (und das ist trivial und ist von den Klassikern wie den aktuellen Soziologen immer wieder betont worden), nicht-intendierte und oft nicht-bemerkte Folgen, die aus Sicht des Akteurs in irgendeiner Weise (entweder direkt oder indirekt) für ihn oder sein Kollektiv von Vorteil sind. Hier liegt die Frage nahe, ob eine ‚unsichtbare Hand' den Akteur das für ihn Gute tun ließ oder ob gar ein individuelles oder kollektives Unbewußtes den Akteur zu dem sinnvollen Tun anstiftete oder ob einfach nur die Würfel rollten und zufälligerweise dieses Mal zum Vorteil des Akteurs oder seines Kollektivs fielen.

Erklärungen, die davon ausgehen, dass mithilfe der Wirkung von Handeln das Handeln selbst entweder verstanden oder erklärt werden kann, werden in der Regel *funktionalistisch'* genannt, da sie entweder für den Akteur oder das jeweilige Handlungssystem positive Auswirkungen haben, somit insgesamt das Wohlbefinden, das Überleben bzw. die Überlebenschancen erhöhen[10]. Nun ist der Funktionalismus in den Sozialwissenschaften mächtig in Verruf geraten, insbesondere weil er – so das Argument vieler Kritiker – der Beliebigkeit der Argumentation Tür und Tor öffnet (Joas / Knöbl 2004: 93).

Anthony Giddens, der sich in seinem Bemühen, mit seiner Theorie der Strukturierung die Gegenüberstellung von Handlung und Struktur zu überwinden, sowohl mit der Handlungstheorie von Schütz als auch der von Parsons auseinandergesetzt hat, kritisiert nicht nur energisch den Funktionalismus von Parsons, sondern auch den heimlichen von Schütz: Dessen Hermeneutik sei nichts anderes als verkappter Funktionalismus (Giddens 1996: 78–111 und 1984: 158–200). Im Prinzip gehe diese Kunst des Verstehens davon aus, dass der einzelne Akteur bestimmte Probleme wahrnehme und durch sein Handeln immer wieder versuche, diese auszubalancieren. Der Einzelne gerate immer wieder in problematische Situationen und sein Handeln stelle diese Ordnung, diese Balance wieder her. Das sei, so Giddens, durchaus eine Variante des Funktionalismus, allerdings eine, die sich am Einzelnen und nicht an der Gruppe ausrichtet.

---

10  Hier stellen sich für die Sozialwissenschaften Fragen nach der methodischen Verwertbarkeit des ‚Erfolgreichen', die in der klassischen Biologie als beantwortet gelten, wo alles, was erfolgreich ist, eine Aufgabe, Funktion besitzt, jedoch für die Sozialwissenschaften einer eigenständigen Überlegung und Abwägung bedürfen. Die Frage ist, ob jedes Verhalten eines Akteurs Sinn macht, eine Funktion hat, oder ob nur ein solches Handeln, dass sich wiederholt, das also ein gewisses Muster aufweist, eine Funktion hat und die weitere Frage ist, ob nur Muster mit positiven Auswirkungen Funktionen haben oder auch solche Muster, deren Konsequenzen für die Akteure und das Ganze weniger vorteilhaft sind. Hat zum Beispiel der Tod von Zehntausenden von Menschen aufgrund einer Flutkatastrophe keine Funktion, die Erhöhung der Geburtenziffer aber wohl? Hat der Anstieg der Scheidungsquote keine Funktion, die Vervielfältigung von Optionen jedoch wohl?

Jon Elster, ebenfalls ein vehementer Kritiker eines unreflektierten Funktionalismus, weist in seiner Auseinandersetzung jedoch *nicht alle* Erklärungen von Handlungen zurück, die sich auf Wirkungen beziehen. Im Einzelnen sieht er sechs Möglichkeiten, in denen solche Erklärungen von der Wirkung her durchaus angebracht sind und zur Erklärung von Handlungen beitragen können. Dies sind:

> 1) Ein Verhalten kann durch seine Auswirkungen erklärt werden, wenn diese vom Handelnden beabsichtigt sind. 2) Auch wenn die Wirkungen unbeabsichtigt sind, können sie das Verhalten erklären, wenn es jemanden anderen gibt, der (a) aus dem Verhalten Nutzen zieht, der (b) dies auch wahrnimmt und (c) zu dessen Aufrechterhaltung oder Verstärkung fähig ist, um den Nutzen zu erlangen. 3) Eine ähnliche Erklärung kann herangezogen werden, wenn der Handelnde selbst erkennt, daß das Verhalten unbeabsichtigte und nützliche Folgen hat, welche dieses dann verstärken [...]. 4) Auch wenn die Wirkungen von denen, die sie hervorrufen, unbeabsichtigt sind, und von denen, die den Nutzen aus ihnen ziehen, nicht erkannt werden, können sie das Verhalten erklären, wenn wir einen Rückkopplungsmechanismus von der Wirkung zum Verhalten bestimmen können. Die natürliche Auslese ist ein solcher Mechanismus von außergewöhnlicher Bedeutung. 5) Selbst wenn keine dieser Bedingungen gilt, können wir uns auf die Erklärungskraft von Wirkungen berufen, wenn wir allgemeines Wissen von der Existenz eines Rückkopplungsmechanismus besitzen, selbst wenn wir diesen nicht in jedem Einzelfall bestimmen können. 6) Oder die Erklärung verzichtet ganz auf Absicht, Erkennen oder Rückkopplung, beruht stattdessen auf einem gut konstruierten Wirkungsgesetz. (Elster 1987: 206f.)

Die wissenssoziologisch spannende Frage lautet nun: Welche dieser ‚Figuren‘ liegt bei sinnhaftem Handeln vor? Oder anders: Wie sieht genau das Muster aus, das hermeneutische Interpretationen nutzen?

Der Kern aller sozialwissenschaftlichen Hermeneutik (Hitzler / Honer 1997) lässt sich trotz all ihrer Unterschiedlichkeiten nun, und das ist in den letzten Jahrzehnten immer wieder getan worden, mit den Worten von Odo Marquardt auf den Punkt bringen, nach denen die Hermeneutik immer die Suche nach der Frage ist, auf die eine untersuchte Handlungspraxis (aus der Sicht des Handelnden) die Antwort ist. „Man versteht etwas", so Odo Marquardt, „indem man es versteht als Antwort auf eine Frage; anders gesagt: man versteht es nicht, wenn man nicht die Frage kennt und versteht, auf die es die Antwort war oder ist" (Marquardt 1981: 118). All dies motivierte Marquardt auch zu der Frage nach der Frage, auf die die Hermeneutik eine Antwort ist. Diese Metaphorik ist heikel, wie selbst Marquardt einräumt, ist doch die Antwort der aufschlussreiche Ausgangspunkt. Sie gibt Aufschluss über die vorangegangene, also zurückliegende, nicht mehr vorhandene Frage. Die Hermeneutik bringt das

Vergangene in die Gegenwart – durch Interpretation. Trotz dieses gemeinsamen Ausgangspunktes haben sich in den letzten Jahrzehnten verschiedene hermeneutische Kunstlehren entwickelt, die sich teils beachtlich in Methodologie, Methode und Theorie unterscheiden. Wegen dieser Differenzen werden die einzelnen Verfahren unterschiedlich von Foucault herausgefordert. Einige Ansätze ‚passen' eher zur Diskursanalyse, andere weniger. Hans-Georg Soeffner hat die Grundfigur der *wissenssoziologischen* Hermeneutik so in Worte gefasst:

> Wenn Weber sich einen bestimmten Verband, eine bestimmte Religion, eine bestimmte Wirtschaftsform angesehen hat, dann hat er sie als in bestimmter Weise gegeben zunächst einmal vorgefunden. Die Frage hieß dann: Welches Problem wurde aus der Sicht der Akteure wahrgenommen und durch die daran anschließenden gesellschaftlichen Konstruktionen bewältigt, also welche Motive verbanden die Handelnden mit ihrer Selbstzuordnung zu einer Institution, zu einem Verband, zu einer bestimmten Wahrheit? So war z.B. das Zunftsystem ein System hochgradig geregelter Sozialverhaltens-Schemata. Hier ging es nicht darum zu rekonstruieren, wie das individuelle Handeln darauf zu reagieren hatte, sondern hier ging es um die Frage, was löst eine solche Institution wie die Zunft für die in ihr organisierten und arbeitenden Individuen aus. (Soeffner 2004: 40)[11]

Es geht also um die Handelnden, deren Perspektive, deren Sicht der Dinge, deren Handlungssinn. Der Hermeneut, der sich der Metaphorik Marquardt bedient, findet in seinen Daten eine Handlungspraxis, also ein Resultat vor, und diese Handlungspraxis ist aus seiner Sicht der Dinge die Antwort. Allerdings legt diese Metaphorik das Missverständnis nahe, dass die jeweilige Antwort auch ‚richtig' oder ‚passend' ist, also auch eine Lösung darstellt. Übersehen wird dabei leicht, dass es auch falsche und nicht-passende Antworten gibt.

Die Aufgabe des Hermeneuten ist es nun, die ursprüngliche Frage zu finden und bei seiner Suche hilft ihm die Antwort, enthält sie doch die Frage noch in sich. Deshalb lässt sich die ursprüngliche Frage noch entschlüsseln. Frage und Antwort verhalten sich wie Schloss und Schlüssel: wenn das Untersuchte der Schlüssel ist, dann kann man über die Form des Schlosses begründete Hypothesen aufstellen. Handeln versucht dabei immer wieder, Ordnung herzustellen, und dabei ist der Handelnde aus wissenssoziologischer Sicht manchmal erfolglos, manchmal aber auch erfolgreich. Dieser Prozess verläuft nicht ohne Ordnung, nicht ohne Regel, gewiss ist dieser Prozess gestaltet von Kräften und Ordnungen. Worauf Soeffner Wert legt ist:

---

11  Zur Konzeption einer sozialwissenschaftlichen Hermeneutik siehe ausführlich Soeffner 1989: 66–139. Zur Geschichte der Hermeneutik aus wissenssoziologischer Sicht siehe Kurt 2004.

> Wissenssoziologie rekonstruiert den Prozess der uns aufgezwungenen Ordnungs-
> konstruktionen, für Konstruktionen, die aber nur für gesellschaftliche Ausschnitte
> und immer nur bis auf weiteres Bestand haben. Als Wissenssoziologen sind wir inter-
> essiert an der Prozessstruktur und auch an der Begrenztheit von Ordnungskonstruk-
> tionen, sonst könnten wir wissenssoziologische Kritik an der gesellschaftlichen Wert-
> schätzung bestimmter Ordnungsentwürfe in einem tiefen Sinn ja auch gar nicht
> äußern. (Soeffner 2004: 34)

Man kann allerdings auch, und dieser Ansicht sind manche Hermeneuten, davon
ausgehen, dass viele Motive der Akteure nicht bewusstseinsfähig sind oder dass
Akteure in ihrem Handeln von übergeordneten (latenten) Sinnstrukturen in
ihrem Handeln gesteuert werden. Geht man davon aus, dann kann man vom
subjektiv gemeinten Sinn (gänzlich) absehen und in der Auslegung von Handlungen an ein übergeordnetes Ganzes denken und so argumentieren: Wenn die
vorliegende Handlung die Lösung ist, was war das latente Problem, also der
latente Sinn der Handlung? Welches Problem löste das individuelle Handeln für
das Ganze? Eine solche Deutungsfigur geht zwar ebenfalls vom Handlungsresultat aus, stellt allerdings das individuelle Handeln in den Dienst einer Struktur, einer Ordnung, eines übergeordneten Ganzen. Das Handeln hatte dann die
Aufgabe, die Funktion, ein positives Resultat für das Ganze zu erreichen. Hier
entzieht sich nichts der Struktur. Hier gilt: Order at all points! Ordnung bis in
die kleinsten Poren.

Kann es für eine solche Hermeneutik ,Fehler' und ,Versprecher', also un-
geordnete, sinnlose, zufällige Handlungsteile geben? Kann ein solcher Interpret
mit guten Gründen sagen, an einer bestimmten Stelle habe der Akteur etwas anderes gesagt oder getan als er gemeint habe. Oder kann der Interpret mit guten
Gründen sagen, ein Maler hätte sich verzeichnet oder ein Designer hätte einen
Fehler begangen? Ein klares ,Nein' auf alle Fragen: Denn lässt eine solche Hermeneutik Fehler und Versprecher zu (ein Zugeständnis im Übrigen, das im Alltag selbstverständlich und für das Weiterführen laufender und Reparieren irri-
tierter Interaktion und Kommunikation geradezu konstitutiv ist), gerät sie, und
hier vor allem die Sequenzanalyse, für die ja gerade die Korrekturprozesse vermeintlicher (Freudscher) Versprecher besonders aufschlussreich sind, schnell in
eine schwierige Lage. Denn wie soll sie jetzt das Ordentliche vom Unordent-
lichen trennen.

Die Probleme der Hermeneutik mit dem (geordneten) Sinn von Handlungen kann man weiter sichtbar machen, wenn man überlegt, wie sie mit dem
nicht alltäglichen Fall Rivière umgehen würde. Wie würde eine Hermeneutik
das Handeln des dreifachen Mörders deuten, dem der Präsident des damaligen
Schwurgerichts bescheinigte, die Tat würde „auf die vollständigste Verwirrung

der Urteilkraft" (Foucault 1975: 156) des Täters schließen lassen, und dem angesehene Ärzte seiner Zeit attestierten, er sei für seine Taten nicht verantwortlich, da Pierre schon seit frühster Kindheit geistig verwirrt gewesen sei, sein Urteilvermögen verloren habe und die Tat „einzig dem Wahn zuzuschreiben" (ebd.: 178) sei? Wann hätte eine Hermeneutik die ohne Zweifel außerordentlichen Ereignisse verstanden?

Als *Erstes* würde eine Hermeneutik das Ansinnen auf Deutung mit der Gegenfrage parieren, was denn überhaupt die Frage sei: Soll die dreifache Mordtat oder das Schreiben des Memoire verstanden werden? Ließe man sich auf einen Deutungsversuch ein und hätte man sich darauf geeinigt, den Verstehensversuch auf die Morde an Mutter und Geschwister zu richten, dann könnte ein Verfahren einer (eher schlichten) Hermeneutik darin bestehen, das Memoire als gültige Selbstauskunft des Täters anzusehen und die von ihm im Memoire genannten Tatmotive zu übernehmen. Dann wäre die Tat zu verstehen als der Versuch des Sohnes, seinen Vater von den Demütigungen der Ehefrau zu befreien: Der Sohn opfert sich, damit der Vater wieder frei leben kann.

Für eine wissenssoziologische Hermeneutik greift eine solche Interpretation zu kurz. Sie würde das Schreiben des Memoires als eigene Handlung mit eigener Sinnhaftigkeit betrachten, die es (auch wenn Mord und Schreiben aufeinander verweisen) erst hermeneutisch zu ermitteln gilt. Der Ausgangspunkt für eine wissenssoziologische Hermeneutik wäre (da die Tat nicht im Affekt geschah, sondern sorgfältig geplant war) die Frage nach der Frage, auf die die Tat eine Antwort ist: Was war also für Pierre die ‚Frage', die ihn zu einer solch gravierenden ‚Antwort' veranlasste? Gesucht würde nach der ‚Rationalität' seiner Tat, nach dem Sinn, den die Tat für ihn hatte. Und hier würde man sehr scharf trennen zwischen gesellschaftlich verankerten Beweggründen einerseits und denen in der *Individualgeschichte* erworbenen und in der Psyche des Täters angesiedelten Motive (Minderwertigkeitsempfinden, Geltungssucht, generelles Schuldgefühl etc.) andererseits: Das Erste sind die gesellschaftlich legitimierten, in gewisser Weise ‚rationalen' Beweggründe für eine solche Tat, das Zweite dagegen die in der Psyche des Täters verankerten oder auf einen Gehirnschaden zurückgehenden Gründe, in einer bestimmten Situation auf eine bestimmte Weise agieren zu müssen. Diese individuellen psychischen Motive bzw. neurologische Krankheitsbilder sind aus Sicht der Sozialwissenschaft prinzipiell unzugänglich und deren Rekonstruktion kann deshalb auch *nicht* das Ziel sozialwissenschaftlicher Forschung sein. Stattdessen geht es allein um die Rekonstruktion der ‚sozial vorgezeichneten' Gründe, die ein Handeln verständlich machen, in irgendeiner Weise rational erscheinen lassen. Spätestens an dieser Stelle muss sich der Hermeneut fragen, ob die Tat die Antwort auf eine Frage war, die nur dem Täter zugänglich und nur für ihn verständlich war, da sie nur in seiner eigenen und privaten Welttheorie Sinn machte. Dann endet redlicherweise das kontrollierte Verstehen, weil in einer ver-rückten Ordnung der Dinge alles möglich ist und alles Sinn machen kann.

## 6. Ordnung und Kontingenz

Alles, was geschieht, hat eine Ursache und alles, was geschieht, hat eine Wirkung, aber nicht alles, was geschieht, hat auch eine Funktion – so der Stand wissenschaftlicher Erkenntnis über den Zusammenhang von Ursache, Wirkung und Funktion. Alle Hermeneuten, die mit der Frage-Antwort-Metapher von Marquardt arbeiten, sind prinzipiell in Gefahr, Antworten mit Lösungen zu verwechseln. Betroffen von dieser Gefahr sind in besonderem Maße die Hermeneuten, welche die Sozialgeschichte und die Biologie nicht hinreichend von einander trennen, und aus unterschiedlichen Gründen an der Vorstellung festhalten, alles Handeln sei eine sinnvolle Lösung eines Handlungsproblems, habe also eine Funktion und sei auch so zu interpretieren.

Foucault zu lesen ist ein gutes Gegengift gegen das Grundsätzliche, den Glauben an feste Strukturen und an den Erfolg von Plan und Sinn. Gerade diese Skepsis teilt die wissenssoziologische Hermeneutik mit der Foucaultschen Diskursanalyse und dies weist darauf hin, dass eine wissenssoziologische Hermeneutik in der Auseinandersetzung mit Foucault viel und Bedenkenswertes über sich selbst erfahren kann (so sie denn will), auch wenn die Foucaultsche Diskursanalyse (so wie sie im Fall Rivière zum Einsatz kam) sich keinesfalls bruchlos mit einer wissenssoziologischen Hermeneutik vereinigen lässt. Richtig ist: sie stellt eine Herausforderung ersten Ranges dar.

Denn Foucault zeigt mit seinen Analysen, auch mit seinen Bemerkungen zum Fall des Pierre Rivière, dass Antwort und Frage nicht zueinander passen müssen und dass die sinnhafte Reaktion auf ein Problem nicht notwendigerweise eine Lösung sein muss. Für Foucault ist, wie oben beschrieben, die Handlung nicht die wie auch immer geartete Lösung eines Problems, sondern sie ereignet sich so, wie sie sich ereignet: Handlungen verknüpfen sich, sie vollziehen sich, sie zielen jedoch nicht auf etwas.

> Es steht keine Vernunft dahinter, die ein kohärentes System konstruiert. Die Geschichte ist keine Utopie: die politischen Praktiken entwickeln nicht systematisch große Prinzipien; [...] Sie sind Schöpfungen der Geschichte und nicht des Bewusstseins oder der Vernunft. (Veyne 1992: 30)

Handlungen ereignen sich, meist jenseits der Absicht der Akteure, eingebunden in vielfältige, sich überschneidende, sich einander bekämpfende Diskurse – und was letztendlich gesagt und getan wird, ist das Ergebnis dieser Verstrickungen und Verwicklungen, nicht Ergebnis des Handelns eines planenden Subjekts oder die Geburt einer ‚passenden‘, das Bewusstsein des Einzelnen übersteigenden Problemlösung. Handlungen ‚antworten‘ zwar in einem bestimmten Sinn auf ein Problem, genauer: sie schließen daran an. Lösungen stellen sie jedoch definitiv nicht dar – zumindest nicht immer und nicht überall.

Diese Position Foucaults bereitet jeder Hermeneutik Probleme, sie ist aber keinesfalls ein grundsätzlicher „Abschied von der Hermeneutik" (Habermas 1985: 294). Allenfalls ist sie mit einigen hermeneutischen Kunstlehren schwer oder überhaupt nicht vereinbar, mit anderen jedoch leichter. So gibt es gewiss Schwierigkeiten, die Foucaultsche Diskursanalyse mit Kunstlehren zu verbinden, die glauben, dass ‚Order at all points‘ ist oder dass Strukturen sich (mit Hilfe menschlichen Handelns) entlang historischer Entwicklungslinien auf ein Ziel hinbewegen. Verträglichkeiten wird es dagegen mit Positionen geben, die dem Handeln einen eigenen und eigenständigen Wert einräumen. Denn Foucault hat zwar das Subjekt als Bildner der Geschichte entmachtet, hat aber (vor allem in seinen späten Arbeiten) über die zentrale Stellung der Praktiken in seinem Konzept dem Akteur eine neue und beachtliche Bedeutung gegeben (siehe Foucault 2005: 240ff. und Krasmann 2003). In der Praktik ‚gabelt‘ sich immer wieder der Weg – aufgrund von Entscheidungen der Akteure. Der Pfad der Entscheidungen ist nicht festgelegt, sondern er wird stets aufs Neue geschaffen.

> Wir halten das Ergebnis für einen Zweck und den Ort, wo ein Geschoss von selbst einschlagen wird, für ein intentional angestrebtes Ziel. [...] Da die Praktik als Antwort auf eine Begebenheit angesehen wird, stehen wir auf einmal mit den zwei Enden der Kette da und können sie nicht mehr zusammenbringen: die Praktik ist Antwort auf eine Herausforderung, gewiß, aber dieselbe Herausforderung ruft nicht immer diese Antwort hervor. (Veyne 1992: 37)

Ein Schluss vom Handlungsresultat auf Plan und Verlauf des Handelns verliert so jeden Boden unter den Füssen, denn: „*Was gemacht wird*, der Gegenstand, erklärt sich durch das, was in jedem Moment der Geschichte das *Machen* war" (ebd.).

Folgt man dieser Einsicht, und gerade die wissenssoziologische Hermeneutik ruht auf vergleichbaren Überlegungen, dann kann der (wissenssoziologische) Hermeneut zwar vom Ergebnis einer Handlung guten Gewissens ausgehen, aber er kann das Ergebnis nicht mehr als passende Antwort, als praktische Lösung deklarieren, sondern der Interpret muss sukzessive die Praxis des Handelns und des Lebens, die Praxis der Macht Schritt für Schritt nachzeichnen, um so beschreiben und erklären zu können, wie es zu dem kam, was gekommen ist, und weshalb etwas in welcher Situation für wen eine ‚Lösung‘ darstellte. Ein solches Verfahren kommt natürlich nicht ohne Deutung, ohne Hermeneutik aus, enthält sich aber der integrierenden, der umfassenden Deutung. Ein solches Verfahren sucht nicht die Figur, nicht den Sinn in der Geschichte, sondern die konkrete Gestalt des Gewordenen. Geschichte entfaltet sich dann nicht, sie reproduziert in der Aktion nicht immer wieder die gleiche Struktur, sondern Geschichte und Interaktion sind entwicklungsoffene, einander bedingende und einander durchdringende Prozesse, die immer einmal wieder Muster bilden, dann jedoch immer wieder sich ihren eigenen Weg suchen bis zum nächsten Muster, das jedoch wieder ein völlig anderes sein kann.

# Literaturverzeichnis

Anuschat, Ernst (1921): Die Gedankenarbeit des Kriminalisten – Kriminalistische Schlussfolgerungskunst und ihre Grenzen. Berlin.

Arntzen, Friedrich (1978): Vernehmungspsychologie – Psychologie der Zeugenaussage. München.

Asmussen, Jes. P. (1980): Beichte. Religionsgeschichtlich. In: Theologische Realenzyklopädie. Bd. 5. Berlin; New York 1989. S. 411–414.

Balla, Karl (1936): Tatbestandsdiagnostische Methoden und ihre strafprozessuale Zulässigkeit. Emsdetten/Westf.

Banscherus, Jürgen (1977): Polizeiliche Vernehmung: Formen, Verhalten, Protokollierung. Eine empirische Untersuchung aus kommunikationswissenschaftlicher Sicht. Wiesbaden.

Bauer, Anton (1833): Lehrbuch des Strafrechts. Göttingen.

Bauer, Anton (1837): Anleitung zur Criminalpraxis. Göttingen.

Bauer, Günther (1970): Moderne Verbrechensbekämpfung. Bd. 1. Kriminaltaktik, Aussage und Vernehmung, Meldewesen. Lübeck.

Beling, Ernst (1907): Strafprozeß. In: Zeitschrift für die gesamte Strafrechtswissenschaft 27, S. 792–799.

Bender, Rolf / Nack, Armin (1995): Tatsachenfeststellung vor Gericht. Bd. II. Vernehmungslehre. München.

Berg, Gunhild (2005): Der Prozeß der „anthropologischen Zwänge" (Michel Foucault). Juristische, moralische und psychologische Verhandlungen am Beispiel der spätaufklärerischen Kriminalerzählungen August Gottlieb Meißners. In: Bergengruen, Maximilian / Lehmann, Johannes / Thüring, Hubert (Hg.): Sexualität – Recht – Leben. Die Entstehung eines Dispositivs um 1800. München. S. 195–216.

Bergmann, Jörg (1985): Flüchtigkeit und methodische Fixierung sozialer Wirklichkeit. Aufzeichnungen als Daten der interpretativen Soziologie. In: Bonß, Wolfgang / Hartmann, Heinz (Hg.): Entzauberte Wissenschaft. Zur Relativität und Geltung soziologischer Forschung. Soziale Welt, Sonderband 3. Göttingen. S. 299–320.

Berresheim, Alexander / Weber, Annette (2003): Die Strukturierte Zeugenvernehmung und ihre Wirksamkeit. In: Kriminalistik 57, H. 12, S. 757–770.

Bloch, Karl-Heinz (1998): Die Bekämpfung der Jugendmasturbation im 18. Jahrhundert. Ursachen – Verlauf – Nachwirkungen. Frankfurt/M. u.a.

Bohnsack, Ralf (1973): Handlungskompetenz und Jugendkriminalität. Neuwied; Berlin.

Bosch, Nikolaus (1978): Aspekte des nemo-tenetur-Prinzips aus verfassungsrechtlicher und strafprozessualer Sicht. Berlin.

Brandom, Robert (2001): Begründen und Begreifen. Frankfurt/M.

Brockmann, Claudia / Chedor, Reinhard (1999): Vernehmung. Hilfen für den Praktiker. Hilden.

Bruns, Silvin (1994): Zur Geschichte des Inquisitionsprozesses: Der Beschuldigte im Verhör nach Abschaffung der Folter. [Diss.] Hagen.

Brusten, Manfred / Malinowski, Peter (1975): Die Vernehmungsmethoden der Polizei und ihre Funktion für die gesellschaftliche Verteilung des Etiketts ‚kriminell'. In: Brusten, Manfred / Hohmeier, Michael (Hg.): Stigmatisierung 2. Zur Produktion gesellschaftlicher Randgruppen. Neuwied; Darmstadt. S. 57–112.

Brusten, Manfred / Malinowski, Peter (1983): Sozialpsychologie der polizeilichen Vernehmung. In: Lösel, Friedrich (Hg.): Kriminalpsychologie. Grundlagen und Anwendungsbereiche. Weinheim; Basel. S. 147–161.

Campe, Johann Heinrich (1831ff.): Sämmtliche Kinder- und Jugendschriften. Braunschweig.

Colliot-Thélène, Catherine (2005): Max Weber und die deutsche Soziologie. In: Berliner Journal für Soziologie, H. 4, S. 463–484.

Dainat, Holger (1988): Der unglückliche Mörder. Zur Kriminalgeschichte der deutschen Spätaufklärung. In: Zeitschrift für deutsche Philologie 107, S. 517–541.

Ditterle, Johannes (1903–1907): Die Summae confessorum sive de casibus conscientiae von ihren Anfängen bis zu Silvester Prierias. In: Zeitschrift für Kirchengeschichte XXIV–XXVIII.

Döhring, Erich (1964): Die Erforschung des Sachverhalts im Prozeß. Beweiserhebung und Beweiswürdigung. Ein Lehrbuch. Berlin.

Eberle, Thomas (1997): Ethnomethodologische Konversationsanalyse. In: Hitzler, Ronald / Honer, Anne (Hg.): Sozialwissenschaftliche Hermeneutik. Opladen. S. 245–280.

Eisenberg, Ulrich (1984): Vernehmung und Aussage (insbesondere) im Strafverfahren aus empirischer Sicht. In: Juristenzeitschrift, H. 20, S. 912–918 und H. 21, S. 961–966.

Elster, Jon (1987): Subversion der Rationalität. Frankfurt/M.

Feuerbach, Paul Johann Anselm von (1801): Lehrbuch des gemeinen in Deutschland gültigen Peinlichen Rechts. Zehnte, verbesserte Auflage. Giessen 1828.

Feuerbach, Paul Johann Anselm von (1829): Aktenmäßige Darstellung merkwürdiger Verbrechen. Mit einer Einleitung von Karl Joseph Anton Mittermaier. 2. Nachdruck der 3. Auflage Frankfurt/M. 1849, Aalen 1984.

Fischer, Carl Traugott (1789): Abhandlung von der summarischen Vernehmung im peinlichen Processe. Leipzig.

Fischer, Johann (1975): Die polizeiliche Vernehmung. Wiesbaden.

Foreville, Raymonde (1970): Lateran I–IV. Mainz.

Foucault, Michel (Hg.) (1975): Der Fall Rivière. Materialien zum Verhältnis von Psychiatrie und Strafjustiz. Frankfurt/M.

Foucault, Michel (1976): Histoire de la sexualité I. La volonté de savoir. Paris.

Foucault, Michel (1977): Überwachen und Strafen. Die Geburt des Gefängnisses. Aus dem Franz. übers. von Walter Seitter. Frankfurt/M.

Foucault, Michel (1978): Dispositive der Macht. Über Sexualität, Wissen und Wahrheit. Berlin.

Foucault, Michel (1983): Sexualität und Wahrheit Bd. 1. Der Wille zum Wissen. Aus dem Franz. übers. von Ulrich Raulff und Walter Seitter. Frankfurt/M.

Foucault, Michel (1989a): Sexualität und Wahrheit Bd. 2. Der Gebrauch der Lüste. Aus dem Franz. übers. von Ulrich Raulff und Walter Seitter. Frankfurt/M.

Foucault, Michel (1989b): Sexualität und Wahrheit Bd. 3. Die Sorge um sich. Aus dem Franz. übers. von Ulrich Raulff und Walter Seitter. Frankfurt/M.

Foucault, Michel (1991): Questions of Method. In: Burchell, Graham / Gordon, Colin / Miller, Peter (Hg.): The Foucault Effect. Studies in Governmentality. Chicago. S. 73–86.

Foucault, Michel (1994): Dits et écrits 1954–1988, I–IV. Hg. von Daniel Defert, François Ewald. Paris.

Foucault, Michel (1997): ‚Il faut défendre la société'. Cours au Collège de France. (1975–1976). Paris.

Foucault, Michel (2004): Geschichte der Gouvernementalität I. Sicherheit, Territorium, Bevölkerung. Vorlesung am Collège de France 1977 – 1978. Aus dem Franz. übers. von Claudia Brede-Konersmann und Jürgen Schröder. Frankfurt/M.

Foucault, Michel (2005): Analytik der Macht. Ausgewählt und mit einem Nachwort von Thomas Lemke. Frankfurt/M.

Freud, Sigmund (1906): Tatbestandsdiagnostik und Psychoanalyse. In: Archiv für Kriminal-Anthropologie und Kriminalistik 26, H. 1, S. 1–10. [Wieder in: ders.: Gesammelte Werke chronologisch geordnet. Hg. von Anna Freud u.a. Frankfurt/M. 1999. Bd. 7, S. 1–15.]

Freud, Sigmund / Jung, Carl Gustav (1974): Briefwechsel. Hg. von William McGuire und Wolfgang Sauerländer. Frankfurt/M.

Friedberg, Emil (Hg.) (1879/1959): Corpus Iuris Canonici. Pars Prima Decretum Gratiani. Pars Seconda Decretalium Collectiones. Leipzig 1879, Nachdruck Graz 1959.

Fromm, Norbert / Kuthe, Michael / Rügert, Walter (2000): „…entflammt vom Feuer der Nächstenliebe". 775 Jahre Spitalstiftung Konstanz. Konstanz.

Froschauer, Ulrike / Lueger, Manfred (2002): ExpertInnengespräche in der interpretativen Organisationsforschung. In: Bogner, Alexander / Littig, Beate / Menz, Wolfgang (Hg.): Das Experteninterview. Theorie, Methode Anwendung. Opladen.

Froschauer, Ulrike / Lueger, Manfred (2003): Das qualitative Interview. Wien.

Füllgrabe, Uwe (1996): Vernehmungstaktik. Das Dilemma des Lügenentlarvers. In: Kriminalistik 50, H. 2, S. 113–117.

Geib, Gustav (1842): Geschichte des römischen Criminalprocesses bis zum Tode Justinians. Leipzig.

Geerds, Friedrich (1976): Vernehmungstechnik. 5., völlig neu bearbeitete Auflage des von weiland Franz Meinert begründeten Werkes. Lübeck.

Geyer, August (1880): Lehrbuch des gemeinen deutschen Strafprozeßrechts. Leipzig.

Geyer, Christian(1998): Funktion und Grenzen der Pflicht zur Belehrung des Beschuldigten nach § 136 Abs. 1 S. 2 StPO. [Diss.] Regensburg.

Giddens, Anthony (1996): In defence of sociology. Essays, interpretations and rejoinders. Cambridge.

Giddens, Anthony (1984): Interpretative Soziologie. Ein kritische Einführung. Aus dem Engl. übers. von Wolfgang Föste. Frankfurt/M.

Gössweiner-Saiko, Theodor (1979): Vernehmungskunde – ein Grundriß. Graz.

Graßberger, Rudolf (1968): Psychologie des Strafverfahrens. Wien; New York.

Grolman, Karl (1798): Grundsätze der Criminalrechtswissenschaft nebst einer systematischen Darstellung des Geistes der deutschen Criminalgesetze. Gießen 1789, Nachdruck Glashütten im Taunus 1970.

Groß, Alfred (1905/06): Zur psychologischen Tatbestandsdiagnostik. In: Monatsschrift für Kriminalpsychologie und Strafrechtsreform 2, S. 182–184.

Groß, Alfred (1905/06b): Die Assoziationsmethode im Strafprozess. In: Zeitschrift für die gesamte Strafrechtswissenschaft 26, H. 1, S. 19–40.

Groß, Hans (1905–1906): Zur Frage des Wahrnehmungsproblems. In: Beiträge zu Psychologie der Aussage. 2. Folge, S. 128–143.

Groß, Hans (1905): Zur psychologischen Tatbestandsdiagnostik. In: Archiv für Kriminal-Anthropologie und Kriminalistik 19, H. 1/2, S. 49–59.

Groß, Hans / Höpler, Erwein (1922): Handbuch für Untersuchungsrichter als System der Kriminalistik. 7. Aufl., bearb. von Erwein Höpler. 2 Teile. Müchen; Berlin; Leipzig.

Groß, Hans / Höpler, Erwein (1921): Die Erforschung des Sachverhalts strafbarer Handlungen. Ein Leitfaden für Beamte des Polizei- und Sicherheitsdienstes. München; Berlin; Leipzig.

Habermas, Jürgen (1976): Technik und Wissenschaft als ‚Ideologie‘. Frankfurt/M.

Habermas, Jürgen (1985): Der philosophische Diskurs der Moderne. Zwölf Vorlesungen. Frankfurt/M.

Habermas, Jürgen (1999): Wahrheit und Rechtfertigung. Philosophische Aufsätze. Frankfurt/M.

Hartung, Fritz (1933): Geständnis. In: Elster, Alexander / Lingemann, Heinrich (Hg.): Handwörterbuch der Kriminologie und der anderen strafrechtlichen Hilfswissenschaften. Berlin; Leipzig. Bd. 1, S. 599–607.

Hellwig, Albert (1951): Psychologie und Vernehmungstechnik bei Tatbestandsermittlungen. Stuttgart.

Henschel, Arthur (1909): Die Vernehmung des Beschuldigten. Ein Beitrag zur Reform des Strafprozesses. Stuttgart.

Henschel, Arthur (1914): Der Geständniszwang und das falsche Geständnis. In: Archiv für Kriminal-Anthropologie und Kriminalistik 56, S. 10–40.

Henz, Hubert (1967): Lehrbuch der systematischen Pädagogik. Freiburg/Br.

Hermanutz, Max (1994): Psychologische Beeinflussungsmöglichkeiten bei der Vernehmung von Beschuldigten und Zeugen. In: Kriminalistik 48, H. 3, S. 215–221.

Hitzler, Ronald (1988): Sinnwelten. Ein Beitrag zum Verstehen von Kultur. Opladen.

Hitzler, Ronald / Honer, Anne (Hg.) (1997): Sozialwissenschaftliche Hermeneutik. Eine Einführung. Opladen.

Hitzler, Ronald / Reichertz, Jo / Schröer, Norbert (Hg.) (1999): Hermeneutische Wissenssoziologie. Standpunkte zur Theorie der Interpretation. Konstanz.

Hoegel (1907/08): Die ‚Tatbestandsdiagnostik‘ im Strafverfahren. In: Monatsschrift für Kriminalpsychologie und Strafrechtsreform 4, S. 26–31.

Hoffmann, E.T.A. (1815/16): Die Elixiere des Teufels. In: Sämtliche Werke in sechs Bänden. Hg. von Wulf Segebrecht u.a. Frankfurt/M. 1988. Bd. 2/2.

Hohbach, Gustav (1831): Ueber Ungehorsamsstrafen und Zwangsmittel zu Erforschung der Wahrheit gegen anwesende Angeschuldigte. In: Neues Archiv des Criminalrechts 12, S. 449–487, 519–619.

Inbau, Fred E. / Reid, John E. (1962): Criminal Interrogation and Confessions. Baltimore.

Inbau, Fred E. / Reid, John E. / Buckley, John. P. (1986): Criminal Interrogation and Confessions. Baltimore.

Irving, Barrie (1980): Police Interrogation. A Case Study of Current Practice. Reseach Study Number 2. Royal Commission on Criminal Procedure. London.

Jagemann, Ludwig von (1835): Wann und wie findet im Strafprozeß Confrontation statt? In: Archiv des Criminalrechts, NF 1, S. 30–70.

Jagemann, Ludwig von (1838): Handbuch der gerichtlichen Untersuchungskunde. Erster Band. Frankfurt/M.

Jagemann, Ludwig von / Brauer, Wilhelm (1854): Criminallexikon. Nach dem neuesten Stande der Gesetzgebung in Deutschland bearbeitet von Ludwig von Jagemann und fortgesetzt von Wilhelm Brauer. Erlangen.

Jean Paul (1807): Levana oder Erziehlehre. Besorgt von K. G. Fischer. Paderborn 1963.

Joas, Hans / Knöbl, Wolfgang (2004): Sozialtheorie. Zwanzig einführende Vorlesungen. Frankfurt/M.

Jung, Carl Gustav (1905a): Über das Verhalten bei der Reaktionszeit beim Assoziations-Experiment. In: Journal für Psychologie und Neurologie 6, H. 1, S. 1–36. [Wieder in: Jung, Carl Gustav: Gesammelte Werke. [Sonderausgabe.] Düsseldorf 1995. Bd. 2, S. 239–288.]

Jung, Carl Gustav (1905b): Zur psychologischen Tatbestandsdiagnostik. In: Centralblatt für Nervenheilkunde und Psychiatrie 16, S. 813–815. [Wieder in: Jung, Carl Gustav: Gesammelte Werke. [Sonderausgabe.] Düsseldorf 1995. Bd. 1, S. 235–237.]

Jung, Carl Gustav (1905c): Die psychologische Diagnose des Tatbestandes. In: Schweizerische Zeitschrift für Strafrecht 18, S. 369–408. [Wieder in: Juristisch-psychiatrische Grenzfragen. Zwanglose Abhandlungen 4 (1906), H.2, S. 1–47. Wieder in: Jung, Carl Gustav: Gesammelte Werke. [Sonderausgabe.] Düsseldorf 1995. Bd. 2, S. 338–374.]

Jung, Carl Gustav (1937): Zur psychologischen Tatbestandsdiagnostik. Das Tatbestandsexperiment im Schwurgerichtsprozeß Näf. In: Archiv für Kriminologie (Kriminal-Anthropologie und Kriminalistik) 100, H. 1/2, S. 123–130. [Wieder in: Jung, Carl Gustav: Gesammelte Werke. [Sonderausgabe.] Düsseldorf 1995. Bd. 2, S. 629–638.]

Kantorowicz, Hermann U. (1907): Albertus Gandinus und das Strafrecht der Scholastik. Erster Band: Die Praxis. Ausgewählte Strafprozessakten des 13. Jahrhunderts nebst diplomatischer Einleitung. Berlin.

Keller, Reiner (2005): Wissenssoziologische Diskursanalyse. Grundlegung eines Forschungsprogramms. Wiesbaden.

Kittler, Friedrich A. (1994): Aufschreibesysteme 1800 – 1900. 3., vollst. überarb. Aufl. München.

Kittsteiner, Heinz D. (²1992): Die Entstehung des modernen Gewissens. Frankfurt/M.

Klein, Florentin / Berresheim, Alexander / Weber, Annette (2005): Aussageverhalten von Beschuldigten und Konsequenzen für die Fortbildung. In: Polizei & Wissenschaft, H. 1, S. 2-15.

Kleinheyer, Gerd (1979): Zur Rolle des Geständnisses im Strafverfahren des Mittelalters und der frühen Neuzeit. In: Kleinheyer, Gerd / Mikat, Paul (Hg.): Beiträge zur Rechtsgeschichte. Gedächtnisschrift für Hermann Conrad. Paderborn; München; Wien; Zürich. S. 367–385.

Kleinschrod, Gallus A. (1799): Über die Rechte, Pflichten und Klugheitsregeln des Richters bey peinlichen Verhören und der Erforschung der Wahrheit in peinlichen Fällen. In: Archiv des Criminalrechts I.1, S. 1–36 und I.2, S. 67–113.

Kleinschrod, Gallus A. (1802): Ueber das Geständniß als Beweismittel in peinlichen Fällen. In: Archiv des Criminalrechts IV.4, S. 83–125.

Kleinschrod, Gallus Aloys (1804): Ueber die zweckmäßigste Benutzung des Augenblicks des ersten Erscheinens der Verbrecher vor Gericht; – nebst einem Criminalfalle, als Beleg der aufgestellten Grundsätze. In: Archiv des Criminalrechts V.1, S. 72–104.

Kley, Jakob Karl / Schneickert, Hans (1927): Die Kriminalpolizei. Zweite, verbesserte Auflage. Lübeck.

Kögler, Hans-Herbert (2004): Michel Foucault. Stuttgart.

Kraheck-Brägelmann, Sybille (1990): Die polizeiliche Vernehmung. Der Eindrucksvermerk. In: Kriminalistik 44, H. 12, S. 647–650.

Kramer, F. / Stern, William (1905/06): Selbstverrat durch Assoziation. Experimentelle Untersuchungen. In: Beiträge zur Psychologie der Aussage, Folge 2, Heft 4, S. 1–32.

Krasmann, Susanne (2003): Die Kriminalität der Gesellschaft. Zur Gouvernementalität der Gegenwart. Konstanz.

Kremer-Marietti, Angèle (1976): Michel Foucault. Der Archäologe des Wissens. Frankfurt/M.

Kroch (1907): Ein unwahres Geständnis. In: Archiv für Kriminal-Anthropologie und Kriminalistik 26, S. 176–182.

Kroeschell, Karl (1972): Deutsche Rechtsgeschichte. Reinbek bei Hamburg.

Kühne, Karsten (1979): Das Kriminalverfahren und der Strafvollzug in der Stadt Konstanz im 18. Jahrhundert. Sigmaringen.

Kurt, Ronald (1996): „...sons gehste demnächst den Tierpark fegen!" – Polizisten als Erzieher? Eine empirische Untersuchung über strukturelle Aspekte diversionsorientierter Polizeitätigkeit. In: Reichertz, Jo / Schröer, Norbert (Hg.): Qualitäten polizeilichen Handelns. Beiträge zu einer verstehenden Polizeiforschung. Opladen. S. 182–233.

Kurt, Ronald (2004): Hermeneutik. Eine sozialwissenschaftliche Einführung. Konstanz.

Landau, Peter (1966): Die Entstehung des kanonischen Infamiebegriffs von Gratian bis zur Glossa Ordinaria. Köln; Graz.

Lavenia, Vincenzo (2004): L'infamia e il perdono. Tributi, pene e confessione nella teologia morale della prima età moderna. Bologna.

Lea, Henry Charles (1896): A History of Auricular Confession and Indulgences in the Latin Church. 3 Bde. London.

Lea, Henry Charles (1905/1987): Geschichte der Inquisition im Mittelalter. Übers., bearb. von Heinz Wieck und Max Rachel, rev. und hg. von Joseph Hansen. Nördlingen.

Lederer, Max (1905/06): Zur Frage der psychologischen Tatbestandsdiagnostik. In: Zeitschrift für die gesamte Strafrechtswissenschaft 26, H. 3, S. 488–506.

Lederer, Max (1906/07): Die Verwendung der psychologischen Tatbestandsdiagnostik in der Strafrechtspraxis. In: Monatsschrift für Kriminologie und Strafrechtsreform 3, S. 163–172.

Legendre, Pierre (1974): L'amour du censeur. Essai sur l'ordre dogmatique. Paris.

Legendre, Pierre (1975): Aux sources de la culture occidentale: L'ancien droit de la pénitence. In: Settimane di studio del centro italiano di studi sull'alto medioevo XXII: La cultura antica nell'occidente latino dal VII all'XI secolo. Spoleto.

Legendre, Pierre (1992): Les enfants du Texte. Étude sur la fonction parentale des États. Paris.

Legendre, Pierre (1997): Law and the Unconscious. A Legendre Reader. Edited by Peter Goodrich. Houndsmills u.a.

Legendre, Pierre (1998): Das Verbrechen des Gefreiten Lortie. Abhandlung über den Vater. Lektionen VIII. Aus dem Französischen von Clemens Pornschlegel. Freiburg/Br.

Lemke, Thomas / Krasmann, Susanne / Bröckling, Ulrich (2000): Gouvernementalität, Neoliberalismus und Selbsttechnologien. Eine Einleitung. In: dies. (Hg.): Gouvernementalität der Gegenwart. Studien zur Ökonomisierung des Sozialen. Frankfurt/M. S. 7–40.

Lenz, Adolf (1927): Grundriss der Kriminalbiologie – Wesen und Werden der Persönlichkeit des Täters nach Untersuchungen an Sträflingen. Wien.

Lenz, Adolf (1936): Vernehmungstechnik. In: Elster, Alexander / Lingemann, Heinrich (Hg.): Handwörterbuch der Kriminologie und der anderen strafrechtlichen Hilfswissenschaften. Berlin; Leipzig. Bd. 2, S. 933–953.

Lichem, Arnold (1935): Die Kriminalpolizei. Handbuch für den kriminellen Polizeidienst. 2. Auflage. Graz.

Listl, Joseph / Müller, Hubert / Schmitz, Heribert (1983): Handbuch des katholischen Kirchenrechts. Regensburg.

Lohsing, Ernst (1905): Das Geständnis in Strafsachen. Halle.

Malinowski, Peter / Brusten, Manfred (1977): Strategie und Taktik der polizeilichen Vernehmung. In: Lüderssen, Klaus / Sack, Fritz (Hg.): Seminar: Abweichendes Verhalten III. Die gesellschaftliche Reaktion auf Kriminalität 2. Frankfurt/M. S. 104–118.

Marquardt, Odo (1981): Abschied vom Prinzipiellen. Stuttgart.

Meißner, August Gottlieb (1796): Mörder seiner Verlobten und Räuber! dann eine Zeitlang redlicher Mann; seltsam entdeckt, noch seltsamer sich selbst angebend. In: Kriminal-Geschichten. Wien 1976. Nachdruck, Kriminal-Geschichten. 10 Teile in einem Band. Mit einem Nachwort von Hans-Friedrich Foltin. Hildesheim; New York 1977. S. 253–328.

Meuser, Michael / Nagel, Ulrike (1991): Experteninterviews – vielfach erprobt, wenig beachtet. Ein Beitrag zur qualitativen Methodendiskussion. In: Garz, Detlef / Kraimer, Klaus (Hg.): Qualitativ-empirische Sozialforschung. Opladen. S. 441–469.

Milne, Rebecca / Bull, Ray (2003): Psychologie der Vernehmung. Die Befragung von Tatverdächtigen, Zeugen, Opfern. Bern.

Mittermaier, Carl Joseph Anton (1819): Die öffentliche mündliche Strafrechtspflege und das Geschwornengericht in Vergleichung mit dem deutschen Strafverfahren. Landshut.

Münsterberg, Hugo (1913): The detection of crime. In: ders.: On the witness stand: essays on psychology and crime. Garden City (NY). S. 71–110.

Nack, Armin (1995): Vernehmungslehre. Grundlagen der Vernehmungstechnik und Vernehmungstaktik. In: Kriminalistik 49, H. 6, S. 398–400.

Näcke, P. (1906): Erpressung von wahren und falschen Geständnissen. In: Archiv für Kriminal-Anthropologie und Kriminalistik 25, S. 377–378.

Niehaus, Michael (2003): Das Verhör. Geschichte – Theorie – Fiktion. München.

Niehaus, Michael (2004): Geständnismotivierung um 1800 als Problem. Eine Kriminalgeschichte von
    August Gottlieb Meißner. In: Philologie im Netz 28, S. 53–70.

Niehaus, Michael (2004b): Warum gestehen? Diskursanalytische Bemerkungen zur Psychologie des
    Strafverfahrens. In: Polizei & Wissenschaft, H. 4, S. 2–13.

Niehaus, Michael (2005): Wort für Wort? Zu Geschichte und Logik des Verhörprotokolls. In:
    Niehaus, Michael / Schmidt-Hannisa, Hans-Walter (Hg.): Das Protokoll. Kulturelle Funktionen
    einer Textsorte. Frankfurt/M. u.a. S. 27–47.

Niehaus, Michael (2006): Mord, Geständnis, Widerruf. Verhören und Verhörtwerden um 1800.
    Bochum.

Niehaus, Michael / Schröer, Norbert (2004): Geständnismotivierung in Beschuldigtenvernehmungen.
    In: Sozialer Sinn, H. 1, S. 71-93.

Niehaus, Michael / Schröer, Norbert (2005). Das Geständnisdispositiv im Strafprozess. Ansatz einer
    hermeneutisch diskursanalytischen Wissenssoziologie. In: Keller, Reiner / Hirseland, Andreas /
    Schneider, Werner / Viehöver, Willy (Hg.): Die diskursive Konstruktion von Wirklichkeit.
    Konstanz. S. 277-304.

Niehaus, Michael / Schröer, Norbert (2006): Geständnismotivierung als edukative Beziehungsarbeit.
    In: Kriminologisches Journal, H. 3, S. 210-227.

Nietzsche, Friedrich (1980): Zur Genealogie der Moral. Eine Streitschrift. In: Sämtliche Werke.
    Kritische Studienausgabe. Hg. von Giorgio Colli u. Mazzino Montinari. München 1980. Bd. 5,
    S. 245–412.

Oest, Johann Friedrich (1787): Versuch einer Beantwortung der pädagogischen Frage: Wie man
    Kinder und junge Leute vor dem Leib und Seele verwüstenden Laster der Unzucht überhaupt,
    und der Selbstschwächung insonderheit verwahren, oder wofern sie schon davon angesteckt
    waren, wie man sie davon heilen könne? In: Johann Heinrich Campe (Hg.): Allgemeine
    Revision des gesamten Schul- und Erziehungswesens von einer Gesellschaft praktischer
    Erzieher. Teil 6. Wolfenbüttel 1787, Nachdruck Vaduz 1979. S. 3–506.

Ohst, Martin (1995): Pflichtbeichte. Untersuchungen zum Bußwesen im Hohen und Späten Mittelalter.
    Tübingen.

Oppenheim, Rosa (1905–1906): Über die Erziehbarkeit der Aussage bei Schulkindern. In: Beiträge zu
    Psychologie der Aussage, 2. Folge, S. 52–98.

Pareto, Vilfredo (1975): Ausgewählte Schriften. Hg. und eingel. von Carlo Mongardini. Frankfurt/M.

Parsons, Talcott (1937/1968): The structure of social action. A study in social theory with special
    reference to a group of recent European writers. New York.

Patrologia Latina (1844ff.): Patrologiae cursus completus: sive bibliotheca universalis (...) omnium ss.
    patrum, doctorum que ecclesiasticorum qui ab aevo apostolico ad usque Innocentii
    III tempora floruerunt. Hg. von J. P. Migne. Nachdruck Turnholti. Bd. 1–221.

Penaforte, Raymund de (1603/1967): Summa de poenitentia et matrimonio. Rom 1603, Nachdruck
    Farnborough.

Pfister, Ludwig (1802): Über die zweckmäßigste Benutzung des Augenblicks des ersten Erscheinens
    der Verbrecher vor Gericht; nebst einem Criminalfalle, als Beleg der aufgestellten Grundsätze.
    In: Archiv des Criminalrechts V.1, S. 72–104.

Quintilian, Marcus Fabius ($^2$1988): M. Fabii Quintiliani Institutionis oratoriae libri XII. 2 Bde. Hg. und übers. von Helmut Rahn. Darmstadt.

Pfister, Ludwig (1814–1820): Merkwürdige Criminalfälle mit besonderer Rücksicht auf die Untersuchungsführung. 5 Bde. Heidelberg.

Ransiek, Andreas (1994): Belehrung über Aussagefreiheit und Recht der Verteidigerkonsultation: Folgen für die Beschuldigtenvernehmung. In: Der Strafverteidiger, H. 6, S. 343–347.

Rehberg, Karl-Siegbert (2005): Handlungsbezogener Personalismus als Paradigma. In: Berliner Journal für Soziologie, H. 4, S. 451–461.

Reichertz, Jo (1989): Hermeneutische Auslegung von Feldprotokollen? Verdrießliches über ein beliebtes Forschungsmittel. In: Aster, Reiner / Merkens, Hans / Repp, Michael (Hg.): Teilnehmende Beobachtung. Werkstattberichte und methodologische Reflexionen. Frankfurt/M. S. 84–102.

Reichertz, Jo (1991): Der Hermeneut als Autor. Zur Darstellbarkeit hermeneutischer Fallanalysen. In: Österreichische Zeitschrift für Soziologie 16, H. 4, S. 3–16.

Reichertz, Jo (1994): „Das stimmt doch hinten und vorne nicht!" Begründung und Überprüfung von Verdacht am Beispiel einer Mordermittlung. In: Kriminologisches Journal, H. 2, S. 123-137.

Reichertz, Jo (1997): Plädoyer für das Ende einer Methodologiedebatte bis zur letzten Konsequenz. In: Sutter, Tilmann (Hg.): Beobachtung verstehen – Verstehen beobachten. Perspektiven einer konstruktivistischen Hermeneutik. Opladen. S. 98–133.

Reichertz, Jo (1999): Über das Problem der Gültigkeit von Qualitativer Sozialforschung. In: Hitzler, Ronald / Reichertz, Jo / Schröer, Norbert (Hg.): Hermeneutische Wissenssoziologie. Standpunkte zur Theorie der Interpretation. Konstanz. S. 319–346.

Reichertz, Jo (2003): Die Abduktion in der qualitativen Sozialforschung. Opladen.

Reichertz, Jo (2005): Order at all points? In: Keller, Reiner / Hirseland, Andreas / Schneider, Werner / Viehöver, Willi (Hg.): Die diskursive Konstruktion von Wirklichkeit. Konstanz. S. 149–178.

Reichertz, Jo / Schröer, Norbert (1992): Polizei vor Ort. Studien zur empirischen Polizeiforschung. Stuttgart.

Reichertz, Jo / Schröer, Norbert (1994): Erheben, Auswerten, Darstellen. Konturen einer hermeneutischen Wissenssoziologie. In: Schröer, Norbert (Hg.): Interpretative Sozialforschung. Auf dem Wege zu einer hermeneutischen Wissenssoziologie. Opladen. S. 56–84.

Reichertz, Jo / Schröer, Norbert (2003): Hermeneutische Polizeiforschung. Opladen.

Reichertz, Jo / Soeffner, Hans-Georg (1994): Von Texten und Überzeugungen. In: Schröer, Norbert (Hg.): Interpretative Sozialforschung. Auf dem Wege zu einer hermeneutischen Wissenssoziologie. Opladen. S. 310–327.

Reid, John E. (1999): Die Reid systematische Befragungs- und Vernehmungsstrategie (Schulungsmaterial). Chicago.

Rhenanus (Hg.) (1823): Das großherzogliche badische Straf-Edikt. Mit seinen Erläuterungen und Zusätzen. Mannheim.

Rittershaus, Ernst (1912): Psychologische Tatbestandsdiagnostik. (Die sogenannte „Strafuntersuchung der Zukunft".) In: Jahrbücher der hamburgischen Staatskrankenanstalten 17, S. 85–104.

Rottenecker, Richard (1976): Modelle der kriminalpolizeilichen Vernehmung des Beschuldigten. Freiburg.

Sacks, Harvey (1984): Notes on methology. In: Atkinson, J. M. / Heritage, J. (Hg.): Structures of social action. Studies in conversation analysis. Cambridge u.a. S. 21–27.

Schaumann, Johann Christian Gottlieb (1792): Ideen zu einer Kriminalpsychologie. Friedrich Wilhelm II. Dem weisen Gesetzgeber und milden Richter geweiht. Halle.

Schiller, Friedrich (1792): Der Verbrecher aus verlorener Ehre. Eine wahre Geschichte. In: Schillers Werke. Nationalausgabe. Hg. von Julius Petersen und Hermann Schneider. Bd. 16: Erzählungen. Weimar 1954. S. 7–29.

Schmidt, Eberhard (1965): Einführung in die Geschichte der deutschen Strafrechtspflege. Göttingen.

Schmitz, H. Walter (1978): Tatgeschehen, Zeugen und Polizei. Zur Rekonstruktion und Beschreibung des Tathergangs in polizeilichen Zeugenvernehmungen. Wiesbaden.

Schmitz, H. Walter (1979): Zur Analyse von Aushandlungsprozessen in polizeilichen Vernehmungen von Geschädigten und Zeugen. In: Soeffner, Hans-Georg (Hg.): Interpretative Verfahren in den Text- und Sozialwissenschaften. Stuttgart. S. 24–37.

Schmitz, H. Walter (1983): Vernehmung als Aushandeln der Wirklichkeit. In: Kube, Edwin / Störzer, Hans Udo / Brugger, Siegfried (Hg.): Wissenschaftliche Kriminalistik. Grundlagen und Perspektiven. Wiesbaden. Bd. 1, S. 353–387.

Schmitz, H. Walter / Plate, Monika (1978): Polizeiliche Vernehmung und Tatgeschehen. In: Kriminalistik 32, H. 12, S. 541–546.

Schmoeckel, Mathias (2000): Humanität und Staatsräson. Die Abschaffung der Folter und die Entstehung des gemeinen Strafprozesses und Beweisrechtes seit dem hohen Mittelalter. Köln u.a.

Schneickert, Hans (1905–1906): [Rezension] Ernst Lohsing *Das Geständnis in Strafsachen*. In: Beiträge zur Psychologie der Aussage, 2. Folge, S. 589–590.

Schneickert, Hans (1924): Verheimlichte Tatbestände und ihre Erforschung. Beiträge zur gerichtlichen Beweislehre. Berlin.

Schneider, Manfred (1994): Liebe und Betrug. Die Sprachen des Verlangens. München.

Schneider, Manfred (2004): Kleists Verhöre: Ein juristisches und wissenschaftliches Modell. In: Emig, Günther / Staengle, Peter (Hg.): Amphitryon. „Das fasst kein Sterblicher". Heilbronn. S. 88–102.

Schrenk, Johannes (1921): Einführung in die Aussagepsychologie. Eine Darstellung der wichtigsten experimentellen Untersuchungen, ihrer Methoden, Ergebnisse und Aufgaben. Leipzig.

Schröer, Norbert (1992): Der Kampf um Dominanz. Hermeneutische Fallanalyse einer polizeilichen Beschuldigtenvernehmung. Berlin; New York.

Schröer, Norbert (1992a): Strukturelle Aspekte diversionsorientierter Polizeitätigkeit im Rahmen des geltenden Verfahrensrechts am Beispiel des Hammer-Modells. In: Reichertz, Jo / Schröer, Norbert (Hg.): Polizei vor Ort. Studien zur empirischen Polizeiforschung. Stuttgart, S. 109–132.

Schröer, Norbert (1994): Routinisiertes Expertenwissen. Zur Rekonstruktion des strukturalen Regelsystems von Vernehmungsbeamten. In: Hitzler, Ronald / Honer, Anne / Maeder, Christoph (Hg.): Expertenwissen. Die institutionalisierte Kompetenz zur Konstruktion von Wirklichkeit. Opladen. S. 214–231.

Schröer, Norbert (1996): Die informelle Aussageverweigerung. Ein Beitrag zur Rekonstruktion des Verteidigungsverhaltens von nichtdeutschen Beschuldigten. In: Reichertz, Jo / Schröer, Norbert

(Hg.): Qualitäten polizeilichen Handelns. Beiträge zu einer verstehenden Polizeiforschung. Opladen. S. 132–162.

Schröer, Norbert (2002): Verfehlte Verständigung? Kommunikationssoziologische Fallstudie zur interkulturellen Kommunikation. Konstanz.

Schütz, Alfred (1972): Rationalität in der sozialen Welt. In: ders.: Studien zur soziologischen Theorie. Gesammelte Aufsätze. Den Haag. Bd. 2, S. 22–52.

Schütz, Alfred (1977): Parson's Theorie sozialen Handelns. In: ders. / Parsons, Talcott: Zur Theorie sozialen Handelns. Ein Briefwechsel. Hg. und eingel. von Walter M. Spondel. Frankfurt/M. S. 25–78.

Schütze, Fritz (1975): Sprache soziologisch gesehen. München.

Schütze, Fritz (1976): Zur Hervorlockung und Analyse von Erzählungen thematisch relevanter Geschichten im Rahmen soziologischer Feldforschung. In: Arbeitsgruppe Bielefelder Soziologen (Hg.): Kommunikative Sozialforschung. Alltagswissen und Alltagshandeln, Gemeindemachtforschung, Polizei, politische Erwachsenenbildung. München. S. 159–261.

Schütze, Fritz (1977): Die Technik des narrativen Interviews in Interaktionsfeldstudien. Bielefeld.

Schütze, Fritz (1987): Das narrative Interview in Interaktionsfeldstudien. Studienbrief der Fernuniversität Hagen. Hagen.

Schütze, Fritz / Bohnsack, Ralf (1973): Die Selektionsverfahren der Polizei in ihrer Beziehung zur Handlungskompetenz der Tatverdächtigen. In: Kriminologisches Journal, H. 4, S. 170–193.

Schwartz, Michael (1997): Kriminalbiologie in der Politik der 20er Jahre. In: Justizministerium des Landes Nordrhein-Westfalen (Hg.): Kriminalbiologie. Düsseldorf. S. 13–68.

Seelig, Ernst (1963): Lehrbuch der Kriminologie. Neubearb. und erg. von Hanns Bellavic. 3. Aufl. Darmstadt.

Sellars, Wilfrid (1999): Der Empirismus und die Philosophie des Geistes. Paderborn.

Snell, Wilhelm (1819): Betrachtungen über die Anwendung der Psychologie im Verhöre mit dem peinlich Angeschuldigten. Gießen.

Soeffner, Hans-Georg (1989): Auslegung des Alltags – Der Alltag der Auslegung. Zur wissenssoziologischen Konzeption einer sozialwissenschaftlichen Hermeneutik. Unter red. Mitarb. von Ludgera Vogt. Frankfurt/M.

Soeffner, Hans-Georg (2004): Das Handlungsrepertoire von Gesellschaften erweitern. Hans-Georg Soeffner im Gespräch mit Jo Reichertz [65 Absätze]. Forum Qualitative Sozialforschung / Forum: Qualitative Social Research [On-line Journal], 5(3), Art. 29. Verfügbar über: http://www.qualitative-research.net/fqs-texte/3-04/04-3-29-d.htm [Datum des Zugriffs: 16.5.2007].

Spiegel, Hans Wilhelm (1937): Der Fall Näf. Mord und Versicherungsbetrug, Selbstmord oder Unfall? In: Archiv für Kriminologie (Kriminal-Anthropologie und Kriminalistik) 100, H. 1/2, S. 98–122.

Stein, Philipp (1909): Tatbestandsdiagnostische Versuche bei Untersuchungsgefangenen. In: Zeitschrift für Psychologie 52, S. 161–237.

Stern, Clara / Stern, William (1905–1906): Erinnerung und Aussage in der ersten Kindheit. In: Beiträge zu Psychologie der Aussage, 2. Folge, S. 161–197.

Stern, Clara / Stern, William (1907): Erinnerung, Aussage und Lüge in der ersten Kindheit. Leipzig.

Stern, William (1902): Zur Psychologie der Aussage. Experimentelle Untersuchungen über Erinnerungstreue. Berlin.

Stern, William (1904): Die Aussage als geistige Leistung und als Verhörsprodukt. Experimentelle Schüleruntersuchungen. Leipzig.

Stern, William (1905/06a): Psychologische Tatbestandsdiagnostik. In: Beiträge zur Psychologie der Aussage, 2. Folge, Heft 2, S. 145–147.

Stern, William u.a. (1905/06b): Neue Literatur zur Tatbestandsdiagnostik. In: Beiträge zur Psychologie der Aussage, Folge 2, Heft 4, S. 124–140.

Sticher-Gil, Birgitta (2003): Polizei- und Kriminalpsychologie. Teil 1: Psychologisches Basiswissen für die Polizei. Frankfurt/M.

Stübel, Christoph C. (1811): Das Criminalverfahren in den deutschen Gerichten. Mit besonderer Rücksicht auf das Königreich Sachsen, wissenschaftlich und zum practischen Gebrauch dargestellt. 5 Bde. Leipzig.

Stüllenberg, Heinz (1992): Die Vernehmung. In: Burghard, Waldemar / Hamacher, Hans-Werner (Hg.): Lehr- und Studienbriefe Kriminalistik. Hilden. Nr. 4, S. 3–61.

Stutz, Ulrich (1929): Die Beweisrolle im altdeutschen Rechtsgang. In: Zeitschrift der Savigny-Stiftung für Rechtsgeschichte, Germanistische Abteilung 49, S. 1–25.

Švorčik, Heinrich (1906): Zur Lehre von der Bedeutung des realen Beweises. In: Archiv für Kriminal-Anthropologie und Kriminalistik 24, H. 3/4, S. 269–273.

Szewczyk, Hans (1981): Psychologie der Aussage. In: Schneider, Hans Joachim (Hg.): Kriminalität und abweichendes Verhalten. Zürich. Bd. 2, S. 171–186.

Theresiana, Constitutio Criminalis (1769): Maria Theresias Peinliche Gerichtsordnung. Wien 1769, Faksimiledruck Osnabrück 1975.

Tittmann, Carl August (1806–1810): Handbuch des gemeinen deutschen peinlichen Rechts. Vier Theile. Halle.

Tittmann, Carl August (1810): Über Geständnis und Widerruf in Strafsachen und das dabei zu beobachtende Verfahren. Halle.

Trusen, Winfried (1989): Vom Inquisitionsverfahren zum Ketzer- und Hexenprozeß. Fragen der Abgrenzung und Beeinflussung. In: Schwab, Dieter (Hg.): Staat, Kirche, Wissenschaft in einer pluralistischen Gesellschaft. Festschrift zum 65. Geburtstag von Paul Mikat. Berlin. S. 435–450.

Trusen, Winfried (1990): Zur Bedeutung des geistlichen Forum internum und externum für die spätmittelalterliche Gesellschaft. In: Zeitschrift der Savigny-Stiftung für Rechtsgeschichte, Kanonistische Abteilung 107, S. 254–285.

Trusen, Winfried (1993): Von den Anfängen des Inquisitionsprozesses zum Verfahren bei der *Inquisitio haeretica privatis*. In: Segl, Peter (Hg.): Die Anfänge der Inquisition im Mittelalter. Mit einem Ausblick auf das 20. Jahrhundert und einem Beitrag über religiöse Intoleranz im nichtchristlichen Bereich. Köln; Weimar; Wien. S. 39–76.

Turrini, Miriam (1991): La coscienza e le leggi. Morale e diritto nei testi per la confessione della prima Età moderna. Bologna.

Undeutsch, Udo (1983): Vernehmung und non-verbale Information. In: Kube, Edwin / Störzer, Hans Udo / Brugger, Siegfried (Hg.): Wissenschaftliche Kriminalistik. Grundlagen und Perspektiven. Wiesbaden. Bd. 1, S. 389–418.

Vec, Milos (2002): Die Spur des Täters: Methoden der Identifikation in der Kriminalistik (1879 – 1933). Baden-Baden.

Veyne, Paul (1992): Foucault: Die Revolutionierung der Geschichte. Frankfurt/M.

Veyne, Paul (2003): Michel Foucaults Denken. In: Honneth, Axel / Saar, Martin (Hg): Michel Foucault. Zwischenbilanz einer Rezeption. Frankfurt/M. S. 27–51.

Villaume, Peter (1787): Ueber die Unzuchtsünden der Jugend. Eine gekrönte Preisschrift. In: Campe, Johann Heinrich (Hg.): Allgemeine Revision des gesamten Schul- und Erziehungswesens von einer Gesellschaft praktischer Erzieher. Teil 7. Wolfenbüttel 1787, Nachdruck Vaduz 1979. S. 1–308.

Walder, Hans (1955): Kriminalistisches Denken. Mit einem Geleitw. von F. Meinert. Hamburg.

Walder, Hans (1965): Die Vernehmung des Beschuldigten. Dargestellt am Beispiel des zürcherischen und deutschen Strafprozeßrechts. Hamburg.

Wangermann, Friedrich Wilhelm (1772): Anweisung zum Inquirieren. Frankfurt; Leipzig.

Watkins, Oscar D. (1920/1961): A history of penance: being a study of the authorities. 2 Vols. Vol. I: The whole church to A.D. 450. Vol. II: The western church from A.D. 450 to A.D. 1215. London 1920, Nachdruck New York 1961.

Weber, Annette / Berresheim, Alexander (2001): Polizeiliche Vernehmungen. Oder: Schon aus Erfahrung gut? In: Kriminalistik 55, H. 12, S. 785–796.

Weber, Max (1973): Knies und das Irrationalitätsproblem. In: Gesammelte Aufsätze zur Wissenschaftslehre. Tübingen. S. 42–145.

Weber, Max (1976): Wirtschaft und Gesellschaft: Grundriß der verstehenden Soziologie. 5., rev. Aufl. Tübingen.

Weihmann, Robert (2004): Kriminalistik. Ein Grundriss für Studium und Praxis. Hilden.

Weingart, Albert (1904). Kriminaltakik. Ein Handbuch für das Untersuchen von Verbrechen. Berlin.

Wertheimer, Max (1905): Experimentelle Untersuchungen zur Tatbestandsdiagnostik. In: Archiv für die gesamte Psychologie 6. H. 1/2, S. 59–140.

Wertheimer, Max (1906): Über Assoziationsmethoden. In: Archiv für Kriminal-Anthropologie und Kriminalistik 22, H. 4, S. 293–317.

Wertheimer, Max / Klein, Julius (1904): Psychologische Tatbestandsdiagnostik. Ideen zu psychologisch-experimentellen Methoden zum Zwecke der Feststellung der Anteilnahme eines Menschen an einem Tatbestande. In: Archiv für Kriminal-Anthropologie und Kriminalistik 15, H. 1, S. 72–113.

Wichert, Ernst (1900): Nur Wahrheit! Sie verlangt ihre Strafe. Zwei Erzählungen. Leipzig.

Winterfeld, M. A. von (1787): Ueber die heimlichen Sünden der Jugend. In: Campe, Johann Heinrich (Hg.): Allgemeine Revision des gesamten Schul- und Erziehungswesens von einer Gesellschaft praktischer Erzieher. Teil 6. Wolfenbüttel 1787, Nachdruck Vaduz 1979. S. 507–609.

Wittermann (1913): [Mehrfach-Rez.: Ernst Rittershaus, Die Komplexforschung (,Tatbestandsdiagnostik'), und ders., Die ,Spuren interessebetonter Erlebnisse' und die ,Komplexforschung'.] In: Monatsschrift für Kriminalpsychologie und Strafrechtsreform 9, S. 189f.

Witzel, Andreas (1985): Das problemzentrierte Interview. In: Jüttemann, Gert (Hg.): Qualitative Forschung in der Psychologie: Grundfragen, Verfahrensweisen, Anwendungsfelder. Weinheim; Basel. S. 227–255.

Wulf, Peter (1984): Strafprozessuale und kriminaltaktische Fragen der polizeilichen Beschuldigtenvernehmung auf der Grundlage empirischer Untersuchungen. Heidelberg.

Zachariae, Heinrich Albert (1846): Die Gebrechen und die Reform des deutschen Strafverfahrens. Göttingen.